CAMBRIDGE LIBRARY COLLECTION

Books of enduring scholarly value

Classics

From the Renaissance to the nineteenth century, Latin and Greek were compulsory subjects in almost all European universities, and most early modern scholars published their research and conducted international correspondence in Latin. Latin had continued in use in Western Europe long after the fall of the Roman empire as the lingua franca of the educated classes and of law, diplomacy, religion and university teaching. The flight of Greek scholars to the West after the fall of Constantinople in 1453 gave impetus to the study of ancient Greek literature and the Greek New Testament. Eventually, just as nineteenth-century reforms of university curricula were beginning to erode this ascendancy, developments in textual criticism and linguistic analysis, and new ways of studying ancient societies, especially archaeology, led to renewed enthusiasm for the Classics. This collection offers works of criticism, interpretation and synthesis by the outstanding scholars of the nineteenth century.

Theorie der musischen Künste der Hellenen

Rudolf Westphal (1826–92) originally studied theology at the University of Marburg before turning to classical philology and comparative linguistics. He learnt Sanskrit and Arabic and took a keen interest in Indo-European languages and Semitic grammar. In the late 1850s and early 1860s he joined his friend and fellow philologist August Rossbach (1823–98) at the University of Breslau (Wrocław). This multi-volume work on ancient Greek metre and music resulted from their collaboration. Reissued here is the revised third edition published in four parts between 1885 and 1889. Volume 1 (1885) is given over to Westphal's study of Greek rhythm, noting the contributions made by both ancient and modern thinkers. As in his 1883 *Musik des griechischen Alterthumes* (also reissued in this series), he pays particular attention to the fourth-century philosopher Aristoxenus, presenting the latter's theories on rhythm.

T0382358

Cambridge University Press has long been a pioneer in the reissuing of out-of-print titles from its own backlist, producing digital reprints of books that are still sought after by scholars and students but could not be reprinted economically using traditional technology. The Cambridge Library Collection extends this activity to a wider range of books which are still of importance to researchers and professionals, either for the source material they contain, or as landmarks in the history of their academic discipline.

Drawing from the world-renowned collections in the Cambridge University Library and other partner libraries, and guided by the advice of experts in each subject area, Cambridge University Press is using state-of-the-art scanning machines in its own Printing House to capture the content of each book selected for inclusion. The files are processed to give a consistently clear, crisp image, and the books finished to the high quality standard for which the Press is recognised around the world. The latest print-on-demand technology ensures that the books will remain available indefinitely, and that orders for single or multiple copies can quickly be supplied.

The Cambridge Library Collection brings back to life books of enduring scholarly value (including out-of-copyright works originally issued by other publishers) across a wide range of disciplines in the humanities and social sciences and in science and technology.

Theorie der musischen Künste der Hellenen

VOLUME 1:
GRIECHISCHE RHYTHMIK

RUDOLF WESTPHAL

CAMBRIDGE
UNIVERSITY PRESS

CAMBRIDGE UNIVERSITY PRESS

Cambridge, New York, Melbourne, Madrid, Cape Town,
Singapore, São Paolo, Delhi, Mexico City

Published in the United States of America by Cambridge University Press, New York

www.cambridge.org
Information on this title: www.cambridge.org/9781108061490

© in this compilation Cambridge University Press 2013

This edition first published 1885
This digitally printed version 2013

ISBN 978-1-108-06149-0 Paperback

THEORIE

DER

MUSISCHEN KÜNSTE

DER

HELLENEN

VON

AUGUST ROSSBACH UND RUDOLF WESTPHAL.

ALS DRITTE AUFLAGE

DER ROSSBACH-WESTPHALSCHEN METRIK.

ERSTER BAND:

GRIECHISCHE RHYTHMIK VON RUDOLF WESTPHAL.

LEIPZIG,

DRUCK UND VERLAG VON B. G. TEUBNER.

1885.

GRIECHISCHE

RHYTHMIK

VON

RUDOLF WESTPHAL,

EHRENDOCTOR DER GRIECHISCHEN SPRACHE UND LITTERATUR AN DER UNIVERSITÄT MOSKAU,
PROF. A. D.

ALS DRITTE AUFLAGE

DER

GRIECHISCHEN RHYTHMIK UND DER FRAGMENTE UND LEHRSÄTZE

DER GRIECHISCHEN RHYTHMIKER.

LEIPZIG,

DRUCK UND VERLAG VON B. G. TEUBNER.

1885.

DEN HERREN

SCHULRATH, GYMNASIALDIREKTOR EMERIT.

PROF. W. BURCHARD

ZU BÜCKEBURG,

DEM HOCHVEREHRTEN LEHRER MEINER JUGENDZEIT,

UND

GYMNASIALDIREKTOR

DR. B. STEUSLOFF

ZU HERFORD,

DEM UNEIGENNÜTZIGEN MITARBEITER

AN MEINEN FRAGMENTEN UND LEHRSÄTZEN DER RHYTHMIKER

WÄHREND DER JAHRE 1858—59,

ZUGEEIGNET.

Widmung.

In dieser dritten Auflage der zum ersten Male in den Jahren 1854 bis 1863, zum zweiten Male in den Jahren 1867. 1868 erschienenen Theorie der antiken musischen Künste ist nicht bloss die den ersten Band bildende griechische Rhythmik und die den zweiten Band bildende Harmonik und Melopoeie der Griechen so gut wie völlig umgearbeitet, sondern auch dem dritten Bande, die griechische Metrik enthaltend, wird durch Rossbach eine gänzliche Umarbeitung zu Theil, während nach meinem ursprünglichen Plane für die Metrik die Bearbeitung vom Jahre 1868 zu Grunde gelegt und nur in den Abschnitten geneuert werden sollte, in welchen jene zweite Auflage den seitdem über die Rhythmik gewonnenen neuen Ergebnissen nicht mehr genügte. Schon die erste Bearbeitung der Rossbach-Westphal'schen Metrik sollte nach Boeckhs Vorgange auf die Ueberlieferung der griechischen Rhythmiker basirt sein: aus der Rhythmik des Aristoxenus, glaubten wir, seien die Fundamentalsätze der metrischen Theorie zu entnehmen. Nach und nach haben mit Ausnahme von Lehrs und seinen Anhängern sämmtliche Fachgenossen hierin zugestimmt und die von uns in· den Jahren 1852 bis 1868 aus Aristoxenus gewonnenen Grundsätze gut geheissen, wenn es auch nicht an solchen fehlte, die, wie W. Brambach (rhythmische und metrische Untersuchungen 1871), die von uns gefundenen Aristoxenischen Sätze für die Metrik nicht für ausreichend hielten. Auch unser für diese Wissenschaft zu früh verstorbener Freund E. F. Baumgart: „Ueber die Betonung der rhythmischen Reihen bei den Griechen, Breslau 1869" erkannte, dass die Darstellung der Aristoxenischen Lehre, wie sie von mir 1867 gefasst sei, vom musikalischen Standpunkte vielfach nicht genüge. Ich selber hatte die Ueberzeugung, dass dies unmöglich für den Meister Aristoxenus,

sondern nur für meine Auffassung desselben ein Vorwurf
sein könnte. Glücklicherweise war mir vergönnt, die schöne
Zeit meiner Moskauer akademischen Thätigkeit zum grössten
Theil auf den Ausbau der metrisch-rhythmischen Disciplin
zu verwenden und damit, eingedenk der von Baumgart gemachten Ausstellungen, ein eingehendes Studium der rhythmischen Formen unserer modernen Componisten, insonderheit
Bachs und Beethovens zu verbinden, von denen ich bis dahin
nur ein oberflächliches Verständniss hatte gewinnen können.
Erst nach diesen Arbeiten durfte ich hoffen, dass mir ein
volles Verständniss des Aristoxenus und seiner Rhythmik er-
möglicht werde.

Ihnen, hochverehrter Herr Schulrath Burchard, verdanke
ich, wie so viele andere geistige Anregung, auch die erste
Weckung des rhythmischen Sinnes.

Gerade 45 Jahre sind verflossen, seitdem ich, ein 15jäh-
riger Knabe, für die Aufnahme in Ihr Bückeburger Gymna-
sium bei Ihnen das Examen zu bestehen hatte. Jetzt in die
alte Heimath zurückgekehrt, habe ich das Glück auch räum-
lich Ihnen so nahe gerückt zu sein, dass ich fast ein ὁμό-
τοιχος ἐρείδων nur durch den Zaun der am Abhange des
Harls liegenden Gärten von Ihnen getrennt bin, jenes lieb-
lichen Bergrückens, auf dessen unvergleichlich schönen Wald-
wegen vor 100 Jahren einst Herder seinen Ideen über die
Volkslieder und der Philosophie der Geschichte der Mensch-
heit nachging.

Es giebt Augenblicke, hochzuverehrender Herr, welche
für die ganze Lebensrichtung massgebend sind und deshalb
der Erinnerung in unvergleichlicher Frische verbleiben. So
jene Stunde des Sommers 1841, wo Sie den Vers

Τρῶες δ' αὖθ' ἑτέρωθεν ἐπὶ θρωσμῷ πεδίοιο,

den ein Mitschüler ängstlich scandirte, im frischen freien
Rhythmus vortrugen und nach seinen rhythmischen Cäsuren
erläuterten. Damit gehörte ich auf immer der Rhythmik an.

Seit jenem Augenblicke konnte ich griechische Verse
lesen. Der ungeschwächte Eindruck jenes Augenblickes wal-
tete über mir, als ich 10 Jahre später zu Tübingen gemeinsam mit August Rossbach ein eingehendes Studium der
griechischen Metrik, deren Grundlage die Rhythmik des
Aristoxenus sein sollte, begann. Und wenn ich dem vorlie-

genden Buche, welches diese meine seitdem niemals zur Seite
gelassenen Studien abschliessen muss, Ihren verehrten Namen
vorzusetzen mir erlaube, so bitte ich darin ein Zeichen meiner
nie erloschenen Dankbarkeit und zugleich meines Wunsches
zu erblicken, dass Sie mir wie einst in jüngeren Jahren so
auch für diese Arbeit meines Greisenalters kein ungün-
stiges Zeugniss gäben. Möchten Sie, verehrungswürdiger
Herr, das Prognostikon, welches einst der divinatorische Geist
des grossen Meisters Gottfried Hermann der Philologie von
der Wiedergewinnung des Aristoxenus gestellt und welches
in meinen jüngeren Jahren mich in Gemeinschaft mit August
Rossbach zum Aristoxenus geführt hatte:

„Si ea, quae Aristoxenus peritissimus simul et diligentissimus scriptor litteris mandaverat, alicubi reperi-
untur, non est dubium lucem universae rationi poeseos
accensum iri clarissimam",

möchten Sie als Philologe auch an diesem meinen Wieder-
herstellungsversuche der Aristoxenischen Rhythmik sich überzeugen können, dass jene Voraussagung des alten Meisters
der Philologie in Erfüllung geht.

Möchten Sie aber auch als treuer Verehrer Bachs und
Beethovens mit dem Urtheil sich einverstanden erklären
können, welches Ernst von Stockhausen in den Göttinger
gelehrten Anzeigen ausspricht, dass die rhythmischen Formen
in den Compositionen der grossen Meister christlich-moderner
Musik nicht auf Grund der rhythmischen Regeln unserer
musiktheoretischen Lehrbücher, sondern nur auf Grund der
Aristoxenischen Rhythmik völlig verstanden werden können.
„In consequenter logischer Entwicklung — sagt Ernst von
Stockhausen — geht das rhythmische System des Aristoxenus von einfachen Prämissen aus und erreicht Schritt für
Schritt endlich eine Geschlossenheit, die den vollen Stoff des
Gegenstandes erschöpft und in ein übersichtliches Bild zu-
sammenfasst. Dabei geräth es niemals mit den wirklichen
Verhältnissen des Kunstwerkes in Widerspruch, sondern
schliesst sich ihnen überall in ganz ungezwungener Weise
an, wobei es dieselben unter allgemeine Gesichtspunkte zu
bringen und dennoch ihren feinsten nicht nur, sondern, was
eine ganz andere Wichtigkeit besitzt, auch ihren freiesten
Einzelheiten Ausdruck zu geben weiss. Es würde nun frei-

lich eine schwierige Aufgabe sein, eine Erklärung dafür zu
suchen, dass die Doctrin, welche der Tarentiner Philosoph
vor fast 2200 Jahren gelehrt hat, in der That als der voll-
kommenste Ausdruck für Verhältnisse gelten muss, welche
doch scheinbar, in völliger Unabhängigkeit von ihr, in der
neueren und neuesten Musik zur Erscheinung gekommen sind.
Aber, mag man das nun dem blossen Zufall zuschreiben oder
der Continuität einer Tradition, deren Spuren nicht mehr
nachweisbar sind, — mag man annehmen, dass Aristoxenus
in der That das absolute Gesetz für die rhythmische
Erscheinung gefunden hat, — an der Thatsache selbst ändert das nicht. Und man möchte meinen, dass Niemand
diese verkennen kann, der die Verhältnisse unbefangen prüft
und die Aristoxenisch-Westphal'sche Lehre nicht bloss ihrer
äussern Form, sondern auch ihrem lebendigen Inhalte nach
zu verstehen sucht, was sich allerdings weder ohne einige
Mühe, noch ohne den guten Willen, sich in eine bisher fremde
Anschauungsweise hineinzufinden, erreichen lässt."

Lieber Freund STEUSLOFF, als Sie zu Breslau in den Jahren 1858. 1859 an meinen Fragmenten und Lehrsätzen der
griechischen Rhythmiker ein so eifriger Mitarbeiter waren
und namentlich sich um die griechischen Texte*) so verdient
machten, da war uns beiden unbekannt, was auch Hermann und Boeckh und all die übrigen noch nicht wussten,
dass die rhythmische Doctrin des Aristoxenus ebenso gut
für die Meisterwerke der modernen Componisten wie für
Pindar und Aeschylus Geltung hat. Oftmals mussten wir
zwar herzlich bedauern, dass sich nach dem ewig unersetz-
lichen Verluste der Aeschyleischen Mele weder in den Choe-
phoren noch in den Hiketiden die genuine Abtheilung in Kola
und Perioden genau wiederherstellen lässt. Nur gering
waren hierfür die Ergebnisse aus den erhaltenen Mele des
Dionysius, Mesomedes und des Anonymus Bellermanni, welche
wir mit Hülfe unseres musikalischen Beirathes Wilhelm Mer-
kens aus Schwerte, so gut es gehen wollte, im rhythmisch-
musikalischen Interesse zu verwerthen suchten. Doch wollte

---

*) In dieser dritten Auflage sind die Fragmente der griechischen Rhyth-
miker dem die rhythmische Doctrin darstellenden Texte je an den entsprechenden Stellen einverleibt.

uns kaum in den Sinn kommen, dass wir uns über die Schwierigkeit, den Aeschylus richtig zu kolotomisiren, um so weniger zu beklagen hätten, als auch bei den Compositionen der
Meister Mozart und Beethoven, die in Beziehung auf das
Melos doch gewiss nicht tiefer als Pindar und Aeschylus zu
stellen sind, noch nicht einmal der bescheidenste Anfang
einer Kolotomisirung gemacht ist.

BERNHARD STEUSLOFF, der theure Freund meiner jüngeren
Jahre, vor dem ich in jener Zeit, wo ich geistig am bewegtesten war, keinerlei Geheimnisse hatte, wird es weniger
als andere für eine Ketzerei ansehen, wenn ich mein Glaubens-
bekenntniss über den Rhythmus vom Standpunkte des Pla-
tonischen Timäus aus und des $\Pi\lambda\acute{\alpha}\tau\omega\nu$ $\varphi\iota\lambda\omega\nu\acute{\iota}\zeta\omega\nu$, anders als
Richard Wagner, folgendermassen skizzire:

Im Anfange war der Rhythmus, der Rhythmus war
bei Gott eine der „ewig seienden und nie werdenden"
Existenzen, eines der Vorbilder im unendlichen Denken
des Platonischen Weltschöpfers, — jener ewigen Vorbilder, als deren Abbilder der Demiurgos die Dinge seiner
Schöpfung, der sinnlichen Welt, aus einer gleich ihm selber
ewigen Substanz geformt hat. Deshalb ist in der sinnlichen Welt der musischen Künste, bei allen ihren Trägern
der Rhythmus ein und derselbe, bei den Meistern der
griechischen wie der modernen Kunst. Ja, Eins ist der
Rhythmus bei Pindar, Aeschylus, Bach, Mozart, Beethoven,
ist Eins trotz der Verschiedenheiten, welche sich in den
Gegensätzen der Zeiten und der Völker ergeben mussten. Allen übrigen Völkern aber steht das alte Griechenthum überall, wo es sich um Werke der Kunst handelt,
durch schärfere Beobachtungsgabe voran. Dem Schüler
des Aristoteles war es vergönnt, den musischen Meister-
werken seines Volkes die Gesetze der rhythmischen Formen
abzulauschen, was unseren Musiktheoretikern bezüglich
der modernen Meisterwerke versagt blieb. Wer mit ganzer
Seele in den Werken der griechischen Meister lebt und
zugleich für den Rhythmus der modernen Meister ein warmes
Interesse hat, lernt schliesslich einsehen, dass auch von den
neueren Meistern — Bach, Mozart, Beethoven, Gluck, Haydn,
Händel — dieselben rhythmischen Formen angewandt
sind, welche Aristoxenus bei Pindar und Aeschylus gefun-

den hat. Im Reiche der Töne spricht sich die rhythmische
Form bestimmter als in der Dichtkunst aus. Und so werden
wir nun durch eine sorgfältige rhythmische Analyse der
modernen Meisterwerke für die rhythmischen Formen der
antiken Meister ein Vorbild erhalten. Wenden wir mit
Sorgfalt den Aristoxenus auf Bach und Beethoven an,
dann werden wir, ihn auf Pindar und Aeschylus anwendend,
sicherer gehen. Hier müssen sich Philologie und Musikwissenschaft die Hand reichen.

Ich freue mich, lieber Freund STEUSLOFF, dass meine neue
— einst meine alte — Heimath seit Ihrer Berufung nach
Herford mich Ihnen, wenn auch nicht in unmittelbare Nähe,
so doch nahe genug gerückt hat, dass wir Aussicht haben,
derartige Angelegenheiten, die uns beiden so sehr am
Herzen liegen, in derselben Weise, wie in meinen jüngeren
Jahren, in persönlichem Verkehre erörtern zu können. Mögen
Sie dem Weserlande lange erhalten bleiben, möge Ihnen
diese neue Heimath bald eben so theuer werden, wie das
Land Fritz Reuters, das Sie geboren hat.

Bückeburg,
im ersten Jahre des deutschen Kolonienreiches.

Rudolf Westphal.

Aus dem Vorworte

der ersten Auflage der griech. Rhythmik (Sommer 1854).

Wir übergeben hier dem philologischen Publicum eine Darstellung der griechischen Rhythmik, der sich eine Metrik der griechischen Dramatiker und Lyriker als zweiter Theil anschliessen wird; ein dritter Theil soll die begleitenden musischen Künste, Harmonik, Organik und Orchestik enthalten. Wenn wir die Rhythmik getrennt von der Metrik behandeln, so sind wir darin den griechischen Theoretikern gefolgt, die beides als selbstständige Disciplinen von einander sonderten. Zugleich haben wir dabei einen practischen Zweck vor Augen. Wir haben nämlich in unserer Metrik nicht bloss eine auf möglichst umfassende Basis gestellte wissenschaftliche Behandlung der melischen Metra zu geben versucht, sondern wollten auch dem Lehrenden und Lernenden ein practisches Hülfsbuch an die Hand geben, wodurch er sich namentlich bei der Lectüre der griechischen Dramatiker über alle ihm zweifelhaften metrischen Fragen wie über die Composition jeder einzelnen Strophe schnell orientiren kann. Die rhythmischen Verhältnisse durften in der Metrik nur kurz angedeutet werden, die ausführliche Darlegung derselben giebt der vorliegende erste Theil.

Aber auch ohne diese Rücksicht wären wir zu einer abgetrennten Behandlung der griechischen Rhythmik genöthigt gewesen. Durch Boeckhs unsterbliches Werk über die Metra Pindars ist der Grundsatz zur allgemeinen Geltung gelangt, dass die Rhythmik die nothwendige Voraussetzung der lyrischen Metrik ist; aber vergebens sieht man sich seit dieser ganzen Zeit nach einer Darstellung der antiken Rhythmik um, und die Kenntniss derselben beschränkt sich im Ganzen noch immer auf das, was Boeckh darüber gesagt hat. Boeckh selber hat nicht versucht, die antike Rhythmik in ihrem ganzen Umfange darzustellen, und wesentliche Theorien nicht auf die antike Tradition

gebaut; was nach ihm geleistet worden ist, betrifft nur wenige
vereinzelte Puncte, und auch diese behandelte man weniger als
Selbstzweck, sondern ungleich mehr um für schon vorhandene
Ansichten in den Alten einen Stützpunct zu finden; wo man von
Boeckh abwich, verfiel man nicht selten in Irrthümer, während
doch der richtige Weg gewiesen und angebahnt war. Es konnte
nicht fehlen, dass manche richtige Bemerkungen gemacht wurden, allein sie betrafen meist das Unwesentliche und blieben un-
fruchtbar, weil sie nicht im Zusammenhange des Ganzen standen. Die hauptsächlichsten Abschnitte der antiken Rhythmik,
aus denen das meiste Licht für die Metrik gehofft werden durfte,
sind kaum berührt, geschweige denn in ihrer Bedeutung erkannt.
Im Allgemeinen haben es jedoch alle Einsichtigen anerkannt,
dass eine sichere Grundlegung der griechischen Rhythmik nur
von einer umfassenden Darstellung des antiken Systemes erwartet
werden konnte. Wo man mit Vernachlässigung der Tradition
von modernem Standpuncte dem griechischen Metrum einen
Rhythmus zu geben versuchte, ist man fast immer in unphilo-
logischen Dilettantismus verfallen oder höchstens zu sehr un-
sicheren Theorien gekommen.

Wir haben es zum ersten Male versucht, das antike System
der Rhythmik in seinem ganzen Umfange darzustellen, und
glauben zugleich hiermit den Beweis geliefert zu haben, dass
hierzu bei aller Kargheit der Quellen noch Stoff genug vorhanden
ist, wenn man ihn richtig zu gebrauchen versteht. Wer freilich
der Ansicht ist, dass man die alten Rhythmiker nur zu lesen
und ihre Angaben nur einzuregistriren brauche, wird bald erfahren, dass sein Bemühen völlig erfolglos ist, und an der Möglichkeit einer Darstellung verzweifeln. Jeder Satz der Rhythmiker ist eine mathematische Aufgabe, die aufgelöst werden
muss und ihre Auflösung nur in dem Verständniss der übrigen
Sätze findet. Angesichts der vollendeten Arbeit müssen wir uns
gestehen, dass die Darstellung der antiken Rhythmik eine der
schwierigsten Aufgaben ist, die an den Philologen gestellt werden können. Wer mit vorgefassten Theorien an die Alten heran-
tritt und nur eigene der modernen Musik entnommene Gedanken
wiederzufinden hofft, für den bleiben sie ein verschlossenes Gebiet; es ist nöthig, den Alten völlig zu folgen, immer bereit zu
sein, die eigene Ansicht aufzugeben, kein Opfer und keine Mühe
zu scheuen, um in dunkle und unscheinbare Definitionen ein-

zudringen; es ist ferner nöthig, sich in die ungewohnte Sprache hineinzuleben, sich erst den Sprachgebrauch durch fortwährende Vergleichung festzustellen und die antike Terminologie sich zu geläufiger Fingerfertigkeit zu bringen, ehe man mit den alten Begriffen zu operiren versteht. Bei fortgesetzter Forschung reiht sich jedoch eines an das andere, und man bewundert häufig die Consequenz des alten Systems, in welchem mit einfachen Sätzen oft sehr viel gesagt wird. Unsere Combinationen sind überall auf die Sätze der Alten selbst gestützt; mit strengster Unterwerfung unter das Gegebene haben wir die Anschauungen der modernen Musik ausgeschlossen und der Erfolg hat uns immer gezeigt, dass wir in der That derselben nicht bedurften. Es lehrt zwar kein antiker Rhythmiker die Messung der einzelnen Metra, allein man braucht nur die Gesetze über Ausdehnung und Gliederung der Reihen und über die verschiedenen Zeiten in der ganzen Strenge, wie sie uns überliefert sind, auf die vorliegenden Metra anzuwenden, um die rhythmische Messung zu erkennen.

Erst nach mehrmaliger, nicht selten vielmaliger Ueberarbeitung ist es uns gelungen, unserer Darstellung die gedrängte Kürze und Uebersichtlichkeit zu geben, die wir anstrebten. Hätten wir den analytischen Gang, den unsere Untersuchung genommen, vorlegen wollen, so würde die Schrift zu einem dickleibigen Bande angeschwollen sein. Polemik ist, von einigen sehr wesentlichen Puncten abgesehen, ausgeschlossen worden, was uns hoffentlich ein jeder Einsichtige danken wird: durch die Restauration des ganzen Systemes beseitigten sich von selbst viele Controversen und Irrthümer, die keiner Erwähnung bedürfen und kein Recht auf Existenz haben, weil sie aus blossen Hypothesen hervorgingen, während doch die Thatsachen vorlagen; oder weil sie auf einer mangelhaften Kenntniss einzelner Puncte beruhten, die nur in Verbindung mit dem Ganzen verstanden werden konnten. Das von andern richtig erkannte ist gewissenhaft benutzt und angeführt worden, aber nur Boeckhs gediegene Forschungen haben eine durchgängige Berücksichtigung finden können.

Soviel· im Allgemeinen über Standpunct und Methode unserer Arbeit. Wenn ich bisher im Plural geredet habe, so hat dies seinen guten Grund. Die vorliegende Bearbeitung der griechischen Rhythmik ist in steter wissenschaftlicher Gemeinschaft mit meinem Collegen und Freunde Westphal entstanden, und selbst wenn ich wollte, könnte ich nicht mehr die zahlreichen einzelnen

Puncte angeben, wo er fördernd und anregend in meine Arbeit
eingriff. Vor allem aber gebührt ihm die Wiederherstellung der
Aristoxeneischen Scala der μεγέθη, die für die ganze Rhythmik
von tiefgreifender Wirkung ist. Welch grosser Gewinn aus
diesem steten Verkehre für die Schrift hervorgegangen ist, wird
derjenige richtig zu würdigen wissen; der die Schwierigkeit der
Arbeit kennt.

Kürzlich möge noch der Vorarbeiten, die ich vorgefunden,
gedacht werden. Als G. Hermann gegen Ende des vorigen
Jahrhunderts das erste System der Metrik aufstellte, setzte er die
Identität von Metrum und Rhythmus schlechthin voraus und war
um die rhythmischen Verhältnisse der einzelnen Metra unbekümmert. Er kannte nur die Metriker und ignorirte die Rhythmiker völlig, ja sie scheinen ihm anfangs fast unbekannt geblieben zu sein, wie daraus hervorgeht, dass er Thatsachen, von
denen die Alten genaue Nachricht geben, wie z. B. die Pausen,
völlig ableugnete. Voss und Apel waren die ersten, welche
daran dachten, den griechischen Versen einen Rhythmus zu
geben, der ihnen von früheren Musikern, wie Forkel, abgesprochen
war. Freilich gaben sie ihnen nicht den antiken, sondern nur
einen modernen Rhythmus; sie rhythmisirten die griechischen
und römischen Gedichte, wie ein heutiger Componist seinen modernen Text, ja sie dachten nicht einmal daran, dass die griechische Rhythmik von der modernen verschieden sein könnte,
obgleich doch auch die moderne Rhythmik in den letzten drei
Jahrhunderten bedeutende Veränderungen erfahren hat. Für die
aus gleichen Füssen bestehenden Verse ergab sich der Rhythmus
von selbst; wie aber bei ungleichen Versfüssen? das war die
Frage. Voss gab dem 3-zeitigen Fusse, wenn er mit einem 4-
zeitigen verbunden war, eine 4-zeitige Messung, der iambische
Trimeter lautet bei ihm

So kann man zwar singen, aber nicht recitiren, und Voss selber
hat sicherlich anders gelesen. Diese Messung blieb ohne Nachahmung, und erst in neuester Zeit hat sie Meissner im Philologus 1850 S. 95 ff. wieder geltend zu machen versucht. Er misst

So können wir singen, wenn wir ein antikes Gedicht melodisiren
wollen, aber die Alten weisen ausdrücklich einen solchen Rhythmus ab. Aristoxenus ist doch wohl ein guter Gewährsmann für
die Musik der Griechen, und Aristoxenus sagt mit klaren Worten:
ὁ τοῦ τριπλασίου λόγος |♩. ♪| οὐκ ἔρρυϑμός ἐστιν. Die Grie-
chen hielten sich an die sprachliche Prosodie, und der Gegensatz der 3-zeitigen und 1-zeitigen Silben innerhalb desselben
Taktes, der bei declamatorischen Vortrage auch uns unrhythmisch
scheinen würde, war es bei den Griechen auch im Gesange.
Den paeonischen Takt will Meissner völlig aus der griechischen
Rhythmik verbannen, obwohl ihn die moderne Musik nicht bloss
im Volksliede, sondern auch in der Oper zulässt; die Griechen
erkennen ihn nicht bloss an als das dritte Rhythmengeschlecht,
sondern geben auch über sein Verhältniss zu den übrigen die
genauesten und feinsten Bestimmungen: so vermochten sie im
paeonischen Takte 25 Moren als ein Taktganzes zu vernehmen,
während sie im Zweiviertel-Takte, womit Meissner den paeonischen identificiren will, nicht mehr als 16 oder 20 Moren zu
einem Ganzen vereinigen konnten. Die Triolenform, welche
Meissner den Griechen vindicirt, ist nur eine ungewöhnliche
Schreibart für eine geläufigere Form. Seine Messung des Creticus

ist dieselbe wie

Wenn ferner Meissner den Dochmius misst

so ist dies nur eine andere Form für

oder nach der Bezeichnung der griechischen Musiker: ῥυϑμ.
δωδεκάσημος διπλάσιος

Apel setzte sich zu „der philologischen oder gelehrten" Be-
handlungsweise der Metrik, wie sie Hermann mit bewunderungs-
würdigem Erfolge eingeschlagen hatte, in einen ohne Rückhalt

ausgesprochenen Gegensatz und construirte seine Metrik nur
nach modernen Principien, die auf deutsche, griechische und alle
mögliche Poesie gleiche Anwendung finden sollten. Die rhythmische Tradition der Griechen, von der er kaum die oberfläch-
lichste Kenntniss besass, hielt er für Thorheit und Unverstand;
alle Angaben derselben, die nicht zu den gewöhnlichen Formen
der heutigen Musik passten, wie das γένος παιωνικόν, die γένη
ἄλογα, wurden von ihm schlechthin abgeleugnet. Wo er ausnahmsweise eine alte Stelle herbeizog, zeigte er meist, dass er
das Uebrige nicht kannte. Apel nimmt für die griechischen
Metra fünf verschiedene Takte an, den $\frac{2}{4}$-, $\frac{3}{8}$-, $\frac{3}{4}$-, $\frac{6}{8}$- und $\frac{9}{8}$-Takt.
Er benennt sie

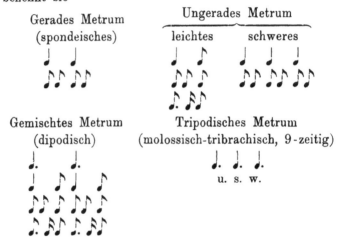

Gerades Metrum (spondeisches)

Ungerades Metrum — leichtes — schweres

Gemischtes Metrum (dipodisch)

Tripodisches Metrum (molossisch-tribrachisch, 9-zeitig)

u. s. w.

Hierzu fügt er noch Takte mit Triolenform, „das gemengte
Metrum". Eine jede griechische Strophe, so meint er, bewahrt
durchgehends einen dieser Takte, die verschiedenen Formen desselben Taktes können beliebig mit einander wechseln. Um die
antiken Metra den Takten anzupassen, wurden sie in der wunderlichsten Weise zerhackt und bis zur völligen Unkenntlichkeit
entstellt; Apels Messungen der dorischen und alcaeischen Strophe

εἶλετ' αἰῶνα φθιμένου Πολυδεύκης Κάστορος ἐν πολέμῳ

statt:

gehören noch zu den erträglichsten. Die von ihm statuirten Takte
kommen allerdings in der griechischen Rhythmik vor, aber sie sind
nur ein karger Nothbehelf, wenn man den grossen Reichthum

der griechischen Takte dagegen hält. Es ist leicht für sie eine moderne Bezeichnung zu finden. Was die Griechen πούς nennen, ist unser „Takt", vom 3-zeitigen bis zum 25-zeitigen, ihr γένος unser „Taktgeschlecht". Fassen wir den χρόνος πρῶτος als Achtel, so ergeben sich für die griechische Rhythmik folgende Takte:

I. Gerades Taktgeschlecht

$\frac{2}{4}$, $\frac{6}{8}$, $\frac{2}{2}$ (σπονδ. διπλ.), $\frac{4}{4}$, $\frac{10}{8}$, $\frac{6}{4}$, $\frac{12}{8}$, $\frac{16}{8}$.

II. Dreigliedriges Taktgeschlecht

$\frac{3}{8}$, $\frac{3}{4}$, $\frac{9}{8}$, $\frac{9}{2}$ (σημαντ.), $\frac{12}{8}$, $\frac{15}{8}$, $\frac{9}{4}$, $\frac{18}{8}$.

III. Fünfgliedriges Taktgeschlecht

$\frac{5}{8}$, $\frac{5}{4}$, $\frac{15}{8}$, $\frac{20}{8}$, $\frac{25}{8}$.

Von allen diesen Takten kennt Apel nur die zwei ersten geraden und die drei ersten dreigliedrigen Takte und muss schon deswegen selbst von den ihm bekannten eine falsche Anwendung machen. Die Lehre von den μεταβολαί, die bei allen Rhythmikern vorkommt, war ihm unbekannt; was er darüber in der Vorrede des zweiten Theils p. XXV und XXVI vorbringt, beruht auf den ärgsten Missverständnissen der alten Quellen. Der einzige Punct, in welchem Apel das Richtige getroffen hat, ist sein flüchtiger Daktylus, zugleich der Einzige, wo er gegen sein sonstiges Princip auf die Angaben der Alten einige Rücksicht genommen hat. Aber dieser Punct verschwindet wieder unter der wüsten Masse der Hariolationen und Hypothesen, und es lässt sich auch hierauf anwenden, was ein berühmter durch die besonnene Gründlichkeit seiner Methode ausgezeichneter Philolog bei einer anderen Gelegenheit von Apel sagte, dass hier die blinde Henne ein gutes Korn gefunden habe. Ferner muss noch erwähnt werden, dass Apels Auffassung des unter Trochaeen und Iamben gemischten Spondeus

sich einigermassen den Angaben der Alten annähert. Apel sah hier ein *sforzato* oder besser ein *marcato*, und hierin ist insofern etwas Richtiges enthalten, als die grössere Intension des schlechten Takttheiles zugleich eine etwas längere Dauer in sich schliesst und so der Takt dem χορεῖος ἄλογος entspricht. Wir konnten aber hierauf um so weniger Rücksicht nehmen, als Apel das γένος ἄλογον bei den Griechen überhaupt ableugnet. Apel besass nicht die philologischen Mittel, um für die griechische Metrik und Rhythmik Erspriessliches leisten zu können, seine Metrik ist das Werk eines geistreichen Dilettanten, der sich in widerwärtigem Hochmuthe gegen den Meister der Wissenschaft, G. Hermann, erhob. Das Licht des Geistes ohne den Reflex einer reichen Objectivität, ohne die treue Hingabe an den Stoff und an die Vergangenheit ist nur ein heller Schein auf dunkler Tiefe, der blenden kann, aber nicht leuchtet. Die wissenschaftliche Bearbeitung der Rhythmik und Metrik hat daher mit Apel nichts zu schaffen und kann in seinem Thun und Treiben nur ein Warnungsbeispiel sehen.

Voss und Apel bleibt das Verdienst, dass sie anregend gewirkt und auf die Lücken des Hermann'schen Systemes aufmerksam gemacht haben. Der erste aber, welcher mit umfassendem und zugleich besonnenem Geiste, mit gründlicher Gelehrsamkeit und wissenschaftlicher Methode Rhythmik und Metrik vereinigte und hiermit weit über den Hermann'schen Standpunct hinaus eine neue Epoche der metrischen Wissenschaft begründete, war Boeckh. Seine Forschungen sind auf diesem Gebiete die einzigen, und die Art seiner Untersuchungen ein bleibendes Vorbild. Boeckhs sicherer, überall auf historische Betrachtung gerichteter Blick erkannte zuerst, dass die rhythmische Tradition der Alten nicht ein leeres Theorem späterer Grammatiker sei, sondern aus guter alter Zeit herstamme, wo die musische Kunst noch unmittelbar im Leben stand, und hiermit hatte er den Gedanken ausgesprochen, welcher für immer massgebend bleiben muss. Warum Boeckh nur wenige Puncte der rhythmischen Tradition behandelte und die wichtigsten oft nur andeutete, davon die Gründe anzugeben, sind wir nicht befugt; es ist genug, dass Alles das, was er berücksichtigte, stets negative oder positive Bedeutung hatte und zu erneuter Forschung anregte. Im Ganzen stand aber auch Boeckh noch zu sehr unter dem Einflusse der modernen Theorien über die absolute Taktgleichheit im griechischen Melos, und dies hinderte ihn, sich bei der Messung der Zeiten genau an die Angaben der Alten zu halten, wie auch gerade die μεταβολὴ ῥυϑμῶν von ihm unberührt blieb. Die Gründe, weshalb wir von der Boeckh'schen Messung und dem darauf gebauten Systeme der χρόνοι abweichen, haben wir ausführlich dargelegt. In dem literarischen Verkehre, der zwischen

den beiden grossen Meistern der metrischen Wissenschaft statt-
fand, sind hier und da einige Puncte berührt worden, welche
negativ oder positiv von grosser Bedeutung waren, namentlich
aber machte sich der Gedanke geltend, dass es an einer durch-
greifenden Darstellung des antiken Systemes der Rhythmik noch
mangelte. Es war ein merkwürdiges Geständniss, mit welchem
der geniale Begründer der Metrik seine metrischen Arbeiten be-
schloss: metricam artem nondum satis explanatam esse, rhyth-
micam vero totam in tenebris iacere. Von Boeckh angeregt
hatte Hermann später die Rhythmiker eifrig studirt, und einzelne Bemerkungen von ihm zeigen, wie viel er auch hier vermocht haben würde, wenn er ihnen früher seine Aufmerksamkeit
zugewandt hätte.

Gegen die rhythmischen Ansichten Boeckhs erhob sich
Feussner, der in allen wesentlichen Puncten auf Apels Standpunct zurückging und diesen durch philologische Methode zu
rechtfertigen versuchte. In seiner Abhandlung de metrorum et
melorum discrimine wollte er das Apel'sche Postulat absoluter
Taktgleichheit aus den Alten selbst erweisen und brachte hierfür die Stellen zusammen, die irgend wie für diese Ansicht
sprechen konnten; aber er begnügte sich damit, nur den allgemeinen Gedanken der Taktgleichheit durch antike Zeugnisse
festzustellen, auf die damit im nächsten Zusammenhange stehenden Abschnitte über die μεταβολή, auf die Messung der einzelnen Verse und das System der χρόνοι ging er nicht weiter ein,
er wollte eben weiter nichts beweisen, als dass antiker und moderner Takt völlig identisch sei. Dass bei so weit auseinander
liegenden Zeiten der griechische und moderne Takt verschiedene
Eigenthümlichkeiten habe, dass in der modernen Musik selbst
die Taktverhältnisse sich im Laufe der Jahrhunderte verändert
haben, darum war er völlig unbekümmert. In den Beilagen zu
seiner verdienstlichen Ausgabe des Aristoxenus behandelte er von
Neuem die Taktgleichheit, vorzüglich aber die Lehre der Alten von
der Takterweiterung, in der er ebenfalls die völlige Uebereinstimmung antiker und moderner Rhythmik nachzuweisen strebte. Wir
haben hierüber in unserer Auseinandersetzung ausführlich gesprochen. Feussner ging überall von bestimmten Ansichten aus, die er
bei den Alten wiederfinden wollte. Immerhin aber ging er doch
überall auf die Tradition zurück und suchte für seine Postulate
wichtiges Material zu sammeln, das im Voraus den Reichthum

des vorhandenen aber noch unbenutzten Stoffes beurkunden konnte. Nur zweimal gab er eine Probe seiner Messung, an den Ionici und an der dorischen Strophe. In den Ionici folgte er der Theorie Apels, von welcher schon Boeckh gesagt hatte: inde universam Apelii doctrinam ut desperatam prorsus relinquere coepi. Auch in der Messung der dorischen Strophe nähert er sich Apel an:

'Ατρεχὴς Ἑλλανοδίχας γλεφάρων Αἰτωλὸς ἀνὴρ ὑψόθεν

Der modernen Taktfolge zu Liebe wird hier die daktylische Tripodie, das charakteristische Element der dorischen Strophe überhaupt, in zwei Reihen zerschnitten, und angenommen, dass der auslautende Spondeus zwei Daktylen gleich ist. Hier tritt wieder der unheilvolle Conflict zwischen metrischer und rhythmischer Reihe ein, an welcher die Apel'sche Metrik krankt, und die einfachen typischen und stätigen Bestandtheile der dorischen Strophe werden gegen alle metrischen Gesetze zerstückelt.

Nach Feussner hat Caesar schätzbare Beiträge für die antike Rhythmik geliefert, besonders in der Recension von Feussners Aristoxenus (Zeitschr. f. Alterthumsw. 1841 No. 1) und durch die Herausgabe der Prolambanomena des Psellus (Rhein. Mus. 1842 S. 620). Seiner Auffassung der antiken Terminologie von χρόνος ἀσύνθετος und σύνθετος, die er gegen Feussner geltend macht, müssen wir völlig beistimmen, was nicht hätte unerwähnt bleiben sollen. Dagegen halten wir Boeckhs Ansicht über die Stelle des Aristides vom ἰαμβοειδής und τροχοειδής im Wesentlichen für richtig und können hier nicht mit Caesar eine Interpolation annehmen. Die ῥυθμοὶ μιχτοί machen nämlich den natürlichen Schluss in der Reihe des Aristides (cf. Aristid. p. 39 ἁπλοῖ, σύνθετοι, μιχτοί), die Worte ἕτεροι μιχτοί beziehen sich auf das vorhergehende μιγνυμένων δὴ τῶν γενῶν τούτων, und da unter den μιχτοί der δάχτυλος κατὰ χορεῖον τὸν ἰαμβοειδῆ und τροχοειδῆ genannt ist mit dem Zusatze: ἀπὸ τῶν προειρημένων ποδῶν τὰς ὀνομασίας ἔχουσιν, so folgt daraus, dass Aristides im Vorausgehenden von dem ἰαμβοειδής und τροχοειδής gesprochen haben muss, wie es in der handschriftlichen Ueberlieferung der Fall ist.

Von tiefgreifender Bedeutung war uns Bellermanns sehr
verdienstliche Herausgabe des bis dahin noch nicht edirten Anonymus. Es sind zwar nur wenige Zeilen, die sich in dem Syn-
gramma des Anonymus auf Rhythmik beziehen, aber sie enthalten gerade das, worüber die bis dahin bekannten Quellen
keinen sicheren Aufschluss gaben, nämlich ein vollständiges Verzeichniss der rationalen χρόνοι und der Pausen mitsammt der
antiken Bezeichnung, so dass hiermit dem Streite über die 3-
zeitige Sylbe u. s. w. für immer ein Ende gemacht ist. Wir
haben uns daher hier aller Polemik und aller Deductionen enthalten können. Wer längere χρόνοι und Pausen annehmen will,
mag zusehen, wie er dies rechtfertigen kann. Jenes von dem
Anonymus erhaltene System bis zum 5-zeitigen χρόνος und bis
zur 4-zeitigen Pause reicht für die Strophencomposition vollkommen aus und steuert zugleich aller der Willkühr, die bisher
stattgefunden hat. Ebenso ist uns Bellermanns treffliche, nach
neuen handschriftlichen Collationen unternommene Bearbeitung
der Hymnen des Dionysius und Mesomedes durch die Notirung
auch für die Rhythmik wichtig gewesen. Im übrigen konnten
uns die Bearbeitungen der griechischen Harmonik für diesen
ersten Theil wenig förderlich sein, da die Rhythmik ausserhalb
ihres Gebietes liegt.

Ueber Umfang und Methode der vorliegenden Arbeit sind
schon oben die nöthigen Andeutungen gegeben. Die Schriften
der Musiker, Metriker und Grammatiker sind nur der eine Theil
der Quellen, die hier in Betracht kommen, der andere Theil besteht in den erhaltenen Dichterwerken selbst: darauf, dass beide
in Uebereinstimmung gesetzt werden, dass die Angaben der
Alten auf die Dichter Anwendung finden, beruht der letzte End-
zweck der griechischen Rhythmik. Wir haben der historischen
Tradition, wo sie positive Thatsachen bringt, stets Glauben ge-
schenkt. Wo wir versucht waren, ihre Angaben in Zweifel zu
ziehen, da mussten wir bei fortgesetzter Forschung selbst ein-
gestehen, dass wir damals noch nicht zum richtigen Verständnisse gekommen waren. Wo uns aber in manchen Fragen die
Alten verlassen, da ist doch meistens hinreichendes Material vorhanden, das, zu vorsichtigen Combinationen benutzt, das Problem
lösen kann. In einigen Fällen haben wir uns der letzten Ent-
scheidung enthalten, wie bei dem Dilemma von χρόνος κενός
oder παρεκτεταμένος. Es lagen uns zwar Gesichtspuncte genug

vor, aus denen sich hier ein System construiren liess; doch ob
wir die antiken Gesetze getroffen hätten, war zu fraglich, als
dass wir damit hätten hervortreten mögen. Versende, Inter-
punction und Wortbrechung sind wenigstens nicht die einzigen
Normen, wonach jenes Dilemma zu entscheiden ist. Wer die
Discrepanz der bisherigen Ansichten über Rhythmik kennt, wird
uns unsere Enthaltsamkeit zu danken wissen. Die rhythmische
Tradition hat eine ungleich grössere Bedeutung, als die metrische
und grammatische; ohne sie würde eine griechische Rhythmik
niemals möglich sein, weil die rhythmischen Gesetze keineswegs
schon durch die erhaltenen Dichterwerke selbst gegeben sind
Eine Grammatik und Metrik ist ohne die alte Tradition ungleich
eher möglich als eine Rhythmik, wenn auch der immer ein
schlechter Grammatiker und Metriker bleibt, der die Tradition
und die darin enthaltenen Thatsachen nicht benutzen wollte.

Tübingen 1854.

A. Rossbach.

Aus dem Vorworte

zu den Fragmenten und Lehrsätzen der griech. Rhythmiker.

Lieber Rossbach, es sind jetzt gerade sieben Jahre, als Du die alten Musiker von der Tübinger Bibliothek in unsere gemeinsame Wohnung brachtest und versichertest, dass wir ohne diese Bücher nicht weit in der Metrik kommen würden. Ich kannte sie nur aus secundären Quellen, wie aus Boeckhs Erörterungen zu den metra Pindari und hatte mir immer gedacht, dass ausser den griechischen Dichtern selber die alten Metriker und unser eigener Scharfsinn ausreichen würde, um mit dem Verständnisse der Strophengattungen der Dramatiker, worauf damals unser Hauptaugenmerk gerichtet war, zu Ende zu kommen. Ich glaube, wir hatten den Tag sogar einen ziemlich heftigen Streit, als Du verlangtest, wir müssten jetzt alles Andere bei Seite lassen und die alten Rhythmiker und Harmoniker studiren. Aber wir haben uns auch hier bald geeinigt: Du nahmst die Rhythmiker und ich die Harmoniker; aber auch den ersteren habe ich damals eine rege Theilnahme zugewandt, während die schwere Last der Harmoniker allein auf mir liegen blieb. So trocken diese Sachen auch waren, so reizte doch gerade die grosse Schwierigkeit des Verständnisses immer tiefer hineinzudringen, und die Arbeit ging so eifrig von Statten, dass nach kaum mehr als Jahresfrist die griechische Rhythmik vollendet war. Wir hatten beide eingesehen, dass für eine wissenschaftliche Darstellung der antiken Metrik jedenfalls die Sätze der alten Rhythmiker die Voraussetzung bilden mussten, und je mehr wir hier von unsern Vorgängern verlassen und fast ganz und gar auf den ersten Anbau eines noch völlig brach liegenden Feldes angewiesen waren, um so mehr fühlten wir die Nothwendigkeit einer umfassenden Zusammenstellung alles dessen, was von rhythmischer Tradition der Alten erhalten war. Erst dann nahmen wir unsere Arbeit über die Strophengattungen der lyrischen und dramatischen Dichter, die über ein Jahr lang geruht hatte, wieder auf, und

wir beide wissen recht gut, welchen Nutzen wir auch für diesen
speciellsten Theil der Metrik aus der antiken Rhythmik gewonnen haben.

Auch Du hast die erste Bearbeitung der griechischen Rhythmik schon gleich mit ihrem Erscheinen nicht für vollendet und
abgeschlossen gehalten; aber durch andere Arbeiten in Anspruch
genommen bist Du selber nicht wieder auf die griechische Rhythmik zurückgekommen. Gerade auf diesem Felde hat die frühere
Gemeinsamkeit unserer Studien am wenigsten fortgedauert. Ich
aber glaubte es unserer Metrik schuldig zu sein, die rhythmischen
Untersuchungen, wie wir sie in Tübingen begonnen hatten,
weiter fortzusetzen, und so ist denn endlich dieses Buch entstanden, dass Dir die schönen Tage alter gemeinsamer Arbeit
wieder ins Gedächtniss zurückrufen möge. Alle diejenigen Puncte
der Rhythmik vom J. 1854, mit deren Ausführung ich jetzt noch
übereinstimme, sind hier nur kurz angedeutet worden, und nur dasjenige, was dort noch nicht gefunden oder noch nicht zu Ende geführt
ist, ist hier ausführlich behandelt. Dieses letztere ist nun nicht
wenig, und mein ganzes Buch ist zum nicht geringen Theile eine
Polemik gegen das Deinige geworden. Ich weiss, Du lässest
Dir eine solche Polemik gern gefallen; Du weisst auch, dass ich
mit den Urtheilen der übrigen, die Dein Buch mit grosser Aus-
zeichnung hervorgehoben haben, auch jetzt noch völlig übereinstimme. Die Polemik kommt hier ganz von selber, denn alle
weitere Untersuchung über griechische Rhythmik wird sich für
alle Zeit an jene erste umfassende Darstellung derselben anzuschliessen haben. Ich will auch gern gestehen, dass ein weiteres
Forschen auf diesem Gebiete gar nicht möglich sein würde, wenn
nicht jene ersten Ergebnisse gedruckt vorgelegen hätten.

In den fünf Jahren aber, die zwischen dem Erscheinen
Deiner Rhythmik und der Vollendung dieser zweiten Bearbeitung
desselben Gegenstandes in der Mitte liegen, glaube ich manches
Neue auf diesem Gebiete gelernt zu haben, was der Veröffent-
lichung werth ist. In keinem Puncte der Metrik finden solche
Differenzen statt, als gerade in den Fundamentalsätzen, für die
bisher fast ein Jeder lediglich auf sein rhythmisches Gefühl angewiesen war.

Von keinem anderen Standpuncte nämlich als diesem ist
Bentley und späterhin Hermann ausgegangen und in gleicher
Weise sowohl die Anhänger wie die Widersacher des Hermann-

schen Systems. Dies rhythmische Gefühl ist bei uns Allen dasselbe und bis auf einige freilich sehr wichtige Puncte auch dasselbe wie bei den Alten; ich kann daher die meisten Sätze aus
dem Anfange von Hermanns Metrik mit bestem Gewissen unter-
schreiben. Aber wie sollen wir zu diesem rhythmischen Gefühle
die Metra der Alten in Beziehung setzen? Darüber gehen die
Ansichten weit auseinander, indem dies jeder auf seine eigene
individuelle Weise gethan hat. Forschen wir aber mit Ernst
und Eifer nach Regulativen, so bieten sie sich uns in der rhythmischen Tradition der Alten dar. Was diese uns über Taktarten,
rhythmische Glieder, Ictusverhältnisse u. s. w. überliefern, das muss
für uns in der That das Massgebende sein; denn es sind Angaben über die Art und Weise, wie die Alten selber ihre Poesien
vorgetragen haben. Ich habe in der Einleitung nachgewiesen,
dass die Lehrsätze des Aristoxenus keineswegs ideelle Kategorien
sind, die er etwa vom eigenen subjectiven Standpuncte aus für
den Künstler aufstellt, und dass seine Rhythmik keineswegs ein
abstractes System ist, in welches er selber die Verse der alten
Dichter und die Compositionen der alten Musiker einspannen
will, sondern dass sie die lebendigen Thatsachen der klassischen
Kunst enthält. Was uns daher Aristoxenus oder der spätere
Compilator, der aus ihm geschöpft hat, über die Normen, nach
welchen der antike Dichter seine Werke in Rhythmen gesetzt
und nach welchen man dieselben vorgetragen hat, mittheilt,
muss uns als wahrhafte Thatsache gelten, als eine Thatsache,
der gegenüber unsere individuellen Speculationen und die vielfachen Möglichkeiten, nach denen wir die rhythmischen Grundsätze gestalten können, ein für allemal nicht bloss als unzu-
reichend erscheinen müssen, sondern auch als unwahr, sobald
mit diesen unseren subjectiven Theorien die Berichte der Alten
in Widerspruch treten.

Diese Berichte der Alten nun sind uns in einer höchst frag-
mentarischen und eben deshalb schwer verständlichen Fassung
überliefert. Soviel davon erhalten ist, habe ich in dieser Schrift
zusammengestellt und glaube damit allerdings für die Funda-
mentaltheorien unserer metrischen Wissenschaft einen festen
Kanon gegeben zu haben. Was demselben in unsern bisherigen
metrischen Theorien widerspricht, ist unrichtig, und wir dürfen
es uns nicht verdriessen lassen, umzulernen. Man wird sich
überzeugen, dass die rhythmischen Sätze der Alten sich weithin

über alle metrische Verhältnisse erstrecken und dass die in diesem
Buche aus den Alten zum ersten Male mitgetheilten Angaben
weit mehr in die praktische Metrik eingreifen, als dies bei den
in der ersten Bearbeitung der griechischen Rhythmik gegebenen
Resultaten der Fall war.

Indess bin ich mir wohl bewusst, dass ich die Sache keineswegs zum Abschlusse gebracht habe; noch mancher Satz in den
Fragmenten der alten Rhythmiker ist übrig, aus dem der Scharfsinn der Nachfolgenden neue rhythmische Lehrsätze finden und
damit die Fundamentaltheorie der Metrik bereichern kann. Ich
wünsche nichts mehr, als recht viele glückliche Mitarbeiter bei
dieser Arbeit zu gewinnen. Zu dem Zwecke habe ich, nachdem
ich in einer Einleitung meine Ansichten über die Bedeutung der
rhythmischen Tradition der Alten ausgesprochen habe, zunächst
Alles, was mir von Fragmenten der griechischen Rhythmiker
aufgestossen ist, im Textesoriginale mitgetheilt. Bisher waren
diese Urkunden in vielen Büchern zerstreut, und wenn ich auch
nicht alle, welche vorhanden sind, aufgefunden habe, so findet
der Mitforschende doch in dieser Sammlung weit mehr, als ihm
früher bekannt war. So z. B. die Fragmente aus Aristoxenus
περὶ τοῦ πρώτου χρόνου, aus dem jüngeren Dionys von Hali-
carnass und anderen werthvollen Schriften. Meine Arbeit war
hierbei eine ungleiche. Das Fragment aus dem zweiten Buche
der Aristoxeneischen Rhythmik ist in Bezug auf Wortkritik so
trefflich von Boeckh, Hermann und Feussner behandelt worden,
dass hier abgesehen von der Realerklärung Alles zum Besten
bestellt war und dass nur wenig Gelegenheit gegeben wurde, von
dem bisherigen Texte abzuweichen. Der Text, wie ich ihn gegeben habe, unterscheidet sich hauptsächlich nur dadurch von
dem bisherigen, dass ich den Fragmenten der beiden Bücher, die
uns aus den Rhetoren, aus den Metrikern und aus den Para-
lambanomena des Psellus zu den Trümmern des vaticanischen
und venetianischen Codex hinzukommen, ihre Stelle angewiesen
habe. Die Parallelstellen aus Psellus und den Pariser Fragmenten begleiten unten am Rande den Aristoxeneischen Text.
Anders die rhythmischen Abschnitte aus Aristides; sie sind in
der bisherigen einzigen Ausgabe von Meibom zum grossen Theile
unlesbar. Hier war der Handschriften- und Conjecturalkritik ein
weites Feld geöffnet, und sollte ich auch hin und wieder in
meinen Conjecturen zu weit gegangen sein, so wird man das

bei einer Ausgabe, welche nach den zweihundert Jahren, die
zwischen jetzt und der Zeit Meiboms in der Mitte liegen, er
scheint, wohl entschuldigen können. Neuen handschriftlichen
Apparat habe ich weder für Aristoxenus noch für Aristides
herbeigezogen. Der beste Codex ist für beide der Vaticanische,
welcher in zwei Nummern, 192 und 193, die gesammten Musiker
enthält. Franz hat ihn collationirt, ich habe von seinen Collationen durch die Güte des Herrn Professor Mullach in Berlin
eine kurze Einsicht zu nehmen Gelegenheit gehabt, doch erschien mir die Ausbeute daraus keineswegs so ergiebig, dass ich
den mir zum Kauf angebotenen Nachlass der von Franz für die
Musiker unternommenen Arbeiten an mich bringen mochte. Für
Aristides giebt es ausserdem noch einige vorzügliche deutsche
Handschriften, darunter die prächtig geschriebene zu Wolfen-
büttel. Auf eine dort von mir gehaltene Nachfrage erfuhr ich,
dass sie in den Händen des Professor Caesar in Marburg sei;
soviel ich bei einer darauf in Marburg vorgenommenen Einsicht
ermitteln konnte, stimmt dieser Codex in allen Puncten mit den
beiden Oxforder Handschriften überein, deren Lesarten bereits
Meibom in seinen Annotationes zum Aristides mitgetheilt hat.
Die Uebersetzung, welche Martianus Capella von Aristides, meist
unverständig genug, angefertigt hat, ist, wie man ersehen wird,
für den Text des Aristides eine höchst willkommene Hilfsquelle.
Der bequemen Uebersicht halber habe ich sie unten am Rande
des Aristides hinzugefügt. Emendationen in ihr zu machen, wäre
leicht genug gewesen; aber der Wissenschaft wäre damit keineswegs ein Dienst geleistet worden; denn es ist eben nur eine
Uebersetzung, die uns gerade in der historisch überlieferten
Fassung, aber nicht, wenn die Unebenheiten weg emendirt sind,
von Nutzen ist. Ich habe den Text des Marcianus nach Meibom
gegeben mit Berücksichtigung der Ausgabe von Koppen; nur
hin und wieder, wo augenfällige Corruptelen durch Abschreiber
vorhanden sind, habe ich meine Ansicht in Klammern hinzugefügt; es schien sich nicht der Mühe zu verlohnen, die Abweichungen der einzelnen Handschriften unter einander anzumerken. Was ich für die aus Porphyrius herbeigezogenen Stellen
und die Pariser Fragmente Neues gegeben, wird man auf den
betreffenden Seiten leicht selber ersehen können.

Einen ausführlichen kritischen Commentar unter dem Texte
habe ich aus dem einfachen Grunde nicht gegeben, weil es nach

meiner Ansicht die Lesbarkeit allzusehr erschwert, wenn der
griechische Text auf jeder Seite durch die Anmerkungen nur auf
wenige Zeilen beschränkt wird. Ich habe nur die Abweichung
der Handschriften angegeben; wer hier zuerst in der von mir
im Texte bezeichneten Weise von den Handschriften abgewichen
ist, ob Meibom oder Boeckh oder Feussner oder Hermann oder
ich selber, habe ich nicht bezeichnet; der sachliche Commentar
aber giebt über meine eigenen Neuerungen, wenn sie einer Begründung bedürftig erscheinen, Aufschluss.

Was nun diesen Commentar selbst anbetrifft, so macht er
allerdings den Anspruch, die Lehren der alten Rhythmiker in
vollständiger Darlegung nach den Capiteln und Abschnitten-des
antiken Systems zu enthalten, freilich so, dass er Alles, was in
der ersten Bearbeitung der griechischen Rhythmik ausführlich
und richtig entwickelt zu sein schien, nur dem Resultate nach
ohne die dort gegebene Beweisführung vorführt. Ohnehin musste
der Raum gespart werden für die neuen Lehrsätze, die erst jetzt
aus den alten Rhythmikern gezogen sind, und die, wie man sich
leicht überzeugen wird, für die praktische Metrik eine grössere
Bedeutung haben, als die in der ersten Bearbeitung der Rhythmik gefundenen Resultate.

Von Arbeiten Anderer, die nach Deinem Buche erschienen
sind, ist mir neben der eingehenden Recension desselben von
Pfaff in den Jahrbüchern der Münchener Akademie, die mir zu
vielfachen Erwägungen Veranlassung gegeben hat, keine so
förderlich gewesen, als der Aufsatz über Arsis und Thesis von
Weil in den Neuen Jahrbüchern für Philologie und Pädagogik.
Es betrifft derselbe hauptsächlich die dunkle Stelle des Aristoxenus über die Zahl der χρόνοι in den verschiedenen πόδες. Du
hattest Dich in der Auffassung derselben hauptsächlich an Feussner angeschlossen, dessen Erklärungen Du sonst nie angehangen
hast, und so sehr ich die trefflichen Emendationen schätze, welche
Feussner zu Aristoxenus geliefert hat, so muss auch ich bekennen, dass seine Erläuterungen zu Aristoxenus niemals das Richtige getroffen haben, und dass Du Unrecht gethan hast, in jener
Erklärung der χρόνοι ihm nachzufolgen und diesen Punct nicht
wie das Uebrige ganz von Neuem zu untersuchen. Freilich war
gerade für diese Stelle die Erkenntniss des Richtigen am schwierigsten, und dankbar erkenne ich den wesentlichen Fortschritt an,
welchen die Rhythmik durch jenen Aufsatz von Weil erhalten

hat. Ich hoffe, dass Weil mit der Art und Weise, wie jener
Punct im vorliegenden Buche ausgeführt ist, zufrieden sein
wird. — Eine Arbeit von Dr. Hirsch Aristoxenus und seine
Grundzüge der Rhythmik (im Herbstprogramm des Königl. Gymnasiums zu Thorn vom Jahre 1859) ist leider erst vor einem
Vierteljahre mir bekannt geworden und ich habe sie nicht mehr
benutzen können. Sie geht weniger auf Auffindung der bisher
noch nicht erörterten Puncte, als auf eine zusammenfassende
Darstellung der Aristoxenischen Rhythmik nach dem bisher darüber Geleisteten aus und liefert in der That eine klare und
empfehlenswerthe Darstellung der Aristoxenischen Sätze. — Diesen
Vorzug kann ich einer Schrift von Kasimir Richter: Aliquot
de musica Graecorum arte quaestiones, Monasterii 1856, welche
im zweiten Capitel den Rhythmus der Alten behandelt, nicht zu-
erkennen. Während der über alte Musik handelnde Theil der
Schrift die wunderlichsten Hypothesen über die antiken Tonarten aufstellt, denen die alte von dem Verfasser allerdings nur
zum geringsten Theile gekannte Tradition ganz und gar widerspricht, enthält der Abschnitt über die Rhythmik eine nicht
weniger seltsame Vereinigung der Feussner'schen und der Boeckh'-
schen Ansichten, die sich nun ein für allemal nicht miteinander
vertragen. Etwas Eigenes ist hier nicht vorgebracht. — Die
Fortsetzungen, welche Meissner im Philologus von seinen Arbeiten über den Rhythmus der griechischen Metra geliefert hat,
gehen die antike Rhythmik nichts an, da hier weder Aristoxenus
noch sonst ein alter Rhythmiker berücksichtigt, sondern lediglich vom modernen Taktgefühle aus nach der Weise Joh. Heinr.
Voss' und Apels den Choriamben u. s. w. irgend ein beliebiger
Takt aufgezwängt wird. In dieser Weise kann etwa ein Mendels-
sohn die griechischen Verse in Musik setzen, aber mit den Alten
selber haben solche Theorien nichts zu thun. — Das ist es,
lieber Rossbach, was ich Dir und dem Publicum in dieser Vorrede zu sagen gedachte, ohne den Inhalt der Schrift zu wiederholen. Ich will nur noch das Eine hinzufügen, dass ich es an
andauerndem Nachdenken über die abrupten aber werthvollen
Reste dieser wichtigen Disciplin nicht habe fehlen lassen. Die
Fragmente der Rhythmiker haben mich während der fünf Jahre
fast täglich mittelbar und unmittelbar beschäftigt, so dass ich
jetzt froh bin, in dieser Sache zu einem Abschlusse zu gelangen,
um den zweiten Theil der Metrik, der länger als ich wünschte

auf den Druck gewartet hat, endlich an das Licht treten zu
lassen.

————————

Man weiss längst, dass der unerschöpfliche Reichthum metrischer Formen, der die griechische Poesie so wesentlich von
der modernen unterscheidet, kein blosser äusserlicher Schmuck
ist, sondern dass er mit dem Inhalte im engsten Zusammenhange
steht, und dass ohne Verständniss der Form kein Verständniss
des Inhaltes möglich ist. Wo daher ein gründliches Studium
der griechischen Dichter anhebt, gehen auch sofort mit demselben die Untersuchungen über die Metra Hand in Hand, und
die Resultate dieser Untersuchungen sind für die Gestaltung der
Texte wie für die Würdigung der griechischen Dichter von dem
entschiedensten Einflusse gewesen. Die Quelle für das metrische
Studium war eine doppelte, einmal die erhaltenen Schriften
der Alten über Metrik, sodann die Werke der Dichter
selbst. Die letztere Quelle musste bei weitem die ergiebigste
sein; die Zahl der uns überkommenen Dichterwerke ist zwar
nur eine geringe, aber es ist wohl keine Frage, dass uns in
ihnen wenigstens die Hauptgattungen der alten Metra vorliegen,
und es hat sich genugsam gezeigt, wie ein sorgfältiges Studium
des Erhaltenen aus diesem selber eine grosse Zahl von den Normen metrischer Composition zu finden vermag. Dabei leisteten die
metrischen Schriften der Alten die wesentlichsten Dienste; was hiervon der Nachwelt überkommen ist, ist zwar im Verhältniss zu der
umfangreichen metrischen Litteratur, die bei den Alten existirte,
nur höchst unbedeutend, und selbst die Schrift, die für uns die
vollständigste ist, das Encheiridion Hephaestions, war seiner Bestimmung gemäss nur ein Elementarbuch für die allererste
Unterweisung der ἀπαίδευτοι· aber jene Schriften gewähren uns
eine wenn auch nicht ausreichende metrische Terminologie, sie
überliefern einige der hauptsächlichsten metrischen Gesetze, und
sind endlich von besonderer Wichtigkeit für die Geschichte der
metrischen Kunst, indem sie auch über die Metra nicht erhaltener
Dichter manche werthvolle Notizen geben.

Eine dritte Quelle für die Kenntniss der Metra blieb lange
Zeit unbenutzt, die Schriften der alten Rhythmiker. Man
wusste wohl, dass sie benutzt werden mussten, man suchte sie
auch als eine wesentliche Ergänzung der Metriker herbeizuziehen,
aber im Ganzen zeigte sich wenig Eifer und wenig gründliches

Eingehen, und der Ertrag war ein sehr geringer. Die Gründe
liegen zum grössten Theil in der Schwierigkeit des Verständnisses, die hauptsächlich in der eigenthümlichen rhythmischen Terminologie beruht und durch die Lückenhaftigkeit der
Ueberlieferung noch bedeutend erhöht wird. G. Hermann wusste
sehr wohl, dass die Kenntniss der Rhythmik über die Metrik ein
ganz neues Licht verbreiten würde, aber er verzweifelte an der
Möglichkeit einer Restauration aus den erhaltenen Fragmenten.
So sagt er in der Vorrede seiner Elementa von den beiden Haupt-
quellen der Rhythmik: Si ea quae Aristoxenus peritissimus simul
et diligentissimus scriptor litteris mandaverat alicubi reperirentur,
non est dubium, lucem universae rationi poeseos accensum iri
clarissimam . . . Itaque quo in statu nunc res est, nihil amplius
scimus quam diversas fuisse rhythmorum doctrinam et scientiam
metrorum; rhythmos enim ad musicam et cantum, metra ad poesin
pertinuisse, unde intelligimus, rhythmum aliquam similitudinem
habuisse cum eo quem hodie tactum musici vocant, etsi alia ex
parte huic dissimillimus fuerit necesse est. Utramque et rhyth-
micam et metricam doctrinam primis lineis adumbravit Aristides
Quintilianus, sed tam breviter tamque parum explicate, ut pere-
xiguus inde fructus redundet. Wir geben gern zu, dass eine vollständige Wiederherstellung der antiken Rhythmik aus den jetzt
vorliegenden Quellen nicht möglich ist, aber das erhaltene Material
ist bei weitem reicher, als man gewöhnlich glaubt, es ist mindestens so bedeutend, dass es uns auf eine nicht kleine Zahl der
wichtigsten Fragen genügende Auskunft ertheilt; und aus dem
positiv Ueberlieferten lassen sich bei der mathematischen Natur
dieser Disciplin weitere wohlbegründete Sätze gewinnen. Ueber-
dies sind abgerissene Fragmente ihrem Werthe nach nicht
endgültig abzuschätzen; eine energische Forschung und der Fortschritt der Zeiten findet hier gar vieles, was der erste Einblick
nicht ahnen liess.

Rudolf Westphal.

Nachwort zur dritten Auflage der griechischen Rhythmik.

Schwerlich wird mir eine nochmalige Bearbeitung des von
Aristoxenus, Aristides u. A. über die antike Rhythmik Ueberlieferten vergönnt sein. Mit dem vorliegenden Buche muss
ich von diesen seit dem Anfange der fünfziger Jahre in Angriff
genommenen und seit dieser Zeit niemals zur Seite gelegten
Studien Abschied nehmen. Von der ersten Auflage hat diese
dritte kaum etwas anderes als die Aristoxenische Scala der
Taktmegethe und die grösseren πόδες ἁπλοῖ des Aristides beibehalten können. Am meisten haben H. Weil in Paris und
Dr. E. F. Baumgart in Breslau mich in meinen Forschungen zu
weiteren Resultaten vorwärts getrieben. Doch währte es lange
Zeit, bis es mir gelang die einander widerstrebenden Anschauungen dieser beiden um die griechische Rhythmik hochverdien-
ten Forscher zu vereinigen und hiermit in das wahre Wesen der
Aristoxenischen Chronoi podikoi und zugleich der Chronoi Rhythmopoiias idioi einzudringen. Als ich am Ende der siebenziger
Jahre in Moskau meine „Theorie der musikalischen Rhythmik
seit Bach" niederschrieb, musste ich bekennen, dass mir die Aristoxenische Auffassung dieser Punkte ein Mysterium geblieben
sei. Das einzige, was ich in jenem Buche über griechische Rhythmik Neues zu sagen hatte, war die Unterscheidung des hesychastischen und diastaltischen Tropos Rhythmopoiias. Erst im
letzten Jahre meines Moskauer Aufenthaltes sollte mir durch
Verbindung der rhythmischen Sätze des Aristoxenus mit der
von den Metrikern über die monopodischen und dipodischen
Basen gegebenen Tradition ein Verständniss der Aristoxenischen
πόδες mit zwei, drei, vier Chronoi podikoi und derjenigen Chronoi
werden, deren Anzahl, wie Aristoxenus sagt, das Doppelte oder
das Vielfache der zwei, drei, vier Chronoi podikoi ist. Eine
Herbeiziehung der von den Metrikern über monopodische und
dipodische Basen aufgestellten Theorie zur Erklärung der Aristoxenischen podikoi war schon im Jahre 1859 in den Fragmenten und Lehrsätzen der griechischen Rhythmiker versucht
worden. Freilich ganz erfolglos. Denn ich hatte damals die
monopodischen und dipodischen Basen der Metriker mit den Aristoxenischen Chronoi podikoi identificirt. Dagegen hatte Julius
Cäsar ein Veto eingelegt, welches ich längst als wohlberechtigt

anerkannte, als mich E. F. Baumgarts Polemik in dessen inhalts-
reicher Abhandlung „Die rhythmischen Reihen bei den Griechen"
endlich finden liess, in welcher Beziehung die Lehre von der
monopodischen und dipodischen Basis zu den Aristoxenischen
Chronoi steht; Baumgart hatte den Nachweis geführt, dass jene
bei Psellus erhaltene Stelle des Aristoxenus, auf welche die früher
von mir angenommene Auffassung H. Weils bezüglich der zwei,
der drei, der vier Chronoi in den Aristoxenischen $\mu\varepsilon\gamma\acute\alpha\lambda o\iota$ $\pi\acute o\delta\varepsilon\varsigma$
$\sigma\acute v\nu\vartheta\varepsilon\tau o\iota$ beruhte, unmöglich von Aristoxenus herrühren könne,
sondern der Zusatz eines gelehrtthuenden Grammatikers, d. i.
eines Scholiasten sei. Hierdurch wurde die Frage nach den
Chronoi podikoi auf eine ganz andere Basis gestellt. Das Verhältniss derselben zu den monopodischen und dipodischen Basen
ergab sich nunmehr von selbst, wie ich dies in meiner Uebersetzung und Erläuterung des Aristoxenus ausführen konnte. Das
dort gegebene Endresultat: der zusammengesetzte Takt im Sinne
des Aristoxenus hat so viel Chronoi podikoi als die Zahl der
in ihm enthaltenen einfachen Takte oder Versfüsse beträgt und
die in jedem dieser Versfüsse (als Einzeltakte gefasst) enthaltenen Arsen und Thesen sind identisch mit den Chronoi Rhythmopoiias idioi, dies überaus einfache Endergebniss mochte wohl
deshalb von den Lesern meiner Aristoxenus-Bearbeitung mit
Misstrauen entgegengenommen werden, weil in meinen rhythmischen Fragmenten eine wesentlich andere Auffassung von dem
Verhältniss der monopodischen und dipodischen Basen zu den
Chronoi podikoi gegeben war. Auch von Anderen ist es anerkannt, dass ich bei den so schwierigen Studien, welche ich der
antiken Rhythmik widmete, stets die selbstlose Energie bewiesen habe, nicht mit meinen früheren Auffassungen zu lieb-
äugeln, sobald ich sie als unrichtig erkannt hatte, sondern selber
als unerbittlicher Gegner derselben aufzutreten und so lange
zu arbeiten, bis ich das Richtige an ihre Stelle setzen konnte.
Aber was ich in der Uebersetzung und Erläuterung des Aristoxenus über die Chronoi podikoi und Rhythmopoiias idioi
dargelegt habe, das sind Sätze, an denen ich ebenso festhalten
muss, wie an der im ersten Beginn meiner rhythmischen Studien
gewonnenen Restitution der Aristoxenischen Scala der Taktmegethe, und es gereicht mir angesichts der sonst so vielfach
von mir bewiesenen Bereitwilligkeit, eigene irrige Ansichten durch
richtige zu ersetzen, zur grossen Genugthuung, dass ich in dem

c*

hier vorliegendem Abschlusse meiner rhythmischen Studien bezüglich der Chronoi podikoi und Rhythmopoiias idioi genau an
den von mir in meiner Aristoxenus-Bearbeitung ausgesprochenen Sätzen festhalten konnte, indem ich denselben nichts als die dort fehlenden Erläuterungen aus
analogen Takten der Bach'schen und Händel'schen Musik hinzufügte. Nicht minder habe ich auch hier daran
festhalten müssen, dass der kyklische Versfuss dem
Recitationsverse, aber nicht dem melischen Verse angehört, dass vielmehr für die Sylbenmessung des melischen Verses aufs strengste an demjenigen, was Aristoxenus darüber sagt, festgehalten werden muss.

Den kyklischen Versfuss für die melische Rhythmik der
Griechen gänzlich zu beseitigen, vielmehr die Sylbenmessung in
den lyrischen Versen der Alten nach dem Vorbilde des zweiten
D-Dur-Präludiums im Wohlt. Clav. zu bestimmen, die Aristoxenischen Chronoi podikoi und Rhythmopoiias idioi in den aus
mehreren Versfüssen zusammengesetzten Takten moderner Composition, namentlich Bachs wiederzufinden, damit sind, denke
ich, die Hauptprobleme gelöst, welche noch für die griechische
Rhythmik vorlagen. Diese Hauptsachen in der griechischen
Rhythmik endgültig festgestellt zu haben, darauf erhebe ich entschiedenen Anspruch. Ebenso gern gebe ich zu, dass manche Einzelheiten anders gefasst werden können, als es in dem vorliegenden Buche geschehen ist und darf im Allgemeinen — meine
Conjectur in der Aristoxenischen Definition des χρόνος πρῶτος
halte ich aufrecht — mit demjenigen, was Heinrich Gurauer in
der Berliner philologischen Wochenschrift 1885, Nr. 17 über
den Text des Aristoxenus sagt, mich einverstanden erklären.

Ist es nicht schon öfter vorgekommen, dass eine ernste nur
im Interesse wissenschaftlicher Theorie unternommene Arbeit zu
höchst willkommenen praktischen Ergebnissen geführt hat, die
anfänglich nicht im mindesten in Aussicht genommen waren?
Sind nicht fast alle wichtigen Entdeckungen auf dem Gebiete
der Chemie, die so umgestaltend auf unser Kulturleben eingewirkt
haben, aus uneigennützigen theoretischen Arbeiten hervorgegangen? Gerne schliesse ich mich Herrn E. von Stockhausens Auffassung an, dass in der Anwendung des Aristoxenischen Systemes
auf die rhythmischen Formen unserer modernen Musik dessen Haupt-
bedeutung liegt. Erst dadurch, dass die Aristoxenische Doctrin

über die zusammengesetzten Takte und deren Chronoi podikoi
beherzigt wird, erst dadurch vermag man über das Wesen unserer zusammengesetzten Takte ins Klare zu kommen und auf
diese Weise zur Einsicht zu gelangen, dass nicht bloss mit dem
Anlaute unseres zusammengesetzten Taktes, sondern ebenso häufig auch im Inlaute oder gar unmittelbar vor dem Auslaute desselben
ein rhythmischer Abschnitt beginnt. Für den rhythmischen Vortrag monodischer Kunstwerke unserer modernen Musik wird Aristoxenus eine ähnliche reformatorische Bedeutung haben, wie sie
Lessing für die moderne Tragödie dem Lehrer des Aristoxenus
zuweist. Wer diese praktische Bedeutung der Aristoxenischen
Rhythmik in Abrede stellt, dem muss die Berechtigung über dieselbe zu urtheilen abgesprochen werden.

Bückeburg, 1. Mai 1885.

R. Westphal.

Inhalt.

Inhalt. **XXXIX**

Erstes Capitel.

Einleitung.

§ 1.

Der antike Dichter-Componist.

Die Theorie der Rhythmik, der Melik (Harmonik) und der Metrik bildeten im antiken Leben schon lange bevor sie Aristides Quintilian zur Grundlage des theoretischen Theiles seiner Encyclopaedie der Musik gemacht hatte, eine geschlossene Einheit. Denn längst waren sie die drei Disciplinen, in welchen der zukünftige Dichter des classischen Griechenthumes sich auszubilden hatte. Höchstens für den epischen Dichter mochte es ausreichen, sich bloss die Metrik d. i. die Versificationskunst zu eigen zu machen. Der lyrische und dramatische Dichter jener Zeit aber hatte nicht bloss die Worttexte zu schreiben, sondern musste zugleich der musikalische Componist seiner Worttexte sein. Den modernen Dichtern liegt im Allgemeinen die Theorie der Musik noch weiter entfernt, als den modernen Musikern die Kunst des Versificirens. Im Alterthume hatten sich die beiden Künste noch nicht von einander getrennt, wenigstens der Lyriker und der Dramatiker war Dichter und Componist in Einer Person, wie Cicero sagt: „Musici qui erant quondam iidem poëtae "*). Im älteren Sprachgebrauche ist ποιητὴς der schaffende Künstler sowohl in der Poesie wie in der Musik; μουσικὸς d. i. der Fachmusiker bezeichnet einerseits den Virtuosen des Instrumentalspieles und des Sologesanges, andererseits den Vertreter der musikalischen Theorie**).

---

*) Cic. de orat. 3, 44.

**) Den Titel der Schrift des alten Glaucus von Rhegium „περὶ ἀρχαίων ποιητῶν καὶ μουσικῶν" haben wir zu übersetzen „über die alten Dichter-Componisten und Virtuosen". So wird von Aristoxenus (in den σύμμικτα συμποτικά) Pindar, Simonides, Pratinas, Lasos, Aeschylus in der Eigenschaft als Dichter-Componist „ποιητὴς" genannt.

Das der Poesie und der Musik Gemeinsame ist der Rhythmus, welcher, insofern er sich in der Sprache der Poesie darstellt, den besonderen Namen Metrum hat. Der musikalische Rhythmus manifestirt sich in Tönen, sowohl in Instrumentaltönen wie in Vocaltönen (Rhythmus der Instrumentalmusik, Rhythmus der Vocalmusik). Der poetische Rhythmus kommt entweder in gesprochener (gesagter) oder in gesungener Poesie zur Erscheinung (entweder in der Declamation oder in der Vocalmusik).

Bei den Griechen hat die Versification der Sprache (Metrum) innerhalb der gesungenen Poesie den Ausgangspunct genommen; denn auch der epische Vers war ursprünglich (in der vorhomerischen Periode) ein vom ἀοιδός gesungener, noch kein declamirter Vers, wie später im Vortrage der Rhapsoden. Die weitere Entwicklung der griechischen Metra gehört der Lyrik und Dramatik an, ist aber ebenfalls auf dem Boden des Gesanges vor sich gegangen. In der Blüthe der griechischen Kunst stand also Musik und Metrik in einem lebendigen Zusammenhange. In der alexandrinischen Epoche fing dieser Zusammenhang an sich aufzulösen. Die Theorie der Versification wurde eine Disciplin der Grammatiker, die aus den überlieferten Worttexten der alten Dichter-Componisten, ohne auf den musikalischen Rhythmus Rücksicht zu nehmen, die Metra abstrahirten.

§ 2.
G. Hermann, J. H. Voss, A. Apel, A. Böckh.

Die metrische Theorie der Grammatiker, wie sie sich nicht zu ihrem Vortheile in der Zeit des römischen Kaiserreiches hauptsächlich durch Heliodor und dessen Nachfolger Hephaestion gestaltet hatte, war es, welche der modernen Philologie vorlag, als dieselbe die Gesetze der antiken Versification zu gewinnen suchte. Dem grossen Philologen Gottfried Hermann gebührt unbestritten der Ruhm, ein vollständiges System der antiken Metrik aufgestellt zu haben. Dasselbe besteht zum nicht geringen Theile in einer möglichst ungünstigen Kritik des von ihm sehr gering geschätzten Hephaestion. In seinem Handbuche der Metrik vom Jahre 1799 sagt G. Hermann: „Kaum kann es glaublich scheinen, daß die Wissenschaft der Metrik durch die Bemühungen der Neueren, anstatt ihrer Vollkommenheit näher gebracht zu werden, sich in mancher Rücksicht sogar noch weiter davon entfernt

habe. Man braucht, um sich hiervon zu überzeugen, nur manche
Behauptungen Heaths und Bruncks, denen die übrigen Kritiker
ein unbeschränktes Ansehen eingeräumt haben, mit ihrer ersten
und vorzüglichsten Quelle, dem Hephaestion zu vergleichen.
Selbst das sehr duldsame Ohr dieses unwissenden Grammatikers
würde über die neuen unerhörten Rhythmen erschrecken, die
jetzt durch Unbekanntschaft mit der griechischen Prosodie und
durch die verdorbene Reuchlinische Aussprache die Kraft der
herrlichsten Gedichte lähmen. Nur allein Bentley, der erste unter
den Kritikern, verstand den Rhythmus der Alten so gut wie ihre
Sprache: aber, wie ein Dichter, sagte er nur, was er fühlte, und
überliess dies Gefühl anderen zu entwickeln. Keiner that es,
denn keiner fühlte wie Bentley."

Seine Anschauung über das Verhältnis, in welchem der
Rhythmus der alten zum Rhythmus der modernen Musik steht,
gibt G. Hermann in folgender Stelle zu erkennen:

„Die Musik besteht erstens aus dem Verhältnis der blossen
Töne zu einander (aus Harmonie und Melodie), zweitens aber
auch aus dem Verhältnis der Zeittheilungen, in welchem die
Töne auf einander folgen (Rhythmus). Hier zeigt sich ein wich-
tiger noch nicht gehörig bemerkter Unterschied der jetzigen
Musik von der Musik der alten Griechen."

„Die jetzige Musik hat nämlich einen doppelten Rhythmus,
den des Taktes und den der Melodie. Der Rhythmus des Taktes
ist der Grundrhythmus einer Musik und beherrscht den Rhythmus
der Melodie, durch welchen er bei; aller Mannigfaltigkeit derselben nicht aufgehoben werden kann. Er giebt der Musik Einheit, indem der Rhythmus der Melodie ihr Mannigfaltigkeit ver-
schafft, und macht die sonst sehr schwierige Begleitung mehrerer
Stimmen nicht nur möglich, sondern auch leicht."

„Die griechische Musik hingegen war von allem Takte ent-
blösst und kannte nur den Rhythmus der Melodie. Hieraus,
glaube ich, lassen sich die sonst unwahrscheinlichen Erzählungen
von der grossen Gewalt der alten Musik auf die Gemüther auf
eine völlig befriedigende Art rechtfertigen. Man könnte in der
That die Schwierigkeiten dieser Sache nicht anders heben, als
wenn man entweder die Glaubwürdigkeit bewährter Schriftsteller
ohne Grund in Zweifel zöge oder den alten Griechen ein so
krampfhaftes Gefühl zuschriebe, dass, wenn ihre noch rohe Musik
solche Wirkungen hervorbrachte, unsere heutige Musik sie bis

zum Wahnsinn hätte treiben müssen. Allein wenn man den erwähnten Unterschied zwischen beiden Arten von Musik genauer
betrachtet, so zeigt sich ein Vorzug der griechischen Musik vor
der unsrigen, den die letztere durch nichts ersetzen kann. In
unserer Musik hat zwar der Rhythmus der Melodie ein sieben-
faches Mass, von der ganzen Taktnote 𝅝 bis zum Vierundsech-
zigstel 𝅘𝅥𝅲, während der Rhythmus der griechischen Musik, wenigstens bei dem Gesang und der Begleitung derselben, nur ein
zweifaches Mass, der ganzen und halben Noten hatte, d. i. die
Dauer einer kurzen und die doppelt so lange einer langen Sylbe.
Aber alle diese Mannigfaltigkeit in unserem Rhythmus der
Melodie wird durch den Rhythmus des Taktes eines grofsen
Theiles ihrer Wirkung beraubt. Denn nicht bloss Einheit bringt
der Rhythmus des Taktes in unsere Musik, sondern auch Ein-
förmigkeit. Bei der leidenschaftlichsten Musik geht der Rhythmus
des Taktes immer seinen ruhigen Gang fort, und die Gemüths-
bewegung des Hörers wird in eben dem Grade durch den Takt
beruhigt, in welchem sie durch den Rhythmus der Melodie erregt wird."

„In der alten griechischen Musik hingegen ist der Rhythmus
der Melodie von allem Zwange frei, und da kein einförmiger
Takt neben ihm hergeht, wird er allein gehört und kann mit
seiner ganzen Kraft das Gemüth der Zuhörer bewegen. Keinen
Augenblick ist der Zuhörer sicher, wie bei unserer Musik, dass
der Rhythmus in seinem einmal angefangenen Gange fortgehen
werde; er kann nicht das Ende einer musikalischen Zeile mit
einer bestimmten Anzahl von Takten wie in unserer Musik erwarten und schon gleichsam voraushören: sondern immer neue,
unerwartete, ungehörte Abwechselungen des Rhythmus spannen
unaufhörlich seine Aufmerksamkeit und reissen seine Empfin-
dungen mit einer Gewalt fort, der er zu widerstehen nicht
mächtig ist, weil er nichts festes und gleichbleibendes hat, woran
er sich halten kann. Man fühlt bei dieser Musik fortdauernd
gerade dieselbe Wirkung, welche unsere Musik hat, wenn auf
einmal mitten in einem Stücke der Takt geändert wird. Es
kann sich ein jeder selbst hiervon durch die That überzeugen,
wenn er ein griechisches Gedicht mit dessen eigenthümlichem
Rhythmus nach einer gut gesetzten Melodie singen oder mit
einem Instrument begleiten hört. Aller Takt muss bei Seite

gesetzt und jede Sylbe in dem ihr eigenen Maasse, die langen durch ganze, die kurzen durch halbe Noten ausgedrückt werden, und anstatt dass bei unseren Noten die Takte durch Taktstriche abgetheilt werden, müsste man bei einer Composition nach der griechischen Art die Reihen des Rhythmus so abtheilen. Hierdurch bekommt man eine ganz andere Musik zu hören, als die wenigen Ueberbleibsel griechischer Musik ahnen lassen. Denn ausser dass in dieser durch unvollkommene Vergleichung der Tonverhältnisse in der griechischen Musik mit den bei uns festgesetzten die Melodie selbst fehlerhaft hergestellt worden ist, so hat man die Wirkung dieser Stücke noch durch Hinzufügung unseres Taktes zerstört. Man hat zum Beispiel der ersten Pythischen Ode des Pindar den ganzen Takt vorgezeichnet, und wo die Sylben den Takt nicht ausfüllten, ihn durch Puncte oder Pausen ergänzt, so daſs z. B. der Anfang folgendermassen abgetheilt ist:

$Χρυσέ|α$ $φόρ|μιγξ$ $Ἀ|πόλλω-$ |
$νος$ $καὶ$ $ἰ|οπλοκά|μων$

$\frac{2}{4}$ | ♩. ♪ | ♩♩ | ♩. ♪ | ♩♩
♩♫ | ♩♫ | ♩𝄾 | ."

G. Hermann sagt, die langen Sylben durch den Punct länger auszudehnen, um die Trochaeen ebenso lang wie die Daktylen oder Spondeen zu machen, das erlaube der Rhythmus und die Prosodie der Griechen nicht. Die Takte würden vielmehr folgende sein müssen:

$\frac{3}{8}$ $Χρυσέ$ | $\frac{2}{4}$ $α$ $φόρ-$ |
$\frac{3}{8}$ $μιγξ$ $Ἀ-$ | $\frac{2}{4}$ $πόλλω-$ |
$\frac{2}{4}$ $νος$ $καὶ$ $ἰ-$ | $\frac{2}{4}$ $οπλοκά-$ | $\frac{1}{4}$ $μων$ | .

Die griechische Musik sei taktlos.

Da Hephaestion den Sylben der griechischen Metra nur eine 1zeitige und eine 2zeitige Dauer zugesteht und von Pausen nirgends etwas erwähnt, so glaubte auch Hermann keine andere als 1- und 2-zeitige Sylben statuiren und die Pausen von den griechischen Metra fernhalten zu müssen.

G. Hermanns allgemeine Metrik gehört dem Schlussjahre des vorigen Jahrhunderts an. Im Anfange unseres Jahrhunderts gab J. H. Voss seine Zeitmessung der deutschen Sprache heraus 1802*)

---

*) S. 183 ff.

und vindicirte hier den griechischen Metra gerade die Sylbenmessung, welche Hermann von ihnen fern gehalten wissen wollte.
Auch in der griechischen Musik müsse nicht minder wie in der
unsrigen Gleichheit der auf einander folgenden Versfüsse bestan-
den haben, weil auch die griechische Musik eine rhythmische sei;
Voss machte es gerade so, wie Hermann wollte, dass es nicht
gemacht werde, er machte aus dem 3zeitigen Trochaeus durch
Verlängerung der Länge zu einer 3zeitigen Sylbe einen 4zeitigen
Versfuss, der im Umfange dem Daktylus gleich komme.

Kurze Zeit darauf suchte August Apel*) die ungleichen
Versfüsse der griechischen Metra auf andere Weise dem rhythmischen Umfange nach auszugleichen: er gab dem 4zeitigen
Daktylus durch Verkürzung der ersten und zweiten Sylbe dieselbe Zeitdauer wie dem 3zeitigen Trochaeus

$$ \_ \cup \cup \quad \tfrac{3}{8} \;|\; \natural\natural\natural \;| . $$

Apel berief sich hierbei auf den von Dionysius Halicarn. erwähnten Daktylus mit der μαϰρὰ ἄλογος, welche kürzer als die
2zeitige Länge sei, einen Versfuss, der sich von dem Trochaeus
nicht viel unterscheide. Für den analog gebildeten Anapaest
(mit μαϰρὰ ἄλογος) überliefert Dionysius den Namen kyklischen
Anapaest, und hiernach wurde auch für den dem Trochaeus nahe
kommenden Daktylus der Name kyklischer Daktylus in Anspruch
genommen.

Die von Apel aufgestellte Sylbenmessung der griechischen
Metra fand freudige Zustimmung bei A. Böckh in dessen erster
Arbeit über Pindar**). Den im Gegensatze zu G. Hermanns
„Taktlosigkeit der griechischen Musik“ gewonnenen Grund-
gedanken, dass in den griechischen Metra eine rhythmische
Gleichheit der heterogenen Versfüsse stattfinden müsse, hält Böckh
auch noch in seiner Ausgabe des Pindar fest und giebt ihm hier
folgenden Ausdruck: „Quum sine temporum aequalitate, quem
nostri tactum vocant, rhythmica compositio ulla nec recitari
queat nec cantari, nedum saltari, nisi primam rhythmi legem, hoc
est, unitatem variorum temporis articulorum violare et confusam

---

*) A. Apel, Aphorismen über Rhythmus u. Metrum, Anhang zu „Aitolier“
1806. A. Apel, Ueber Rhythm. u. Metrum in der allgem. musikal. Zeitung
1807. 1808. A. Apel, Metrik 1814. 1816.

**) A. Böckh über die Versmasse des Pindaros in Wolf u. Buttmann
Museum der Alterthumswissenschaft 1808 S. 344.

inconditamque syllabarum prolationem, qua et animus et motus
corporis disturbetur magis quam regatur, rhythmum contenderis
esse: necesse est, ut versibus per varia rhythmi genera compositis
adhibitum sit remedium qualecunque, quo iis aequalis insereretur
temporum divisio."*) Aber A. Apels Daktylus mit dem punctirten

Achtel ♪. ♩ ♪ ♩ sei ein ganz verfehltes Auskunftsmittel, die Taktgleichheit herzustellen: „inde universam Apelii doctrinam ut
desperatam prorsus coepi relinquere**).

Was könnte uns modernen Menschen die Berechtigung geben,
über den Rhythmus der Lieder zu urtheilen, welche vor zwei-
tausend Jahren von den Griechen gesungen wurden, die unser
Ohr aber niemals gehört hat? Müssten wir uns nicht vielmehr
demjenigen zuwenden, was uns durch die Griechen selber, die
doch allein zu einem Urtheile berechtigt sind, über den Rhythmus
ihrer Metra überliefert ist?
So dachte August Böckh.

§ 3.
Die Rhythmik des Aristoxenus.

Schon in der Mitte des siebenzehnten Jahrhunderts hatte der
Florentiner Giovanni Baptista Donius (geb. 1593, gest. 1647) in
einem Codex der Vaticanischen Bibliothek die ῥυϑμικὰ στοιχεῖα
des Aristoxenus entdeckt. Die Schrift enthielt damals drei Bücher,
war aber voller Lücken. Donius hatte eine lateinische Uebersetzung begonnen und wollte das aufgefundene Original mit dieser
herausgeben***). Er kam nicht dazu.

Im vorigen Jahrhundert fand Jac. Morelli, Bibliothecar an
der Marcusbibliothek zu Venedig, einen kleinen Theil dieser Schrift
in einem Codex Venetus. Er liess zugleich von dem Codex
Vaticanus des Donius eine Abschrift nehmen, der indes damals
nicht mehr 3 Bücher, sondern nur einen Theil des zweiten, nur
wenige Seiten mehr als der Venetus enthielt. Es hat sich später
herausgestellt, dass der Venetus das Original ist, aus welchem
der Vaticanus abgeschrieben ist. Morelli gab das Fragment mit
zwei anderen Inedita der Marcusbibliothek heraus:

---

*) Böckh, de metr. Pindar. p. 105.
**) Böckh, de metr. Pindar. p. 41. 92.
***) Donius de praestantia musicae graecae 1647, in dessen opera musica
I p. 136. 190.

„Aristidis oratio adversus Leptinem, Libanii declamatio
pro Socrate, Aristoxeni rhythmicorum elementorum frag-
menta ex bibliotheca Veneta d. Marci nunc primum edidit
Jacob Morellius, Venetiis 1785.“
Gerade hundert Jahre vor der in dem vorliegenden Buche gegebenen Interpretation des Originales.

Zu Aristoxenus fügte Morelli noch Parallelstellen aus einer
rhythmischen Schrift des Byzantiners Michael Psellus hinzu, die
sich gleichfalls auf der Marcianischen Bibliothek befand, unter
dem Titel:

$Mιχαὴλ \ τοῦ \ Ψελλοῦ \cdot προλαμβανόμενα \ εἰς \ τὴν \ ῥυϑμικὴν$
$ἐπιστήμην.$

Dies war ein Auszug aus den rhythmischen Elementen des Aristoxenus, zu einer Zeit angefertigt, wo das Aristoxenische Werk
noch vollständiger als heute war. Im Verlaufe der folgenden Jahre
erfuhr G. Hermann, dass zu München eine Handschrift der $προλαμ-$
$βανόμενα$ vorhanden sei und liess sich durch Thiersch eine Abschrift besorgen. Doch hielt er diesen Tractat des Psellus für
werthlos und erst 1842 wurde derselbe vollständig nach jener
Abschrift Hermanns im Rheinischen Museum*) durch Julius Caesar
veröffentlicht. Er enthält wesentliche Ergänzungen zu dem Fragment des Aristoxenus, namentlich liefert er Bruchstücke aus dem
ersten Buche.

August Böckh verstand es, eine Schrift des Aristoxenus, des
berühmten Schülers des Aristoteles, in ihrer hohen Bedeutung zu
würdigen und ihren Angaben gegenüber seine eigenen bisherigen
Ansichten über den griechischen Rhythmus, die er sich von Apel
angeeignet hatte, ohne Bedenken aufzugeben. Aus Aristoxenus
ging hervor, dass die griechische Musik zwar nicht die ihr von
G. Hermann zugeschriebene „Taktlosigkeit“ hatte, dass sie vielmehr ebenso wie die moderne Musik auf dem Principe des
strengen Taktes mit schweren und leichten Takttheilen basirte,
aber Taktformen, wie J. H. Voss und August Apel ihr vindiciren
zu müssen geglaubt hatten, hatte sie nach Aristoxenus' Darstellung
nicht. G. Hermann widersprach zwar den Messungen, welche
Böckh auf Grundlage des Aristoxenus statuirte, und behauptete, das
erhaltene Bruchstück des Aristoxenischen Werkes sei zu verstüm-
melt, als dass sich daraus die Rhythmik der Griechen reconstruiren

---

*) Rhein. Mus. N. F. Bd. I, S. 620 ff.

lasse. Nichts desto weniger arbeitete er mit Interesse daran, die handschriftlichen Fehler des Fragmentes zu emendiren und liess in seinen Elementa doctrinae metricae vom Jahre 1816 die Ueberlieferung des Aristoxenus und der übrigen griechischen Rhythmiker keineswegs unberücksichtigt. Er gestand: „Si ea, quae Aristoxenus, peritissimus simul et diligentissimus scriptor, litteris mandaverat [de rhythmopoeia et melopoeia], alicubi reperirentur, non est dubium, lucem universae rationi poeseos accensum iri clarissimam".

Die hohe Bedeutung, welche von unseren grossen die Metrik bearbeitenden Philologen nicht allein Böckh, sondern auch Böckhs Gegner G. Hermann dem Aristoxenus zuerkannten, war ein Hauptgrund, dass als ich im Anfange der fünfziger Jahre im Vereine mit August Rossbach der antiken Metrik ein specielles Studium zuwandte, ich dasselbe auf Aristoxenus basiren zu müssen für die unumgängliche Pflicht erachtete. Ein Decennium früher war auch Heinrich Feussner zu derselben Ueberzeugung gelangt. Mit entschiedenem Talente für Wortkritik gab er eine Revision des von Morelli herausgegebenen Textes mit einer deutschen Uebersetzung in einem Programme des Hanauer Gymnasiums 1840.*) In den hinzugefügten sachlichen Erklärungen hielt er es für seine Hauptaufgabe, aus Aristoxenus den Nachweis zu führen, dass in der Musik der Griechen gerade wie in der modernen stets gleiche Takte auf einander gefolgt seien. Davon hat nun aber Aristoxenus nichts gesagt. Böckh hat dergleichen in den Aristoxenus nicht hinein interpretiren wollen und auch nicht für nöthig gehalten. Aristoxenus, sagt Böckh, setzt die Wissenschaft des Rhythmus auseinander, für den Begriff des Rhythmus aber ist die Taktgleichheit ein nothwendiges Moment, zumal wenn der Chor nach dem Rhythmus gesungen und getanzt hat. Feussner, der die Taktgleichheit nun einmal bei Aristoxenus ausgesprochen finden wollte, hat manchen wichtigen Punct der Rhythmik, von welchem Aristoxenus redet, eben deshalb misverstanden. Erst durch die Feussnersche Ausgabe konnte die Aristoxenische Rhythmik, die in dem Morellischen Abdruck nur wenig verbreitet war, einem grösseren Kreise zugänglich werden, und die Arbeiten, welche

---

*) Aristoxenus' Grundzüge der Rhythmik, ein Bruchstück in berichtigter Urschrift mit deutscher Uebersetzung und Erläuterungen, sowie mit der Vorrede und den Anmerkungen Morellis herausgegeben.

weiterhin auf diesem Gebiete erschienen sind, sind insofern mittelbar durch Feussner hervorgerufen.

Auch die den ersten Theil von „A. Rossbachs und R. Westphals Metrik der griechischen Dramatiker und Lyriker" bildende „griechische Rhythmik, Leipzig B. G. Teubner 1854" war zunächst durch Feussners Schrift hervorgerufen. Sie hatte hauptsächlich den Mangel, dass sie zwischen der Lehre des Aristoxenus und der eklektischen Tradition der Späteren (insonderheit des Aristides) nicht zu sondern verstand, indem sie die erste auch in solchen Puncten aus der letzteren zu interpretiren versuchte, wo diese nur im Wortlaute des Terminus technicus, aber nicht in dessen Bedeutung mit der ersteren übereinkam. Eine nicht unbedeutende Zahl Aristoxenischer Theorien blieb deswegen unverstanden und für die griechische Metrik unbenutzt. Doch enthielt die Arbeit bereits die Herstellung der Aristoxenischen Taktscala. Von schädlichem Einflusse für nachfolgende Bearbeiter war unsere irrige Ansicht über eurhythmische Responsion, insofern diese in einem schablonenmässigen Parallelismus der zu einem rhythmischen Ganzen vereinten Kola bestehen sollte. Weder in der rhythmischen Ueberlieferung der Alten noch auch in der Praxis der modernen Musik kommt auch nur etwas annähernd Analoges vor*).

Was in der griechischen Rhythmik vom Jahre 1854 Gutes war, bestand lediglich in dem mehrfach erfolgreichen Versuche, das was die Alten Positives über Rhythmik hinterlassen haben, im Zusammenhange wieder herzustellen; ein Versuch, der zu unserer Freude willkommen geheissen wurde, von keinem in anerkennenderer und zugleich belehrenderer Weise als von H. Weil**), der zu dem Guten, was in dem Buche enthalten war, selber noch das Beste hinzufügte. Weils treffliche Erörterung über die Semeia der rhythmischen Kola war es hauptsächlich, die mich veranlasste meiner Ausgabe der Fragmente der griechischen Rhythmiker (1861) eine Reihe von Erläuterungen hinzuzufügen, mit denen dieselbe ein berichtigendes Supplement zu unserer ersten Bearbeitung der griechischen Rhythmik sein sollte.

Im Jahre 1863 erschien der die Harmonik umfassende Theil unserer Metrik. Das Vorwort desselben benutzte ich um einige

---

*) Vgl. Rossbach-Westphal, Metrik der Griechen zweite Auflage, Band 2, 1868 Vorwort XVII ff. R. Westphal, allgemeine Theorie der musikal. Rhythmik seit J. S. Bach 1880 § 93. § 113 ff.

**) N. Jahrb. für Phil. und Päd. 1855.

mir bis dahin unverständlich gebliebene Puncte der Aristoxenischen Rhythmik zum ersten Male darzulegen. Das war der
Unterschied zwischen dem unzusammengesetzten und dem zusammengesetzten Takt des Aristoxenus, ein Unterschied, dessen
Interpretation in der griechischen Rhythmik vom Jahre 1854
und in den Fragmenten der Rhythmiker 1861 äusserst mangelhaft geblieben war.

Es bedurfte noch einer geraumen Zeit, bis dass ich erkannte,
dass der Ertrag der Aristoxenischen Rhythmik weit über die
Grenzen jenes von G. Hermann ihr gestellten Prognostikons hinausgeht: dass nicht bloss die Metra der alten griechischen Künstler,
Pindars und der Dramatiker, durch Aristoxenus zu einer un-
erwarteten Klarheit erschlossen werden, sondern dass auch, wovon Böckh und die später Lebenden noch nicht das mindeste
ahnten, dass auch der Rhythmus der musischen Kunst christlich-
moderner Welt durch Aristoxenus zum klaren Bewusstsein gebracht wird. Was die Rhythmiker der modernen Musik in der
Theorie durch Aristoxenus und die Rhythmik der alten Dichter
gewinnen könne, das versuchte ich in den „Elementen unseres
musikalischen Rhythmus Jena 1872" zum ersten Male zu zeigen.
Kurz vorher hatte Bernhard Brill unter der Befürwortung von
Carl Lehrs den Nachweis zu geben versucht, dass die Rhythmik
des Aristoxenus noch auf dem Standpuncte der Kindheit sich befinde
und dass insonderheit die Aristoxenischen Chronoi protoi nicht
von wirklichen primären Masseinheiten des Rhythmus, sondern
von kurzen Sylben verstanden werden müssten. Der dreizeitige
Takt des Aristoxenus bedeute nicht etwa dasselbe wie unser
$\frac{3}{8}$ Takt, sondern Aristoxenus verstehe darunter einen dreisylbigen
Versfuss, der möglicherweise auch ein $\frac{4}{8}$ Takt sein könne*). Meine
Elemente des Rhythmus brauchten auf B. Brills Auffassungen
nicht polemisch einzugehen, da dies bereits von Wilhelm Brambach in genügender Weise geschehen war**).

Im übrigen gesteht W. Brambach dem Aristoxenus nur eine
bedingte Einsicht in die musikalische Rhythmik. Er erklärt
sich einverstanden mit Friedrich Ritschl: „Freilich hat auch

*) Aristoxenus' rhythmische und metrische Messungen im Gegensatze
gegen neuere Auslegungen, namentlich Westphals, und zur Rechtfertigung
der von Lehrs befolgten Messungen. Mit einem Vorworte von K. Lehrs 1870.
**) Wilhelm Brambach, rhythmische und metrische Untersuchungen,
Leipzig, B. G. Teubner, 1871.

Aristoxenus solchen Mechanismus: wie ich denn überhaupt das (heutzutage schier ketzerische) Bekenntnis nicht zurückhalte, dass mir die Theorie des Aristoxenus ganz und gar nicht als unbedingt massgebender Ausdruck des objectiv Wahren gilt, sondern nur als ein subjectiver Versuch zu dessen Erfassung: ein eben so geistreicher und energisch consequenter, wie eben darum von einseitigen Abstractionen nichts weniger als freier Versuch."

Auch von Seiten der Fachmusiker geschah ein Angriff auf die rhythmische Theorie des Aristoxenus. Dr. E. F. Baumgart*), zugleich classischer Philologe und Taktstab führender praktischer Musiker, machte darauf aufmerksam, dass Aristoxenus' Theorie der Takttheile, wie sie von H. Weil dargelegt und von mir adoptirt sei, in der musikalischen Praxis auf unüberwindliche Schwierigkeiten stosse. „Wenn wir nicht glauben wollen, dass die Griechen aus einer Art theoretischer Steifheit den ganzen Zweck und Nutzen des Taktirens unsicher und illusorisch gemacht haben, so können wir ihnen eine solche Handhabung desselben nicht zutrauen." Besonders handelte es sich darum, dass nach der Weil- schen Interpretation des Aristoxenus einem grossen zusammen- gesetzten Takte wie dem sechzehnzeitigen (unserem tetrapodischen C-Takte) nur zwei Takttheile, eine achtzeitige Thesis und eine achtzeitige Arsis, zukommen sollen. Auch W. Brambachs me- trische und rhythmische Untersuchungen halten an dieser Weil- schen Interpretation fest. Erst am Schlusse meines Moskauer Aufenthaltes erkannte ich, dass Baumgart mit seinem Vorwurfe in gutem Rechte sei, erkannte aber auch, dass wie Baumgart in der gegen mich gerichteten Streitschrift bereits angedeutet hatte, der ganze Misstand nicht durch die Schrift des Aristoxenus, sondern durch ein in dieselbe vom Rande eingedrungenes Scholion verursacht sei. Erst in meiner Ausgabe des Aristoxenus**) konnte ich dem Uebelstande abhelfen.

Es bedurfte gerade eines Menschenalters (nach Herodoteischer Zählung), dass ich mit der Rhythmik des Aristoxenus, der ich

---

*) Dr. E. F. Baumgart, Ueber die Betonung der rhythmischen Reihen bei den Griechen, Programm des katholischen St. Matthias-Gymnasiums zu Breslau 1867.

**) Aristoxenus' von Tarent Melik und Rhythmik des classischen Hellenenthums, übersetzt und erläutert durch R. Westphal. Leipzig, Verlag von Ambr. Abel, 1883.

doch kaum auf Wochen untreu wurde und für die ich in den
scharfsinnigen Arbeiten Weils und Baumgarts so ausgezeichnete
Unterstützung fand, auch nur einigermassen zum erwünschten
Ziele kommen konnte. Dies lag daran, dass mir für die Aristoxenischen Sätze die nöthigen Parallelen fehlten. Von Anfang
an wusste ich zwar, dass die Herbeiziehung der modernen musikalischen Rhythmik für die Aristoxenische unerlässlich sei. Aber
es stellte sich immer mehr heraus, dass man an der Hand der
landläufigen rhythmischen Anschauung nicht weit kommen konnte.
Wäre es denn auch möglich gewesen daran zu denken, dass in
der modernen Musiktheorie den übrigen Disciplinen gegenüber
gerade die Rhythmik das immer zurückgesetzte Stiefkind sei?
Ja, dass eine rationelle wissenschaftliche Rhythmik noch gar
nicht existirte, dass für das Jahrhundert Beethovens noch immer
dasselbe galt, was J. S. Bachs Zeitgenosse, der Hamburger Theoretiker Matheson, in seinem „Vollkommenen Kapellmeister" von
den Musikern der damaligen Zeit sagt: „Die Kraft des Rhythmi
ist in der melodischen Setzkunst ungemein gross und verdient
allerdings einer besseren Untersuchung, als sie bis jetzt gewür-
digt worden. Die Componisten haben in diesem Stücke sowohl
als in vielen anderen nicht weniger wichtigen Dingen der melodischen Wissenschaft mit ihrer ganzen Uebung noch nichts mehr
erhalten als einen verwirrten oder undeutlichen Begriff, scientiam
confusam, keine Kunstform und so wie der Pöbel rhetorische
Redensarten braucht ohne sie als solche zu kennen." Wer einmal ein Instrument gespielt oder im Chor mitgesungen hat, glaubt
zu wissen was Takte, was Rhythmen seien, zumal wenn er die
theoretischen Lehrbücher von Marx und Lobe hinzunimmt. Aber
dem ist doch nicht so. Was ist der $\frac{4}{4}$ Takt? was der $\frac{3}{4}$ Takt?
Wer da antwortet, ein aus 4 Vierteln, ein aus 3 Vierteln bestehender Takt, der hat die Grösse sehr ungenau angegeben. Der $\frac{4}{4}$ Takt
bezeichnet ganz abgesehen von dem Tempo einen dreifach verschiedenen Werth, der $\frac{3}{4}$ Takt einen mindestens zweifach verschiedenen
Werth. Es kommt darauf an, ob diese Takte einfache oder zusammengesetzte sind. Der zusammengesetzte $\frac{4}{4}$ Takt hat entweder den doppelten oder den vierfachen rhythmischen Grössenwerth wie der einfache; der zusammengesetzte $\frac{3}{4}$ Takt ist seinem
rhythmischen Werthe nach das Dreifache des einfachen $\frac{2}{4}$ Taktes.
Die musikalischen Lehrbücher von Marx und Lobe sagen nichts
davon. Aus den Compositionen Beethovens lässt es sich eben-

falls nicht ersehen. Der einzige Componist, welcher über alle
Arten einfacher und zusammengesetzter Takte vollständigen Aufschluss giebt, ist Johann Sebastian Bach. Aus den Fugen des
Wohlt. Clav. lernt man, was Musikern gewöhnlichen Schlages
unbekannt geblieben ist, dass der Umfang eines vollständigen
rhythmischen Gliedes von drei oder vier Versfüssen durch einen
einzigen Takt ausgedrückt werden kann.

Erst die Bekanntschaft mit Joh. Seb. Bachs Rhythmik — es
gab nicht ein einziges theoretisches Buch, welches hier zur
Unterstützung dienen konnte — gewährt dem Studium der Aristoxenischen Rhythmik die hinreichende Fülle von Parallelen moderner Musikbeispiele zu den rhythmischen Formen der alten
Griechen. In den fünfziger Jahren war es wenig bekannt, dass
in den Compositionen des grossen Bach eine grössere Mannigfaltigkeit rhythmischer Formen, als bei Mozart und Beethoven
vorhanden ist; dass bei ihm die moderne rhythmische Kunst auf
der höchsten Stufe der Vollendung steht, dass bei den Nachfolgenden Bachs rhythmischer Reichthum schon vielfach verringert ist. Ob Bach von diesen seinen rhythmischen Formen,
die er seinen Compositionen gab, in der nämlichen Weise ein
festes künstlerisches Bewusstsein hatte, wie von dem Melos seiner
Werke? Schwerlich. Die Gesetze, nach denen er seine Ton-
dichtungen in so vollendeter Meisterschaft rhythmisirte, wird er
wohl nur in rein instinctivem Schaffensdrange, ohne sich ihrer
als bestimmter Gesetze bewusst geworden zu sein, aus seinem
ihm immanenten Schönheitssinne gewonnen haben. Aber es sind
die nämlichen Gesetze des Rhythmus — die nämlichen bis in
die auffallendsten Einzelheiten —, nach welchen die Dichter-
componisten der Griechen ihre Werke gestalteten, dieselben
rhythmischen Gesetze, welche Aristoxenus den musischen Dichtungen der classischen Hellenenzeit mit scharfem Ohre abgelauscht
und, ein würdiger Schüler des Aristoteles, in seinen rhythmischen
Stoicheia dargestellt hat.

Bei Bachs Nachfolgern war der edle Götterfunken des Rhythmus, wenn auch weniger reich sich entfaltend, doch im Ganzen
eben so mächtig wie bei Bach: bei Mozart, Beethoven und allen
den Späteren bis auf den heutigen Tag. Aber auch bei ihnen
unbewusst. Ebenso haben unsere Componisten wie auch unsere
Dichter kein Bewusstsein davon, dass sie das ihnen immanente
rhythmische Gefühl in keinen anderen rhythmischen Gliedern

componiren und dichten lässt, als genau in jenen, welche vor mehr
als 2000 Jahren der treffliche Tarentiner auf Grund der musischen Kunstwerke des classischen Hellenenthums und deren Ausführung verzeichnet hat. Es ist nicht schimpflich, sich der Gesetze des Rhythmus nicht bewusst zu sein, denn nur Aristoxenus,
der Schüler des Aristoteles, hat diese Geheimnisse erkannt, — und
in wissenschaftlicher Beobachtungsgabe für Sachen der Kunst
steht nun einmal das classische Hellenenthum allen übrigen
Völkern der Cultur voran. Aber noch viel weniger ist es schimpflich (es nicht zu thun, das wäre schimpflich), diese klaren rhythmischen Sätze aus dem Berichte des alten Tarentiners sich
anzueignen. Die Normen des Rhythmisirens sind von wenigen
Specialitäten abgesehen bei den musischen Künstlern des classischen Griechenthumes und der christlich-modernen Welt die
nämlichen: theoretisch hat nur das alte Griechenthum in der Person
des Aristoxenus sie zu erfassen vermocht, während modernes Re-
flectiren über Rhythmus nicht über schablonenmässige Sätze, der
wahren Lebenskraft bar, hinausgekommen ist.

Trotz des unleugbaren Misvergnügens, mit welchem die im
Jahre 1880 erschienene „Allgemeine Theorie der musikalischen
Rhythmik seit J. S. Bach", welche zum ersten Male die angedeu-
tete Beziehung der modernen Musik zu Aristoxenus eingehend
darzulegen wagte, von den meisten Fachmusikern zur Seite gelegt
wurde, giebt es jetzt gegenwärtig manchen praktischen Musiker
und Musiktheoretiker, welcher dem Aristoxenus nicht mehr wider-
strebt. Der Guide musical vom 20. März 1884 sagt: „La théorie
du philosophe de Tarente, dont les écrits ont pour l'esthétique
musicale l'importance que la poétique d'Aristote a pour toute la
littérature européenne".

Im Jahre 1883 fällte gelegentlich meiner neuen Aristoxenus-
Ausgabe Herr F. A. Gevaert, früher (bis 1870) Director der grossen
Pariser Oper, gegenwärtig des Königlichen Conservatoriums zu
Brüssel, über denselben Aristoxenus, dessen Rhythmik nach der
Versicherung des Königsberger Prof. Carl Lehrs noch im halb-
dunkeln Dämmerlicht der Kindheit umher tappte und vielleicht
nicht einmal bis 5 habe zählen können, das Urtheil: „Je suis
convaincu qu'une intelligence complète de la contexture rhythmique des oeuvres de nos grands musiciens classiques n'est pas
possible sans une étude soigneuse de la rhythmique d'Aristoxène:
une théorie moderne du rhythme n'existe pas. Si je ne me

trompe, cette idée se trouve exprimée en plusieurs endroits de
mon livre; mais vous, vous avez eu l'immense mérite d en pour-
suivre l'application logique. Au reste depuis que par la nature
de mes fonctions j'ai été amené 'à tenir journellement le bâton
de chef d'orchestre, j'ai pu mettre à profit les connaissances que
j'ai acquises dans le commerce du grand théoricien de Tarente,
et j'ai tâché d'inculquer les principes élémentaires de la théorie
rhythmique à mes professeurs les plus intelligents, voire même
de les familiariser peu à peu avec les termes techniques les
plus indispensables. Le progrès que j'ai obtenu — par ce
moyen en grande partie — dans les interprétations des oeuvres
classiques — tant instrumentales que vocales — surtout au
point de vue du caractère de l'exécution, a frappé tous les
artistes: d'abord les exécutants, ensuite les auditeurs. Ce progrès
qui a donné une grande notorieté à notre orchestre, dans un
rayon assez étendu, est certainement dû, comme je le disais
tantôt, à l'influence de l'esprit antique."

Der Beurtheiler meiner Aristoxenus-Ausgabe in den Göttinger
gelehrten Anzeigen 1884 Nr. 11 schreibt: „Es ist eine bekannte
Thatsache, dass die classische Philologie nicht nur Ergebnisse
von abstract-wissenschaftlicher Bedeutung zu Tage fördert, Dinge
von bloss linguistischer oder historischer Tragweite, sondern dass
sie unter Umständen auch solche Thatsachen und Verhältnisse
aus dem antiken Culturleben zu restituiren vermocht hat, welche
für die moderne Welt, deren angewandte Wissenschaft, Kunst
und selbst Technik einen unmittelbaren praktischen Werth besitzen".

„Entdeckungen dieser Art machen immer einen besonderen,
überraschenden Eindruck: gewohnt das Alterthum als einen ab-
gestorbenen und abgeschlossenen Organismus zu betrachten, seine
Cultur als etwas überwundenes, verwittertes, besten Falls als den
Humus, auf dem eine neue Gedankenwelt wurzelt, wird man
plötzlich mit Erstaunen gewahr, wie das vermeintlich Vergangene
noch immer in Thätigkeit ist und mit tausend lebendigen Fasern
mitten in den jüngeren Boden hineintreibt. Da schrumpft der
Raum, der das scheinbar Ferne vom Gegenwärtigen trennt, in
eigenartiger Weise zusammen, aber auch ein guter Theil von dem
Selbstbewusstsein und von der Eitelkeit, mit denen der Mensch
auf die Errungenschaften derjenigen Zeit zu blicken pflegt, der
er unmittelbar angehört".

„Gemeiniglich beschränken sich derartige Funde doch auf einzelne, mehr oder weniger isolirte Gegenstände. Was das Studium der alten Quellen für die neuere Praxis schon geleistet haben mag, was immer in dieser Hinsicht noch von demselben erwartet werden durfte, dass es eines schönen Tages in die glückliche Lage kommen könnte, der modernen Welt ein im Laufe der Jahrhunderte „verschüttetes" und dennoch ganzes, wohlerhaltenes, ja völlig intaktes Gebiet der Wissenschaft von Neuem zu enthüllen, gleichsam wie ein geistiges Pompeji, das hat ihm gewiss Niemand zugetraut.

„Ohne jede Metapher oder Uebertreibung lässt sich nun aber doch behaupten, dass die Wiederherstellung der rhythmischen Doctrin des Aristoxenus unserer Zeit solch überraschenden Dienst in Wirklichkeit geleistet hat.

„Die Lehre vom Rhythmus, wenn man unter diesem Ausdruck, nach antiker Doctrin, die nach erkennbaren Gesetzen geordnete Zeit verstehen will, welche ein Werk der musischen Künste durchläuft, ist eine Disciplin, welche die moderne europäisch-abendländische Kunstepoche trotz eifriger Bemühungen zu entwickeln nicht vermocht hat.

„Fast alle bedeutenderen Musiktheoretiker, namentlich der neuesten mit dem 17. Jahrhunderte beginnenden musikalischen Entwicklungsphase, haben den Grundgesetzen dieser Kategorie nachgespürt. Das Ergebniss aber dieser bis in die jüngste Zeit fortgesetzten Mühen ist eine Theorie von geradezu erschreckender Unwissenschaftlichkeit, ein Lehrgebäude, wenn man so sagen darf, das mit dem eigentlichen Werth der Verhältnisse, die es zu begreifen und methodisch anzuordnen versucht, in fortwährende Widersprüche geräth; ein völlig wirres System, dessen Unhaltbarkeit und Hinfälligkeit von Haus aus in die Augen springen, und übrigens häufig genug von denen erkannt und zugegeben worden sind, die selbst am eifrigsten und redlichsten an der Entwicklung desselben mit gearbeitet haben.

„Dem gegenüber bietet sich in der Rhythmik des Aristoxenus, bez. in der Reconstruction, welche dieselbe durch die Bemühungen Rud. Westphals erfahren hat, ein in seiner Art daraus logisch und consequent entwickeltes, in sich abgeschlossenes Lehrsystem dar, welches sich nicht nur in seinen Principien, sondern bis in die letzten Consequenzen der Anwendung der letzteren hinein mit der Wirklichkeit der Verhältnisse, die es umfasst, vollkommen

deckt; eine Disciplin, die — wie das jeder Kunsttheorie gegenüber der einzige und nur leider so selten erfüllte Ausspruch sein
sollte — mit unbefangener, von aprioristischen Vormeinungen
freier Empfänglichkeit, lediglich der objectiven künstlerischen
Erscheinung abgelauscht ist."

So schreibt Ernst von Stockhausen. Hoffen wir, dass sein
Urtheil über die Bedeutung der Aristoxenischen Rhythmik für
die Theorie der modernen Musik recht bald auch das der übrigen
Musiktheoretiker sein werde.

§ 4.

Verhältnis der rhythmischen Elemente des Aristoxenus zu den übrigen Quellen der antiken Rhythmik.

Einen Blick auf die einst so zahlreiche Litteratur des Aristoxenus in den übrigen Zweigen der Musikwissenschaft können
wir uns hier nicht verstatten; wir müssen denselben ebenso wie das
Eingehen auf die Lebensverhältnisse des grossen Mannes auf den
zweiten die Melik behandelnden Band dieses Werkes versparen.

Von rhythmischen Schriften des Aristoxenus lag schon vor
der Herausgabe der στοιχεῖα ῥυθμικά durch Morelli in dem von
Porphyrius zu Ptolemaeus' Harmonik verfassten Commentar ein
längeres Fragment aus der Aristoxenischen Schrift περὶ τοῦ πρώτου
χρόνου vor. Man könnte denken, diese Schrift sei der Partie
der rhythmischen Stoicheia, welche von dem Chronos protos
handelte, entnommen. Aber gerade was Aristoxenus dort vom
Chronos protos schreibt, ist uns wie es scheint unverstümmelt
erhalten, das Fragment des Porphyrius passt durchaus nicht in
diesen Zusammenhang; auch aus einem anderen Buche der Elemente kann die Stelle bei Porphyrius nicht entlehnt sein. Der
Ton der Darstellung derselben ist von dem der Stoicheia sehr
verschieden; Aristoxenus redet viel subjectiver, bedient sich der
zweiten Person, ist breiter, zieht Dichterstellen (Ibycus) herbei;
er wendet sich offenbar gegen die Gegner seiner στοιχεῖα ῥυθμικά,
die ihm zum Vorwurf gemacht hatten, es fehle der Rhythmik an
einem festen Grundprincipe, und die, wie wir aus den eigenen
Worten des Aristoxenus sehen, keine Techniker, sondern Philo-
losophen waren. Ein eigenes Werk kann diese Abhandlung
περὶ τοῦ πρώτου χρόνου allerdings nicht gebildet haben; dazu
würde der Stoff nicht ausreichen. Die ganzen Worte des Ari-

stoxenus sind eine Rede, an einen Freund oder Schüler gerichtet, dem jener Vorwurf der Philosophen in den Mund gelegt und alsdann die Nichtigkeit desselben nachgewiesen wird (vgl. die Worte οἶμαι μὲν οὖν φανερὸν εἶναί σοι κτλ.)., Hieraus ergiebt sich, dass die Abhandlung περὶ πρώτου χρόνου den συμμικτὰ συμποτικά des Aristoxenus angehörte (Athenaeus XIV, 638a), die vom Plut. „non posse suaviter vivi" 13, 4 συμπόσιον genannt werden. Diese vermischten Tisch- und Trinkgespräche waren Dialoge zwischen Aristoxenus und seinen Schülern und Freunden, in denen er seinen allgemeinen Standpunct in der Musik, sein Verhältnis zu den jetzigen Kunstrichtungen auseinander setzte, aber auch manche einzelne Puncte besprach, wie uns z. B. Plutarch an dem angeführten Orte ein Capitel περὶ μεταβολῶν nennt. Diese συμμικτὰ συμποτικά sind die Quellen für den zweiten Theil der plutarchischen Schrift περὶ μουσικῆς, und was uns hier über antike Rhythmopoeie und Melopoeie mitgetheilt wird, sind, wenn auch vielfach verkürzt und umgestellt, die eigenen Worte des Aristoxenus.

Wer zunächst nach Aristoxenus die Rhythmik behandelte davon haben wir keine Kunde. Von den Schriften seiner Schüler und Nachfolger, der κατ᾽ Ἀριστόξενον, ist vielfach die Rede. Es ist sicher, dass ein Aristoxeneer aus der Harmonik des Meisters einen Auszug machte, einer der μουσικοί, auf welche sich Dionysius der jüngere bei Porphyr. ad Ptolem. p. 255 beruft, und auch dem älteren Dionysius lagen rhythmische Schriften dieses Ursprungs vor (περὶ δεινότητος Δημοσθένους c. 47). Die „ῥυθμικοί", denen derselbe Dionysius de comp. verb. 17. 20 die Notizen über die kyklischen Füsse entlehnt, sind wohl keine andern als die „Aristoxeneer".

Zu der Zeit Hadrians lebt Dionysius von Halicarnassus, ein Nachkomme des gleichnamigen Rhetors und Archaeologen aus der Zeit Octavians.

Er war, wie Suidas sagt, Sophist, hatte sich aber hauptsächlich mit Musik beschäftigt und führt hiervon den Namen μουσικός. Seine schriftstellerische Thätigkeit war sehr umfangreich; er hatte eine μουσικὴ ἱστορία in 36 Büchern geschrieben, in welcher alle Kitharoden, Auleten und Dichter genannt waren, ferner 24 Bücher μουσικῆς παιδείας ἢ διατριβῶν, 5 Bücher über die musikalischen Partien in Plato's πολιτεία, und endlich ῥυθμικὰ ὑπομνήματα in 24 Büchern, welche Suidas in der Aufzählung der Werke voranstellt. Hiermit ist aber die Zahl seiner Werke

2 *

noch nicht abgeschlossen. Porphyr. ad Ptol. p. 219 nennt ein
Werk des *Διονύσιος μουσικός* „*περὶ ὁμοιοτήτων*" und theilt aus
dessen erstem Buche ein ziemlich umfangreiches Fragment mit.
Hier ist die Rede von den Analogieen zwischen rhythmischen
und harmonischen Verhältnissen. Dionysius beruft sich auf die
Zeugnisse sowohl der dem pythagoreischen Systeme anhängenden
κανωνικοί, wie der dem Aristoxenus folgenden *μουσικοί*: alle
diese Männer, sagt er, hätten jene Analogien anerkannt. Was
wir in diesem Fragmente Specielles über die Rhythmengeschlechter
erfahren, ist zwar nur ein von Dionysius aus Aristoxenus bei-
gebrachtes Citat, aber dennoch für unsere Kenntnis der Rhythmik
immerhin von grosser Bedeutung. Was in seinen weitläuftigen
rhythmischen Commentaren gestanden hat, ist uns völlig unbekannt.
    Der von ihm handelnde Artikel des Suidas lautet: *Διονύσιος
Ἁλικαρνασσεὺς γεγονὼς ἐπ᾽ Ἀδριανοῦ Καίσαρος, σοφιστὴς καὶ
μουσικὸς κληθεὶς διὰ τὸ πλεῖστον ἀσκηθῆναι τὰ τῆς μουσικῆς.
ἔγραψε δὲ ῥυθμικῶν ὑπομνημάτων βιβλία κδ´, μουσικῆς
ἱστορίας βιβλία λϛ´ (ἐν δὲ τούτῳ αὐλητῶν καὶ κιθαρῳδῶν καὶ
ποιητῶν παντοίων μέμνηται), μουσικῆς παιδείας ἢ διατριβῶν βιβλία
κβ´, τίνα μουσικῶς εἴρηται ἐν τῇ Πλάτωνος πολιτείᾳ βιβλία ε´.*
    Der nächste Zeitgenosse des jüngeren Dionysius von Hali-
karnass, sei es etwas später, ist Aristeides Quintilianus. Der
früheste Herausgeber des Aristeides, Marcus Meibom, glaubte denselben erst in die Zeit nach Ptolemaeus setzen zu müssen, weil
dieser von ihm niemals erwähnt werde. Der folgende Herausgeber Julius Caesar wies dem Aristeides das dritte nachchrist-
liche Jahrhundert an. Ich habe in der Musik des griechischen
Alterthumes 1883 S. 250 den Nachweis geführt, dass Ptolomaeus,
wenn auch nicht den Aristeides selber, so doch sicherlich die
Quellen, woraus Aristeides geschöpft, gekannt hat. „Die Neueren,
sagt Aristeides, haben den Transpositionsscalen des Aristoxenos
noch die hyperaeolische und hyperlydische Scala hinzugefügt.
Diese Annahme der Neueren wird vom Ptolemaeus als eine verkehrte bestritten, sie muss also in der Epoche des Kaisers Marcus
Aurelius, wo Ptolemaeus seine Harmonik schrieb, bereits aufgestellt gewesen sein"*).
    Der Name *Κοϊντιλιανὸς* kommt nicht anders als nur im
Genitiv *Κοϊντιλιανοῦ* vor. Daraus hat Bücheler den Schluss

---

*) Ptolem. Harm. 2, 8.

gezogen, der Name sei nicht *Ἀριστείδης Κοϊντιλιανὸς*, sondern
Ἀριστείδης Κοϊντιλιανοῦ, „*Ἀριστείδης* der Sohn Quintilians, das
ist des berühmten Rhetors Fabius Quintilianus" Rhein. Mus. N. F.
XIV, S. 451. Gegen Büchelers Annahme, Aristeides sei Quintilians
Sohn, wird von Julius Caesar S. 3 eingewandt: „Es möchte doch
wohl nicht schwer sein, dagegen einiges nicht Unerhebliches zu
sagen, selbst wenn wir nicht zufällig aus dem Prooemium des
sechsten Buches der Inst. or. von der gänzlichen Verwaisung des
Verfassers nach dem Tode seiner Frau und zweier Knaben wüssten."

So hat denn Albert Jahn, der neueste Herausgeber des
Aristeides Quintilian *) den Satz aufgestellt, dass Aristeides
Quintilians Freigelassener ist — freigelassen unter dem Kaiser
Domitian (81—96). Nach dieser Zeit also wird der Freigelassene
des Favius Quintilianus sein Werk geschrieben haben „*Ἀριστείδου
τοῦ Κοϊντιλιανοῦ περὶ μουσικῆς βιβλία τρία*." Albert Jahn weist
nach, dass diese Schrift nach Form und Inhalt weit eher in das
1. oder 2. als in das 3. Jahrhundert der Kaiserzeit gehört.
Zwischen dem Rhetor Fabius Quintilianus und seinem Frei-
gelassenen Aristeides würde sich insofern ein gewisser Zusammenhang zeigen, als auch Quintilian gern auf rhythmische Verhältnisse eingeht und sich beide in manchen Einzelheiten berühren.

Von den drei Büchern **) des Aristeides giebt das erste eine
gedrängte Uebersicht der Harmonik, Rhythmik und Metrik;
das zweite handelt von dem Einflusse der Musik auf die
Seele;

---

*) Aristidis Quintiliani de musica libri III. Cum brevi annotatione
de diagrammatis proprie sic dictis, figuris, scholiis cet. codicum MSS. 1882.
Vgl. darüber Phil. Wochenschrift. 1882 No. 44 (K. v. Jan), Götting. Gelehrte
Anzeig. 1882 No. 47 (Sauppe) und Phil. Rundschau 1883 No. 16 (F. Vogt),
J. Caesar de Aristidis . . . aetate. Marburg 1882. Ind. lect. hibern. (rec.
Phil. Rundschau 1883 No. 38 v. Jan), J. Caesar additamentum disputationis
de Aristid. Quint. Marburg 1884. Index lect. aestiv. R. Westphal, Musik
des griech. Alterth. 1883. S. 250.

**) Porphyr. ad Ptolem. harm. p. 192: *Τὴν μουσικὴν σύμπασαν διαιρεῖν
εἰώθασιν εἴς τε τὴν ἁρμονικὴν καλουμένην πραγματείαν εἴς τε τὴν ῥυθμικὴν
καὶ τὴν μετρικὴν εἴς τε τὴν ὀργανικὴν καὶ τὴν ἰδίως κατ᾽ ἐξοχὴν ποιητικὴν
καλουμένην καὶ τὴν ταύτης ὑποκριτικήν.* Ebenso der Anonym. περὶ μουσικῆς § 13, p. 27 Bellermann: *Ἔστι δὲ τῆς μουσικῆς εἴδη ἕξ· ἁρμονικόν,
ῥυθμικόν, μετρικόν, ὀργανικόν, ποιητικόν, ὑποκριτικόν.* cf. § 30, p. 46.
Auch hier ist *ποιητικὸν* mit *ᾠδικὸν* identisch, nicht wie Bellermann meint
mit der *ποίησις* des Aristides. Vgl. Alyp. p. 1. Bacchius p. 1—22 Harmonik,
p. 22—25 Metrik und Rhythmik. Isidor 3, 2, halb Tradition, halb Unverstand.

das dritte bespricht in seiner ersten Hälfte die Zurück-
führung der Töne auf Zahlenverhältnisse und weist dann weiterhin
die Bedeutung dieser harmonischen Zahlen im Kosmos nach, wie
dies vielfach die sich an die Pythagoraer anschliessenden Musiker,
vor allen Claudius Ptolemaeus und Nicomachus, gethan haben.
Das ganze System, welches Aristeides seiner Darstellung zu
Grunde legen will, lässt sich folgendermassen schematisiren:

	$\vartheta\varepsilon\omega\varrho\eta\tau\iota\varkappa\grave{o}\nu$		$\pi\alpha\iota\delta\varepsilon\upsilon\tau\iota\varkappa\grave{o}\nu$	
$\varphi\upsilon\sigma\iota\varkappa\grave{o}\nu$:	$\tau\varepsilon\chi\nu\iota\varkappa\grave{o}\nu$:	$\chi\varrho\eta\sigma\tau\iota\varkappa\grave{o}\nu$:	$\dot{\varepsilon}\xi\alpha\gamma\gamma\varepsilon\lambda\tau\iota\varkappa\grave{o}\nu$:
$\dot{\alpha}\varrho\iota\vartheta\mu\eta\tau\iota\varkappa\grave{o}\nu$	$\dot{\alpha}\varrho\mu\sigma\nu\iota\varkappa\grave{o}\nu$	$\mu\varepsilon\lambda\sigma\pi\sigma\iota\acute{\iota}\alpha$	$\dot{o}\varrho\gamma\alpha\nu\iota\varkappa\grave{o}\nu$
$\pi\varepsilon\varrho\grave{\iota}\ \tau\tilde{\omega}\nu\ \check{o}\nu\tau\omega\nu$	$\dot{\varrho}\upsilon\vartheta\mu\iota\varkappa\grave{o}\nu$	$\dot{\varrho}\upsilon\vartheta\mu\sigma\pi\sigma\iota\acute{\iota}\alpha$	$\dot{\omega}\delta\iota\varkappa\grave{o}\nu$
	$\mu\varepsilon\tau\varrho\iota\varkappa\grave{o}\nu$	$\pi\sigma\acute{\iota}\eta\sigma\iota\varsigma$	$\dot{\upsilon}\pi\sigma\varkappa\varrho\iota\tau\iota\varkappa\grave{o}\nu$.

Wie in der Aristotelischen Philosophie wird hier ein theo-
retischer und practischer Theil ($\vartheta\varepsilon\omega\varrho\eta\tau\iota\varkappa\grave{o}\nu$ und $\pi\varrho\alpha\varkappa\tau\iota\varkappa\grave{o}\nu$ oder
$\pi\alpha\iota\delta\varepsilon\upsilon\tau\iota\varkappa\grave{o}\nu$) unterschieden. Der theoretische Theil enthielt die
Grundbestimmungen der musischen Kunst, so weit sie sich auf
streng wissenschaftliche, zurückführen liessen; er bildete das so-
genannte $\tau\varepsilon\chi\nu\iota\varkappa\grave{o}\nu$ und zerfiel in die Harmonik, Rhythmik
und Metrik, die drei Fundamentaldisciplinen der musischen
Kunst. Dem $\tau\varepsilon\chi\nu\iota\varkappa\grave{o}\nu$ ging das $\varphi\upsilon\sigma\iota\varkappa\grave{o}\nu$ voraus, eingetheilt in
das $\dot{\alpha}\varrho\iota\vartheta\mu\eta\tau\iota\varkappa\grave{o}\nu$ und $\pi\varepsilon\varrho\grave{\iota}\ \tau\tilde{\omega}\nu\ \check{o}\nu\tau\omega\nu$, mathematische und physi-
kalische Erörterungen über das Wesen des Tones und die
akustischen Verhältnisse, wie sie schon in der pythagoreischen
Schule einen nothwendigen Bestandtheil der $\tau\acute{\varepsilon}\chi\nu\eta\ \mu\sigma\upsilon\sigma\iota\varkappa\acute{\eta}$
bildeten.

An den theoretischen Theil schloss sich der practische. In
ihm wurde wieder ein $\chi\varrho\eta\sigma\tau\iota\varkappa\grave{o}\nu$ und $\dot{\varepsilon}\xi\alpha\gamma\gamma\varepsilon\lambda\tau\iota\varkappa\grave{o}\nu$ unterschieden.
Das $\chi\varrho\eta\sigma\tau\iota\varkappa\grave{o}\nu$ enthielt die unmittelbare Anwendung der im $\tau\varepsilon\chi\nu\iota$-
$\varkappa\grave{o}\nu$ gegebenen Grundsätze: die Melopoeie, Rhythmopoeie und
Poiesis als die $\chi\varrho\tilde{\eta}\sigma\iota\varsigma$ der Harmonik, Rhythmik und Metrik.
Daher wurden die drei Theile des $\chi\varrho\eta\sigma\tau\iota\varkappa\grave{o}\nu$ auch als letzter Abschnitt in das $\tau\varepsilon\chi\nu\iota\varkappa\grave{o}\nu$ aufgenommen, wie dies in den meisten
uns erhaltenen Werken der Fall ist. Das $\dot{\varepsilon}\xi\alpha\gamma\gamma\varepsilon\lambda\tau\iota\varkappa\grave{o}\nu$ enthielt
das, was sich auf die practische Ausführung der musischen Kunst
bezog: das $\dot{o}\varrho\gamma\alpha\nu\iota\varkappa\grave{o}\nu$ die Lehre von der Aulodik und Kitharodik,
das $\dot{\omega}\delta\iota\varkappa\grave{o}\nu$, auch $\iota\delta\acute{\iota}\omega\varsigma\ \varkappa\alpha\tau'\ \dot{\varepsilon}\xi\sigma\chi\acute{\eta}\nu\ \pi\sigma\iota\eta\tau\iota\varkappa\grave{\eta}$ genannt, die Lehre
von dem Gesange und der Recitation, und endlich das $\dot{\upsilon}\pi\sigma\varkappa\varrho\iota\tau\iota$-
$\varkappa\grave{o}\nu$ die Lehre von der Orchestik und Mimik.

Aristides ist, wie sich aus seinem Werke ergiebt, mehr

Rhetor als Techniker von Fach, seine Darstellung der drei musischen Disciplinen ist zwar übersichtlich und reichhaltig, aber
meist ganz unselbstständig.

Die Hauptquelle für ihn ist Aristoxenus, dessen Eintheilung
der Rhythmik zu Grunde gelegt wird. Aber Aristides schöpft
hier nicht aus Aristoxenus selber, sondern, wie uns die Vergleichung mit Psellus und dem rhythmischen Fragment des
Codex Parisinus zeigt, aus einem Excerpte der aristoxenischen
στοιχεῖα. Dies ist aber nicht die einzige Quelle, auch noch andere Rhythmiker werden herbeigezogen; Aristides selber unterscheidet zwei Gruppen seiner Quellen; einmal diejenigen Rhythmiker, welche die Rhythmik mit der Metrik verbinden, und
die, welche sie abtrennen, p. 40: οἱ μὲν συμπλέκοντες τῇ μετρικῇ
θεωρίᾳ τὴν περὶ ῥυθμῶν und οἱ δὲ χωρίζοντες. Zu den letzteren
gehört Aristoxenus, das zeigt der Vergleich der auf jene Stelle
des Aristides folgenden Worte mit dem Schluss des vaticanischen
Fragmentes der aristoxenischen στοιχεῖα. Aber die Unselbst-
ständigkeit des Aristides gereicht uns nicht zum Nachtheil; wir
müssen vielmehr sagen, je unselbstständiger, desto besser für uns,
denn, was wir bei Aristides finden, sind eben nur Excerpte aus
den rhythmischen Schriften der besseren Zeit. Die Unklarheit
und Ungenauigkeit des Aristides ist zwar oft sehr störend, aber
in den meisten Fällen stehen uns die Parallelstellen aus den
στοιχεῖα des Aristoxenus und Anderen zu Gebote, und wir können
hieraus das Richtige ermitteln. Von besonderem Werthe sind
für uns die im zweiten Buch gegebenen Notizen über das ἦθος
der einzelnen Rhythmen. Wie wir aus Plutarch περὶ μουσικῆς
wissen, hat auch Aristoxenus in seinen συμμικτὰ συμποτικά von
dem Ethos der Rhythmen gehandelt, aber nicht sowohl dies Werk
des Aristoxenus, als vielmehr ein Werk wie das des Dionysius
μουσικῆς παιδείας ἢ διατριβῶν βιβλία κβ′ scheint hier für die Compilation des Aristides den Stoff gegeben zu haben. Eben daher
scheint auch der übrige Theil des zweiten Buches entlehnt zu
sein, worauf die platonisirende und pythagoreisirende Richtung
des Dionysius, deren Anhänger auch Aristides ist, hinweist.

Dabei kommt die Uebersetzung sehr zu statten, welche Martianus Capella im neunten Buche seiner Encyklopädie der Künste,
der *nuptiae philologiae et Mercurii*, von dem ersten Buche des
Aristides gegeben hat. Martianus übersetzt zwar die sich auf
die Rhythmik beziehenden Partien in einer Weise, dass wir

deutlich sehen, er hat den Sinn des Originales in den wenigsten
Fällen verstanden, aber die Handschrift, wonach er übersetzt,
war in einigen Stellen vollständiger, als die beiden Oxforder, und
daher lässt sich der griechische Text aus seiner Uebersetzung
berichtigen. Doch darf keineswegs alles, was Martianus mehr
hat als die Handschriften des Aristides, dem Aristides vindicirt
werden; so besonders nicht die Partie p. 194 Meib., welche vielleicht aus einem scholion zu Aristides hervorgegangen ist.

Vielfach berührt sich mit der Rhythmik des Aristides das
rhythmische Fragment eines Codex Par. 3027 fol. 31 ff.,
zuerst bekannt gemacht durch Vincent in den *Notices et Extraits
des Manuscrits publiés par l'institut royal de France, tome 16, 1847.*
In diesem Fragmente stimmt Manches mit Aristoxenus selber,
Manches mit Psellus überein, Anderes aber weicht in der Fassung
von Psellus ab und schliesst sich an Aristides an (§ 11 = Aristides p. 35 Meib.), aber so, dass sich auch hier die dem Aristides fremden Ausdrücke des Psellus wiederfinden. Hieraus geht
hervor, dass weder die προλαμβανόμενα des Psellus, noch das
Pariser Fragment unmittelbar aus den στοιχεῖα des Aristoxenus
geflossen sind, sondern vielmehr aus einem schon frühzeitig aus
Aristoxenus gemachten Auszuge, demselben, welcher für Aristides
Quintilian eine Quelle seiner ῥυθμική θεωρία war. So ist denn
die Hoffnung nicht aufzugeben, dass die Fragmente des Aristoxenus auch weiterhin noch durch Entdeckungen in Bibliotheken
vergrössert werden können.

Aus der dem Aristides für die Rhythmik zu Grunde liegenden
Schrift ist das Werk geschöpft, welches der Araber Al Farabî
benutzte, als dieser seinen Landsleuten nicht bloss die Philosophie
des Aristoteles, sondern auch die musikalische Theorie der
Griechen durch Bearbeitung und Uebersetzung griechischer
Musiker zugänglich zu machen suchte. Was wir bis jetzt von
seinem Musikwerke wissen, sind die Auszüge daraus, welche
Kosegarten in der Einleitung seiner Ausgabe des Ali Ispahensis
mitgetheilt hat. In der Rhythmik hat er augenscheinlich eine
mit Aristides' erster Quelle durchaus verwandte Schrift, und
Manches war in dieser Schrift besser, als wir es bei Aristides
haben. Besonders interessant ist es, das was Aristides über den
χρόνος πρῶτος und die χρόνοι σύνθετοι sagt, mit dem Berichte
Al Farabîs zu vergleichen. Man hat sich vielfach darüber gestritten,
was sich Aristides unter dem doppelten, dreifachen, vierfachen

σύνθετος gedacht hat, ob χρόνοι schlechthin im Sinne des Aristoxenus, oder gedehnte Längen. Der Araber übersetzt hier ein sonst mit Aristides Hand in Hand gehendes Original, in welchem jene σύνθετοι ausserordentlich klar und eingehend als Zeiten beschrieben werden, welche mit dem δίσημος, τρίσημος, τετράσημος des Anonymus identisch sind. Dann sollte man aber auch den bei Aristides fehlenden πεντάσημος erwarten? Nun, der Araber fügt auch in der That der vierzeitigen Zeitdauer die fünfzeitige hinzu.

Von den übrigen Musikern enthält die εἰσαγωγὴ τέχνης μουσικῆς des Bakcheios am Ende einen kleinen Abschnitt über Rhythmen und Metren. Dies Buch in Frage und Antwort ist ein kleiner Katechismus für die ersten Anfänger. Die Rhythmik ist nur ganz beiläufig behandelt, und was hier gesagt wird, ist meist anderweitig bekannt.

Um so grösseren Werth hat der kleine rhythmische Abschnitt in dem von Bellermann herausgegebenen Anonymus περὶ μουσικῆς. Dieser sogenannte Anonymus ist ein Conglomerat von mehreren unter sich unabhängigen Abhandlungen über die Musik, die zum Theil durch einen späteren Abschreiber unter einander geworfen sind. § 12—28 ist eine kurze Uebersicht der musischen Künste, wie wir sie bei Aristides finden, mit einem näheren Eingehen auf die Theile der Harmonik. Der Anfang dieser Partie ist § 29—32 in etwas anderer Fassung wiederholt. Es folgt von § 33 an ein Auszug aus dem ersten Buche der Aristoxenischen Harmonik bis § 50, die Fortsetzung hiervon bis § 66 scheint aus einem weiteren Buche des Aristoxenus entlehnt zu sein. Dann folgt ein Abschnitt practischer Natur, eine Unterweisung des Schülers im Spiel (wir würden sagen eine Flötenschule). Durch den Fehler des Abschreibers ist ein zu dieser Partie gehörender Theil an den Anfang des Ganzen gerückt worden· § 1—11, wobei mehrere Paragraphen des Endes am Anfange wörtlich wiederholt sind. In diesem Theile ist auch vom Rhythmus die Rede: dem Schüler werden die Pausen und die rhythmischen Zeichen gelehrt, welche die verschiedene Dauer der Töne ausdrücken, und dann kommen zur Uebung einige κρούματα mit den rhythmischen Zeichen versehen und mit Ueberschriften, in welchen der Takt angegeben ist. Hier sind nun freilich die Handschriften, ganz abgesehen von der in der Auf-

einanderfolge der Paragraphen eingetretenen Verwirrung, in sehr
üblem Zustande, und Manches lässt sich trotz der von Bellermann unternommenen sorgfältigen Vergleichung von sieben Handschriften nicht wiederherstellen. Aber auch so bleibt dieser Abschnitt für uns von der grössten Wichtigkeit, indem er Aufschlüsse
giebt, die wir bei dem grossen Verluste in der rhythmischen
Litteratur der Alten sonst nirgends erhalten.

§ 5.
Das Aristoxenische System der Künste.

Aristoteles setzt das Wesen der Künste ohne Unterschied
in die „Nachahmung" ($\mu\iota\mu\eta\sigma\iota\varsigma$). Wie dies verstanden werden
muss, versucht meine Musik des griechischen Alterthumes S. 12
zu erläutern. Sein Schüler Aristoxenus geht für den Begriff der
Künste von den verschiedenartigen Kunstwerken aus. Die letz-
teren sind, wie er sagt, entweder $\varkappa\iota\nu\omicron\acute{\upsilon}\mu\varepsilon\nu\alpha$ oder $\dot{\alpha}\varkappa\acute{\iota}\nu\eta\tau\alpha$. Entweder kommen sie in einer Bewegung zur Erscheinung und be-
dürfen dann, um dem allgemeinen Kunstgenusse zugänglich zu
werden, nicht bloss des schaffenden Künstlers (Dichters, Componisten), sondern auch eines darstellenden Künstlers (Declamators
oder Schauspielers, Sängers und Instrumental-Virtuosen). Oder
das Kunstwerk ist ein $\dot{\alpha}\varkappa\acute{\iota}\nu\eta\tau\omicron\nu$, kommt nicht im Nacheinander
der Zeitmomente, sondern in der Ruhe des Raumes als festes
stoffliches Gebilde zur Erscheinung und bedarf dann, um dem
allgemeinen Kunstgenusse vermittelt zu werden, nur des schaffenden Künstlers, welcher es als Denkmal der Plastik, der Malerei
oder der Architectur fertig und vollendet aus seinen Händen ent-
lässt. Aristoxenus hat für die Plastik, Malerei, Architectur den
Terminus „$\tau\acute{\varepsilon}\chi\nu\alpha\iota$ $\dot{\alpha}\pi\omicron\tau\varepsilon\lambda\varepsilon\sigma\tau\iota\varkappa\alpha\acute{\iota}$" d. i. Künste des Fertigen, für
die Poesie, Musik, Orchestik den Terminus „$\tau\acute{\varepsilon}\chi\nu\alpha\iota$ $\pi\rho\alpha\varkappa\tau\iota\varkappa\alpha\acute{\iota}$"
d. i. Künste der Handlung aufgebracht. Ich vermuthe, dass
Aristoxenus diese seine Classification der Künste in dem uns ver-
lorenen ersten Buche der Rhythmik dargestellt hatte. Nur gelegentlich kommt im weiteren Fortgange derselben eine Beziehung
darauf vor. Wir würden nichts von dieser höchst scharfsinnigen
Eintheilung der Künste durch Aristoxenus erfahren haben, wenn
nicht der Titel der $\tau\acute{\varepsilon}\chi\nu\eta$ $\gamma\rho\alpha\mu\mu\alpha\tau\iota\varkappa\acute{\eta}$ des Dionysius Thrax den
Commentatoren*) Veranlassung gegeben hätte für das Wort

---

*) Anecd. Graec. ed. Bekk. p. 670; p. 652—654; p. 655; p. 652.

„τέχνη" die Erklärungen beizubringen, welche sich bei den Philosophen aus der Schule des Aristoteles vorfanden. Schwerlich ist aber Aristoxenus selber von den grammatischen Commentatoren benutzt worden; eher haben ihnen Peripatetiker aus der nacharistoxenischen Zeit vorgelegen, welche den Aristoxenus benutzt hatten. Unter ihnen Lucius aus Tarrha, der Commentator der Aristotelischen Kategorien *).

Es ist ein oftmals ausgesprochener Satz, dass die Leistungen der Griechen in der Theorie der Kunst weit hinter den von ihnen geschaffenen Kunstwerken zurückstehen. Und doch haben die Griechen die Grundlage zu einem wissenschaftlichen Systeme der Kunsttheorie gegeben, welches den meisten neueren Versuchen, die Künste zu classificiren, unbedingt vorzuziehen ist.

Wie sonst bei den Griechen, so ist auch hier das Wort Kunst im weitesten Sinne gefasst: es bezeichnet nicht bloss die Kunst des Schönen, sondern es wird einerseits auch die Wissenschaft, andererseits auch jede handwerksmässige Kunstfertigkeit darunter begriffen. Scheiden wir diese „Künste im weiteren und vulgären Sinne" ab, so bleibt eine doppelte Trias der schönen Künste zurück. Die eine Trias umfasst die apotelestischen Künste: Architektur, Plastik, Malerei, die wir als die bildenden Künste bezeichnen; die andere Trias umfasst die practischen oder musischen Künste: Musik, Orchestik und Poesie. Die Namen apotelestisch und practisch beziehen sich zunächst auf die Art und Weise, wie das Kunstwerk dem Kunstgenusse des Zuschauers vermittelt wird. Ein musikalisches und poetisches Kunstwerk ist zwar an und für sich durch den schöpferischen Act des Componisten oder Dichters vollendet, aber es bedarf noch einer besonderen Thätigkeit des Sängers, des Schauspielers, des Rhapsoden u. s. w., mit einem Worte, des darstellenden Virtuosen, durch welche es dem Zuschauer oder Zuhörer vorgeführt wird, und eben deshalb heisst es πρακτικόν, d. h. ein durch eine Handlung oder Thätigkeit dargestelltes **). Ebenso verhält es sich mit der

---

*) Schol. in Aristot. categ. p. 59 Brandis u. s. Ausserdem ist Lucius oder Lucillus von Tarrha als Commentator der Argonautica und als Paroimiograph bekannt; cf. Paroemiogr. gr. ed. Leutsch vol. I. praefat. Die Beschäftigung mit den Sprichwörtern bringt den Lucius ebenfalls in den Kreis der Aristoteliker.

**) Schol. Dion. Thr. p. 653: πᾶσαι γὰρ αἱ πρακτικαὶ τέχναι κριτὴν

Orchestik. Dagegen ist ein Kunstwerk der Architektur, Plastik
und Malerei schon durch den blossen schöpferischen Act
des bildenden Künstlers dem Zuschauer fertig und vollendet gegenübergestellt, und eben deshalb heisst es ἀπο-
τελεστικόν*). Dies sind in der That Kategorien und Definitionen, wie sie des grössten griechischen Philosophen würdig sind.

Der Unterschied der beiden Kunsttriaden ist aber nicht bloss
in der äusseren Darstellung, sondern im innersten Wesen der
Künste selbst begründet. Durch die Thätigkeit des individuellen
künstlerischen Geistes findet die dem Menschen immanente ewige
Schönheitsidee im endlichen Stoffe, dem sie ihre Gesetze und Bestimmungen einprägt, ihre Verkörperung und realisirt sich hierdurch im Endlichen zum Kunstwerke. Die Platonische Ideen-
lehre, so feindlich sie auch der Kunst gegenübertritt, enthält
dennoch alle jene Momente, die den Ausgangspunkt der Kunst
bilden, in sich, und namentlich lässt sich die im Timäus gegebene Darstellung unmittelbar auf die Kunst übertragen. Das
ewig Seiende Platos, welches stets ist, aber niemals wird und
niemals vergeht, ist im Gebiete der Kunst die Idee des absoluten Schönen, die nur durch den Logos, nicht durch die
Aisthesis zu fassen d. h. als ein absolut Gegebenes nicht ver-
standesmässig zu definiren ist; sie existirt nicht bloss im Geiste
des Demiurgen, sondern auch in seinem Abbilde, im menschlichen
Geiste. Ihr gegenüber steht ein zweites Moment, das Ekmageion Platos, der bildungsfähige Stoff: todt und leblos an sich,
aber fähig, die Bestimmungen der Schönheitsidee in sich aufzu-
nehmen und sich hierdurch zum endlichen Abbilde des absoluten

---

ἔχουσι τὸν τῆς πράξεως καὶ ἐνεργείας μόνον καιρόν. καὶ γὰρ τῷ καιρῷ ἐν
ᾧ καὶ γίνονται ἐν αὐτῷ καὶ εἰσίν. ib. p. 655: πρακτικαί εἰσιν ὅσαι μέχρι
τοῦ γίνεσθαι ὁρῶνται ὥσπερ ἡ αὐλητικὴ καὶ ἡ ὀρχηστική. αὗται γὰρ ἐφ'
ὅσον χρόνον πράττονται ἐπὶ τοσοῦτον καὶ ὁρῶνται. μετὰ γὰρ τὴν πρᾶξιν
οὐχ ὑπάρχουσιν. ib. p. 670: πρακτικαὶ δὲ ἅς τινας μετὰ τὴν πρᾶξιν οὐχ
ὁρῶμεν ὑφισταμένας ὡς ἐπὶ κιθαριστικῆς καὶ ὀρχηστικῆς· μετὰ γὰρ τὸ παύσα-
σθαι τὸν κιθαρῳδὸν καὶ τὸν ὀρχηστὴν τοῦ ὀρχεῖσθαι καὶ κιθαρίζειν οὐκέτι
πρᾶξις ὑπολείπεται.

*) Ib. p. 670: Ἀποτελεστικὰς δὲ λέγουσιν ὧν τινῶν τὰ ἀποτελέσματα
μετὰ τὴν πρᾶξιν ὁρῶνται ὡς ἐπὶ ἀνδριαντοποιίας καὶ οἰκοδομικῆς. μετὰ
γὰρ τὸ ἀποτελέσαι τὸν ἀνδριαντοποιὸν τὸν ἀνδριάντα καὶ τὸν οἰκοδόμον τὸ
κτίσμα μένει ὁ ἀνδριὰς καὶ τὸ κτίσμα. ib. p. 652: αἱ δὲ τοιαῦται κριτὴν
ἔχουσι τὸν χρόνον· ἐφ' ὅσον γὰρ ἂν ὁ χρόνος διατηρῇ αὐτάς, ἐπὶ τοσοῦτον
μένουσι.

Schönen zu gestalten. So kommt das Dritte zur Erscheinung,
das Kunstwerk: es ist nicht das Schöne in wahrhafter, unver-
änderlicher Existenz, sondern die Darstellung oder Verkörperung
der ewigen Schönheitsidee im endlichen Sein, die der sinnlichen
Wahrnehmung (δόξα) gegenübertritt.

Diese Darstellung des Schönen im Ekmageion (wir vermeiden
das Wort Stoff oder Materie) ist eine zweifache. 1) Das Schöne
wird dargestellt in seiner Ruhe, es wird im blossen räumlichen
Nebeneinander zur Erscheinung gebracht: nicht in seiner zeitlichen Entwicklung, sondern auf ein einziges Moment seines Da-
seins fixirt. Dies geschieht in den bildenden oder apotelestischen
Künsten, der Architektur, Plastik und Malerei, wo der Begriff des
Ruhenden das Wesen des Kunstwerks ausmacht, — die Bewegung
kann hier immer nur durch die Darstellung eines einzigen Be-
wegungsmomentes angedeutet werden. 2) Das Schone wird dargestellt in seiner Bewegung, im zeitlichen Nacheinander der
einzelnen Schönheitsmomente. Dies geschieht in den musischen
Künsten, der Musik, Orchestik und Poesie, wo das das Schöne
darstellende Ekmageion nothwendig ein bewegtes ist. Wir haben
hiernach die bildenden oder apotelestischen Künste als die Künste
der Ruhe und des Raumes, die musischen oder practischen
Künste als die Künste der Bewegung und der Zeit zu definiren.

Es liegt am Tage, wie innig dieser Begriff der beiden Kunsttriaden mit jenen von den Alten gegebenen Definitionen zusam-
menhängt. Bei einem Werke der bildenden Kunst genügt, weil
es bloss auf räumliche Existenz angewiesen ist, der einzige
Schöpfungsact des Künstlers, um es in seinem vollen Dasein als
das Schöne in seiner Ruhe darzustellen; bei einem Werke der
musischen Kunst dagegen bedarf es ausser dem schaffenden
Künstler noch einer besonderen Thätigkeit des darstellenden Künstlers, weil das Schöne in seiner Bewegung dargestellt werden soll.

Warum aber stellt sich sowohl die Kunst der Ruhe und des
Raumes wie auch die Kunst der Bewegung als eine Trias dar?
Der Grund hierfür liegt in dem verschiedenen Standpuncte, welchen der subjective Geist des Künstlers bei der Erschaffung des
Kunstwerkes einnehmen kann. Er stellt nämlich entweder 1) das
Schöne lediglich nach der ihm selber immanenten Schönheitsidee
dar, oder 2) nach den ihm in der Objectivität gegebenen Vor-
bildern des Schönen, oder es wirken 3) beide Factoren, die Subjectivität und die Objectivität bei der Hervorbringung des Kunst-

werkes gemeinsam mit einander. Hiernach ist sowohl die bildende wie die musische Kunst entweder 1) eine subjective:
Architektur und Musik, oder 2) eine objective: Plastik und
Orchestik, oder 3) eine subjectiv-objective: Malerei und Poesie.
Diese drei Kategorien sind auch in den bisherigen Systemen
der Aesthetik üblich, aber von dem hier eingehaltenen Standpuncte aus, der sich zunächst an die Alten anschliesst, sind sie
in einer ganz anderen Weise als bisher zu fassen:

Τέχναι Künste	ἀποτελεστικαί (bildende) der Ruhe und des Raumes	πρακτικαί, μουσικαί der Bewegung und der Zeit
Objective Subjective Subjectiv- objective	Plastik Architektur ⎫ Malerei ⎬ Symmetrie ⎭	Orchestik ⎫ Musik ⎬ Rhythmus. Poesie ⎭

Die Plastik und Orchestik haben ihr Schönheitsideal in
der Objectivität, indem sie die in der Realität zerstreuten und
vereinzelten Momente des Schönen zu einer Einheit zusammenfassen und hierdurch das in der Aussenwelt Vorhandene idealisi-
ren. Der Gegenstand beider Künste ist vorwiegend der menschliche Körper als das vollendetste und schönste Gebilde der
Schöpfung: die Plastik stellt die ideale Schönheit des Körpers in
seiner Ruhe dar, die Orchestik idealisirt am menschlichen Körper
selber die Bewegung desselben zum Kunstwerke.

Anders die Architektur und Musik. Hier wird nicht
etwas objectiv Vorhandenes idealisirt, sondern der Künstler pro-
ducirt das Kunstwerk aus der ihm immanenten Schönheitsidee,
ohne dass ihm von Aussen her ein Vorbild vorschwebt. Das
Ekmageion ist ein objectiv Gegebenes, in der Architektur die
feste Materie, in der Musik der Ton, aber das architektonische
Kunstwerk ist keine Nachahmung von schönen Gebilden der Natur,
und ebensowenig ist das musikalische Kunstwerk jemals aus Nachahmung des Vogelgesanges und dergleichen hervorgegangen: in
beiden Künsten giebt der menschliche Geist der vorhandenen
stofflichen Masse und den Tönen eine freie, lediglich aus seiner
Subjectivität fliessende Form und Ordnung, und gerade diese
Form ist es, welche das Wesen des Kunstwerkes ausmacht. Es
ist eine grosse Verkennung, wenn moderne Aesthetiker die Architektur als die objective Kunst hinstellen, und wenn z. B. Hegel

geradezu ausspricht, dass die Formen der Architektur die Gebilde der äusseren Natur seien. — Unter sich stehen Architektur und Musik in demselben Verhältnisse wie Plastik und Orchestik: die Architektur stellt die subjective Idee des Schönen in der Ruhe und somit im festen materiellen Stoffe dar, die Musik dagegen in der Bewegung, im Nacheinander der Töne, die selber nichts anderes als Bewegung sind, mögen sie von der menschlichen Stimme oder von der menschlichen Hand hervorgebracht werden. Die subjective Idee der Ordnung und Harmonie, welche von der Architektur auf ein einziges Moment zum ruhig abgeschlossenen Kunstwerke concentrirt und fixirt ist, wird von der Musik als Bewegung entfaltet. Hegel nennt die Architektur eine gefrorene Musik: besser hätte er die Musik als die freie Bewegung architektonischer Formen bezeichnet.

Die Malerei und Poesie endlich stehen zwischen den genannten Künsten in der Mitte. Die Malerei ist subjectiver und innerlicher als die Plastik, dagegen objectiver als die Architektur. Dieselbe Stellung wie die Malerei nimmt die Poesie zwischen ihren beiden musischen Schwester-Künsten ein: die objectiven Thatsachen der Realität und das freie Schaffen der Subjectivität sind die zwei Factoren, aus denen das poetische Kunstwerk hervorgeht. — Doch mögen diese Andeutungen genügen, um das von uns nach den Alten aufgestellte System der Künste zu rechtfertigen; wir wiederholen: aus dem Momente der Ruhe und der Bewegung als der nothwendigen Form, in welcher das Schöne zur Erscheinung kommt, ergiebt sich eine Dyas von Künsten, die bildende und die musische, und je nach dem Verhältnisse der künstlerischen Subjectivität zur Objectivität zerlegt sich sowohl die bildende wie die musische Kunst in eine Trias.

Nur auf einen nicht unwichtigen Punct möge hier noch aufmerksam gemacht werden, auf das Verhältnis, in welchem die angegebene begriffliche Entwicklung der Künste zu ihrer historischen Entwicklung steht. Der Geist des Griechenthums ist ein vorwiegend objectiver, der moderne Geist ein vorwiegend subjectiver; es werden daher die Künste, die wir als die objectiven Künste bezeichnet haben, vorwiegend dem Griechenthume und ebenso die subjectiven vorwiegend der modernen Welt angehören müssen. Und so ist es in der That. Von den beiden objectiven Künsten, der Plastik und Orchestik, findet die letztere in den modernen Kunsttheorien kaum noch eine Stelle, weil sie fast

aufgehört hat eine Kunst zu sein, während ihr im griechischen
Alterthum dieselbe Bedeutung wie der Plastik zukam. Eine
moderne Plastik giebt es zwar, aber sie ist nicht eine unmittelbare und freie Schöpfung des modernen Geistes, sondern hält
sich überall in einer sehr entschiedenen Weise an die antiken
Vorbilder an — sie ist eine Reproduction des Antiken, soviel
hierbei auch immerhin dem modernen Geiste Rechnung getragen
werden mag, und die Freude der Kunstkenner über eine aus dem
Schutte der griechischen Erde wieder hervorgezogene antike
Statue ist grösser als ihre Freude über ein eben vollendetes modernes Bildwerk. — Anders ist es mit den beiden subjectiven
Künsten, der Architektur und Musik. Die christliche Musik
schliesst sich historisch zwar an die griechische an, aber sie hat
sich schon seit einem Jahrtausend von den Normen der griechischen Musik frei gemacht und ist aus dem individuellen christlich-modernen Geiste heraus zu einer Höhe emporgestiegen, von
der das antike Kunstbewusstsein keine Ahnung haben konnte.
Und haben in der modernen Architektur auch die Gesetze des
Antiken noch immer eine ausserordentlich hohe Bedeutung behalten, so werden doch nur Wenige leugnen, dass sich ein
vollendeter christlicher Bau zu einer ungleich höheren Stufe der
Kunstvollendung als der griechische Tempel erhebt. — Die beiden Künste endlich, in welchen die Objectivität und Subjectivität
zusammen die schaffenden Factoren bilden, die Malerei und Poesie,
sind in der antiken und in der modernen Welt zu gleicher Höhe
der Entwicklung gelangt. Stellen wir auf die eine Seite die Ilias,
den Aeschyleischen Agamemnon, ein Aristophaneisches Stück, auf
die andere die vollendetsten Dichtungen Shakespeares und Goethes
— wir werden uns niemals entschliessen können, der einen Seite
oder der anderen einen höheren Werth beizulegen. Von antiker
Malerei hat sich zwar kaum etwas anderes als handwerksmässiger
Bilderschmuck auf Wänden und Vasen erhalten, aber schon dieser
gestattet den wohl berechtigten Schluss, dass die Gemälde der
antiken Meister nicht hinter denen der unserigen zurückstanden,
so gross auch der Unterschied sein mag.

Wir müssen nun noch einmal zu dem oben ausgesprochenen
Satze zurückkehren, dass die allgemeine abstracte Form für die
bildenden Künste die Ruhe und der Raum, für die musischen
Künste die Bewegung und die Zeit ist. In ihnen allen stellt sich
die Idee des Schönen zunächst und vorwiegend an dem einer

jeden eigenthümlichen Ekmageion dar, aber der darstellende uns immanente Schönheitssinn verlangt, dass auch jene abstracte Form der Kunst, der Raum und die Zeit, der Idee des Schönen unterworfen werde. So ergiebt sich für ein Werk der bildenden Kunst als ein für unser Gefühl nothwendiges Moment eine gesetzmässige Gliederung und Ordnung des von ihm eingenommenen Raumes, die Symmetrie, — für ein Werk der musischen Kunst eine gesetzmässige Gliederung und Ordnung der von ihm ausgefüllten Zeit, der Rhythmus oder der Takt, der, insofern er in der Poesie erscheint, auch mit dem besonderen Namen Metrum bezeichnet wird. Die Gesetze der Gliederung und Ordnung sind dem Geiste immanent, da sie in der Objectivität kein Vorbild haben. Aber es sind immerhin Gesetze, die ausserhalb der Idee des Kunstwerkes stehen, die als ein Accedens hinzutreten und daher nicht überall eingehalten werden. Am meisten gilt dies letztere von den bildenden Künsten, in denen der christlich-moderne Geist die Gesetze der Symmetrie, wo er kann, als eine hemmende Fessel abzustreifen sucht, während sie die Griechen selbst in solchen Fällen festhielten, wo das Auge des Beschauenden sie ganz und gar nicht mehr zu überblicken vermochte. Auch in den musischen Künsten haben sich die Modernen häufig genug von den Gesetzen des Rhythmus und Metrums emancipirt, nicht bloss in vielen Gattungen der Poesie, sondern auch in der Musik, wo z. B. im Recitativ das Band der rhythmischen Perioden abgeworfen wird. Bei den Griechen aber ist der strenge Rhythmus überall eine nothwendige Form des musischen Kunstwerkes — der einzige Dichter, der ihn aufgab, war Sophron in seinen Mimen — und die verschiedenen Arten desselben dienen bei ihnen nicht bloss dazu, den Eindruck des Kunstwerkes zu verstärken, sondern es wird durch dieselben geradezu eine bestimmte ethische Wirkung erreicht, die den Taktarten und Metren der Modernen völlig verloren gegangen ist.

Hiermit ist der allgemeine Begriff des Rhythmus aus dem Begriffe der musischen oder praktischen Künste als ein denselben wesentliches Element abgeleitet.

§ 6.
Die einzelnen Zweige der musischen Kunst.

Nach Anleitung von Aristoteles poet. 1 und Aristid. mus. p. 32 M. sind folgende Arten der alten τέχνη μουσική zu unterscheiden, deren wesentliche Unterscheidungsmerkmale darin beruhen, in wiefern eine der drei musischen Künste für sich allein oder in Verbindung mit den beiden anderen auftritt.

1. Die drei musischen Künste Musik, Poesie, Orchestik sind im Drama und der chorischen Lyrik mit einander verbunden. Dem antiken Drama können wir etwa unsere moderne Oper zur Seite stellen, für die chorische Lyrik der Alten fehlt es in unserer heutigen Kunst gänzlich an einer Parallele, denn unsere Cantaten u. dgl., an die man zunächst denken möchte, entbehren des Elementes der Orchestik und Action, das für den Begriff dieses Zweiges der antiken Kunst ein durchaus wesentlicher ist. Die meisten Arten der chorischen Lyrik, Dithyramben, Päane, Prosodien, Daphnephorika, ϑϱῆνοι haben einen kirchlichen Charakter; einen mehr profanen Charakter zeigen die ὑποϱχήματα trotz ihres sacralen Zweckes; die ἐπίνιϰοι und ἐγϰώμια haben einen weltlichen Zweck, aber dennoch eine vorwiegend ernste religiöse Stimmung. Von dieser ganzen Litteraturschicht, die im Alterthume eine ausserordentlich hohe Bedeutung hatte, sind uns fast nur die· ἐπίνιϰοι Pindars erhalten. Sie zeigen sofort, dass hier die Poesie keine der Musik untergeordnete Bedeutung hatte, sondern nothwendig das prävalirende Element sein musste, wenigstens insofern als für den Zuhörer das Interesse an der Poesie nicht durch das Interesse an der Musik absorbirt wurde, wie dies in unseren Cantaten und ähnlichen musikalischen Gattungen der Fall ist. Und dennoch gelten die ersten Vertreter dieser Kunstgattung, wie Pindar und Simonides, nicht bloss als die Koryphäen unter den antiken Dichtern, sondern auch als die Meister unter den antiken Componisten. Das geht aus den in Plutarchs Büchlein πεϱὶ μουσιϰῆς erhaltenen Fragmenten des Aristoxenus deutlich hervor. Welch grosse Bedeutung Pindar selber dem musikalischen Elemente seiner Epinikien und der Darstellung durch die Sänger und die Instrumentalbegleitung der φόϱμιγξ und der αὐλοί beimisst, davon legen zahlreiche Stellen seines erhaltenen poetischen Textes Zeugniss ab. Es sei hier bemerkt, dass der Gesang zwar ein Chorgesang war, dass aber der Chorgesang des griechischen Alterthums und überhaupt der alten Zeit stets ein unisoner war; nur durch die Begleitung wurde Mehrstimmigkeit erreicht. Die Musik also war jedenfalls einfacher als unsere heutige und nur hierdurch ist es erklärlich, dass der antike Zuhörer trotz der musikalischen Dar-

stellung dem oft so inhaltschweren Texte zu folgen vermochte. Immerhin aber müssen wir einen höheren und gebildeteren Kunstsinn beim antiken Publicum als bei dem Publicum der modernen Oper voraussetzen. Am wenigsten vermögen wir uns vorstellig zu machen, wie bei der Aufführung die dritte der musischen Künste, die Orchestik, vertreten war. So viel wir wissen, sind nämlich die Singenden zugleich die tanzenden Choreuten. Nach unserer Vorstellung will sich gleichzeitiger Gesang und Tanz bei denselben Personen nur sehr schwer mit einander vertragen. Es muss also die ὄϱχησις in der chorischen Lyrik durch die Langsamkeit der Bewegung von dem, was wir Tanz oder Ballet nennen, durchaus verschieden gewesen sein. Bei den ὑποϱχήματα, in denen das Tempo nachweislich viel rascher als in den übrigen Arten der chorischen Lyrik ist, dürfen wir eine Trennung zwischen den Singenden und Tanzenden voraussetzen; die chorische Aufführung, welche im 8. Buche der Odyssee beschrieben wird, ist jedenfalls ein ὑπόϱχημα.

Im antiken Drama müssen. wir uns die Darstellung der chorischen Partien völlig wie die der chorischen Lyrik denken; es ist durchaus unrichtig, dass diejenigen χοϱικά, welche den Namen στάσιμα haben, ohne gleichzeitige Bewegung und Orchestik von den Choreuten gesungen worden seien. Die übrigen Sangpartien (μονῳδίαι) entbehren der eigentlichen ὄϱχησις, aber ein gewisses orchestisches Element, die Mimik oder ὑποϰϱιτική, unterscheidet auch diese Partien wesentlich von der monodischen Lyrik. Durch seine χοϱικά und μονῳδίαι tritt das antike Drama unserer modernen Oper viel näher als unserem recitirenden Schauspiele; das μέλος, d. i. das musikalische Element, ist im antiken Drama, wie Aristoteles sagt, das grösste der ἡδύσματα. Doch ist auch hier wieder zu beachten, dass der poetische Text, nach dem Inhalte der Chorlieder, namentlich des aeschyleischen und sophokleischen Dramas zu urtheilen, nothwendig vor der Musik prävaliren muss, während unsere Operntexte neben der Musik sehr häufig ein verschwindendes Element sind. Es bleibt der Dialog übrig. Ueber den Vortrag desselben in der Komödie fehlt es uns an Nachrichten; der tragische Dialog der Alten aber muss von dem Dialoge unseres heutigen recitirenden Schauspiels etwas wesentlich Verschiedenes gewesen sein. Denn einmal haben wir bei Lucian. de saltat. 27 eine durchaus sichere Nachricht, dass auch ein Theil der Iamben nicht gesprochen, sondern gesungen

wurde; und wenn man diesen Bericht Lucians nicht auf die
tragischen Aufführungen der klassischen Zeit, sondern nur auf
die der römischen Kaiserzeit beziehen zu dürfen·glaubt, so lässt
sich doch gerade in den älteren Tragödien (bei Aeschylus) die
für manche Partieen der dialogischen Iamben unbestreitbare
strophische Anordnung und Responsion der Verse nicht anders
als ein Indicium eines melischen Vortrags erklären. Sodann aber
wissen wir aus dem bei Plut. mus. 28 aus älterer Quelle ge-
schöpften Berichte, mit welchem Aristot. probl. 19, 6 zu vergleichen ist, dass für die Iamben der Tragödie die zuerst von
Archilochus aufgebrachte und von Krexos für die Dithyramben
aufgenommene Art des Vortrags statt fand, welche man mit dem
antiken Terminus $\pi\alpha\varrho\alpha\varkappa\alpha\tau\alpha\lambda o\gamma\acute{\eta}$ bezeichnete. G. Hermann u. A.
haben sich darunter eine von dem strengen Rhythmus abwei-
chende, der gewöhnlichen Sprache sich annähernde Vortragsweise
der dochmischen Partien gedacht. Doch ist dies gänzlich un-
motivirt. Wir wissen aus Dionys. comp. verb. 11 und Plutarch.
Crassus 33, dass die dochmischen Partien die eigentlichen tragischen Cantica sind, und kein anderes tragisches Metrum ist so
vorwiegend für die $\sigma\varkappa\eta\nu\iota\varkappa\grave{\eta}\;\mu o\upsilon\sigma\iota\varkappa\acute{\eta}$ verwandt als gerade die
Dochmien. Der von Plutarch mus. 28 über die $\pi\alpha\varrho\alpha\varkappa\alpha\tau\alpha\lambda o\gamma\acute{\eta}$
gegebene Bericht kann darüber nicht den mindesten Zweifel las-
sen, dass dieselbe ein declamatorischer Vortrag der Iamben bei
gleichzeitiger Instrumentalmusik ist. Es kam hiernach in der
antiken Tragödie ausser den eigentlichen Gesangstücken auch
diejenige Weise des musikalischen Vortrags vor, welche unsere
heutige Musik als melodramatische Partien bezeichnet. Der opern-
hafte Charakter des antiken Dramas, wenn wir uns dieses Aus-
drucks bedienen wollen, wird hierdurch nur um so mehr gesteigert;
denn dass die Oper unserer jetzigen Musikepoche das einst sehr
beliebte Melodrama so gut wie aufgegeben, ist hierbei gleichgültig.
Wiederholt aber muss darauf aufmerksam gemacht werden, dass,
obwohl das musikalische Element im antiken Drama einen ausserordentlich weiten Umfang hat, dennoch der poetische Text als
die Hauptsache betrachtet wurde. Indess müssen wir nach der
von Plutarch *de mus.* meist nach Aristoxenus gegebenen Darstellung annehmen, dass seit der letzten Zeit des peloponnesischen
Krieges der Tragiker in einzelnen Stellen seines Stückes dem
lediglich musikalischen Genusse des Publicums auf Kosten des
poetischen Inhalts eine bevorzugte Stellung einräumte. Es sind

dies die unter dem Namen der „σκηνικὴ μουσική" von Aristoxenus so sehr gegen die frühere Weise der tragischen Musik herab-
gesetzten monodischen Partien ohne antistrophische Responsion,
welche wir bei Euripides und auch in den letzten Stücken des
Sophokles (Trachinierinnen, Philoctet, Oedipus Coloneus) antreffen;
wir wissen auch aus anderen Indicien, dass diese σκηνικὴ μουσική eine Herübernahme der inzwischen aufgekommenen Compositionsmanier der neueren Nomosdichter Philoxenus und Timo-
theus in die Tragödie ist.

2. Eine Vereinigung der Poesie und Musik mit Ausschluss
der Orchestik ist die monodische Lyrik. Die ausgebildetste
Kunstform derselben ist der Nomos, ein Sologesang entweder
unter Begleitung der κιϑάρα oder der αὐλοί, und hiernach als
κιϑαρῳδία oder αὐλῳδία, kitharodischer oder aulodischer Nomos
unterschieden. Ist gleich der Chorgesang in seinem Ursprunge
älter, so ist doch dem Sologesange des Nomos früher als jenem
eine kunstmässige Pflege und Ausbildung zu Theil geworden.
Ursprünglich hat er eine lediglich sacrale Bestimmung und ist
namentlich an die apollinischen Feste und Cultusstätten gebunden.
Er ist die alte Kunstform der pythischen Agonen, von denen der
Chorgesang ausgeschlossen blieb. Später erweitert und verwelt-
licht sich sein Gebiet; noch vor der Zeit des peloponnesischen
Krieges hat er überall Zutritt gefunden und der Nomossänger ist
der Musik-Virtuose κατ᾽ ἐξοχήν. Es ist dies der Zweig der alten
μουσική, in welchem mehr als irgendwo anders die Poesie all-
mählich vor der Musik herabgedrängt wurde und die Vocalmusik
des Alterthums eine dem heutigen Standpuncte der Musik ver-
hältnissmässig nahe stehende Freiheit und Selbstständigkeit ge-
wann. Dass sich diese Stellung der Musik aus dem Nomos der
Kitharoden auch in den Dithyramb und, wie schon oben gesagt,
in die σκηνικὴ μουσική der neueren Tragödie eindrängte, kann
nicht auffallen. Sowohl die alten Komiker wie der spätere Kunst-
theoretiker Aristoxenus betrachten diese Richtung der Musik
nicht mit Wohlgefallen; Aristoxenus stellt die Componisten der
alten chorischen Musik sowohl in der Lyrik (Pindar, Simonides,
Pratinas) wie im Drama (Phrynichus und Aeschylus) als die auch
für seine Zeit ausschliesslich nachzuahmenden Vorbilder hin.

Der Kunstgattung nach gehört auch die monodische Lyrik
des Archilochus, Mimnermus, des Alcäus, der Sappho, des Anakreon u. s. w. dem Nomos an, nur dass diese Compositionen

antistrophisch, die Nomoi alloiostrophisch sind. In der späteren Zeit wird diese Gattung hauptsächlich in der Skolien-Poesie fortgesetzt. Auch derjenige Zweig der chorischen Poesie, welcher der Orchestik entbehrt, ist hierher zu rechnen. Dies sind die vom „stehenden" Chore gesungenen Hymnen, namentlich die εὐκτικοὶ ὕμνοι, in denen sich auch vorwiegend die ebengenannten Vertreter der monodischen Lyrik, Alcäus, Sappho, Anakreon, versucht haben.

3. Durch vollständige Emancipation der Musik von der Poesie entsteht die antike Instrumental-Musik. Fremde Einflüsse, nämlich die als Schule des Olympus bezeichneten Auleten des barbarischen Kleinasiens sind die unmittelbare Ursache griechischer Instrumentalmusik; mit Berücksichtigung ihrer besonderen Eigenthümlichkeit aber ist dieselbe als eine Abzweigung des Nomos aufzufassen, der auch sonst, wie wir gesehen, eine unverkennbare Hinneigung zur selbstständigen Entwicklung der Musik zeigt. Die früheste Art der Instrumentalmusik ist der auletische Nomos, der sich dadurch aus dem aulodischen Nomos abgezweigt hatte, dass die Melodie der zur Begleitung der αὐλοί gesungenen Worte von einem die Stimme führenden αὐλός als Lied ohne Worte vorgetragen wurde. Durch den berühmten Musiker Sakadas zur Zeit des Solon und Stesichorus fand der auletische Nomos neben dem kitharodischen Nomos-Gesange im Agon von Delphi eine Stätte. Dies ist das eigentliche Gebiet der griechischen Instrumental-Virtuosen, wie des von Pindar in einem Epinikion gefeierten Midas. Eine ähnliche durch Saiteninstrumente ausgeführte Instrumentalmusik, die κιθαριστική und der kitharistische Nomos, hat sich erst nach dem aulodischen entwickelt, — die Töne der Blasinstrumente, die in ihrer Weichheit der menschlichen Stimme näher stehen, konnten eher die Gesangstimme darstellen als die härteren Töne der griechischen Kithara. Eine Vereinigung der Auletik und Kitharistik zu einem gemischten Nomos scheint erst dem Ende der klassischen Zeit anzugehören.

Was uns von Instrumental-Compositionen berichtet wird, zeigt ein ganz unmittelbares Anlehnen an irgend eine bestimmte Vocalmusik. So ist der auletische Nomos Pythios des Sakadas ein die einzelnen Scenen mimetisch darstellender Kampf des Apollo mit dem pythischen Drachen: die Durchspähung des Kampfplatzes — die Herausforderung zum Kampfe — der Kampf selber und die

Bewältigung des Ungeheuers u. s. w. Die antike Instrumentalmusik
wird diese und ähnliche Scenen dem Zuhörer schwerlich auf eine
andere Weise haben vorführen können, als indem sie ihm Remi-
niscenzen aus einem bestimmten kitharodischen oder aulodischen
Nomos, der den Gegenstand auf dem Gebiete der Vocalmusik mit
Hülfe der Worte darstellte, vorführte. Die antike Instrumentalmusik mochte dem Virtuosen oft die erwünschte Gelegenheit geben, das Publicum durch Kunstfertigkeit in Erstaunen zu setzen,
aber der eigentliche Schwerpunct der alten musischen Kunst ist
die Vocalmusik und hier wiederum vorwiegend die chorische Lyrik
und Dramatik.

4. Wie sich in der Instrumentalmusik die Musik von der
Poesie emancipirt hat, so giebt es schon früh in der Kunst der
Alten einen Zweig, in welchem die blosse Poesie ohne Be-
theiligung der Musik auftritt, die ψιλοὶ λόγοι ἔμμετροι. Dies ist
das durch die Rhapsoden vorgetragene recitirende Epos. Ursprünglich wurden freilich auch die epischen Gedichte nicht von
Rhapsoden oder von Declamatoren, sondern von ἀοιδοί vorgetragen, die ihre „κλέα ἀνδρῶν" unter Begleitung eines Saiteninstru-
mentes sangen. Diese epischen Sänger der vorhomerischen Zeit
sind den alten Sängern des kitharodischen Nomos nahe verwandt;
auch die frühesten epischen Stoffe scheinen von denen des Nomos nicht sehr verschieden gewesen zu sein; einen Hauptunter-
schied bildete Zweck und Veranlassung des Gesanges; denn der
Nomos wurde zur Ehre der Götter an heiliger Stätte gesungen,
die κλέα ἀνδρῶν sang man zur Erhöhung der Festesfreude vor
den Fürsten und Edlen. Doch gehören weitere Andeutungen
über die Verwandtschaft des Nomos und des ältesten epischen
Gesanges nicht hierher. Zur Zeit des Terpander hatte sich der
kitharodische Nomos seinen frühesten Anfängen gegenüber, die
durch die sagenhaften Namen Chrysothemis und Philammon bezeichnet sind, im Ganzen nur wenig verändert, aber schon lange
vor Terpander haben sich die κλέα ἀνδρῶν von der Kithara und
dem Gesange frei gemacht und an die Stelle des ἀοιδός mit der
Kithara ist der declamirende ῥαψῳδός mit dem Stabe getreten,
der im classischen Griechenthume eine nicht minder bedeutende
Stelle als der Musiker und Schauspieler einnimmt. Die epische
Poesie gehört seitdem nur dem Vortrage der Declamatoren an;
denn es ist wohl nur vorübergehend, dass die Terpandriden statt
eigner Nomos-Dichtungen eine Partie des homerischen Epos in

Musik setzen und an den Agonen als Melos vortragen. Aber
auch die Poesien lyrischer Dichter, die zunächst für melischen
Vortrag bestimmt waren, werden in späterer Zeit gleich den
Epen declamatorisch vorgetragen. So berichtet es Plato in der
Republik von den Dichtungen des Solon. In der alexandrinischen
und römischen Zeit hat der Dichter aufgehört, ein Musiker zu
sein, die besseren lyrischen Dichtungen dieser Perioden sind ohne
Rücksicht auf melischen Vortrag geschrieben, — freilich sind sie
auch nicht für Rhapsodenvortrag, sondern wie die lyrischen Gedichte unserer Tage für ein lesendes Publicum bestimmt. Nicht
ganz klar ist es, wie wir uns die spätesten dramatischen Dichtungen der Griechen, insbesondere die Stücke der neueren atti-
schen Komödie, denken sollen, ob sie rein declamatorische Schauspiele wie unsere heutigen Dramen sind, oder ob sie noch ein
wenn auch geringes melisches Element enthielten. Die ihnen
nachgebildeten Komödien der Römer sind reich an Cantica, zu
denen nicht der Dichter, sondern ein eigner Musiker die Compositionen liefert (schon mit den Stücken des Euripides soll es
sich ähnlich verhalten haben); wenn die Ueberlieferung bei Mar.
Victor. p. 105 G. richtig ist, so müssen die griechischen Vorbilder
bloss auf den Dialog beschränkt gewesen sein, so dass die Musik
dieser Stücke in einer die Zwischenacte ausfüllenden Instrumentalmusik bestand.

5. Dass es auch eine von der Poesie und Musik getrennte
Orchestik, eine ψιλὴ ὄρχησις, gab, sagt Aristid. p. 32 M., doch
kann dies nur eine untergeordnete und schwerlich eine alte Gattung der musischen Kunst gewesen sein. Im alexandrinischen
Zeitalter giebt es auch eine Verbindung der Orchestik oder
wenigstens einer sehr lebendigen Mimik mit der Poesie, ohne hinzutretende Musik, „μετὰ δὲ λέξεως μόνης ἐπὶ τῶν
ποιημάτων μετὰ πεπλασμένης ὑποκρίσεως οἶον τῶν Σωτάδου καί
τινων τοιούτων" Aristid. l. l. vgl. darüber unten. Der Ausdruck πεπλασμένης ὑποκρίσεως scheint zwar von keiner wirklichen,
sondern nur einer fingirten Action zu reden, etwa einer solchen,
die man sich beim Lesen dieser Dichtungen hinzudenken muss.
Aber es kann wohl kein Zweifel sein, dass im alexandrinischen
Zeitalter die ἰωνικοὶ λόγοι des Sotades und Anderer nicht bloss
gelesen, sondern auch dargestellt, und zwar mit wirklicher Action
dargestellt wurden. Auch die gleichzeitige neuere Komödie der
Attiker würde, wenn sie den oben angegebenen Charakter hat,

in diese Kategorie der Dichtungen gehören, nur scheint die
Mimik der frivolen *ἰωνικοὶ λόγοι*, der *φλύακες* und *κίναιδοι* eine
noch viel lebendigere gewesen zu sein. Ihrem Ursprunge nach
waren auch diese Dichtungen mit Musik verbunden, denn sie
haben sich aus dem Vortrage des Magoden herausgebildet, der
in possenhafter Vermummung seine obscönen Lieder von Pauken
und Cymbeln und lysiodischen Flöten begleiten liess. Athen. 14,
621 c. 648. Aristoxen. u. Aristocles *de mus.* bei Athen. 14,
620 d, Hesych. s. v. *μαγῳδή*. — Noch späteren Ursprungs ist
die Verbindung der Orchestik mit der Musik ohne Poesie
(blosser Instrumentalmusik) in dem Pantomimus. Dies Product
der römischen Zeit entspricht bereits völlig unserem Ballet; mit
der *μουσικὴ τέχνη* der classischen Zeit steht es in keinem Zusammenhange.

§ 7.
Aristoxenische Definition des Rhythmus.

Posie, Musik, Orchestik sind die Künste der Bewegung: sie
stellen das Schöne nicht fixirt auf einen einzigen Zeitpunkt dar (dies
geschieht in der Plastik, Malerei und Architectur), sondern in
dem Nacheinander der Zeitmomente. Das poetische, musikalische,
orchestische Kunstwerk nimmt also stets eine bestimmte Zeit
ein, in der es zur Darstellung kommt. Der unserem Geiste immanente Sinn für Ordnung und Gesetzmässigkeit verlangt, dass
die durch ein Kunstwerk ausgefüllte Zeit eine gesetzmässig gegliederte sei, und dass wir uns dieser Zeitgliederung durch die
Eigenartigkeit der nach einander zur Erscheinung kommenden
einzelnen Momente des Kunstwerkes bewusst werden. Die so
gegliederte Zeit heisst Rhythmus, der nach den drei verschiedenen
Künsten verschiedene Bewegungsstoff wird von Aristoxenus als
Rhythmizomenon bezeichnet. In der Musik besteht das Rhythmizomenon aus auf einander folgenden Klängen und Accorden, in der
Poesie wird es durch die Sylben, Worte und Sätze gebildet, in
der Orchestik durch die Bewegungen der Tanzenden. An diesen
dreifachen Substraten muss der Rhythmus wahrnehmbar gemacht
werden. Dies geschieht durch zweierlei. Ein jedes der Theile,
aus welchen das Rhythmizomenon besteht: der einzelne Ton, die
einzelne Sprachsylbe, die einzelne Bewegung des Tanzenden muss
eine bestimmte Zeit einnehmen. Dies ist die einzelne rhythmische
Zeitgrösse. Die Ordnung innerhalb dieser rhythmischen Zeit-

grössen wird den Sinnen desjenigen, welchem das Kunstwerk
vorgeführt werden soll, dadurch vernehmlich gemacht, dass die
einzelnen Theile des Rhythmizomenons mit ungleicher Stärke zur
Erscheinung kommen. So lassen sich verschiedene Gruppen der
zu einander in Beziehung stehenden Theile des Rhythmizomenons
unterscheiden; die stärker hervorgehobenen Theile bezeichnen die
Grenzen rhythmischer Abschnitte. Man nennt dies rhythmische
Accente.

Bestimmte Zeitgrössen und bestimmte rhythmische Accente
sind die beiden Elemente des Rhythmus.

Aristoxenus lehrt ferner, dass die Art und Weise wie die
verschiedenen Rhythmizomena den Rhythmus zur Erscheinung
bringen, eine verschiedene ist. Sie ist eine andere im Rhythmizomenon der Töne und eine andere im Rhythmizomenon der gesprochenen oder declamirten Poesie, und wieder eine andere in
dem Rhythmizomenon der Tanzbewegungen. Ueber die letzteren
stehen uns die Angaben des Aristoxenus nicht mehr zu Gebote.

§ 8.
Rhythmus der Declamation.

Was wir mit den aus der Periode des Minneliedes stam-
menden Ausdrücken „Singen und Sagen" bezeichnen, d. i. gesungene und recitirte Poesie, dafür ist schon von Aristoxenus der
richtige Wesensunterschied angegeben. Der Gesang ist nach
ihm ein in vernehmlichen Intervallen fortschreitendes Melos, eine
Bewegung der Stimme, welche auf jeder Tonstufe irgend eine
Zeit lang stehen bleibt und von dieser zu einer anderen aufsteigt
oder abwärts schreitet. Der Uebergang von einer Tonstufe zur
anderen nimmt eine unendlich kleine Zeit in Anspruch; nach
dieser eine unmerkliche Zeitdauer einnehmenden Bewegung des
Ueberganges erfolgt das Ausruhen der Stimme auf irgend einer
Tonstufe, welches wieder eine messbare Zeitdauer erheischt. Dies
ist der Vorgang in der Bewegung der Stimme, wenn wir singen
oder auch, wenn wir Instrumentalmusik machen. Wenn wir dagegen sprechen, so ist dies, wie Aristoxenus will, ebenfalls ein
Melos, denn indem wir Sylben von verschiedener Accenthöhe aussprechen, bewegt sich die Stimme nicht minder wie beim Gesange von einer höheren zur niederen oder umgekehrt von einer
niederen zur höheren Tonstufe. Ein anderer griechischer Schrift-

steller., Dionysius von Halikarnass bemerkt, dass sich beim
Sprechen Intervalle von dem Umfange einer Quinte ergeben.
Wir modernen Menschen vernehmen in unserer Sprache wohl
noch umfangreichere Intervalle: es ist nicht selten, dass dieselben
in erregter Rede die Grösse einer Octave und darüber haben.
Also Intervalle kommen auch beim Sprechen vor. Der
Unterschied des Sprechens vom musikalischen Melos besteht aber
darin, dass die Intervallverschiedenheiten des letzteren durch die
Gesetze der Kunst bedingt werden, während sie beim Sprechen
nichts Künstlerisches, sondern etwas durch die natürliche Beschaffenheit der Sprache Gegebenes sind. Andere physiologische Vorgänge,
welche beim Unterschiede des Sprechens und Singens in Frage
kommen, dürfen wir hier unberührt lassen. Auf einer durchaus richtigen Beobachtung beruht aber die Angabe des Aristoxenus,
dass die Sprechstimme eine continuirliche Bewegung im Uebergange von höheren zu tieferen Tonstufen und umgekehrt ausführt — eine continuirliche Bewegung derart, dass uns die
Sprechstimme niemals auf einem Intervalle so lange zu ruhen
scheint, dass wir die hier thatsächlich vorkommende Zeitdauer
einer Sylbe im Verhältnisse zu den folgenden Sylben bemessen
können. Die Singstimme führt messbare Klänge auf den verschiedenen Tonstufen aus, die Uebergänge von einem zum andern
Klange sind unendlich klein. Die Zeitdauer, welche die Sylben
der Sprechstimme einnehmen, sind freilich nicht unendlich klein,
aber doch nicht gross genug, dass uns ein Mass zu Gebote
stünde, womit die eine Sylbe im Verhältnisse zur anderen gemessen werden könnte. Nur eine Ausnahme statuirt Aristoxenus,
wenn nämlich in bestimmten Affecten der Sprechende auf irgend
einer Sylbe länger verweilt.

So giebt es für die gesungenen Sylben ein bestimmtes rhythmisches Mass; von den Sylben der Sprechstimme, der Recitation
oder Declamation, lässt sich dagegen nur angeben, dass die eine
Sylbe länger als eine andere, aber nicht um wie viel sie länger
oder kürzer ist. Die einzelne gesprochene Sylbe lässt sich einem
genauen rhythmischen Masse nicht unterwerfen.

Aus dieser Angabe des Aristoxenus geht unwiderleglich
hervor, dass das Sprechen, Recitiren, Declamiren in der Sprache
der alten Griechen genau derselbe Vorgang war wie in der Sprache
der modernen Menschen. Auch wir vermögen nur dies anzugeben,
dass beim Sprechen und Declamiren in unserer modernen Sprache

die eine Sylbe länger oder kürzer als die andere ist, aber die
Verschiedenheit der Sylbenlänge lässt sich nicht auf ein bestimmtes
Mass zurück führen. Versucht man ein Gedicht so zu lesen, dass
etwa die lange Sylbe den doppelten Zeitumfang der kurzen hat,
so wird die Declamation ausserordentlich pedantisch klingen, wird
im höchsten Grade manierirt und unnatürlich erscheinen. Mit
Recht, denn in der Natur des Sprechens sind solche Masse der
Vocallängen und Vocalkürzen nicht begründet. Erst dadurch,
dass ein Gedicht zum Gesange wird, wird den Sylben eine bestimmte Zeitdauer, nämlich der langen die doppelte Dauer der
kurzen, zugewiesen. Ausserhalb des Gesanges, beim Recitiren
eines Gedichtes, sind diese bestimmten Sylbenmasse in der antiken
wie in der modernen Sprache in keiner Weise begründet.

Hieraus folgt, dass wir mit Unrecht für unsere Recitationspoesie dreizeitige Trochäen, vierzeitige Daktylen und andere Versfüsse eines bestimmten rhythmischen Masses statuiren. Solche der
Zeit nach messbare Versfüsse gibt es in der recitirten Poesie
nicht. Von den rhythmischen Momenten des recitirten Verses
ist nur der rhythmische Ictus vernehmlich, die Zeit welche
zwischen zwei Ictussylben liegt (die Zeitdauer des Versfusses)
entzieht sich unserer Wahrnehmung. Wir können nicht sagen
um wie viel die Zeitdauer eines Versfusses grösser als die des
anderen ist.

Aristoxenus spricht hierüber in der ersten Harmonik § 26 ff.
Er unterscheidet zwei Arten der topischen Bewegung der Stimme,
topische Bewegung deshalb genannt, weil die Stimme einen Raum
(τόπος) von der Tiefe nach der Höhe oder umgekehrt von
der Höhe nach der Tiefe zu schreiten scheint, wenn sie
sich von einem tieferen zu einem höheren Intervalle oder umgekehrt bewegt. Die beiden Arten der topischen Bewegung
heissen bei Aristoxenus συνεχής (continuirliche) und διαστηματική
(discontinuirliche). „In continuirlicher Bewegung durchschreitet
die Stimme einen Raum (so erscheint es wenigstens der sinnlichen
Wahrnehmung) in der Weise, dass sie nirgends länger verweilt,
auch nicht (wenigstens nicht nach dem Eindrucke der Empfindung)
an den Grenzen, sondern continuirlich bis zum Aufhören sich
fortbewegt.‟

„In der zweiten Art der Bewegung, der discontinuirlichen,
scheint sie sich in der entgegengesetzten Weise zu bewegen.
Beim Fortschreiten nämlich bleibt sie auf einer bestimmten Ton-

höhe, dann wieder auf einer andereu. Und wenn sie dies ununterbrochen thut — ich meine ununterbrochen der Zeit nach —
dergestalt, dass sie die Stellen, an welchen eine Tonstufe an die
andere grenzt, unbemerkbar durchschreitet, auf den Tonstufen
selber aber verweilt und bloss diese vernehmbar werden lässt,
so sagen wir von ihr, sie führe eine Melodie aus und befinde
sich in discontinuirlicher Bewegung".

„Beides aber, was wir hier als Bewegung bezeichnet, müssen
wir in dem Sinne auffassen, wie es sich unserer sinnlichen Wahrnehmung gegenüber darstellt; ob es möglich oder unmöglich ist,
dass die Stimme sich von einer Tonstufe zur anderen bewege
und dann eine Zeit lang auf einer Stufe verharre, das gehört einer anderen Untersuchung an und ist für unsere Wissenschaft der Harmonik unwesentlich: wie es sich auch verhalte, es
macht wenigstens für die Scheidung der emmelischen Bewegung
der Stimme von der nicht emmelischen dasselbe aus".

[Mit den Worten ἑτέρας ἐστὶ σκέψεως καὶ πρὸς τὴν ἐνεστῶσαν
πραγματείαν οὐκ ἀναγκαῖον verweist Aristoxenus auf seine Vorlesung über Rhythmik, in deren Eingange (dem nicht mehr erhaltenen ersten Buche der rhythmischen Stoicheia) die verschiedenen
Arten des Rhythmus, der Rhythmus der gesagten und der gesungenen
Verse, auseinander gesetzt wurde. Vergl.: Rhyth. lib. II mit
Ὅτι μὲν τοῦ ῥυθμοῦ πλείονές εἰσι φύσεις καὶ ποία τις αὐτῶν
ἑκάστη καὶ διὰ τίνας αἰτίας τῆς αὐτῆς ἔτυχον προςηγορίας καὶ τί
αὐτῶν ἑκάστη ὑπόκειται, ἐν τοῖς ἔμπροσθεν εἰρημένον.]

„Kurz, wenn die Bewegung eine solche ist, dass sie den
Eindruck auf das Gehör macht, als ob sie nirgends ruhig verweile, so nennen wir dieselbe eine continuirliche; wenn sie aber
den Anschein gewährt, als ob sie an einer Stelle ruhig verweile,
darauf einen Ort von einer Tonstufe zur anderen durcheile, und
wenn sie dies fortwährend abwechselnd bis zum Aufhören zu
thun scheint, dann nennen wir diese Bewegung eine discontinuirliche".

„Die continuirliche Bewegung nun heisst bei uns Sprechen,
denn wenn wir uns mit einander unterreden, dann macht die
Stimme eine derartige topische Bewegung, dass sie den Anschein
erweckt, als ob sie an keiner Stelle anhalte. In der zweiten
Art der Bewegung, der discontinuirlichen, zeigt sich das ent-
gegengesetzte, indem sie vielmehr den Eindruck macht, als ob
sie an bestimmten Stellen ruhig verweile; von demjenigen aber,

der dies zu thun scheint, sagen wir alle nicht mehr, dass er
spreche, sondern dass er singe".

„Dem entsprechend vermeiden wir es, beim Reden die
Stimme ruhig anzuhalten, wir müssten denn etwa durch eine
leidenschaftliche Erregtheit getrieben werden, in eine derartige
Bewegung zu verfallen. Beim Singen aber vermeiden wir gerade umgekehrt die continuirliche Bewegung und suchen die
Stimme so viel als möglich verweilen zu lassen, denn je mehr
wir jeden Ton als ein für sich geordneten, einheitlichen und
stetigen zum Vorschein kommen lassen, um so klarer wird das
Melos von der sinnlichen Wahrnehmung aufgefasst."

Der um die Interpretation der Aristoxenischen Rhythmik hoch-
verdiente Pariser Academiker H. Weil bezweifelt[*]), dass die vorliegende Stelle der Aristoxenischen Harmonik die Berechtigung
gebe den Unterschied „der gesungenen" und „der gesagten Verse",
in der Weise wie ich es gethan, vom Rhythmus zu fassen.
Aber die ausdrückliche Erklärung des Aristoxenus: „λέγω δὲ συνε-
στηκὼς κατὰ τὸν χρόνον" „ich will das Wort continuirlich von
der Zeit verstanden wissen", scheint keinen Zweifel obwalten
zu lassen, dass wir die diastematische und die continuirliche Bewegung der Stimme im rhythmischen Sinne zu verstehen haben.
Diese rhythmischen Unterschiede konnten in einem Werke über
das Melos nur angedeutet, nicht eingehend besprochen werden,
und eben dies ist der Grund weshalb Aristoxenus im weiteren
Verlaufe mit den Worten: „ἑτέρας ἐστὶ σκέψεως καὶ πρὸς τὴν
ἐνεστῶσαν πραγματείαν οὐκ ἀναγκαῖον" auf die Einleitung seiner
Vorlesungen über den Rhythmus verweist[**]).

---

[*]) Journal des Savants Février 1884 p. 115.

[**]) Bei Aristeides p. 7 M. werden drei Arten der Stimmen unterschieden:
ἡ μὲν συνεχής, ἡ δὲ διαστηματική, ἡ δὲ μέση. συνεχὴς μὲν οὖν ἐστι ἡ τάς
τε ἀνέσεις καὶ τὰς ἐπιτάσεις λεληθότως διά τε τάχους ποιουμένη, διαστηματικὴ δὲ ἡ τὰς μὲν τάσεις φανερὰς ἔχουσα, τὰ δὲ τούτων μέτρα λεληθότα,
μέση δὲ ἡ ἐξ ἀμφοῖν συγκειμένη. ἡ μὲν οὖν συνεχής ἐστιν ᾗ διαλεγόμεθα,
μέση δὲ ᾗ τὰς τῶν ποιημάτων ἀναγνώσεις ποιούμεθα, διαστηματικὴ δὲ κατὰ
μέσον τῶν ἁπλῶν φωνῶν πόσα ποιουμένη διαστήματα καὶ μονάς, ἥτις καὶ
μελῳδικὴ καλεῖται. Eine Dreitheilung auch bei Porphyrius ad Ptol. p. 239:
ἐν τῇ λογικῇ φωνῇ ἄλλαι μέν εἰσιν αἱ ἐκτάσεις καὶ συστολαὶ τῶν συλλαβῶν,
αἵ τε μακρότητες καὶ αἱ βραχύτητες, ἄλλαι δὲ αἱ ταχυτήτες καὶ αἱ βραδύ-
τητες, ἄλλαι δὲ ὀξύτητες καὶ βαρύτητες. τριῶν οὖν τάξεων θεωρουμένων
ταῖς μὲν χρῆται ἡ ῥυθμική, ταῖς δὲ ἡ μετρική, ταῖς δὲ ἡ ἀναγνωστικὴ περὶ
τὴν ποιὰν προφορὰν τῶν λέξεων πραγματευομένη. Aehnlich auch Manuel
Bryennios p. 502.

§ 9.
Rhythmus der Kunst und Rhythmus ausserhalb der Kunst.

Den Inhalt des zweiten Buches soll der *ἐν μουσικῇ ταττό-μενος ῥυθμὸς* bilden, während das erste Buch den Rhythmus im weiteren Sinne gefasst und auch den in der Natur vorkommen-den Rhythmus behandelt hatte. Dies sagt Aristoxenus selber zu Anfang des zweiten Buches

Ὅτι μὲν τοῦ ῥυθμοῦ πλείους εἰσὶ φύσεις καὶ ποία τις αὐτῶν ἑκάστη καὶ διὰ τίνας αἰτίας τῆς αὐτῆς ἔτυχον προσηγορίας καὶ τί αὐτῶν ἑκάστη ὑπόκειται, ἐν τοῖς ἔμπροσθεν εἰρημένον, νῦν δὲ ἡμῖν περὶ αὐτοῦ λεκτέον τοῦ ἐν μουσικῇ ταττομένου ῥυθμοῦ.

Eine ganz kurze Aufzählung dieser verschiedenen φύσεις des Rhythmus findet sich in der Einleitung des Aristides p. 31 Meib.: „Wir gebrauchen das Wort Rhythmus 1) von unbeweglichen Gegenständen, z. B. wenn wir von einer Bildsäule sagen, sie sei eurhythmisch; 2) von allen sich bewegenden Gegenständen, z. B. wenn wir sagen, dass einer eurhythmisch geht; 3) im eigent-lichen Sinne gebrauchen wir Rhythmus von der Stimme, und in diesem Sinne ist der Rhythmus Gegenstand unserer Betrachtung." Weiter heisst es dann: „Der Rhythmus wird vermittels dreier Sinne empfunden: 1) durch das Gesicht, z. B. beim Tanze, 2) durch das Gehör, z. B. beim Gesange, 3) durch das Gefühl, z. B. die Bewegungen des Pulses. Der musikaliche Rhythmus wird aber nun von zwei Sinnen, dem Gesicht und dem Gehör em-pfunden." Aehnlich Longin. proleg. ad Hephaest. p. 139. So in-teressant die Auseinandersetzung des Aristoxenus gewesen sein mag, aus den spärlichen Notizen des Aristides können wir uns keine Vorstellung davon machen.

In den „Elementen des musikalischen Rhythmus" 1872 ver-suchte ich den Gedankengang des Aristoxenus folgendermassen zu restituiren:

Ist eine unseren Sinnen wahrnehmbare Bewegung eine derartige, dass die Zeit, welche von derselben ausgefüllt wird, nach irgend einer bestimmten erkennbaren Ordnung sich in kleinere Abschnitte zerlegt, so nennen wir das einen Rhythmus.

Es gibt einen Rhythmus im Leben der Natur und einen Rhythmus der Kunst.

Von den in der Natur wahrnehmbaren Bewegungen werden wir z. B. die des Sturmwindes, die des rauschenden Wassers

eine rhythmische Bewegung nicht nennen können. Denn wenn
bei diesen Bewegungen auch gewisse Abschnitte oder, wenn wir
wollen, Einschnitte, sich wahrnehmen lassen, so sind doch diese
nicht derart, dass sie das Gefühl einer geordneten Bewegung
in uns erwecken. Dagegen wird die Bewegung des Tropfenfalles
eine rhythmische heissen dürfen, denn die dadurch ausgefüllte
Zeit wird bei den Intervallen der auf einander folgenden Tropfen
in nahezu gleichmässige Abschnitte getheilt (wie Cicero vom
Redner 3, 168 sagt: Beim Tropfenfalle, weil sich hier die
Zwischenräume wahrnehmen lassen, können wir von einem Rhythmus reden, beim Rauschen des Stromes können wir es nicht).
Ebenso erscheint die Bewegung des Pulsschlages als eine rhythmische (Aristides p. 31). (Hätte Aristoxenus in der modernen
Zeit gelebt, so würde er auch noch die Bewegung des schwin-
genden Pendels genannt haben.)

Es ist für den Rhythmus wesentlich, dass die auf einander
folgenden Grenzscheiden einzelner Zeitabschnitte nicht so weit
aus einander liegen, dass wir uns ihrer Zusammengehörigkeit
nicht anders als vermöge einer gewissen Reflexion bewusst werden.
Die Zeit des Tages zerfällt in Stunden als geordnete Abschnitte,
aber es ist uns unmöglich, ein unmittelbares Bewusstsein von
der Gleichheit dieser Zeittheile durch unsere Sinne zu erhalten.
Noch weniger werden wir die gleichmässige Eintheilung des
Jahres durch Tage und Monate, so empfindlich sich dieselbe
auch unseren Sinnen aufdrängt, eine rhythmische nennen können.

Die Sinne, welche zur Wahrnehmung des in der Natur
vorkommenden Rhythmus dienen, sind (wie Aristides excerpirt) der Gesichts-, der Gehör- und der Tastsinn.

Ἅπας μὲν οὖν ῥυθμὸς τρισὶ τούτοις αἰσθητηρίοις νοεῖται
ὄψει, ἀκοῇ, ἁφῇ.

Der Tastsinn vermittelt uns die Gleichmässigkeit des
Pulsschlages.

Das Gehör die Gleichmässigkeit des Tropfenfalles.

Ohr und Auge zusammen vermittelt uns modernen
Menschen die rhythmische Bewegung des Pendels.

Das sind dieselben Sinne, durch welche überhaupt eine Bewegung wahrnehmbar ist, — es sind dieselben, durch welche
uns der Begriff des Geordneten und Gesetzmässigen, des Masses
vermittelt wird und die deshalb in der modernen Physiologie als
die „messenden Sinne" vor den übrigen ausgezeichnet werden.

§ 10.

Die gesagten Verse in der griechischen Kunst.

Der gesagte Vers hat Versfüsse so gut wie der gesungene Vers. Aber beim gesagten Verse kommt nur die Anzahl der Versfüsse durch den rhythmischen Ictus zum Bewusstsein, die Zeitdauer des einzelnen Versfusses entzieht sich demselben. Als künstlerischer Vortrag kommt die gesagte Poesie bei den Griechen in dreifacher Form vor: 1) als blosse Declamation im Vortrage der Rhapsoden, namentlich der epische Vers, 2) als Parakataloge d. h. als Melodramatischer Vortrag (Declamation unter gleichzeitiger Instrumentalbegleitung) namentlich der iambischen Bühnenverse, 3) als Declamation in Verbindung mit gleichzeitiger Orchestik, besonders bei den Ionischen Versen des Sotades.

1) Rhapsoden-Declamation.

Der Rhetor Dionysius von Halikarnassus hat uns über den Vortrag des epischen Hexameters eine werthvolle Notiz überliefert, die er einer ungenannten älteren rhetorischen Schrift entlehnt. De comp. verb. 17 gibt Dionysius eine Uebersicht der in der Prosasprache der Redner vorkommenden ῥυϑμοὶ d. i. Versfüsse, und hier heisst es vom Daktylus und Anapaest:

Ὁ δὲ ἀπὸ μακρᾶς ἀρχόμενος, λήγων δὲ ἐς τὰς βραχείας, δάκτυλος μὲν καλεῖται ... Οἱ μέντοι ῥυϑμικοὶ τούτου τοῦ ποδὸς τὴν μακρὰν βραχυτέραν εἶναί φασι τῆς τελείας (i. e. τῆς δισήμου μακρᾶς), οὐκ ἔχοντες δὲ εἰπεῖν πόσῳ, καλοῦσιν αὐτὴν ἄλογον.

Ἕτερον δὲ ἀντίστροφόν τινα τούτῳ ῥυϑμῷ, ὃς ἀπὸ τῶν βραχειῶν ἀρξάμενος ἐπὶ τὴν ἄλογον τελευτᾷ, τοῦτον χωρίσαντες ἀπὸ τῶν ἀναπαίστων (sc. τελείων) κύκλιον καλοῦσι παράδειγμα αὐτοῦ φέροντες τοιόνδε

κέχυται πόλις ὑψίπυλος κατὰ γᾶν.

In derselben Schrift de comp. verb. 20 spricht Dionysius über den schönen metrischen Bau des Verses

Αὖϑις ἔπειτα πέδονδε κυλίνδετο λᾶας ἀναιδής:

Οὐχὶ συγκατακεκύλισται τῷ βάρει τῆς πέτρας ἡ τῶν ὀνομάτων σύνϑεσις ... Ἐπειϑ' ἑπτακαίδεκα συλλαβῶν οὐσῶν ἐν τῷ στίχῳ, δέκα μέν εἰσι βραχεῖαι συλλαβαί, ἑπτὰ δὲ μόναι μακραὶ καὶ οὐδ' αὐταὶ τέλειοι, ἀνάγκη οὖν κατεσπάσϑαι καὶ συστέλλεσϑαι τὴν φράσιν, .τῇ βραχύτητι τῶν συλλαβῶν ἐφελκομένην ... Ὃ δὲ μάλιστα τῶν ἄλλων ϑαυμάζειν ἄξιον, ῥυϑμὸς οὐδεὶς τῶν μακρῶν οἳ φύσιν ἔχουσι πίπτειν εἰς μέτρον ἡρῶον ... ἐγκαταμέμικται

τῷ στίχῳ πλὴν ἐπὶ τῆς τελευτῆς, οἱ δὲ ἄλλοι πάντες εἰσὶ
δάκτυλοι, καὶ οὗτοί γε παραδεδιωγμένας ἔχοντες τοὺς ἀλόγους
ὥστε μὴ πολὺ διαφέρειν ἐνίους τῶν τροχαίων (so dass Einige
diese Daktylen nicht viel von den Trochaeen unterscheiden oder:
dass nach Einigen der Unterschied zwischen diesen Daktylen
und den Trochaeen nicht gross ist). Οὐδὲν δὴ τὸ ἀντιπρᾶττον
ἐστὶν εὔτροχον καὶ περιφερῆ καὶ καταρρέουσαν εἶναι τὴν φράσιν
ἐκ τοιούτων συγκεκροτημένην ῥυθμῶν.
Das in den Handschriften des Dionysius überlieferte Wort
κύκλος hat G. Hermann zu κύκλιος verbessert und von dem
ἀνάπαιστος auch auf den δάκτυλος übertragen: er lehrt, dass die
Daktylen des heroischen Hexameters nicht volle vierzeitige Daktylen, sondern kyklische Daktylen seien, deren Länge eine geringere Zeitdauer als die zweizeitige Länge habe. Sämmtliche
daktylische Hexameter enthalten nach G. Hermann kyklische,
keine vierzeitigen Daktylen. Hermann denkt dabei an die „gesagten" Hexameter des Rhapsoden-Vortrages, wie auch Dionysius
von Halikarnassus.

August Apel*) in seiner Metrik bezieht den kyklischen
Daktylus gerade umgekehrt auf die gesungene Poesie. Der
kyklische Daktylus sei nach der Ueberlieferung des Dionysius
von dem Trochaeus nicht sehr verschieden. Wo in einem
melischen Metrum trochaeische mit daktylischen Versfüssen
verbunden seien, da sei — so will es Apel — der Daktylus ein
dreizeitiger kyklischer, dessen Länge den Werth einer punctirten
Note habe. August Boeckh war in seiner ersten Arbeit**) über
die Pindarische Metrik der Apelschen Auffassung zugethan.
In seinen Metra Pindari***) leugnet er, dass das griechische
Alterthum Zeitmaasse wie unsere punctirte Noten gekannt haben
solle. Das sei gegen die Ueberlieferung des Aristoxenus. „Inde
universam Apelii doctrinam ut desperatam prorsus relinquere
coepi."

Friedrich Bellermann, Boeckhs nächster Nachfolger im Studium
der griechischen Musiker, zog die von seinem Vorgänger als ver-
werflich bezeichnete Lehre August Apels vom kyklischen Daktylus

---

*) A. Apel, Aphorismen über Rhythmus und Metrum Allgem. musikal.
Zeitung 1807. 1808. Metrik 1814 und 1816.

**) A. Boeckh, über die Versmasse des Pindaros in Wolf und Buttmann
Museum der Alterthumswissensch. 1808 S. 344.

***) A. Boeckh, de metris Pindari 1820 p. 105. 268.

als einem dreizeitigen Versfusse der melischen Metra wieder hervor und brachte sie von neuem zu grossen Ansehen*).

Die im Jahre 1854 begonnene Metrik der griechischen Dramatiker und Lyriker nebst den begleitenden musischen Künsten von A. Rossbach und R. Westphal hielt sich im ersten Theile von Apels kyklischem Daktylus fern, ging aber im zweiten Theile (1856) ganz und gar mit Friedrich Bellermann, indem sie einen mit Trochaeen in demselben Verse verbundenen Daktylus als

kyklischen Daktylus $\frac{3}{8}$

bezeichnete. Um nicht mit Aristoxenus' Ueberlieferung, dass im Melos die Länge das Doppelte der Kürze sei, zu collidiren, wurde in den späteren Arbeiten Westphals dem kyklischen Daktylus als eine mit Aristoxenus' Forderung übereinkommende Messung der Notenwerth

kyklischer Daktylus $\frac{3}{8}$

vindicirt, eine Takt-Form, in welcher die beiden ersten Noten bei ihrem Triolenwerthe sich genau wie 2 : 1 verhalten, was aber von Apels Schreibung des kyklischen Daktylus wohl kaum merklich verschieden sein wird**).

---

*) Friedrich Bellermann, die Tonleitern und Musiknoten der Griechen 1847. F. Bellermann, die Hymnen des Dionysios und Mesomedes 1840.

**) Das System der antiken Rhythmik von Rudolf Westphal Breslau 1865 S. 181 gibt folgende Darstellung: „In dem von Dionysius von Halikarnass compos. verbor. cap. 17 gegebenen Verzeichnisse der metrischen πόδες sagt derselbe bei Gelegenheit des Daktylus: die Rhythmiker stellen den Satz auf, dass die anlautende Länge des Daktylus eine μακρὰ ἄλογος von geringerem Zeitumfange als die volle 2-zeitige Länge sei; ebenso sprechen sie auch von einem Anapaestus, der auf die μακρὰ ἄλογος auslautet und der von ihnen im Gegensatz zum gewöhnlichen 4-zeitigen Anapaest „der kyklische" genannt würde, — ein Name, den die Neueren auch auf den Daktylus mit irrationaler Länge ausgedehnt haben. In einer anderen Stelle compos. verbor. cap. 20 wird an dem Hexameter Αὖϑις ἔπειτα πέδονδε κυλίνδετο λᾶας ἀνειδής jene Messung der Daktylen dahin näher bestimmt, dass dieselben in ihrem Masse den Trochaeen nahe kämen und einen leichten, beweglichen und fliessenden Rhythmus hätten. Boeckh hat hiernach in dem kyklischen Daktylus einen 3-zeitigen Takt von dem Umfange des Trochaeus erkannt. Es wird also der mit dem schweren Takttheile beginnende πούς τρίσημος der Alten nichtbloss durch den Trochaeus und Tribrachys, sondern auch durch den Daktylus ausgedrückt:

3-zeitiger {	Trochaeus	2 ⌣
	Tribrachys	⌣ ⌣
	Daktylus	⌣ ⌣

Bernhard Brill„ Aristoxenus' rhythmische und metrische Messungen im Gegensatze gegen neuere Auslegungen, namentlich Westphals und zur Rechtfertigung der von Lehrs befolgten Messungen. Mit einem Vorworte von Carl Lehrs" wendet gegen diese Messung des „kyklischen Daktylus" als eines Versfusses der melischen Metra die Thatsache ein, dass ihr von Seiten des Aristoxenus alle Autorität fehle. Was uns von der Rhythmik des Aristoxenus in den Handschriften oder bei Psellus erhalten ist — da suchen wir den Namen kyklischen Versfuss vergebens; einzig und allein wird das Wort in der Stelle des Dionysius von Halikarnass gebraucht. Dionysius citirt „οἱ μέντοι ῥυϑμικοὶ . . . φασι." Wer sind diese ῥυϑμικοί? Ganz in der Nähe unserer Stelle, im 17. cap. de comp. verb. citirt Dionysius den Aristoxenus: er trägt nach ihm die Eintheilung der Buchstaben in φωνήεντα, ἡμίφωνα, ἄφωνα vor. Einen anderen Rhythmiker als Aristoxenus nennt Dionysius überhaupt nicht. Wahrscheinlich ist mit den ῥυϑμικοί,

---

Der 1-zeitige leichte Takttheil ist in jeder dieser drei Taktformen eine kurze Sylbe, der 2 zeitige schwere Takttheil ist beim Trochäus eine Länge, beim Tribrachys eine Doppelkürze: beim 3-zeitigen Daktylus die Verbindung einer Länge mit der Kürze, welche beide einen geringeren Zeitumfang als bei der gewöhnlichen 1 und 2-zeitigen Sylbenmessung haben, — es tritt hier dasjenige ein, was Dionysius de comp. verb. 11 mit den Worten ausdrückt: ἡ δὲ ῥυϑμικὴ καὶ μουσικὴ μεταβάλλουσιν αὐτὰς (sc. τὰς συλλαβὰς τάς τε μακρὰς καὶ βραχείας) μειοῦσαι. Die Länge des kyklischen Daktylus ist, wie Dionysius c. 17 sagt, eine βραχεῖα ἄλογος, die darauf folgende Kürze muss, weil der ganze Daktylus dem Trochaeus gleich ist, eine βραχεῖα ἄλογος und zwar nach der zu Anfang dieses Capitels besprochenen Stelle des Aristoxenus gerade die Hälfte der ihr vorausgehenden irrationalen Länge sein. Hieraus ergibt sich folgende Messung des 3-zeitigen Daktylus:

$$\tau\varrho\iota\sigma\eta\mu o\varsigma \quad \left| \begin{array}{c} \beta\acute{\alpha}\sigma\iota\varsigma \; : \; \ddot{\alpha}\varrho\sigma\iota\varsigma \\ - \quad \smile \; : \; \smile \\ \frac{2}{3} \quad \frac{1}{3} \; : \; 1 \\ \frac{2}{2} \quad\quad : \; 1 \end{array} \right|$$

Die 2-zeitige βάσις ist ausgedrückt durch 3 Achteltriolen,

von denen die beiden ersten zu einer Note gebunden sind. In der praktischen Ausführung wird sich diese aus Aristoxenus folgende Triolen-Messung des kyklischen Daktylus kaum merklich von derjenigen unterscheiden, welche Apel und Bellermann angenommen haben

welche Dionysius als Gewährsmänner für die kyklischen Füsse
im Sinne hat, der Rhythmiker Aristoxenus gemeint. Aber wenn
dies auch der Fall ist, hat Aristoxenus nicht von einem kyklischen
Fusse der melischen Poesie, sondern wie Dionysius von einem
kyklischen Fusse der Rhapsoden gesprochen, in deren Vortrage
der Daktylus des heroischen Hexameters eine Länge habe, welche
nicht zweizeitig, sondern kürzer als die zweizeitige sei, eine μακρὰ
βραχυτέρα τῆς τελείας, von der man nicht sagen könne, welchen
Zeitumfang sie habe, und die deshalb συλλαβὴ ἄλογος (zwischen der
zweizeitigen Länge und der einzeitigen Kürze in der Mitte stehend)
zu nennen sei. Den Rhythmus eines declamirten Hexameters
durch Notenzeichen auszudrücken, dem würde sich Aristoxenus
widersetzen. Hat doch nach ihm die continuirliche Bewegung
der Stimme, das Sprechen, keine ἠρεμίαι, keine κατὰ τὸ ποσὸν
γνώριμοι χρόνοι! Man vernimmt die sechs Hebungen des Hexameters, aber kann nicht mit den Fingern die Versfüsse als sechs
gleich lange Hebungen und sechs gleich lange Senkungen taktiren. So sagt auch Fabius Quintilian „Oratio non descendit ad
strepitum digitorum."

2) Declamation mit Instrumentalbegleitung (παρακαταλογή).

Bei Gottfried Hermann Epitome doctrinae metricae § 53 lesen
wir: „Paracataloge, cuius mentionem faciunt Aristoteles Problem.
IX. 6 et Plutarchus de musica p. 1140 F. et 1141 A., quibus-
cum conferendus Hesychius in v. καταλογή, remissio est numeri
ad incertos communis numeros accedens, quam nostri musici
genus canendi recitativum vocant." Dies wird im wesentlichen
im § 268 wiederholt: „Hanc (paracatalogen) ex iis, quae Aristoteles Probl. IX. 6. Plutarchus de musica p. 1140 F. et 1141 A.
et Hesychius in καταλογή dicunt, genus canendi illud fere fuisse
colligimus, quod hodie recitativum vocant: quod quoniam solu-
tiorem habet compagem numerorum, aptissime modo per incer-
tam illa brevium syllabarum titubationem, modo per lentam re-
missionem numeri dochmiaci in exitum spondiacum, modo etiam per
instabilem dactyli trochaeive ante dochmios incessum exprimitur."

Der geniale Begründer der modernen Wissenschaft der Metrik
hat sich in der Parakataloge geirrt.

Die Hauptquelle für die Parakataloge ist die von den rhythmischen Neuerungen handelnde Partie des Plutarchschen Musik-
dialoges. Dort heisst es cap. 28:

Ἀλλὰ μὴν καὶ Ἀρχίλοχος 1) τὴν τῶν τριμέτρων ῥυθμοποιίαν προσεξεῦρε 2) καὶ τὴν εἰς τοὺς οὐχ ὁμογενεῖς ῥυθμοὺς ἔντασιν 3) καὶ τὴν παρακαταλογὴν καὶ τὴν περὶ ταῦτα κροῦσιν.

Dreierlei Puncte sind es, die auf Archilochus zurückgeführt werden. In den folgenden Sätzen werden dieselben näher bestimmt:

1) Πρῶτον δὲ αὐτῷ τά τ᾽ ἐπῳδὰ καὶ τὰ τετράμετρα καὶ τὸ κρητικὸν καὶ τὸ προσοδιακὸν ἀποδέδοται καὶ ἡ τοῦ ἡρῴου αὔξησις, ὑπ᾽ ἐνίων δὲ καὶ τὸ ἐλεγεῖον.

2) Πρὸς δὲ τούτοις ἥ τε τοῦ ἰαμβείου πρὸς τὸν ἐπιβατὸν παίωνα ἔντασις, καὶ ἡ τοῦ ηὐξημένου ἡρῴου εἴς τε τὸ προσοδιακὸν καὶ τὸ κρητικόν.

3) Ἔτι δὲ τῶν ἰαμβείων τὰ μὲν λέγεσθαι παρὰ την κροῦσιν, τὰ δὲ ᾄδεσθαι Ἀρχίλοχόν φασι καταδεῖξαι, εἶθ᾽ οὕτω χρήσασθαι τοὺς τραγικοὺς ποιητάς, Κρέξον δὲ λαβόντα εἰς διθυράμβου χρῆσιν ἀγαγεῖν.

Dann heisst es noch:

Οἴοντα δὲ καὶ τὴν κροῦσιν τὴν ὑπὸ τὴν ᾠδὴν τοῦτον πρῶτον εὑρεῖν, τοὺς δ᾽ ἀρχαίους πάντας πρόσχορδα κρούειν.

Dass Archilochus die Parakataloge*) und die hierauf bezügliche Krusis erfunden habe, wird im weiteren Verlaufe folgendermassen ausgeführt:

Ferner soll Archilochus aufgebracht haben, dass die iambischen Trimeter bald zur Instrumentalbegleitung gesprochen, bald gesungen wurden, eine Manier, welche dann die Tragiker anwandten und welche Krexos in den Dithyrambus einführte.

Hier wird das Wort παρακαταλογή umschrieben durch λέγεσθαι παρὰ τὴν κροῦσιν d. h. die Iamben werden zur instrumentalen Begleitung gesprochen. Die beiden Glieder des Compositums παρακαταλογὴ werden ausgedrückt das zweite durch λέγεσθαι, das erste durch παρὰ τὴν κροῦσιν. Es ist gar nicht misszuverstehen, wie dies gemeint ist. Es ist dieselbe Art des Vortrages, welche wir heute den melodramatischen Vortrag nennen: die Verse werden gesprochen unter gleichzeitiger Instrumentalmusik. Von dem, was die heutige Musik „Recitativ" nennt, ist das Melodram absolut verschieden. Das Recitativ wird gesungen, das Melodram oder die Parakataloge wird gesprochen. Auch unsere Stelle des Plutarch setzt dem λέγεσθαι παρὰ τὴν

---

*) Auch καταλογή statt παρακαταλογή Hesych. i. h. v. καταλογὴ τὸ τὰ ᾄσματα μὴ ὑπὸ μέλει λέγειν.

κρούσιν ausdrücklich das *ἄδεσθαι* entgegen. Archilochus habe eingeführt, dass die Iamben theils als Melodram gesprochen, theils gesungen worden seien. Wie die Ausleger den melodramatischen Vortrag mit dem Recitativgesange verwechseln konnten, ist mir unerfindlich. Bei Plutarch hiess es *Ἀρχίλοχος προσεξεῦρε τὴν παρακατα-λογὴν καὶ τὴν περὶ ταῦτα κρούσιν* d. h. „Archilochus erfand die Parakataloge und die hierzu gehörende Begleitung." Die zu dem Gesange gehörende Begleitung ist bei Plutarch de mus. cap. 19 beschrieben worden: es war eine heterophone Begleitung, d. i. zu den Tönen des Gesanges gab das begleitende Instrument divergirende, nicht unisone Klänge an: neben der Gesangstimme wurde eine heterophone Begleitungsstimme gehört*). Bei der Parakataloge erklang eine Begleitungsstimme zu den gesprochenen Worten der Verse: dort Gesangstimme und heterophone Begleitungsstimme, hier Sprechstimme und selbstständige Stimme des Instrumentes.

Am Schlusse der ganzen Partie heisst es, man glaube, dass auch die heterophone Begleitung des Gesanges von Archilochus aufgebracht sei, die Alten hätten homophon begleitet.

Es ist also in der Stelle des Plutarchischen Dialoges hinreichend klar gesagt worden:

Archilochus liess die Iamben bald von einer Sprechstimme zu einer gleichzeitigen Instrumentalstimme vortragen, bald liess er sie singen zu einer gleichzeitigen heterophonen Begleitstimme. Von der ersten Form des Vortrages, dem melodramatischen Vortrage oder der Parakataloge heisst es weiterhin in der Stelle Plutarchs: *εἶθ᾽ οὕτω χρήσασθαι τοὺς τραγικοὺς ποιητάς.* Das kann nur heissen, späterhin (in der nacharchilochischen Zeit) sei der melodramatische Vortrag der Iamben auch in die Tragödie eingeführt. Wir können, was hier der Plutarchische Musikdialog überliefert, um so weniger anzuweifeln, weil es bei Aristoteles in den Musikproblemen 19, 6 heisst: *διὰ τί ἡ παρακαταλογὴ ἐν ταῖς ᾠδαῖς τραγικόν; ἢ διὰ τὴν ἀνωμαλίαν, παθητικὸν γὰρ τὸ ἀνωμαλὲς καὶ ἐν μεγέθει τύχης ἢ λύπης, τὸ δὲ ὁμαλὲς ἔλαττον*

---

*) Zur Begleitung der gesungenen Iamben bediente man sich der Iam-byke, zur Begleitung der melodramatisch vorgetragenen des Klepsiambos. Athen. 64 p. 636 *Ἐν οἷς ὀργάνοις τοὺς ἰάμβους ᾖδον, ἰαμβύκας ἐκάλουν, ἐν οἷς δὲ παρα(κατα)λογίζοντο τὰ ἐν τοῖς μέτροις κλεψιάμβους.* Der melodramatische Vortrag war nicht auf die iambischen Trimeter und auf begleitendes Saiteninstrument beschränkt: Xenoph. Symp. 4, 3 *ἢ οὖν βούλεσθε ὥσπερ Νικόστρατος ὁ ὑποκριτὴς τετράμετρα πρὸς τὸν αὐλὸν κατέλεγεν, οὕτω καὶ ὑπὸ τὸν αὐλὸν ὑμῖν διαλέγομαι;*

γοῶδες. Aristoteles fragt, weshalb die Parakataloge den Eindruck des Tragischen macht. Dass diese Thatsache vollkommen richtig ist, ersehen wir z. B. aus der Schlussscene des Götheschen Egmonts, wo die Tragik der Götheschen Diction durch Beethovens melodramatische Musik entschieden gesteigert wird. Um so weniger ist es ersichtlich, weshalb Wilhelm Christ, der von Hermanns Vorstellung, die Parakataloge sei ein recitativartiger Vortrag, nicht lassen mag, diese Vortragsweise mit dem „Recitativ unserer komischen Oper" vergleichen will*).

Zu der ψιλὴ λέξις der Rhapsoden und zu der mit gleichzeitiger Instrumentalmusik verbundenen ψιλὴ λέξις der Trimeter und Tetrameter in der Lyrik und Tragödie kommt als dritte Vortragsweise declamirter Poesie die mit gleichzeitiger Orchestik verbundene ψιλὴ λέξις hinzu.

3) Declamation mit Orchestik (ψιλὴ λέξις μετ᾽ ὀρχήσεως).

Strabo 14 p. 648 überliefert: „Sotades aus Maronea und nach ihm Alexander der Aetoler schrieb kinädologische (lascive) Darstellungen für Declamation (ἐν ψιλῷ λόγῳ), Lysis und noch vor ihm Simos für melischen Vortrag (μετὰ μέλους)".

Bei Aristides p. 32 lesen wir: „ὁ ῥυθμὸς θεωρεῖται μετὰ λέξεως μόνης ἐπὶ τῶν ποιημάτων μετὰ πεπλασμένης ὑποκρίσεως οἷον τῶν Σωτάδου καί τινων τοιούτων." Wörtlich heisst dies „mit fingirter Action." — In der römischen Kaiserzeit, in der man die Gedichte des Sotades mit Vorliebe gelesen zu haben scheint, musste man sich zu den Versen die Action hinzudenken; in der alexandrinischen Epoche aber müssen die Gedichte des Sotades geradezu auf einem Theater von Schauspielern mimetisch vorgetragen worden sein. Anders kann die Stelle des Aristides nicht verstanden werden.

Die Gedichte des Sotades, nach der vom Dichter gewählten Mundart „ἰωνικοὶ λόγοι" genannt, waren in einem Metron gehalten, welchem man späterhin eben der ἰωνικοὶ λόγοι wegen den Namen des ionischen Metron gab. Für daktylische Verse würde es ziemlich pedantisch klingen, wenn man den daktylischen Rhythmus genau einhalten und der langen Sylbe streng das doppelte Zeitmass der Kürze geben wollte. Daher auch die

---

*) Metrik der Griechen und Römer 1879 S. 676. W. Christ, die Parakataloge im griech. u. röm. Drama in den Abhdl. d. bay. Akad. Bd. XIII S. 155—222.

Ueberlieferung, dass im Vortrage der heroischen Verse die Länge keine zweizeitige war, sondern zwischen der zweizeitigen und der einzeitigen in der Mitte stand. Die Verse des iambischen und trochaeischen Rhythmus werden bei der Recitation wohl ebensowenig wie die daktylischen das legitime rhythmische Mass eingehalten haben, bei melodramatischem Vortrage dagegen (der παρακαταλογή) wird die gleichzeitige Instrumentalbegleitung eine streng rhythmische Pronunciation unterstützt haben. Bei keinem Metrum aber ergiebt sich beim Declamationsvortrage die streng rhythmische Pronunciation so ungezwungen wie beim ionischen Metrum. Von den drei Theilen des ionischen Versfusses nimmt die Länge, ohne dass der Vortragende dies besonders beabsichtigt, dieselbe Zeitdauer wie die Doppelkürze in Anspruch. In den Versen des Sotades war freilich der ionische Versfuss häufig genug mit dem Ditrochaeus untermischt; dann ergab sich die sogenannte ἀνάκλασις, ein Taktwechsel zwischen dem ionischen und dem trochaeischen Versfusse. Doch auch diese Schwierigkeit konnte der Declamirende leicht überwinden, wenn er, wie Aristides sagt, „μεθ' ὑποκρίσεως" declamirte, wenn er durch rhythmische Verwendung der Hände und der Füsse der Declamation zu Hülfe kam.

§ 11.
Die Aristoxenische Classification der Buchstaben.

Schon vor Aristoxenus, schon im Anfange der Zeit der Perserkriege oder wohl noch früher gab es eine Theorie der Musik, sowohl eine rhythmische wie eine melische (harmonische) Theorie. Sie ward zunächst durch die mündliche Unterweisung, welche die Häupter musikalischer Schulen den Lernenden ertheilten, überliefert. Von den Lehren der vor aristoxenischen Harmonik erhalten wird urch Aristoxenus selber einige Kenntniss: er theilt mit, was Lasos, Epigonos u. a. Vorsteher Athenischer Musikschulen gelehrt haben. Dass in diesen Schulen auch die Rhythmik gelehrt worden sei, erfahren wir durch Plato. Von seinen Vorgängern in der Rhythmik berichtet Aristox. bei Psellus § 1. vgl. unten S. 62.

In den rhythmischen Unterweisungen wurde zuerst von den Buchstaben und Sylben gesprochen, erst dann ging man zu den Rhythmen. Diesen Unterricht hatte Plato durchgemacht, wie wir aus dem Cratylus 424, c. schliessen dürfen: ὥσπερ οἱ ἐπιχειροῦντες τοῖς ῥυθμοῖς τῶν στοιχείων πρῶτον τὰς δυνάμεις διείλοντο, ἔπειτα τῶν ξυλλαβῶν, καὶ οὕτως ἤδη ἔρχονται ἐπὶ τοὺς ῥυϑμοὺς σκεψάμενοι, πρότερον δ' οὔ.

Wir besitzen nun ein Aristoxenisches Fragment, in welchem von den δύναμεις der στοιχεῖα gesprochen wird. Es wird schwerlich verfehlt sein, wenn wir dasselbe aus der Aristoxenischen Rhythmik entlehnt sein lassen. Das erste Buch war der Platz, wo es stand. Dionys. comp. verb. 14:

Τῶν δὲ στοιχείων τε καὶ γραμμάτων οὐ μία πάντων φύσις, διαφοραὶ δὲ αὐτῶν.

Πρώτη μὲν ὡς Ἀριστόξενος ὁ μουσικὸς ἀποφαίνεται καϑ' ἣν τὰ μὲν φωνὰς ἀποτελεῖ, τὰ δὲ ψόφους· φωνὰς μὲν τὰ λεγόμενα φωνήεντα, ψόφους δὲ τὰ λοιπὰ πάντα.

Δευτέρα δὲ καϑ' ἣν τῶν φωνηέντων ἃ μὲν καϑ' ἑαυτὰ ψόφους ὁποίους δή τινας ἀποτελεῖν πέφυκε, ῥοῖζον ἢ συριγμον ἢ ποππυσμὸν ἢ τοιούτων τινῶν ἄλλων ἤχων δηλωτικά, ἃ δέ ἐστιν ἀπάσης ἄμοιρα φωνῆς καὶ ψόφου καὶ οὐχ οἶά τε ἠχεῖσϑαι καϑ' ἑαυτά· ταῦτα μὲν ἄφωνά τινες ἐκάλεσαν, ϑάτερα δὲ ἡμίφωνα. Cf. schol. ad Hermog. VII, 965 W. Quintil. inst. 1, 10, 17.

Bei Aristoxenus also kam die Eintheilung der Laute in Vocale und eine zweifache Consonantenclasse, mutae und semivocales, vor; wie die Rhetorik*), so geht auch die Grammatik auf die Musikwissenschaft zurück.

§ 12.
Die stätigen Momente des Rhythmizomenon.

Auch folgendes in Psellus' rhythmischen Prolambanomena § 6 erhaltene Fragment gehörte dem ersten Buche an.

Τῶν δὲ ῥυϑμιζομένων ἕκαστον οὔτε κινεῖται συνεχῶς οὔτε ἠρεμεῖ, ἀλλ' ἐναλλάξ. καὶ τὴν μὲν ἠρεμίαν σημαίνει τό τε σχῆμα καὶ ὁ φϑόγγος καὶ ἡ συλλαβή, οὐδενὸς γὰρ τούτων ἔστιν αἰσϑέσϑαι ἄνευ τοῦ ἠρεμῆσαι· τὴν δὲ κίνησιν ἡ μετάβασις ἡ ἀπὸ σχήματος ἐπὶ σχῆμα καὶ ἡ ἀπὸ φϑόγγου ἐπὶ φϑόγγον καὶ ἡ ἀπὸ συλλαβῆς ἐπὶ συλλαβήν. εἰσὶ δὲ οἱ μὲν ὑπὸ τῶν ἠρεμιῶν κατεχόμενοι χρόνοι γνώριμοι, οἱ δὲ ὑπὸ τῶν κινήσεων ἄγνωστοι διὰ σμικρότητα ὥσπερ ὅροι τινὲς ὄντες τῶν ὑπὸ τῶν ἠρεμιῶν κατεχομένων χρόνων. Νοητέον δὲ καὶ τοῦτο ὅτι τῶν ῥυϑμικῶν συστημάτων ἕκαστον οὐχ ὁμοίως σύγκειται ἔκ τε τῶν γνωρίμων

---

*) Suidas s. v. Θρασύμαχος.

χρόνων κατὰ τὸ ποσὸν καὶ ἐκ τῶν ἀγνώστων, ἀλλ’ ἐκ μὲν τῶν
γνωρίμων κατὰ τὸ ποσὸν ὡς ἐκ μερῶν τινων σύγκειται τὰ σύ-
στήματα, ἐκ δὲ τῶν ἀγνώστων ὡς ἐκ τῶν διοριζόντων τοὺς
γνωρίμους κατὰ τὸ ποσὸν χρόνους. Aristid. p. 31 M. ʿΡυϑμὸς τοίνυν ἐστὶ σύστημά τι ἐκ γνωρίμων κατά τινα τάξιν συγκείμενον.

Die Stelle des Psellus lautet in der Uebersetzung*):

„Von den Rhythmizomena ist ein jedes ein derartiges, dass
es weder continuirlich in Bewegung, noch continuirlich in Stätigkeit ist, sondern das eine und das andere abwechselnd.

„Der Stätigkeit gehört das orchestische Schema, der Ton und
die Sylbe der melischen Poesie an, denn nichts von diesen dreien
kann wahrgenommen werden, ohne dass eine Stätigkeit vorhanden wäre.

„Der Bewegung dagegen gehört der Uebergang von einem
orchestischen Schema zum anderen, von einem Tone zum anderen,
von einer Sylbe zur anderen an.

„Die von dem Stätigen ausgefüllten Zeiten sind die wahrnehmbaren, die von der Bewegung ausgefüllten die nicht
wahrnehmbaren Zeiten: nicht wahrnehmbar wegen ihrer Kleinheit, indem sie die Grenzen der von den stätigen Elementen ausgefüllten Zeiten sind.

„Zu beachten ist auch dies, dass jedes der rhythmischen
Systeme nicht in gleichartiger Weise aus den der Quantität nach
wahrnehmbaren und nicht wahrnehmbaren Zeiten zusammengesetzt ist. Vielmehr bilden die der Quantität nach wahrnehmbaren Zeiten die Bestandtheile des Systemes, die quantitativ
nicht wahrnehmbaren bilden die Grenzen der quantitativ wahrnehmbaren“.

Von den drei Rhythmizomena ist zwar auch im Anfange des zweiten
Buches die Rede, § 3—9, jedoch in einer Weise, welche deutlich zeigt,
dass auch schon „ἐν τοῖς ἔμπροσϑεν“, d. h. im ersten Buche davon gehandelt sein muss. Ohnehin ersehen wir aus der kurzen Recapitulation des im
ersten Buche gesagten, dass „ἐν τοῖς ἔμπροσϑεν εἰρημένον, τί αὐτῶν ἑκάστη
ὑπόκειται“, „was das Substrat einer jeden der Arten des Rhythmus sei“, d. i.
die drei Rhythmizomena.

Aus dem Frg. 6 Psell. ergiebt sich, dass Aristoxenus die Pause als
Stellvertreter der Töne und der Sylben zu den integrirenden Bestandtheilen
des Rhythmus rechnet; denn blosse μεταβάσεις von einem Tone zu einem
anderen Tone, von einer Sylbe zur andern Sylbe sind die Pausen nicht,

*) R. Westphal, Aristoxenus übersetzt und erläutert S. 4.

da die μεταβάσεις als ἄγνωστοι διὰ σμικρότητα χρόνοι definirt werden. Wo
in der Musik keine die μέρη τῶν ῥυθμιζομένων vertretenden Pausen, sondern blosse μεταβάσεις, vorkommen, z. B. zwischen Anakrusis und dem folgenden schweren Takttheile, u. s. w., da sind das unendlich kleine Grenzen
und dürfen daher nicht als χρόνοι γνώριμοι gehört werden.

In jedem Rhythmizomenon wechseln Momente der Bewegung
und des Stätigen mit einander ab. Das Stätige (ἠρεμία) findet
seinen Ausdruck in der Sylbe, im Tone, im Schema der Orchestik
(denn weder Sylbe, noch Ton, noch orchestisches Schema würde
man wahrnehmen können, wenn sie nicht stätig wären), die Bewegung (κίνησις) besteht in dem Uebergange (μετάβασις) von
der Sylbe zur Sylbe, vom Tone zum Tone, vom orchestischen
Schema zum orchestischen Schema. Die Zeit, welche durch ein
stätiges Moment ausgefüllt wird, ist sinnlich wahrnehmbar (γνώ-
ριμος), die Zeit der Bewegung oder des Uebergangs ist wegen
ihrer Kleinheit nicht sinnlich wahrnehmbar (ἄγνωστος)*), denn
sie ist nur die Grenze zwischen zwei von Sylben oder Tönen
ausgefüllten Zeittheilen. Demnach stehen die χρόνοι γνώριμοι
und ἄγνωστοι als Bestandtheile eines ῥυθμικὸν σύστημα einander
nicht coordinirt; die χρόνοι γνώριμοι sind die Theile des σύστημα,
die χρόνοι ἄγνωστοι nur die Grenzen dieser Theile.

Nun finden wir eine Definition des Rhythmus bei Aristides
p. 31 M., welche folgendermassen lautet: ῥυθμὸς τοίνυν ἐστὶ σύστημά τι ἐκ γνωρίμων χρόνων κατά τινα τάξιν συγκείμενον**),
in der Uebersetzung bei Martian. Capella: *Rhythmus igitur est
compositio quaedam ex sensibilibus collata temporibus, ad aliquem
habitum ordinemque connexa.* Diese Definition ist wie die ganze
Einleitung des Aristides p. 31. 32 aus dem ersten Buche des
Aristoxenus geflossen, und wir werden wohl nicht irren, dass sie
sich an die Auseinandersetzung der χρόνοι γνώριμοι und ἄγνωστοι anreihete. Nachdem er hier mit den Worten geschlossen:
ἐκ τῶν γνωρίμων κατὰ τὸ ποσὸν χρόνων ὡς ἐκ μερῶν τινων
σύγκειται τὰ συστήματα ῥυθμικὰ, fährt er fort: ῥυθμὸς τοίνυν

---

*) Dasselbe sagt Bacchius 67, 16 von der Zeit, welche zwischen den
als Arsis und Thesis dienenden Zeitgrössen in der Mitte liegt.

**) In den Handschriften des Aristides fehlt γνωρίμων und statt
συγκείμενον ist συγκειμένων geschrieben. Der Uebersetzer hatte noch einen
bessern Text vor sich; aus *sensibilibus* und *compositio connexa* ist zweifelsohne γνωρίμων und συγκείμενον herzustellen. Ausserdem ist nach σύστημα
das in den lib. fehlende τι herzustellen cf. *compositio quaedam. τι* und
συγκείμενον wird auch durch Psell. § 6 σύστημά τι συγκείμενον bestätigt.

ἐστὶ σύστημά τι ἐκ γνωρίμων χρόνων κατά τινα τάξιν συγκείμενον.
Diese letzte Definition ist die vollständigste, sie schliesst die
beiden früheren mit in sich ein: Ἔστι δὲ ὁ ῥυθμὸς χρόνων τάξις
(cf. κατὰ τάξιν συγκείμενον) und χρόνος διῃρημένος ἐφ᾽ ἑκάστῳ
τῶν ῥυθμίζεσθαι δυναμένων. (Der hiermit ausgedrückte Begriff
des ῥυθμιζόμενον als des Trägers des Rhythmus liegt in „ἐκ
γνωρίμων χρόνων συγκείμενον“, denn die γνώριμοι χρόνοι sind
ja, wie es hiess, die stätigen und für die αἴσθησις wesentlichen
Momente des Rhythmizomenon.) Dass das Fragment Psell. 6
und die eben besprochene Definition sich aneinander schliessen,
thut ausser dem Ausdrucke γνώριμοι χρόνοι auch noch der Ausdruck σύστημα kund, der sowohl am Ende des Fragmentes wie
im Anfange der Definition vorkommt.

Aristoxenus sagt im Anfange des zweiten Buches:

Ὅτι μὲν οὖν περὶ τοὺς χρόνους ἐστὶ καὶ τὴν τούτων αἴσθησιν,
εἴρηται μὲν καὶ ἐν τοῖς ἔμπροσθεν, λεκτέον καὶ πάλιν νῦν.

Also in seiner Darstellung des allgemeinen Rhythmus hat,
wie wir hier erfahren, Aristoxenus auch von den χρόνοι gesprochen. Hierbei war nun auch von den χρόνοι ποδικοί, d. h. der
ἄρσις und θέσις, als der Grundbedingung jedes Rhythmus, er mag
in der Natur oder in der musischen Kunst zur Erscheinung kommen, geredet worden, denn nur so erklärt es sich, weshalb unser
zweites Buch den Begriff von Arsis und Thesis ohne weiteres
voraussetzt und z. B. § 17 gesagt wird, es müsse jeder Fuss
aus 2 oder 3 oder 4 χρόνοι bestehen, ohne dass hier irgend eine
Definition von χρόνος gegeben wäre. Auch Aristides bringt die
Definition von Arsis und Thesis in der Einleitung, wo er vom
Rhythmus „im Allgemeinen“ redet. Aus der Erörterung der
χρόνοι, welche das erste Buch des Aristoxenus enthielt, stammt
das kleine Fragment bei Psellus § 4:

Ὁ δὲ ῥυθμὸς οὐ γίνεται ἐξ ἑνὸς χρόνου, ἀλλὰ προσδεῖται ἡ
γένεσις αὐτοῦ τοῦ τε προτέρου καὶ τοῦ ὑστέρου.

Zu προτέρου und ὑστέρου haben wir χρόνου zu ergänzen, χρόνος
πρότερος bedeutet dasselbe wie χρόνος καθηγούμενος, χρόνος
ὕστερος dasselbe wie χρόνος ἑπόμενος bei Aristides § 34.

An dieser Stelle müssen die Bestimmungen über κάτω χρόνος
und ἄνω χρόνος, βάσις und ἄρσις gestanden haben, welche wir
im zweiten Buche § 17 vermissen.

§ 13.

Das Sylbenmass der gesungenen Poesie.

Aus dieser Partie des ersten Buches der Aristoxenischen
Rhythmik ist uns in den rhythmischen Prolambanomena des
Psellus § 1 Folgendes excerpirt:

Καὶ πρῶτόν γε ὅτι πᾶν μέτρον πρὸς τὸ μετρούμενόν πως καὶ
πέφυκε καὶ λέγεται. ὥστε καὶ ἡ συλλαβὴ οὕτως ἂν ἔχοι πρὸς τὸν
ῥυθμὸν ὡς τὸ μέτρον πρὸς τὸ μετρούμενον, εἴπερ τοιοῦτόν ἐστιν
οἷον μετρεῖν τὸν ῥυθμόν. ἀλλὰ τοῦτον μὲν τὸν λόγον οἱ παλαιοὶ
ἔφασαν ῥυθμικοί, ὁ δέ γε Ἀριστόξενος οὐκ ἔστι, φησί, μέτρον ἡ
συλλαβή. πᾶν γὰρ μέτρον αὐτό τε ὡρισμένον ἐστὶ κατὰ τὸ ποσὸν
καὶ πρὸς τὸ μετρούμενον ὡρισμένως ἔχει. ἡ δὲ συλλαβὴ οὐκ
ἔστι κατὰ τοῦτο ὡρισμένη πρὸς τὸν ῥυθμὸν ὡς τὸ μέτρον πρὸς
τὸ μετρούμενον, ἡ γὰρ συλλαβὴ οὐκ ἀεὶ τὸν αὐτὸν χρόνον κατέχει, τὸ δὲ μέτρον ἠρεμεῖν δεῖ κατὰ τὸ ποσὸν καθὸ μέτρον
ἐστὶ καὶ τὸ τοῦ χρόνου μέτρον ὡσαύτως κατὰ τὸ ἐν τῷ χρόνῳ
ποσόν, ἡ δὲ συλλαβὴ χρόνου τινὸς μέτρον οὖσα οὐκ ἠρεμεῖ κατὰ
τὸν χρόνον, μεγέθη μὲν γὰρ χρόνων οὐκ ἀεὶ τὰ αὐτὰ κατέχουσιν
αἱ συλλαβαί, λόγον μέντοι τὸν αὐτὸν ἀεὶ τῶν μεγεθῶν· ἥμισυ
μὲν γὰρ κατέχειν τὴν βραχεῖαν χρόνου, διπλάσιον δὲ τὴν μακράν.
Die älteren Rhythmiker — so heisst es hier — stellten den
Satz auf: die Sylbe verhält sich zum Rhythmus, wie das Mass
zum Gemessenen, die Sylbe ist das Mass des Rhythmus. Dies
leugnet Aristoxenus, οὐκ ἔστι μέτρον ἡ συλλαβή.

„Denn jedes Mass hat eine bestimmte Grösse und ist in
Beziehung auf das zu Messende fest begrenzt. Aber die Sylbe ist
in Beziehung auf den Rhythmus mit nichten in der Weise fest begrenzt, wie das Mass in Beziehung auf das zu Messende. Das
Mass muss als solches der Grösse nach stätig sein, und insbesondere muss das Zeitmass der Zeitgrösse nach stätig sein,
aber die Sylbe hat als Zeitmass keineswegs eine stätige Grösse.
Die Sylben haben nämlich nicht immer dieselben Zeitgrössen,
sondern nur dasselbe Grössenverhältniss, denn dass die lange
Sylbe doppelt so gross sei als die kurze . . .“

War das fehlende Verbum, von welchem der Accusativ c.
Inf. abhängt, dasselbe wie Quintil. inst. 9, 4, 45 „Longam esse
duorum temporum, brevem unius, etiam pueri sciunt“? Es wäre
recht gut möglich, dass dem Quintilian das Aristoxenische Original
vorgelegen hätte. Aber wenn auch nicht: der fehlende Satz war
jedenfalls sehr allgemeinen Inhaltes; denn er gehört der Ein-

leitung an, in welcher noch nicht von den rhythmischen Grössen im Speciellen die Rede war, noch nicht von dem das anderthalbfache der Länge umfassenden χρόνος ἄλογος, welchen Aristoxenus nothwendig von dem Gesetze, dass sich Länge und Kürze stets wie 2 : 1 verhalten, hätte ausnehmen müssen.

Auch Marius Victorinus hat, wenn auch nicht unmittelbar, aus der vorliegenden Stelle des Aristoxenus geschöpft. Bei Psellus beginnen die eigenen Worte des Aristoxenus erst mit „ὃ δέ γε Ἀριστόξενος οὐκ ἔστι φησί", was voraus geht ist selbstständiges Referat des Psellus. Eben dieses nun lesen wir bei Marius Victorinus genauer.

„*Quidam autem non pedem metrum esse volunt, sed syllabam, quod hac ipsum quoque pedem metiamur et quod finita esse mensura debeat, pedes autem in versu varientur. Alii rursus nec pedem nec syllabam metrum putant esse dicendum, sed tempus, quia omne metrum in eo quod metimur numero finitum est ut decempeda (non enim modo decem habet, modo undecim, modo duodecim pedes, sed semper decem). Unde pedem metrum esse non posse, quia in versu modo unus est dactylus, modo duo, seu spondei, interdum incurrunt trochaei aut amphimacri, quorum diversitate iuxta spatia temporum metrum, quod certam mensuram habere debeat, nequaquam finitum inveniri.*"*)

Es gab also 1) Rhythmiker, welche den metrischen Versfuss als Zeitmass des Rhythmus annahmen. 2) Gegen diese wandten sich Andere, welche die Sylbe als μέτρον hinstellten (*quidam autem non pedem metrum esse volunt, sed syllabam*), dies waren die παλαιοὶ ῥυθμικοί, von denen Psellus spricht. Was sie gegen die Ansicht, dass der Versfuss ein μέτρον sei, vorbrachten, hat Victorin ziemlich ausführlich mitgetheilt; auch die Schlussworte der ganzen Stelle gehören hierher. 3) Noch Andere — und dies ist Aristoxenus und die Aristoxeneer — endlich behaupteten, dass weder der Versfuss, noch die Sylbe ein μέτρον sein könne, sondern nur die Zeit, *quia omne metrum in eo quod metimur numero finitum est.* Das ist die Uebersetzung der bei Psellus erhaltenen Aristoxenischen Worte: πᾶν γὰρ μέτρον [αὐτό τε ὡρισμένον ἐστὶ] κατὰ τὸ ποσὸν [καὶ] πρὸς τὸ μετρούμενον ὡρισμένως ἔχει (die unübersetzt gelassenen Worte habe ich in Klammern eingeschlossen, *in eo quod metimur* ist πρὸς τὸ μετρούμενον, *numero* ist κατὰ τὸ ποσόν, *finitum est* ist ὡρισμένως ἔχει). — Wir sehen, dass das Alles aus Aristoxenus stammt. Er beleuchtete zuerst die Behauptung einiger Aelteren, dass der metrische Fuss ein Zeitmass des Rhythmus sei, dann die Ansicht Anderer, welche diesen Satz widerlegt und statt dessen die Sylbe als Zeitmass hingestellt hatten. Endlich bekämpfte Aristoxenus auch diese zweite Ansicht und stellte dafür eine dritte als seine eigne auf *nec pedem, nec syllabam metrum esse dicendum, sed tempus.* In der That bleibt nichts Anderes übrig, als dass das wahre μέτρον ῥυθμοῦ in dem χρόνος besteht.

Während Aristoteles**) von kleinsten Masseinheiten sprechend noch folgende Beispiele derselben angiebt: οἷον ἐν ἁρμονίᾳ δίεσις ... ἐν δὲ ῥυθμοῖς βάσις καὶ συλλαβή", stellt Aristoxenus

---

*) Mar. Victor., p. 2495 (p. 51. Keil).
**) Metaphys. 13, 1.

als kleinstes rhythmisches Mass den χρόνος πρῶτος auf, worüber er im zweiten Buche das Nähere auseinandersetzt.

Aber auch von dem χρόνος πρῶτος gilt, was Aristoxenus von der Sylbe gesagt hat: οὐκ ἀεὶ τὸν αὐτὸν χρόνον κατέχει, denn je nach dem Tempo ist er bald kürzer, bald länger, ja er ist wie das Tempo selber immer unbegrenzt: εἴπερ εἰσὶν ἑκάστου τῶν ῥυθμῶν ἀγωγαὶ ἄπειροι, ἄπειροι ἔσονται καὶ οἱ πρῶτοι Aristox. περὶ τοῦ πρώτου χρόνου (Porphyr. ad Ptol. p. 255). Also von einer absoluten Stätigkeit des χρόνος πρῶτος kann keine Rede sein.

Wenn also das μέτρον κατὰ ποσὸν (d. h. κατὰ μέγεθος) ἠρεμεῖν und ὡρισμένον sein und sich zum μετρούμενον ὡρισμένως verhalten muss, wie kann da der χρόνος πρῶτος (oder. δίσημος u. s. w.), der ja bei der ἀπειρία ἀγωγῆς ein ἄπειρος ist, das μέτρον des ῥυθμὸς sein? Darauf wird Aristoxenus mit ähnlichen Worten geantwortet haben, wie wir sie in dem weiteren Fortgange des Fragments bei Porphyrius p. 40, 7 lesen: ὃς ἂν ληφθῇ τῶν ῥυθμῶν ἐπὶ τῆς δέ τινος ἀγωγῆς τιθεὶς, ἀπείρων ἐκείνων πρώτων ἕνα τινὰ λήψεται εἰς αὐτόν. Ein jeder als μετρούμενον uns vorliegender Rhythmus hat irgend eine bestimmte ἀγωγὴ, und hiernach ist auch der χρόνος πρῶτος kein ἄπειρος, sondern ein bestimmter, ein ὡρισμένος καὶ πεπερασμένος μεγέθει (= κατὰ τὸ ποσόν), mithin ist der χρόνος πρῶτος völlig geeignet, für den ῥυθμός, dessen Grundbestandtheil er bildet, das μέτρον zu sein.

Es bleibt nun aber immer noch eine Schwierigkeit übrig. Wenn der χρόνος πρῶτος (und mithin auch der δίσημος u. s. w.) das μέτρον des in einem bestimmten Tempo gehaltenen ῥυθμὸς sein kann, warum leugnet dann Aristoxenus, dass die Sylbe ein μέτρον sein soll? Die Kürze fällt ja mit dem χρόνος πρῶτος, die Länge als doppelt so gross mit dem δίσημος zusammen? Wäre die Kürze bei Ein und derselben ἀγωγὴ immer ein χρόνος πρῶτος und die Länge immer ein δίσημος, so müsste sie Aristoxenus als μέτρον ῥυθμοῦ gelten lassen. Gerade daraus, dass dies Aristoxenus nicht thut, ersehen wir, dass nach seiner Ansicht die Zeitdauer der Kürze und ebenso die Zeitdauer der Länge auch abgesehen von der Verschiedenheit des Tempos eine verschiedene ist. Der von den Metrikern oft wiederholte Satz der rhythmici und musici, dass die Kürze nicht immer einzeitig, die Länge nicht immer zweizeitig sei, ist also auch ein Satz des musicus Aristoxenus.

Zweites Capitel.
Der Rhythmus der Musik im Allgemeinen.

§ 14.
Inhalt des zweiten Buches.

Wir haben hiermit das, was uns noch aus dem ersten Buche der Aristoxenischen Stoicheia erhalten ist, kürzlich dargelegt, und hierbei hat zugleich die von Aristides seiner rhythmischen ϑεωρία vorausgeschickte Einleitung, die ein (freilich sehr dürftiger) Auszug aus jenem ersten Buche ist, ihre Erledigung gefunden. Vom zweiten Buche an behandelten die Aristoxenischen Stoicheia lediglich den Rhythmus der musischen Kunst. Wie viel Bücher noch folgten, wissen wir nicht, und es lässt sich daher auch nicht bestimmen, ob die Psellianischen Fragmente § 8—12 aus dem zweiten oder einem folgenden Buche entlehnt sind.

Die Ordnung, in welcher Aristoxenus seinen Stoff vorbringen will, ist von ihm nicht angegeben, es fehlt ein Inhaltsverzeichniss der Theile, wie er es z. B. in seiner Harmonik nach der allgemeinen Einleitung folgen lässt. Doch war die Anordnung des Stoffes wohl keine andere als die, welche bei A r i s t i d e s vorkommt und welche dieser nach der Einleitung p. 32 M. folgendermassen angiebt: *Μέρη δὲ ῥυϑμικῆς πέντε, διαλαμβάνομεν γὰρ*

περὶ πρώτων χρόνων
περὶ γενῶν ποδικῶν
περὶ ἀγωγῆς ῥυϑμικῆς
περὶ μεταβολῶν
περὶ ῥυϑμοποιίας.

Die Benennung des ersten und zweiten Abschnittes ist in diesem Inhaltsverzeichniss nicht ganz genau, sie ist nur für das am Anfange dieser Abschnitte Gesagte richtig. Der erste Abschnitt handelt nämlich *περὶ χρόνων* und bespricht speciell den *χρόνος πρῶτος* und *σύνϑετος*, die *χρόνοι ἔρρυϑμοι*, *ῥυϑμοειδεῖς* und *ἄρρυϑμοι*, die *χρόνοι ἁπλοῖ* oder *ποδικοὶ* und *πολλαπλοῖ* oder *ῥυϑμοποιίας ἴδιοι*. Der z w e i t e Abschnitt handelt *περὶ* ποδῶν und zwar nach folgenden p. 34 aufgezählten ausgeführten Kategorien der διαφοραὶ ποδῶν:

1. διαφορὰ κατὰ μέγεθος·
2. κατὰ γένος·
3. συνθέσει·
4. τετάρτη ἡ τῶν ῥητῶν ... καὶ ἀλόγων·
5. πέμπτη ἡ κατὰ διαίρεσιν ποιάν·
6. ἕκτη ἡ κατὰ τὸ σχῆμα·
7. ἑβδόμη ἡ κατὰ ἀντίθεσιν.

Dieselben sieben διαφοραὶ ποδῶν auch bei Aristoxenus § 22, nur dass Nr. 4 vor Nr. 3 steht.

So weit uns nun die Rhythmik des Aristoxenus vorliegt, ist die Anordnung mit der des Aristides identisch.

Zuerst, sagt Aristoxenus § 2, will er von den Chronoi und deren Auffassung durch die αἴσθησις reden. Davon sei zwar schon im ersten Buche die Rede gewesen, aber er müsse noch einmal darauf zurückkommen, denn dies sei gewissermassen das Fundament der Rhythmik (ἀρχὴ γὰρ τρόπον τινὰ τῆς περὶ τοὺς ῥυθμοὺς ἐπιστήμης ἐστὶν αὕτη). Hier handelt nun Aristoxenus

1) Von dem Unterschiede des Rhythmus und Rhythmizomenon.

2) Im Anschlusse daran definirt er den unzusammengesetzten χρόνος πρῶτος und den πρῶτος σύνθετος und weist hierbei darauf hin, was man mit Rücksicht auf den Gebrauch der Rhythmopöie unter χρόνος ἀσύνθετος und σύνθετος versteht (§ 13 bis 15).

Alsdann redet Aristoxenus vom Takte oder πούς. Hier giebt er zunächst kürzlich an:

1) Aus wie viel χρόνοι oder σημεῖα, d. h. Arsen und Thesen der Takt bestehe, nämlich aus 2 oder 3 oder 4 (§ 17). Dies soll nur eine vorläufige Bemerkung sein; die nähere Auseinandersetzung soll später folgen, ὕστερον δειχθήσεται § 18. Eine Definition von χρόνος findet sich nicht, diese war bereits im ersten Buche gegeben. Zugleich macht Aristoxenus kürzlich auf die χρόνοι ῥυθμοποιίας ἴδιοι aufmerksam, deren ein Takt viel mehr als vier enthalten könne und verweist auch hier auf das Spätere, ἔσται δὲ τοῦτο καὶ ἐν τοῖς ἔπειτα φανερόν § 18.

2) Darauf heisst es § 19, dass ein Takt auch durch eine ἀλογία oder λόγος ἄλογος bestimmt sein könne, woran sich eine vorläufige Definition dieses irrationalen Verhältnisses anschliesst.

Im weiteren Fortgange des Werkes waren die πόδες ἄλογοι genauer behandelt, wie aus § 20 hervorgeht.

Diese beiden Capitel sind also vorläufige Anticipationen von später weitläufiger dargestellten rhythmischen Sätzen. Auf sie folgt eine eingehende Darstellung der Taktlehre nach sieben § 22 aufgeführten Kategorien. Es sind dieselben, die sich auch bei Aristides finden (vgl. oben S. 65).

Von diesen 7 Capiteln ist uns nur der Anfang des ersten, welches das μέγεθος der Takte behandelt, erhalten. Der Schluss desselben liegt uns in einem Auszuge bei Psell. § 12 und frag. Paris. § 11 vor.

Das zweite Capitel handelt von den verschiedenen Taktarten, den γένη ποδῶν. Von den drei primären Taktarten, dem geraden, dreitheiligen und fünftheiligen, war bereits bei der Lehre vom μέγεθος die Rede gewesen § 30, aber nur insofern, als das diesen Taktarten zu Grunde liegende rhythmische Verhältniss zugleich die Grundlage für das μέγεθος der Takte war. Jetzt wird von den Taktarten als solchen gesprochen, auch die secundären Taktgeschlechte werden mit aufgenommen und in Analogie zu den Consonanzen der Harmonik gesetzt. Hier musste nun zugleich der Ort sein, wo von der bereits angedeuteten Zerfällung des Taktes in 2, 3, 4 Chronoi ausführlicher gehandelt war. In dem erhaltenen Theile der Schrift ist § 18 darauf hingewiesen. Vielleicht ist dies auch dieselbe Stelle, welche § 12 mit den Worten citirt ist: ὃν δὲ τρόπον λήψεται τοῦτον ἡ αἴσθησις, φανερὸν ἔσται ἐπὶ τῶν ποδικῶν σχημάτων. Aus diesem Capitel sind uns 3 Fragmente bei Psellus überkommen, § 9, 11, 10.

Das dritte Capitel handelt von den irrationalen Takten. Wir kennen blos das, was Aristoxenus vorläufig § 20 und § 25 von dem Begriffe der ἀλογία angegeben, wozu noch einige sehr spärliche Notizen, welche Andere von dem ποὺς ἄλογος geben, hinzukommen.

Ueber den Inhalt der vier folgenden Capitel (der πόδες ἀσύνθετοι und σύνθετοι — der διαίρεσις — des σχῆμα — der ἀντίθεσις) besitzen wir in der von Aristoxenus § 23—29 gegebenen Uebersicht der διαφοραὶ ποδῶν einige nicht unwichtige Notizen. Für das erste dieser Capitel kommt es uns gut zu statten, dass Aristides die Lehre von den πόδες ἀσύνθετοι und σύνθετοι weit ausführlicher, als er sonst zu thun pflegt, behan-

delt. Seine Quelle ist freilich nicht Aristoxenus, sondern ein
Autor, der die Metrik und Rhythmik vereint behandelte, aber
die hier gegebenen Notizen sind immerhin unschätzbar. Nachdem Aristides mit dieser Darstellung fertig ist, fügt er noch
hinzu, wie die reinen Rhythmiker die σύνϑετοι behandeln. Auf
die drei noch übrigen Capitel ist Aristides gar nicht eingegangen.

Die auf die Taktlehre folgenden Abschnitte von dem Tempo
(ἀγωγή), dem Taktwechsel (μεταβολή) und der Rhythmopöie sind bei Aristides p. 42. 43 M. im allerhöchsten Grade
compendiarisch behandelt. Ueber die μεταβολή besitzen wir bei
Aristoxenus gar nichts, über die ἀγωγή findet sich Einiges in
dem bei Porphyrius erhaltenen Fragmente seiner Schrift περὶ τοῦ
πρώτου χρόνου und in seiner Harmonik p. 34 Meib. Reicher
ist die Zahl der Notizen aus seinem Abschnitte von der Rhythmopöie, auf den er § 13 und S. 22 verweist. Dahin gehört
Psellus § 8.

§ 15.

Das musikalische Rhythmizomenon und seine Bestandtheile.

In der musischen Kunst ist der Rhythmus keineswegs mit
dem ihm zu Grunde liegenden Bewegungsstoffe der Klänge und
Körperbewegungen gegeben, wir haben den Rhythmus vielmehr
in uns als rhythmischen Sinn oder rhythmisches Gefühl; es ist
die freie That des menschlichen Geistes, diese ihm immanente
rhythmische Ordnung dem Bewegungsstoffe der musischen Künste
aufzuprägen. Aristoxenus, der Schüler des Aristoteles, legt hierbei den Aristotelischen Satz von dem εἶδος und der ὕλη, der
Form und der Materie zu Grunde, er scheidet zwischen einem
dem εἶδος entsprechenden ῥυϑμός und einem der ὕλη entsprechenden materiellen Träger des Rhythmus, welchen er ῥυϑμιζόμενον.
nennt. Der Trias der musischen Künste gemäss ist das ῥυϑμιζόμενον ein dreifaches: in dem Melos die Klänge, in der Poesie
die Sylben, Worte und Sätze, in der Orchestik die einzelnen
Bewegungsmomente des Körpers, genannt σημεῖα und σχήματα.
Nachdem Aristoxenus im Anfange des zweiten Buches kürzlich
auf die ausserhalb der musischen Kunst vorkommenden Arten
des Rhythmus, die er im ersten Buche behandelt hatte, zurückgewiesen und nunmehr „περὶ αὐτοῦ τοῦ ἐν μουσικῇ ταττομένου
ῥυϑμοῦ" reden will, beginnt er § 2:

Ὅτι μὲν οὖν περὶ τοὺς χρόνους ἐστὶ καὶ τὴν τούτων αἴσθησιν, εἴρηται μὲν καὶ ἐν τοῖς ἔμπροσθεν, λεκτέον δὲ καὶ πάλιν
νῦν, ἀρχὴ γὰρ τρόπον τινὰ τῆς περὶ τοὺς ῥυθμοὺς ἐπιστήμης
ἐστὶν αὕτη.

„Dass sich der Rhythmus auf die Zeitgrössen und deren
Aisthesis bezieht, ist zwar schon in dem Vorausgehenden gesagt,
muss aber wiederum auch hier gesagt werden; denn es ist dies
das Fundament der rhythmischen Wissenschaft."

Auch über ῥυθμός und ῥυθμιζόμενον muss er im ersten
Buche bereits die allgemeinen Bestimmungen gegeben haben.
Es folgen nun folgende Sätze, die sich auf die Analogie zwischen
Rhythmus und Gestalt und zwischen Rhythmizomenon und ge-
stalteter Materie (σχῆμα, σχηματιζόμενον) beziehen.

1. Rhythmus und Rhythmizomenon verhalten sich zu einander wie die
Gestalt und das Gestaltete.

Νοητέον δὲ δύο τινὰς φύσεις ταύτας, τήν τε τοῦ ῥυθμοῦ
καὶ τὴν τοῦ ῥυθμιζομένου, παραπλησίως ἐχούσας πρὸς ἀλλήλας
ὥσπερ ἔχει τὸ σχῆμα καὶ τὸ σχηματιζόμενον πρὸς αὐτά.

„Man denke sich diese zwei — Naturen, möchte ich sagen —
die des Rhythmus und die des Rhythmizomenon in einem ähnlichen Verhältnisse zu einander, wie dasjenige, in welchem die
Gestalt und das Gestaltete, die ihrerseits ebenfalls nicht dasselbe
sind, zu einander stehen."

2. Dasselbe Rhythmizomenon ist verschiedener rhythmischer Formen fähig.

Ὥσπερ γὰρ τὸ σῶμα πλείους ἰδέας λαμβάνει σχημάτων, ἐὰν
αὐτοῦ τὰ μέρη τεθῇ διαφερόντως, ἤτοι πάντα ἤ τινα αὐτῶν,
οὕτω καὶ τῶν ῥυθμιζομένων ἕκαστον πλείους λαμβάνει μορφάς,
οὐ κατὰ τὴν αὐτοῦ φύσιν, ἀλλὰ κατὰ τὴν τοῦ ῥυθμοῦ. ἡ γὰρ
αὐτὴ λέξις εἰς χρόνους τεθεῖσα διαφέροντας ἀλλήλων, λαμβάνει
τινὰς διαφορὰς τοιαύτας, αἵ εἰσιν ἴσαι αὐταῖς τῆς τοῦ ῥυθμοῦ
φύσεως διαφοραῖς. Ὁ αὐτὸς δὲ λόγος καὶ ἐπὶ τοῦ μέλους, καὶ
εἴ τι ἄλλο πέφυκε ῥυθμίζεσθαι τῷ τοιούτῳ ῥυθμῷ, ὅς ἐστιν ἐκ
χρόνων συνεστηκώς.

„Wie die Materie (σῶμα) verschiedene Formen annimmt,
wenn alle oder auch nur einzelne Theile derselben auf verschiedene Weise geordnet werden, so kann auch ein und dieselbe als Rhythmizomenon dauernde Gruppe von sprachlichen
Lauten oder von Tönen verschiedene rhythmische Formen an-

nehmen, jedoch nicht vermöge der eigenen Natur des Rhythmizomenon, sondern kraft des formenden Rhythmus. So stellen sich, wenn man dieselbe Lexis d. i. die nämliche Sylbengruppe in verschiedene Zeitabschnitte zerlegt, Verschiedenheiten heraus, welche in dem Rhythmus selber liegen. Ebenso wie mit den Sylben verhält es sich auch mit den Tönen der Instrumente. In allen diesen Fällen beruhen aber die verschiedenen rhythmischen Formen desselben Rhythmizomenon nicht in der Natur der Sprachsylben und der Töne selber, sondern sie empfangen diese Formen durch etwas, dem sie an sich fremd sind, nämlich durch den formenden Rhythmus."

Beispiel für die Lexis: Die Sylbengruppe ἔϑανες ἀπελύϑης kann auf folgende Weise in Zeitabschnitte zerlegt werden

$\smile\smile\;\smile\smile\;\angle$ trochaeische Penthemimeres

$\smile\smile\;\smile\smile\;\_$ iambische Penthemimeres

$\smile\;\smile\smile\;\smile\angle$ anapaestische Dipodie

$\cup\;\smile\smile\;\smile\smile\;\cup\;\angle$ Dochmius

Diese vierte Form hat Sophokles in der Antigone v. 1268 der Sylbengruppe gegeben.

Ein anderes Beispiel für die Lexis, die ohne Aenderung der Worte auf zwei verschiedene Weisen zu einem Rhythmus verwandt werden kann, liefert Pindar Pyth. 2. Boeckh hat die Anfangsworte als einen Dochmius gefasst

Μεγαλοπόλιες ὦ.

$\cup\;\smile\smile\;\cup\;\angle$

Die Rossbach-Westphalsche Rhythmik v. J. 1854 fasst den ganzen ersten Vers als einen trochaeischen

Μεγαλοπόλιες ὦ̃ Συράκοσαι βαθυπολέμου

$\cup\;\cup\;\cup\;\cup\;\cup\;\cup\;\angle\;\cup\;\angle\;\cup\;\mid\;\angle\;\cup\;\smile\smile\;\cup\;\angle$

Für jede der beiden Auffassungen ist eine äussere Möglichkeit vorhanden. Pindar selber kann nur die zweite Auffassung, nicht die Boeckhsche im Sinne gehabt haben*).

Beispiel für das Melos bei Anonym. ed. Bellermann § 97 und 100.

§ 97 Ἑξάσημος   § 100 Τετράσημος

---

*) Aristoxenus übersetzt und erläutert § 10.

Beispiel eines sowohl daktylisch wie ionisch rhythmisirten Melos das Fugenthema in Bachs Kunst der Fuge Nr. 1 u. Nr. 12.

Nr. 11 Daktylischer Rhythmus.

Nr. 12 Ionischer Rhythmus.

Wir haben den in Rede stehenden Aristoxenischen Satz zu dem unsrigen zu machen: An sich haben weder die Töne noch die Sprache mit dem Rhythmus etwas zu thun, sie sind an sich nur des Rhythmus fähig, der Rhythmus wird den Tönen wie den Worten erst durch den schaffenden Künstler gegeben und es beruht auf seinem freien Willen, wie er beides dem Rhythmus unterordnen oder mit andern Worten, wie er Melos und Lexis zum Ausdruck des Rhythmus machen will. Die Sylben und Wörter der Sprache haben an sich eine bestimmte Zeitdauer, sie haben auch bestimmte Accente, durch welche einzelne Gruppen von Sylben zu bestimmten Zeitabschnitten sich vereinigen, aber dadurch ist noch kein bestimmter Rhythmus gegeben.

3. Rhythmus und Rhythmizomenon nicht identisch.

᾿Επάγειν δὲ δεῖ τὴν αἴσθησιν ἐνθένδε περὶ τῆς εἰρημένης ὁμοιότητος, πειρωμένους συνορᾶν καὶ περὶ ἑκατέρου τῶν εἰρημέ- νων, οἷον τοῦ τε ῥυθμοῦ καὶ τοῦ ῥυθμιζομένου. Τῶν τε γὰρ πεφυκότων σχηματίζεσθαι σωμάτων οὐδενὶ οὐδέν ἐστι τῶν σχη- μάτων τὸ αὐτό, ἀλλὰ διάθεσίς τίς ἐστι τῶν τοῦ σώματος μερῶν τὸ σχῆμα, γινόμενον ἐκ τοῦ σχεῖν πως ἕκαστον αὐτῶν, ὅθεν δὴ καὶ σχῆμα ἐκλήθη ὅ τε ῥυθμὸς ὡσαύτως οὐδενὶ τῶν ῥυθμι- ζομένων ἐστὶ τὸ αὐτό, ἀλλὰ τῶν διατιθέντων πως τὸ ῥυθμι- ζόμενον καὶ ποιούντων κατὰ τοὺς χρόνους τοιόνδε ἢ τοιόνδε.

„Gehen wir nun weiter auf die Analogie ein, welche zwischen dem Rhythmizomenon und der gestalteten Materie einerseits, und zwischen dem Rhythmus und der Gestalt andererseits besteht,

so müssen wir sagen: die Materie, in deren Wesen es liegt, sich
gestalten zu lassen, ist niemals mit der Gestalt oder Form dasselbe, sondern es ist die Form eine bestimmte Anordnung der
Theile der Materie. Ebenso ist auch der Rhythmus mit dem
Rhythmizomenon niemals identisch, sondern er ist dasjenige,
welches das Rhythmizomenon in irgend einer Weise anordnet
und ihm in Beziehung auf die Zeitabschnitte diese oder jene
Form giebt."

Hiermit ist eine vollständige Abstraction des Rhythmus vollzogen. — Vom platonischen Standpuncte aus hätte Aristoxenus
nun sagen müssen: der Rhythmus ist eine ewige Idee, vom An-
beginn an dem Geiste immanent (zunächst des Demiurgen; —
aus seinem Geiste dann auch dem menschlichen Geiste zu Theil
geworden), er hat an sich eine selbstständige ewige Existenz.
Dies war vielleicht die Vorstellung des Longin, wie sich aus den
lückenhaften Fragmenten seiner προλεγόμενα zu Hephaest. schliessen
lässt. Aber Aristoxenus ist Aristoteliker, er erkennt die selbstständige Existenz oder die Realität der Ideen nicht an und fasst das
Verhältnis vom Rhythmus zum Rhythmizomenon folgendermassen:

4. Rhythmus kann ohne Rhythmizomenon keine Realität haben.

*Προσέοικε δὲ ἀλλήλοις τὰ εἰρημένα καὶ τῷ μὴ γίνεσθαι καθ᾽
αὑτά. Τό τε γὰρ σχῆμα, μὴ ὑπάρχοντος τοῦ δεξομένου αὐτὸ,
δῆλον ὡς ἀδυνατεῖ γενέσθαι· ὅ τε ῥυθμὸς ὡσαύτως χωρὶς τοῦ
ῥυθμισθησομένου καὶ τέμνοντος τὸν χρόνον οὐ δύναται γίνεσθαι,
ἐπειδὴ ὁ μὲν χρόνος αὐτὸς αὑτὸν οὐ τέμνει, καθάπερ ἐν τοῖς
ἔμπροσθεν εἴπομεν, ἑτέρου δέ τινος δεῖ τοῦ διαιρήσοντος αὐτόν.
Ἀναγκαῖον οὖν ἂν εἴη μεριστὸν εἶναι τὸ ῥυθμιζόμενον γνωρίμοις
μέρεσιν, οἷς διαιρήσει τὸν χρόνον.*

„Die Analogien gehen noch weiter. Die Form kann nämlich keine Realität haben, wenn nicht eine Materie vorhanden
ist, an der sie sich ausprägt. Ebenso kann kein Rhythmus
existiren, wenn kein Stoff vorhanden ist, der den Rhythmus annimmt und die Zeit in Abschnitte zerlegt. Denn (wie schon im
ersten Buche gesagt ist) selber kann sich die (abstracte) Zeit nicht
in Abschnitte zerlegen, es muss vielmehr etwas Sinnliches vorhanden sein, durch welches die Zeit zerlegt werden kann. Das
Rhythmizomenon also, so darf man sagen, muss aus einzelnen
sinnlich wahrnehmbaren Theilen bestehen, wodurch es die Zeit
in Abschnitte zerfällen kann." — „sinnlich wahrnehmbar", weil

der Rhythmus sonst nicht zur äusseren Erscheinung kommen kann.

5. Nicht jede Anordnung des Rhythmizomenon ist Rhythmus, sie kann auch Arrythmie sein.

Ἀκόλουθον δέ ἐστι τοῖς εἰρημένοις καὶ αὐτῷ τῷ φαινομένῳ τὸ λέγειν, τὸν ῥυθμὸν γίνεσθαι, ὅταν ἡ τῶν χρόνων διαίρεσις τάξιν τινὰ λάβῃ ἀφωρισμένην, οὐ γὰρ πᾶσα χρόνων τάξις ἔρρυθμος. Πιθανὸν μὲν οὖν καὶ χωρὶς λόγου, τὸ μὴ πᾶσαν χρόνων τάξιν ἔρρυθμον εἶναι· δεῖ δὲ καὶ διὰ τῶν ὁμοιοτήτων ἐπάγειν τὴν διάνοιαν καὶ πειρᾶσθαι κατανοεῖν ἐξ ἐκείνων, ἕως ἂν παραγένηται ἡ ἐξ αὐτοῦ τοῦ πράγματος πίστις. Ἔστι δὲ ἡμῖν γνώριμα τὰ περὶ τὴν τῶν γραμμάτων σύνθεσιν καὶ τὰ περὶ τὴν τῶν δια- στημάτων, ὅτι οὔτ᾿ ἐν τῷ διαλέγεσθαι πάντα τρόπον τὰ γράμματα συντίθεμεν, οὔτ᾿ ἐν τῷ μελῳδεῖν τὰ διαστήματα· ἀλλ᾿ ὀλίγοι μέν τινές εἰσιν οἱ τρόποι καθ᾿ οὓς συντίθεται τὰ εἰρημένα πρὸς ἄλληλα, πολλοὶ δὲ καθ᾿ οὓς οὔτε ἡ φωνὴ δύναται συν- τίθεσθαι φθεγγομένη, οὔτε ἡ αἴσθησις προσδέχεται, ἀλλ᾿ ἀποδο- κιμάζει. Διὰ ταύτην γὰρ τὴν αἰτίαν τὸ μὲν ἡρμοσμένον εἰς πολὺ ἐλάττους ἰδέας τίθεται, τὸ δὲ ἀνάρμοστον εἰς πολὺ πλείους. Οὕτω δὲ καὶ τὰ περὶ τοὺς χρόνους ἔχοντα φανήσεται· πολλαὶ μὲν γὰρ αὐτῶν συμμετρίαι τε καὶ τάξεις ἀλλότριαι φαίνονται τῆς αἰσθή- σεως οὖσαι, ὀλίγαι δέ τινες οἰκεῖαί τε καὶ δυναταὶ ταχθῆναι εἰς τὴν τοῦ ῥυθμοῦ φύσιν. Τὸ δὲ ῥυθμιζόμενόν ἐστι μὲν κοινόν πως ἀρρυθμίας τε καὶ ῥυθμοῦ· ἀμφότερα γὰρ πέφυκεν ἐπιδέχε- σθαι τὸ ῥυθμιζόμενον τὰ συστήματα, τό τε εὔρυθμον καὶ τὸ ἄρρυθμον. Καλῶς δ᾿ εἰπεῖν τοιοῦτον νοητέον τὸ ῥυθμιζόμενον οἷον δύνασθαι μετατίθεσθαι εἰς χρόνων μεγέθη παντοδαπὰ καὶ εἰς ξυνθέσεις παντοδαπάς.

„Es ist nun aber, um den Rhythmus zur Erscheinung kommen zu lassen, nicht genug, dass die Zeit durch die sinnlich wahrnehm- baren Theile eines Rhythmizomenon in Abschnitte zerlegt wird, sondern wir müssen in Uebereinstimmung mit dem im ersten Buche aufgestellten Principe und ebenso auch in Uebereinstim- mung mit den Thatsachen der Erfahrung den Satz aufstellen, dass nur dann Rhythmus vorhanden ist, wenn die Zertheilung der Zeit in Abschnitte nach einer bestimmten Ordnung ge- schieht. Denn es ist keineswegs eine jede Art, die Zeitabschnitte anzuordnen, eine rhythmische. Man mag es zunächst ohne Wei- teres annehmen, dass nicht jede Anordnung der Zeitabschnitte eine rhythmische ist, späterhin wird es aus der näheren Darstellung

der Rhythmik von selber klar werden. Indess kann man es vorläufig durch Analogien anschaulich machen. Einem Jeden ist
es in Beziehung auf die Verbindung der Sprachlaute [Vocale
und Consonanten] bekannt, dass wir weder beim Sprechen die
Laute, noch in der Melodie und Harmonie die Töne in jeder
möglichen Weise mit einander verbinden, sondern dass es hier
nur wenig zulässige Arten giebt, — dass es dagegen viele Weisen
giebt, in welchen die Laute und die Töne sich nicht verbinden
lassen und von unserer Aisthesis verworfen werden: es giebt viel
wenigere Arten der harmonischen Gruppirung der Töne als der
unharmonischen und unmelodischen Aufeinanderfolge. Eben dasselbe wird sich nun in der Folge (im Capitel vom λόγος ποδικός
und den μεγέθη ποδικά) auch für die Zeitabschnitte ergeben.
Denn gar manche denkbare Taktgrössen in gleichmässiger Folge
gedacht und gar manche Arten von Gliederungen der Takte
widerstreben dem rhythmischen Gefühle; nur wenige sind dem
rhythmischen Gefühle nach zulässig und von der Art, dass sie
der Natur des Rhythmus entsprechen. Nicht nur den Rhythmus,
sondern auch die Arrhythmie kann das Rhythmizomenon darstellen, es kann eine errhythmische und arrhythmische Gestalt
annehmen, und man darf das Rhythmizomenon als ein Substrat
bezeichnen, welches sich in alle möglichen Zeitgrössen (μεγέθη)
und alle möglichen Gliederungen (ξυνθέσεις) bringen lässt." [Ein
11-zeitiger Abschnitt wird niemals ein errhythmischer sein, sondern stets ein arrhythmischer; ein 12-zeitiger Abschnitt ist errhythmisch bei folgender σύνθεσις:

⏑⏑⏑⏑⏑⏑⏑‒, oder ⏑⏑⏑⏑⏑⏑⏑⏑, oder ⏑⏑‒‒⏑⏑‒‒,
aber ein arrhythmisches Megethos würde ein 12-zeitiger Abschnitt
unter Voraussetzung von lediglich 1- und 2-zeitiger Sylbenmessung
bei der σύνθεσις

$$‒⏑‒ ‒⏑‒ ‒$$

sein.]

6. Die Theile der drei Rhythmizomena.

Διαιρεῖται δὲ ὁ χρόνος ὑπὸ τῶν ῥυθμιζομένων τοῖς ἑκάστου
αὐτῶν μέρεσιν. Ἔστι δὲ τὰ ῥυθμιζόμενα τρία· λέξις, μέλος,
κίνησις σωματική. Ὥστε διαιρήσει τὸν χρόνον ἡ μὲν λέξις τοῖς
αὑτῆς μέρεσιν, οἷον γράμμασι καὶ συλλαβαῖς καὶ ῥήμασι καὶ
πᾶσι τοῖς τοιούτοις· τὸ δὲ μέλος τοῖς ἑαυτοῦ φθόγγοις τε καὶ
διαστήμασι καὶ συστήμασιν· ἡ δὲ κίνησις σημείοις τε καὶ σχήμασι
καὶ εἴ τι τοιοῦτόν ἐστι κινήσεως μέρος.

„Die Zerlegung der Zeit wird von jedem Rhythmizomenon vermittelst seiner Theile vollzogen. Solcher Rhythmizomena giebt es drei: Sprachtext, Melos, Körperbewegung der Orchestik.

„Hiernach wird der Sprachtext die Zeit zerlegen durch seine Theile als da sind: vocalische und consonantische Laute, Sylben, Worte und alles derartige (nämlich Sätze);

das Melos durch die ihm eigenen Klänge, Intervalle, Systeme;

die Körperbewegung der Orchestik durch Semeia und Schemata und was sonst noch ein solcher Theil der Bewegung ist."

Aristides p. 32: ῾Ρυϑμίζεται δὲ ἐν μουσικῇ κίνησις σώματος, μελῳδία, λέξις.

Martianus Capella, der Uebersetzer des Aristides, fügt Folgendes bei dem letzteren fehlende hinzu: Dividitur sane numerus in oratione per syllabas, in modulatione per arsin et thesin, in gestu figuris determinatis schematisque completur.

§ 16.
Der Chronos protos und seine Multipla.

Aristoxenus sagt § 10:

Καλείσϑω δὲ πρῶτος μὲν τῶν χρόνων ὁ ὑπὸ μηδενὸς τῶν ῥυϑμιζομένων δυνατὸς ὢν διαιρεϑῆναι, δίσημος δὲ ὁ δὶς τούτῳ καταμετρούμενος, τρίσημος δὲ ὁ τρὶς, τετράσημος δὲ ὁ τετράκις. κατὰ ταὐτὰ δὲ καὶ ἐπὶ τῶν λοιπῶν μεγεϑῶν τὰ ὀνόματα ἕξει.

„Was die Namen der Zeitgrössen betrifft, so heisse ich Chronos protos (Primärzeit) diejenige, welche durch keines der Rhythmizomena einer Zerlegung fähig ist;

„Chronos disēmos, trisēmos, tetrasēmos (zweizeitige, dreizeitige, vierzeitige), diejenige, in welcher die Primärzeit zwei, drei, vier Mal enthalten ist, und in entsprechender Weise auch die übrigen Grössen" [bis zum Chronos pentekaidekasemos, der 25-zeitigen Grösse, der grössten, welche Aristoxenus erwähnt].

Den Begriff des Chronos protos hat erst Aristoxenus in die Theorie der Rhythmik eingeführt, sein Lehrer Aristoteles hält mit den früheren noch an der συλλαβή als kleinster rhythmischer Einheit fest.*) Woher der Name „πρῶτος"? In der Aristoxenischen Theorie der Melik ist die enharmonische Diesis das kleinste Mass der Intervalle; das Intervall von der Grösse dreier Diesen

---

*) Vgl oben S. 63.

heisst bei ihm „*τρίτον μέγεθος*", das Intervall von fünf Diesen heisst „*πέμπτον μέγεθος*", das Intervall von sieben Diesen heisst „*ἕβδομον μέγεθος*".*)

Διαστήματα ῥητά	*Χρόνοι ῥυθμικοὶ ῥητοί*
πρῶτον μέγεθος (= 1 *δίεσις*)	*χρόνος πρῶτος*
δεύτερον μέγεθος (= 2 *διέσεις*)	*χρόνος δίσημος*
τρίτον μέγεθος (= 3 *διέσεις*)	*χρόνος τρίσημος*
τέταρτον μέγεθος (= 4 *διέσεις*)	*χρόνος τετράσημος*
πέμπτον μέγεθος (= 5 *διέσεις*)	*χρόνος πεντάσημος.*

Vgl. meine Erläuterungen zu Aristoxenus S. 286.

Seitdem sich die moderne Musik des Taktstriches bedient, was erst mit der ersten Hälfte des siebenzehnten Jahrhunderts allgemein in Gebrauch kam**), ist auch bei uns der fast 2000 Jahre erloschene Aristoxenische Begriff des Chronos protos wieder aufgekommen, nämlich in der Taktvorzeichnung trochaeischer Rhythmen. Für unsere daktylischen Rhythmen hat man die alten Taktvorzeichnungen der Mensuralisten beibehalten, den halbirten Kreis

$$\mathbf{C} \quad \text{oder} \quad \mathbf{\mathcal{C}}.$$

Für unsere trochaeischen Rhythmen wandte man als Vorzeichnung die Bruchzahlen an

$$\tfrac{3}{4}, \tfrac{3}{8}, \tfrac{3}{2}; \; \tfrac{6}{8}, \tfrac{6}{4}, \tfrac{6}{16}; \; \tfrac{9}{4}, \tfrac{9}{8}, \tfrac{9}{16}; \; \tfrac{12}{8}, \tfrac{12}{16}.$$

Der Zähler dieser Brüche zählt die Anzahl der in einem Takte vorkommenden Chronoi protoi oder Primärzeiten. Wo die Musik des siebenzehnten Jahrhunderts sich an die alte Mensuralmusik anzuschliessen für unstatthaft erachtete (das Zeichen des Tempus perfectum, in einem vollen, nicht halbirtem Kreise bestehend, mochte man nicht anwenden), da ging sie unbewusst auf die Aristoxenische Theorie des Chronos protos zurück. Ich spreche hier aber absichtlich von der Vorzeichnung trochaeischer Rhythmen. Denn die nämlichen Bruchzahlen werden noch in anderer Bedeutung als Taktvorzeichen verwandt, nämlich auch für den ionischen Rhythmus und für gewisse triolische Taktzerfällungen, auf die wir hier nicht eingehen können. Aber als Vorzeichen trochaeischer Compositionen bedeuten jene Bruchzahlen genau dasselbe wie die rhythmischen Massangaben des Aristoxenus:

---

*) Plut. de mus. 38: *τὸ τρίτον μέγεθος ... καὶ τὸ πέμπτον ... καὶ τὸ ἕβδομον, ὧν τὸ μὲν τριῶν, τὸ δὲ πέντε, τὸ δὲ ἑπτὰ διέσεών ἐστι.*

**) Heinrich Christoph Koch, Musikalisches Lexikon. Heidelberg 1816. 2. Band, S. 1474.

$\frac{3}{8}$ oder $\frac{3}{4}$ sind je drei Chronoi protoi, zusammen je ein Chronos trisēmos,

$\frac{6}{8}$, $\frac{6}{16}$, $\frac{6}{4}$ sind je sechs Chronoi protoi, zusammen je ein Chronos hexasēmos,

$\frac{9}{8}$, $\frac{9}{16}$, $\frac{9}{4}$ sind je neun Chronoi protoi, zusammen je ein Chronos enneasēmos,

$\frac{12}{8}$, $\frac{12}{16}$ sind je zwölf Chronoi protoi, zusammen je ein Chronos dodekasēmos.

Der Unterschied zwischen dem Gebrauche der Alten und der Modernen besteht hier bloss darin, dass man in der neueren Musik den Chronos protos auf verschiedene Weise entweder durch Viertel-, oder durch Achtel-, oder durch Sechszehntel-Noten ausdrückt, je nach dem Tempo, welches der Componist im Auge hat, oder auch wohl nach der Verschiedenheit des gravitätischeren und des bewegteren Ausdruckes. Und eben diese Notenwerthe sind es, welche durch den Nenner der als Taktvorzeichnung gesetzten Bruchzahl angegeben sind. Der Zähler giebt stets die Anzahl der in einem Takte enthaltenen Chronoi protoi an, welche durch den Nenner als Viertel, Achtel, Sechszehntel benannt werden. So wird

der 3-zeitige trochaeische Takt durch ♪♪♪, ♬♩, ♩♩♩ ausgedrückt,

der 6-zeitige Takt, welcher aus 2 Trochaeen zusammengesetzt ist, durch ♪♪♪ ♪♪♪ oder ♬♩ ♬♩ oder ♩♩♩ ♩♩♩,

der 12-zeitige Takt, welcher aus 4 Trochaeen zusammengesetzt ist, durch ♪♪♪ ♪♪♪ ♪♪♪ ♪♪♪ oder ♬♩ ♬♩ ♬♩ ♬♩.

Hätte man für unsere daktylischen Compositionen nicht die von den Mensuralisten erfundenen Taktzeichen des Tempus imperfectum $\mathbf{C}$ und $\mathbf{\mathbb{C}}$ beibehalten, so würde man auch hier die Aristoxenischen Taktzeichen im Gebrauche haben:

den 4-zeitigen Takt ♬♬ oder ♪♪♪♪ oder ♩♩♩♩,

den 8-zeitigen Takt ♬♬ ♬♬ oder ♪♪♪♪ ♪♪♪♪ oder ♩♩♩♩ ♩♩♩♩.

Für das, was Aristoxenus den Chronos protos nennt, hat die moderne Musik drei verschiedene Schreibweisen: die Sechszehntelschreibung (Chronos protos = ♬), die Achtelschreibung (Chronos protos = ♪), die Viertelschreibung (Chronos protos = ♩). Sehr

selten ist die Zweiunddreissigstelschreibung (Chronos protos = ♪).
Ich glaube kaum, dass es nothwendig ist, vor dem Missverständ-
nisse zu warnen, als könne man einer modernen Note auch
ausserhalb des Zusammenhanges mit den übrigen Noten den
Werth als Chronos protos u. s. w. vindiciren. Es wird mehrfach
Gelegenheit sein, auf diesen Punkt zurückzukommen.

§ 17.
Verhältniss des Chronos protos und seiner Multipla
zum Tempo.

Bei Porphyr. ad Ptolem. p. 255 lesen wir eine zusammen-
hängende Partie des Aristoxenus über den Chronos protos. Aus
den rhythmischen Stoicheia ist sie nicht hergenommen. Ich vermuthe, dass sie der Schrift des Aristoxenus angehört hat, welche
von Plutarch „non posse suaviter vivi“ p. 1095a unter dem
Titel „συμπόσιον“, von Athen. 14, 632a unter dem Titel „σύμμικτα συμποτικὰ“ citirt wird: „vermischte Tischgespräche zwischen Aristoxenus und seinen Zuhörern“.

Porphyrius schreibt:

Ἀριστόξενος ... ἐν τῷ περὶ τοῦ πρώτου χρόνου καὶ τὴν
ἐσομένην ἂν πρός τινων κατηγορίαν ἀπολυόμενος γράφει ταῦτα·
Ὅτι δ᾽ εἴπερ εἰσὶν ἑκάστου τῶν ῥυθμῶν ἀγωγαὶ ἄπειροι,
ἄπειροι ἔσονται καὶ οἱ πρῶτοι, φανερὸν ἐκ τῶν ἔμπροσθεν εἰρημένων. τὸ αὐτὸ δὲ συμβήσεται καὶ περὶ τοὺς δισήμους καὶ
τρισήμους καὶ τετρασήμους καὶ τοὺς λοιποὺς τῶν ῥυθμικῶν χρό-
νων· καθ᾽ ἕκαστον γὰρ τῶν πρώτων τούτων ἔσται δίσημός τε
καὶ τρίσημος καὶ τὰ λοιπὰ τῶν οὕτω λεγομένων ὀνομάτων.

Δεῖ οὖν ἐνταῦθα εὐλαβηθῆναι τὴν πλάνην καὶ τὴν δι᾽
αὐτῶν γιγνομένην ταραχήν, ταχέως γὰρ ἄν τις τῶν ἀπείρων μὲν
μουσικῆς καὶ τῶν τοιούτων θεωρημάτων ἃ νῦν ψηλαφῶμεν ἡμεῖς,
ἐν δὲ τοῖς σοφιστικοῖς λόγοις καλινδουμένων,

ἔριδός ποτε μάργον ἔχων στόμα,

ὥς φησί που Ἴβυκος,

ἀντία δῆριν ἐμοὶ κορύσσαι,

λέγων ὅτι ἄτοπον, εἴ τις ἐπιστήμην εἶναι φάσκων τὴν ῥυθμικήν,
ἐξ ἀπείρων αὐτὴν συντίθησιν· εἶναι γὰρ πολέμιον πάσαις ταῖς
ἐπιστήμαις τὸ ἄπειρον. Οἶμαι μὲν οὖν φανερὸν εἶναί σοι, ὅτι
οὐδὲν προσχρώμεθα τῷ ἀπείρῳ πρὸς τὴν ἐπιστήμην, εἰ δὲ μὴ

νῦν ἔσται φανερώτατον. Οὔτε γὰρ πόδας συντίθεμεν ἐκ χρόνων
ἀπείρων, ἀλλ' ἐξ ὡρισμένων καὶ πεπερασμένων μεγέθει τε καὶ
ἀριθμῷ καὶ τῇ πρὸς ἀλλήλους ξυμμετρίᾳ τε καὶ τάξει, οὔτε ῥυθμὸν οὐδένα τοιοῦτον ὁρῶμεν· δῆλον δὲ, εἴπερ μηδὲ πόδα, οὐδὲ
ῥυθμόν, ἐπειδὴ πάντες οἱ ῥυθμοὶ ἐκ ποδῶν τινων σύγκεινται.

Καθόλου δὴ νοητέον ὃς ἂν ληφθῇ τῶν ῥυθμῶν, ὅμοιον
εἰπεῖν ὁ τροχαῖος, ἐπὶ τῆς δέ τινος ἀγωγῆς τεθεὶς ἀπείρων ἐκείνων πρώτων ἕνα τινὰ λήψεται εἰς αὐτόν. ὁ αὐτὸς δὲ λόγος καὶ
περὶ τῶν δισήμων, καὶ γὰρ τούτων ἕνα λήψεται τὸν σύμμετρον
τῷ ληφθέντι πρώτῳ ὁ αὐτὸς δὲ λόγος καὶ ἐπὶ τῶν ἄλλων μεγεθῶν. ὥστε εἶναι φανερὸν ὅτι οὐδέποτε εὑρηθήσεται ἡ ῥυθμικὴ
ἐπιστήμη τῇ τῆς ἀπειρίας ἰδέᾳ προσχρωμένη.

Aristoxenus schreibt über die Primär-Zeit, den Vorwurf, der
ihn von einigen treffen könnte, widerlegend, folgendes:

„Wenn bei einem jeden der Rhythmen die Arten des Tempo
unendlich sind, dann werden auch die Primär-Zeiten eine unendlich verschiedene Dauer haben. Das ist aus dem Vorhergesagten
klar. Das nämliche wird der Fall sein auch bezüglich der
2-zeitigen, 3-zeitigen und 4-zeitigen und der übrigen rhythmischen Zeitgrössen, denn einer jeden der Primär-Zeiten wird auch
die 2-zeitige und die 3-zeitige und jede der übrigen analog sein.

„Man muss sich hier nun in Acht nehmen vor der Irrung
und der durch sie hervorgebrachten Verwirrung, denn leicht kann
einer, welcher durch musikalische Kenntnisse nicht unterstützt
wird und solcher Theorien, welche wir darlegen, unkundig, in
der Sophistik dagegen hinreichend bewandert ist, wie es irgendwo
bei Ibykus heisst:

„mit rasendem Zornesmunde
mir Hader entgegen bringen",

indem er (der musikunkundige Sophist) sagt, es sei ungereimt,
wenn einer die Rhythmik eine Wissenschaft nenne und sie gleich-
wohl aus unbestimmten, imaginären Elementen (Primär-Zeiten)
bestehen lasse, denn das Unbestimmte sei das Gegentheil aller
Wissenschaft. Ich denke, es wird dir jetzt klar sein, dass wir
des Unbestimmten nicht für unsere rhythmische Wissenschaft bedürfen. Denn wir setzen nicht Takte aus unbestimmten Zeitgrössen zusammen, sondern vielmehr aus begrenzten, begrenzt
durch Grösse und Anzahl und durch Mass und Ordnung in
ihrem Verhältnisse zu einander. Und wenn wir keine derartigen

Takte annehmen, so statuiren wir auch keinen derartigen Rhythmus, da alle Rhythmen aus Takten zusammengesetzt sind.

„Ueberhaupt nun ist festzuhalten, welcher von den Rhythmen auch genommen werde, z. B. der Trochaeus: in irgend einem bestimmten Tempo angesetzt, wird er aus der Zahl jener unbestimmten Primär-Zeiten Eine bestimmte für sich in Anspruch nehmen. Derselbe Fall ist es auch bezüglich der 2-zeitigen Grössen, denn der Rhythmus wird auch von diesen Eine, welche der genommenen Primär-Zeit symmetrisch ist, in Anspruch nehmen. Es ist also offenbar, dass die Rhythmik niemals als eine Wissenschaft sich zeigen kann, welche von der Idee der Unbegrenztheit und Unbestimmtheit Gebrauch macht."*)

Dass in der christlich-europäischen Musik die langsamer vorzutragenden Compositionen mit grösseren, rascher vorzutragende mit kleineren Noten geschrieben werden, ist ein Brauch, der noch von J. S. Bach in seinen Instrumentalfugen festgehalten wird**), von den späteren aber verlassen ist***), die vielmehr die Unterschiede des gravitätischen und lebendigen Ausdruckes durch die verschiedene Notenschreibung darstellen.

---

*) Der Rhythmik des Aristoxenus kann dieses Bruchstück nicht angehören. Denn obwohl dieselbe keineswegs vollständig uns vorliegt, ist doch gerade die Lehre von der Primär-Zeit dort im Ganzen lückenlos erhalten, so dass für das vorliegende Fragment „Ueber die Primär-Zeit" dort absolut kein Platz ist. Was die Form der Darstellung in diesem bei Porphyrius erhaltenen Bruchstücke betrifft, so muss sich dieselbe zwar mehrfach mit derjenigen der theoretischen Schriften über Rhythmik und Melik berühren, denn wir haben hier die dem Aristoxenus eigenthümlichen Begriffe und Deductionen. Aber eine auffallende Verschiedenheit zeigt die individuelle Färbung, der erregte fast leidenschaftliche Ton, von welchem wir in jenen theoretischen Darstellungen des Aristoxenus nichts bemerken. Nirgends kommt dort eine Wendung wie hier: „Ich denke, es wird dir jetzt klar sein" vor —, eine Beziehung auf eine anwesende Person, an die sich Aristoxenus mit seinen Auseinandersetzungen wendet. Das kann nur einer der dialogischen Schriften des Aristoxenus angehören. Dem wird auch die grössere Lebendigkeit der Darstellung, das Citiren von Dichterversen (Ibykus) entsprechen. Alles weist darauf hin, dass Porphyrius dies aus einer Schrift wie Athenaeus 14, p. 632 und Themist. or. 33 entlehnt hat. S. Aristoxenus übersetzt und erläutert S. 486.

**) Allgemeine Theorie der musikalischen Rhythmik seit J. S. Bach, 1880, § 71 ff.

***) Nachgewiesen an den Mozartschen Opern in meinen Elementen des Rhythmus, 1872.

Es wird hiernach bezeichnet, je nachdem (a) die Sechs-
zehntel- oder (b) die Achtel- oder (c) die Viertel-Schreibart gewählt ist, der Chronos protos als:

(a) ♬   (b) ♪   (c) ♩,

der Chronos disemos als

(a) ♪   (b) ♩   (c) 𝅗𝅥,

der Chronos trisemos als

(a) ♪·   (b) ♩·   (c) 𝅗𝅥·

In der Rhythmik der Griechen hat der Chronos protos und
entsprechend auch der disemos u. s. w. eine verschiedene Zeitdauer, je nachdem das Tempo, die rhythmische Agogé genannt,
ein verschiedenes war. Der Chronos protos ist also kein absolut
bestimmtes Zeitmass, er ist ein ἄπειρον. Nachdem Aristoxenus
seine rhythmischen Stoicheia veröffentlicht hatte, suchten Andere
hierin einen Vorwurf gegen Aristoxenus und seinen Chronos
protos, den er dort zur Grundlage des rhythmischen Masses
erhoben hatte, zu finden. Dagegen vertheidigt sich Aristoxenus
in den mit seinen Zuhörern gehaltenen vermischten Tischgesprächen.
Es gilt diese Selbstvertheidigung auch gegen neuere Philologen
wie Lehrs und Brill, welche in dem Aristoxenischen Chronos
protos einen durchaus schwankenden Begriff von sehr dehnbarer
Bedeutung finden zu müssen vermeinten, während ein erfahrener
Musiktheoretiker unserer Tage gerade darin den Mangel der modernen rhythmischen Theorie findet, dass sie von dem Chronos
protos des Aristoxenus keine Vorstellung hat. Unsere dreifach
(oder gar vierfach) verschiedene Art der Taktschreibung verdunkelt
den Begriff des Chronos protos. Da unsere Componisten sowohl
das Tempo, wie den musikalischen Ausdruck der Composition durch
genaue Zuschriften Allegro, Allegretto, Andante, Scherzo u. s. w.
dem Ausführenden anzeigen, so ist die Verschiedenheit der Notenschreibung (Sechszehntel-, Achtel-, Viertel-Schreibung) im Grunde
etwas durchaus entbehrliches.

§ 18.

Untheilbarkeit des Chronos protos in der griechischen Kunst.

Aristox. § 11. *Τὴν δὲ τοῦ πρώτου δύναμιν πειρᾶσθαι δεῖ*
καταμανθάνειν τόνδε τὸν τρόπον. Τῶν σφόδρα φαινομένων ἐστὶ

τῇ αἰσθήσει τὸ μὴ λαμβάνειν εἰς ἄπειρον ἐπίτασιν τὰς τῶν κινήσεων ταχυτῆτας, ἀλλ᾽ ἵστασθαί που συναγομένους τοὺς χρόνους,
ἐν οἷς τίθεται τὰ μέρη τῶν κινουμένων· λέγω δὲ τῶν οὕτω κινου-
μένων, ὡς ἥ τε φωνὴ κινεῖται λέγουσά τε καὶ μελῳδοῦσα καὶ τὸ
σῶμα σημαῖνόν τε καὶ ὀρχούμενον καὶ τὰς λοιπὰς τῶν τοιούτων
κινήσεων κινούμενον. Τούτων δὲ οὕτως ἔχειν φαινομένων, δῆλον
ὅτι ἀναγκαῖόν ἐστιν εἶναί τινας ἐλαχίστους τῶν χρόνων*), ἐν
οἷς ὁ μελῳδῶν θήσει τῶν φθόγγων ἕκαστον. Ὁ αὐτὸς δὲ λόγος
καὶ περὶ τῶν ξυλλαβῶν δῆλον ὅτι καὶ περὶ τῶν σημείων.

„Die Bedeutung des Chronos protos muss man auf folgende Weise zu begreifen versuchen. Eine der vom Gefühle
sehr deutlich empfundenen Wahrnehmungen ist die, dass die Ge-
schwindigkeiten der Bewegungen keine Beschleunigung bis ins
Unendliche erfahren, sondern dass irgendwo ein Stillstand in der
Verkleinerung eintritt, in welche man die Theile dessen setzt,
was bewegt wird, wohlverstanden, in der Art bewegt wird, wie
sich die Stimme bewegt beim Sprechen und Singen und unser
Körper, wenn man taktirt oder tanzt oder sonstige Bewegungen
der Art ausführt. Bei der Ersichtlichkeit dieses Sachverhaltes
ist es einleuchtend, dass es gewisse kleinste Zeiten unter den
Zeiten giebt, in welchen der ein Melos ausführende einen
jeden seiner Töne unterbringt. Dasselbe gilt selbstverständlich
auch wenn es sich um Sylben oder um Semeia der Orchestik
handelt".

§ 12. Ἐν ᾧ δὴ χρόνῳ μήτε δύο φθόγγοι δύνανται τεθῆναι
κατὰ μηδένα τρόπον, μήτε δύο ξυλλαβαί, μήτε δύο σημεῖα, τοῦτον
πρῶτον ἐροῦμεν χρόνον. Ὃν δὲ τρόπον λήψεται τοῦτον ἡ αἴσθησις, φανερὸν ἔσται ἐπὶ τῶν ποδικῶν σχημάτων.

„Die Zeit nun, auf welche in keiner Weise weder 2
Töne, noch 2 Sylben, noch 2 Semeia der Orchestik kommen
können [die also untheilbare „kleinste" Zeit ist], die wollen wir

---

*) Der Text lautet in der Handschrift:
  Τούτων δὲ οὕτως ἔχειν φαινομένων δῆλον ὅτι ἀναγκαῖόν ἐστιν εἶναί
  τινας ἐλαχίστους χρόνους ἐν οἷς ὁ μελῳδῶν θήσει τῶν φθόγγων
  ἕκαστον.
Die Handschriften sind corrumpirt. Es ist nothwendig das Wort ἐλαχίστους χρόνους in ἐλαχίστους τῶν χρόνων zu ändern, damit ein verständlicher
Sinn herauskommt. Man mag sich mühen, wie man will: mit „ἐλαχίστους
χρόνους" wird man nicht fertig, dagegen ist bei ἐλαχίστους τῶν χρόνων
Alles klar und verständig.

Chronos protos nennen. Auf welche Weise aber die Empfindung zu diesem Chronos protos gelangt, das wird in dem Abschnitte von den Takt-Schemata klar werden (vergl. unten)."

Wer aus der griechischen Rhythmik die Einsicht erlangt hat, welche Noten in der modernen Musik die Bedeutung der Aristoxenischen Chronoi protoi haben, der wird bald inne werden, dass alle unsere Theilungen des Chronos protos in kleinere Zeittheile eine ornamentistische Bedeutung haben. Die Musik der Griechen hat sich dieser Verzierungen enthalten, daher stellt Aristoxenus das Gesetz von der Untheilbarkeit des Chronos protos auf. Ein Beispiel gewähre aus Bachs wohltemperirten Clavier das zweite Praeludium aus D-dur.

Der Chronos protos ist hier durch die Achtelnote ausgedrückt; jede kleinere Note ist kleiner als der Chronos protos, beruht auf einer Theilung desselben. Wäre diese Melopoeie eine griechische, so würde sie folgendermassen aussehen:

Hier ist die erste Note der oberen Stimme ein Chronos protos, der im griechischen Melos nicht getheilt werden kann, von Bach dagegen in vier kleinere Noten getheilt ist. Bei Bach findet sich hier ein ornamentistisches Element, welches von den Griechen verschmäht wird.

Die Fugen in Bachs wohltemperirten Claviere stehen dagegen insofern auf dem Aristoxenischen Standpuncte, als sie sich der Zertheilung des Chronos protos der Regel nach enthalten. In Händels Fugen ist es nicht anders. Auch die Fuge im An-

fange der Mozartschen Zauberflöte vermeidet die getheilten Chronoi
protoi. Wir können uns daraus eine Vorstellung machen, dass
das Aristoxenische Gesetz bezüglich der Untheilbarkeit des
Chronos protos die Freiheit der griechischen Kunst durchaus
nicht allzusehr beschränkt. Es ist eine weise Masshaltigkeit der
griechischen Künstler, eine Vermeidung von Verzierungen, welche
für die Klarheit und Schönheit des musischen Kunstwerkes
entbehrlich sind. Es wird dies Gesetz von den Griechen so
fest gehalten, dass Aristoxenus vom Chronos protos die Definition
geben kann: „Die rhythmische Grösse, welche in keinem der drei
Rhythmizomena, weder im Melos, noch in der Lexis, noch in
der Orchestik in kleinere Grössen zerlegt werden kann". Was
Aristoxenus am Schlusse hinzufügt: „Im Capitel von den Takt-
schemata wird klar werden, auf welche Weise wir den Chronos
protos empfinden", wird späterhin seine Erklärung erhalten.

Aristides über den Chronos protos.

In der Zeit nach Aristoxenus begegnet uns für Chronos
protos auch der Name σημεῖον, welcher von jenem nur in der
Bedeutung von starkem oder schwachem Takttheil, κάτω oder ἄνω
χρόνος angewandt wird. In der gleichen Bedeutung mit χρόνος
πρῶτος finden wir σημεῖον zuerst bei Fabius Quintilianus*) und
Aristides Quintilianus. Bei Aristides p. 32 Meib. heisst es vom
Chronos protos:

Πρῶτος μὲν οὖν ἐστι χρόνος ἄτομος καὶ ἐλάχιστος, ὃς καὶ
σημεῖον καλεῖται· ἐλάχιστον δὲ καλῶ τὸν ὡς πρὸς ἡμᾶς, ὅς
ἐστι πρῶτος καταληπτὸς αἰσθήσει. σημεῖον δὲ καλεῖται διὰ
τὸ ἀμερὴς εἶναι. καθὸ καὶ οἱ γεωμέτραι τὸ παρά σφισιν
ἀμερὲς σημεῖον προσηγόρευσαν. οὗτος δὲ ὁ ἀμερὴς μονάδος

---

*) Fab. Quint. instit. 9, 4, 51: major tamen illic licentia est, et pedum
et digitorum ictu intervalla signant quibusdam notis atque aestimant,
quot breves illud spatium habeat; inde τετράσημος πεντάσημος, deinceps
longiores fiunt percussiones, nam σημεῖον tempus unum est. In derselben Bedeutung erscheint das Wort σημεῖον auch in dem mit Aristides
vielfach sich berührenden Fragmentum Parisinum § 12: τῶν γὰρ τριῶν ἡ
διαίρεσις εἰς ἓν σημεῖον καὶ διπλάσιον γίνεται τῶν τε ἐξ ὁμοίως. οὗτοι
οὖν πόδες, μεγέθει ἀλλήλων διαφέροντες, γένει καὶ τῇ διαιρέσει τῶν ποδικῶν
σημείων οἱ αὐτοί εἰσιν. Auch Mar. Victor. 11, 8: σημεῖον veteres χρόνον
id est tempus non absurde dixerunt ex eo quod signa quaedam accentuum syllabis ad declaranda temporum spatia superponuntur, unde tempora
signa Graeci dixerunt.

οἱονεὶ χώραν ἔχει· θεωρεῖται γὰρ ἐν λέξει περὶ μίαν συλλαβήν, ἐν δὲ μέλει περὶ ἕνα φθόγγον ἢ περὶ ἓν διάστημα, ἐν δὲ κινή-σει σώματος περὶ ἓν σχῆμα. λέγεται δὲ οὗτος πρῶτος ὡς πρὸς τὴν ἑκάστου κίνησιν τῶν μελῳδουύντων καὶ ὡς πρὸς τὴν τῶν λοιπῶν φθόγγων σύγκρισιν. ὁ αὐτὸς δὲ λόγος καὶ περὶ τῶν διαστημάτων. πολλαχῶς γὰρ ἂν ἓν αὐτῶν ἕκαστος ἡμῶν προε-νέγκαιτο πρὶν εἰς τὸ τῶν δυοῖν διαστημάτων ἐμπεσεῖν μέγεθος. ἐκ δὲ τοῦ τῶν ἑξῆς μεγέθους, ὡς ἔφην, ἀκριβέστερον συνο-ρᾶται.

In der Uebersetzung des Martianus Capella:

Primum igitur tempus est quod in morem atomi nec partes nec momenta recisionis admittit, ut est in geometricis punctum, in arithmeticis monas (i. e. singularis quaedam ac se ipsa natura contenta). Sed numerus in verbis per syllabam, in modulatione per sonum aut per spatium quod fuerit singulare, in gestu per incipientem corporis motum quod schema diximus invenitur. Atque hoc erit brevissimum tempus quod insecabile memoravi.

§ 19.

Aristoxenus über die einfachen und zusammengesetzten Zeit-grössen der Rhythmopoeie.

Als rhythmisches Zeitmass ist der χρόνος πρῶτος ein ἀσύνθετος (kann nicht in mehrere χρόνοι zerfällt werden: er ist untheilbar, also unzusammengesetzt). Die Multipla des χρόνος πρῶτος, der δίσημος, τρίσημος, τετράσημος u. s. w. als aus mehreren unzusammengesetzten Zeitgrössen bestehend sind χρό-νοι σύνθετοι. Dies folgt aus dem vorher von Aristoxenus über den χρόνος πρῶτος, δίσημος u. s. w. Angegebenen. Er sagt weiter:

§ 13. Λέγομεν δέ τινα καὶ ἀσύνθετον χρόνον πρὸς τὴν τῆς ῥυθμοποιίας· χρῆσιν ἀναφέροντες. Ὅτι δ᾽ ἔστιν οὐ τὸ αὐτὸ ῥυθμοποιία τε καὶ ῥυθμός, σαφὲς μὲν οὔπω ῥᾴδιόν ἐστι ποιῆσαι, πιστευέσθω δὲ διὰ τῆς ῥηθησομένης ὁμοιότητος. Ὥσπερ γὰρ ἐν τῇ τοῦ μέλους φύσει τεθεωρήκαμεν, ὅτι οὐ τὸ αὐτὸ σύστημά τε καὶ μελοποιία, οὐδὲ τόνος, οὐδὲ γένος, οὐδὲ μεταβολή· οὕτως ὑποληπτέον ἔχειν καὶ περὶ τοὺς ῥυθμούς τε καὶ ῥυθμοποιίας, ἐπειδήπερ τοῦ μέλους χρῆσίν τινα τὴν μελοποιίαν εὕρομεν οὖσαν, ἐπί τε τῆς ῥυθμικῆς πραγματείας τὴν ῥυθμοποιίαν ὡσαύτως χρῆσίν τινα φαμέν εἶναι. Σαφέστερον δὲ τοῦτο εἰ-σόμεθα προελθούσης τῆς πραγματείας.

„Weiterhin reden wir auch von einer unzusammengesetzten Zeitgrösse mit Bezug auf ihre Verwendung in der Rhythmopoeie. Dass Rhythmopoeie und Rhythmus nicht identisch ist, lässt sich freilich augenblicklich noch nicht so leicht klar machen; inzwischen möge folgende Parallele die Ueberzeugung davon anbahnen. Wir haben am Wesen des Melos die Anschauung gewonnen, dass Tonsystem und Melopoeie nicht dasselbe sind; auch Ton nicht, auch nicht Tongeschlecht und auch Metabole (melischer Wechsel) nicht. Genau so muss man sich die Sache bezüglich des Rhythmus und der Rhythmopoeie vorstellen. Die Melopoeie haben wir doch wohl als eine Anwendung des Melos kennen gelernt, — in derselben Weise dürfen wir auf dem Gebiete der Rhythmik von der Rhythmopoeie behaupten, dass sie eine Anwendung sei. Wir werden das im weiteren Verlaufe unserer Pragmatie schon deutlicher verstehen."

Rhythmus ist das von dem Künstler an einem Bewegungsstoffe auszuprägende immanente Gesetz; Rhythmopoeie ist die Ausführung dieses Gesetzes an einem Rhythmizomenon.

Beide Ausdrücke werden aber auch in concreter Bedeutung gebraucht. Rhythmus als ein grösserer oder kleinerer Theil eines musischen Kunstwerkes insofern dasselbe durch Takte und Takttheile gegliedert ist; Rhythmopoeie dagegen von der Gliederung nach Takten und zugleich von den Tönen des Gesanges und der Instrumente.

§ 14. *Ἀσύνθετον δὴ χρόνον πρὸς τὴν τῆς ῥυθμοποιίας χρῆσιν βλέποντες ἐροῦμεν οἷον τόδε τι· (ἐάν τι) χρόνου μέγεθος ὑπὸ μιᾶς ξυλλαβῆς ἢ ὑπὸ φθόγγου ἑνὸς ἢ σημείου καταληφθῇ, ἀσύνθετον τοῦτον ἐροῦμεν τὸν χρόνον· ἐὰν δὲ τὸ αὐτὸ τοῦτο μέγεθος ὑπὸ πλειόνων φθόγγων ἢ ξυλλαβῶν ἢ σημείων καταληφθῇ, σύνθετος ὁ χρόνος οὗτος ῥηθήσεται.*

Λάβοι δ' ἄν τις παράδειγμα τοῦ εἰρημένου ἐκ τῆς περὶ τὸ ἡρμοσμένον πραγματείας· καὶ γὰρ ἐκεῖ τὸ αὐτὸ μέγεθος ἡ μὲν ἁρμονία σύνθετον, τὸ δὲ χρῶμα ἀσύνθετον, καὶ πάλιν τὸ μὲν διάτονον ἀσύνθετον, τὸ δὲ χρῶμα σύνθετον, ἐνίοτε δὲ καὶ τὸ αὐτὸ γένος τὸ αὐτὸ μέγεθος ἀσύνθετόν τε καὶ σύνθετον ποιεῖ, οὐ μέντοι ἐν τῷ αὐτῷ τόπῳ τοῦ συστήματος. Διαφέρει γὰρ τὸ παράδειγμα τοῦ προβλήματος τῷ τὸν μὲν χρόνον ὑπὸ τῆς ῥυθμοποιίας ἀσύνθετόν τε καὶ σύνθετον γίνεσθαι, τὸ δὲ διάστημα ὑπ' αὐτῶν τῶν γενῶν ἢ τῆς τοῦ συστήματος τάξεως. Περὶ μὲν

οὖν ἀσυνθέτου καὶ συνθέτου χρόνου καθόλου τοῦτον τὸν τρόπον
διωρίσθω.

„Unzusammengesetzt mit Bezug auf die Anwendung der
Rhythmopöie wollen wir eine Zeitgrösse beispielsweise in
folgendem Falle nennen. Wird irgend eine Zeitgrösse von Einer
Sylbe oder Einem Tone oder Einem Semeion der Orchestik ausgefüllt sein, so werden wir diesen Zeitwerth unzusammengesetzt nennen; wird aber derselbe Zeitwerth von mehreren Tönen
oder Sylben oder orchestischen Semeia ausgefüllt sein, so wird
er eine zusammengesetzte Zeit genannt werden.

„Ein Analogon für das Gesagte kann die Pragmatie des
Hermosmenon liefern. Denn auch dort ist dasselbe Megethos
im enharmonischen Tongeschlechte ein zusammengesetztes, im
Chroma ein unzusammengesetztes; und wiederum im Diatonon
ein unzusammengesetztes, im Chroma ein zusammengesetztes; bisweilen ist das nämliche Megethos sowohl ein unzusammengesetztes wie ein zusammengesetztes, jedoch nicht an derselben
Stelle des Systemes.

„Das harmonische Beispiel unterscheidet sich von dem rhythmischen Satze dadurch, dass die Zeitgrösse durch den Einfluss
der Rhythmopöie bald eine unzusammengesetzte, bald eine zusammengesetzte werden kann, das Intervall aber durch die Ordnung des Tongeschlechtes oder durch seinen Platz im Systeme.
Soviel über unzusammengesetzte und zusammengesetzte Zeit im
Allgemeinen.“

Aristoxenus verweist auf die Parallele der ἀσύνθετα und
σύνθετα διαστήματα der einfachen und zusammengesetzten Intervalle des Melos. Er citirt die πραγματεία τοῦ ἡρμοσμένου,
ein Titel, welcher mit πραγματεία τῆς ἁρμονικῆς identisch ist.
Gemeint ist unstreitig die siebentheilige Harmonik, nicht die
achtzehntheilige —, dieselbe welche er im § 14 citirt hat, denn
nur in der siebentheiligen, nicht in der achtzehntheiligen Harmonik hatte Aristoxenus den Abschnitt περὶ μελοποιίας behandelt,
auf welchen er in jenem § recurrirt. Für uns wird freilich
durch Verweisung auf die Parallelen der Harmonik die betreffende
Thatsache der Rhythmik nicht klarer; Aristoxenus schreibt aber
zunächst für seine Zuhörer, welche vor der Rhythmik seine Vorlesungen über Harmonik gehört hatten. Die citirte Partie aus
der Aristoxenischen Harmonik ist uns nicht mehr erhalten.
Einen Auszug giebt die Harmonik des Pseudo-Euklides p. 8. 9

Meib. Dort heisst es: Ἀσύνθετα μὲν οὖν διαστήματά ἐστι τὰ ὑπὸ τῶν ἑξῆς φϑόγγων περιεχόμενα . . . Σύνϑετα δὲ τὰ ὑπὸ τῶν μὴ ἑξῆς. Ob ein Intervall als unzusammengesetztes oder zusammengesetztes aufgefasst wird, das kommt nicht sowohl auf das Megethos desselben, als vielmehr auf die das Intervall einschliessenden Klänge an. Folgen in der Scala zwei Klänge unmittelbar aufeinander, dann ist das von ihnen eingeschlossene Intervall ein unzusammengesetztes, im anderen Falle ein zusammengesetztes (dann steht zwischen den Grenzklängen des betreffenden Intervalles noch ein oder mehrere Klänge der Scala in der Mitte). So kann die nämliche Intervallgrösse (Megethos) in der Scala des einen Tongeschlechtes eine unzusammengesetzte sein, welche in einem andern Tongeschlechte eine zusammengesetzte ist. Die Beispiele der διαστήματα ἀσύνϑετα und σύνϑετα, welche Aristoxenus im Auge hat, finden sich in dem vom Pseudo-Euklid aus der siebentheiligen Harmonik des Aristoxenus gemachten Auszuge. Ἔστι δέ τινα κοινὰ συνϑέτου καὶ ἀσυνϑέτου διαστήματα τὰ ἀπὸ ἡμιτονίου μέχρι διτόνου. Τὸ μὲν γὰρ ἡμιτόνιόν ἐστιν ἐν ἁρμονίᾳ σύνϑετον, ἐν δὲ χρώματι καὶ διατόνῳ ἀσύνϑετον*).

Das Halbtonintervall von e nach f ist im Enharmonion ein zusammengesetztes, denn in der Scala steht noch der enharmonische Klang e̊ zwischen e und f, im Chroma und Diatonon ein unzusammengesetztes, denn hier folgen in der Scala die Klänge e und f unmittelbar auf einander.

---

*) Es war dies dargestellt im 2ten Abschnitte der siebentheiligen Harmonik „περὶ τῶν διαστημάτων". In der siebentheiligen Harmonik entsprach dem der 11te Abschnitt, in dessen Fragmenten die betreffende Lehre von mir restituirt ist. Aristoxenus übersetzt und erklärt S. 291.

Ὁ τόνος ἐν μὲν χρώματι σύνθετον, ἐν δὲ διατόνῳ ἀσύνθετον.

Der Ganzton e fis ist im Chroma ein zusammengesetztes (in der chromatischen Scala liegt zwischen e und fis der Klang f in der Mitte); im Diatonos ist der Ganzton e fis ein unzusammengesetztes Intervall.

So sagt auch Aristoxenus an unserer Stelle der Rhythmik: Καὶ γὰρ ἐκεῖ [ἐν τῇ περὶ τὸ ἡρμοσμένον πραγματείᾳ] τὸ αὐτὸ μέγεθος ἡ μὲν ἁρμονία σύνθετον, τὸ δὲ χρῶμα ἀσύνθετον, καὶ πάλιν τὸ μὲν διάτονον ἀσύνθετον, τὸ δὲ χρῶμα σύνθετον. Aristoxenus fährt fort: Ἐνίοτε δὲ καὶ τὸ αὐτὸ γένος τὸ αὐτὸ μέγεθος ἀσύνθετόν τε καὶ σύνθετον ποιεῖ, οὐ μέντοι ἐν τῷ αὐτῷ τόπῳ τοῦ σνοτήματος d. i. „Bisweilen erscheint in ein und demselben Tongeschlechte an verschiedenen Stellen der Scala ein und dasselbe Intervall an der einen als unzusammengesetztes, an der anderen aber als zusammengesetztes Intervall", z. B. die kleine Terz ist im Chroma zwischen dem Proslambanomenos A und der Parhypate c ein zusammengesetztes, oberhalb der Lichanos hypaton (als cis e) ein unzusammengesetztes:

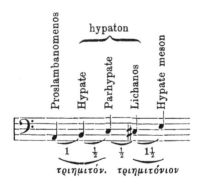

Für uns sind diese Vergleiche mit den Tonleitern weniger als für die Griechen geeignet, das Wesen der einfachen und der zusammengesetzten Grössen der Rhythmik, die ja an sich verständlich sind, zu erläutern.

Nach der Auffassung des Aristoxenus ist eine 2-zeitige rhythmische Grösse ein κατὰ ῥυϑμοποιίας χρῆσιν ἀσύνϑετος, wenn
sie durch die Doppelkürze ‿ ‿ ausgedrückt ist, σύνϑετος, wenn
sie durch die Länge _ ausgedrückt ist.

Ebenso ist der χρόνος τρίσημος ein κατὰ ῥυϑμοποιίας χρῆσιν
σύνϑετος in der Sylbenform ‿ ‿ ‿ oder _ ‿, ein ἀσύνϑετος als
3-zeitige Länge ‿.

Der χρόνος τετράσημος ist κατὰ ῥυϑμοποιίας χρῆσιν ἀσύνϑετος
in der Sylbenform ‿ ‿ ‿ ‿ oder _ _ oder _ ‿ ‿, ein ἀσύνϑετος
als 4-zeitige Länge ‿.

Der χρόνος πεντάσημος ist κατὰ ῥυϑμοποιίας χρῆσιν σύνϑετος
in der Sylbenform _ ‿ _ oder ‿ ‿ ‿ ‿ ‿ oder _ ‿ ‿ ‿; er ist ein
σύνϑετος als 5-zeitige Länge ⊔⊔.

Aristides gebraucht für die über die Zweizeitigkeit ausge-
dehnten Längen den Ausdruck χρόνοι παρεκτεταμένοι, Pseudo-Euklid
nennt eine solche Dehnung wie es scheint τονή*).

Die oben angewandten Zeichen der 3-, 4- und 5-zeitigen
Länge sind überliefert im Anonymus de musica.

§ 83 (=§ 1). Ὁ ῥυϑμὸς συνέστηκεν ἔκ τε ἄρσεως καὶ ϑέσεως
καὶ χρόνου τοῦ καλουμένου ὑπ' ἐνίων κενοῦ. Διαφοραὶ δὲ
αὐτοῦ αἵδε·

> κενὸς βραχὺς Λ
> κενὸς μακρὸς Λ̄
> κενὸς μ. τρίσημος Λ̄
> κενὸς μ. δ'. Λ̄
>
> Μακρὰ δίχρονος _
> μακρὰ τρίχρονος ‿
> μακρὰ τετράχρονος ‿
> μακρὰ πεντάχρονος ⊔⊔ .

§ 85 (=§ 3). Ἡ μὲν οὖν ϑέσις σημαίνεται ὅταν ἁπλῶς
τὸ σημεῖον ἄστικτον ᾖ οἷον Ͱ, ἡ δὲ ἄρσις ὅταν ἐστιγμένον
οἷον Ͱ̇. ὅσα οὖν ἤτοι δι' ᾠδῆς ἢ μέλους χωρὶς στιγμῆς ἢ χρόνου τοῦ καλουμένου κενοῦ παρά τισι γράφεται ἢ μακρᾶς ‚δι-
χρόνου —, ἢ τριχρόνου ‿, ἢ τετραχρόνου ‿, ἢ πενταχρόνου ⊔⊔,
τὰ μὲν ᾠδῇ κεχυμένα λέγεται, ἐν δὲ μέλει μόνῳ καλεῖται δια-
ψηλαφήματα.

---

*) Aristides lib. II § 97 M. Διὰ τοῦτο τοὺς μὲν βραχεῖς ἐν ταῖς πυῤῥίχαις
χρησίμους ὁρῶμεν, τοὺς δ' ἀναμὶξ ἐν ταῖς μέσαις ὀρχήσεσι, τοὺς δὲ μηκίστους
ἐν τοῖς ἱεροῖς ὕμνοις οἷς ἐχρῶντο παρεκτεταμένοις.

Pseudo-Euklid p. 22 Meib. Τονὴ δὲ ἡ ἐπὶ πλείονα χρόνον μονὴ κατὰ
μίαν γινομένην προφορὰν τῆς φωνῆς.

§ 95. *Κεχυμέναι δ᾽ ᾠδαὶ καὶ μέλη λέγεται τὰ κατὰ χρόνον
οὐ σύμμετρα καὶ χύδην κατὰ τοῦτο μελῳδούμενα. ὁ γὰρ χρόνος
ἑαυτὸν οὐ δύναται μετρῆσαι ἀλλὰ προσδεῖται· τοῖς οὖν ἐν αὐτῷ
γινομένοις μετρεῖται σημείοις.*

§ 20.
Aristoxenus über die gemischten Zeitgrössen der Rhythmopoeie.

Aristox. § 18. *Μερισθέντος δὲ τοῦ προβλήματος ὡδί, ἁπλῶς
μὲν ἀσύνθετος λεγέσθω ὁ ὑπὸ μηδενὸς τῶν ῥυθμιζομένων διῃρη-
μένος· ὡσαύτως δὲ καὶ σύνθετος ὁ ὑπὸ πάντων τῶν ῥυθμιζομένων
διῃρημένος πῇ δὲ σύνθετος καί πῃ ἀσύνθετος ὁ ὑπὸ μέν τινος
διῃρημένος, ὑπὸ δέ τινος ἀδιαίρετος ὤν. Ὁ μὲν οὖν ἁπλῶς
ἀσύνθετος τοιοῦτος ἄν τις εἴη, οἷος μήθ᾽ ὑπὸ ξυλλαβῶν
πλειόνων, μήθ᾽ ὑπὸ φθόγγων, μήθ᾽ ὑπὸ σημείων κατέχεσθαι· ὁ
δ᾽ ἁπλῶς σύνθετος, ὁ ὑπὸ πάντων καὶ πλειόνων ἢ ἑνὸς
κατεχόμενος ὁ δὲ μικτός, ᾧ συμβέβηκεν ὑπὸ φθόγγου μὲν
ἑνός, ὑπὸ ξυλλαβῶν δὲ πλειόνων καταληφθῆναι, ἢ ἀνάπαλιν
ὑπὸ ξυλλαβῆς μὲν μιᾶς, ὑπὸ φθόγγων δὲ πλειόνων.*

„Nachdem sich aber unser Problem in der angegebenen
Weise zerlegt hat, heisse

> **schlechthin unzusammengesetzt** die von keinem der
> Rhythmizomena zerlegte Zeit,
>
> **schlechthin zusammengesetzt** die von allen Rhyth-
> mizomena zerlegte,
>
> **gemischte Zeitgrösse** diejenige, welche von Einem
> Tone, aber zugleich von mehreren Sylben eingenommen,
> oder umgekehrt von Einer Sylbe, aber mehreren Tönen
> ausgefüllt wird."

Für die gemischten Zeitgrössen der zweiten Art (mehrere
Töne kommen auf Eine Silbe) finden sich Belege in den melodisirten Hymnen des Dionysius und Mesomedes.

Hym. auf die Muse v. 4.

ἔ - μὰς φρένας δο - ρεί - τω

Hym. auf Helios v. 17. 19.

λευ-κῶν ὑπὸ   σύρμασι   μόσ χων
πολυ-είμονα   κόσ-μου ἔ - λίσ - σων

Hym. auf Nemesis v. 9.

Hym. auf Helios v. 18.

Χρόνοι μικτοὶ der zweiten Art sind in Mus. v. 4 die Sylbe νας (in φρένας) und νει (in δονείτω). In Hel. 17 die Sylbe λευ (in λευκῶν) und μοσ (in μόσχων). In Hel. 19 die Sylbe λισ (in ἑλίσσων). In Nemes. 9 die Sylbe βαι (in βαίνεις). In Hel. 18 die Sylbe λα (in σελάνα).

Gemischte Zeitgrössen der ersten Art (mehrere Sylben auf demselben Tone) würden durch folgende Beispiele vertreten sein: In Nem. 9 „λήθουσα δὲ πὰρ πό“ sechs Sylben auf dem Tone c. In Hel. 18 „ κὰ δὲ πάρ·“ drei Sylben auf dem Tone c. Hätte sich Aristoxenus ausgedrückt: „ὁ δὲ μικτὸς ᾧ συμβέβηκεν ὑπὸ ξυλλαβῶν πλειόνων μὲν, ἐπὶ μιᾶς τάσεως καταληφθῆναι, nach Art von Harmon. I § 30, 31, dann wäre der Ausdruck verständlicher gewesen.

Für die schlechthin unzusammengesetzten Zeitgrössen dienen alle 1- und 2-zeitigen Sylben (Sechzehntel und Achtel) unserer melodisirten Texte, sowie folgende das δίσημον μέγεθος überschreitende 4-zeitige Sylben (Viertelnoten):

in Helium v. 2.

in Helium v. 3.

in Nemesin v. 3.

in Nemesin v. 10.

γαυρούμενον   αὔχενα   κλί-νεις

in Nemesin v. 13.

ξυγὸν   μετὰ   χεῖρα   κρα - τοῦ-σα

§ 21.
Aristides über die zusammengesetzten Zeitgrössen.

Aristid. § 33. *Σύνθετος δέ ἐστι χρόνος ὁ διαιρεῖσθαι δυνά-
μενος. τούτων δὲ ὁ μὲν διπλασίων ἐστὶ τοῦ πρώτου, ὁ δὲ
τριπλασίων, ὁ δὲ τετραπλασίων* . . . .
. . . .
*μέχρι γὰρ τετράδος προῆλθεν ὁ ῥυθμικὸς χρόνος· καὶ γὰρ ἀνα-
λογεῖ τῷ πλήθει τῶν τοῦ τόνου διέσεων καὶ πρὸς τὴν διαστηματικὴν φωνὴν ἐκ φύσεως ἔχει.*

Marcianus Capella übersetzt:

Compositum vero quod potest dividi et quod a primo aut duplum
est aut triplum aut quadruplum. Eatenus enim tempus omne numeri
profertur atque ei finis est qui plenae rationis est terminus atque in hoc
numerus toni similis invenitur. Ut enim ille per quattuor species h. e.
diesis dividitur, hic etiam quaternaria temporum modulatione concluditur.

Der erste Satz des Aristides ist dem Inhalte nach genau
dasselbe wie Aristox. § 12: *Καλείσθω δὲ πρῶτος μὲν τῶν χρόνων
ὁ ὑπὸ μηδενὸς τῶν ῥυθμιζομένων δυνατὸς ὢν διαιρεθῆναι, δίσημος δὲ ὁ δὶς τούτῳ καταμετρούμενος, τρίσημος δὲ ὁ τρίς, τετράσημος δὲ ὁ τετράκις.* Den Ausdruck *χρόνος σύνθετος* gebraucht
Aristoxenus für das Duplum, Triplum und Quadruplum des
Chronos protos nicht, es versteht sich aber von selber, dass wenn
der Chronos protos eine unzerlegbare, unzusammengesetzte Zeit
ist, das Multiplum desselben eine zusammengesetzte ist. Aristoxenus fährt, nachdem er als Beispiel den *τετράσημος* angeführt
hat, mit den Worten fort: *κατὰ ταὐτὰ δὲ καὶ ἐπὶ τῶν λοιπῶν
μεγεθῶν τὰ ὀνόματα ἕξει.* In der That redet Aristoxenus später
auch noch von einem *δωδεκάσημον, εἰκοσάσημον, ἑκκαιδεκάσημον,
ὀκτωκαιδεκάσημον, πεντεκαιεικοσάσημον.*

Statt dessen heisst es bei Aristides: *μέχρι γὰρ τετράδος
προῆλθεν ὁ ῥυθμικὸς χρονός.* Der *χρόνος τετράσημος* ist also

nach Aristides die äusserste Grenze des χρόνος σύνθετος, wie auch
Marcianus in seiner Uebersetzung noch ausdrücklich hinzufügt:
atque ei finis est qui plenae rationis est terminus. Dann ist
von Aristides auch noch ein Grund hinzugefügt, dass der χρόνος
τετράσημος der grösste der σύνθετοι sei: ἀναλογεῖ τῷ πλήθει
τῶν τόνου διέσεων καὶ πρὸς τὴν διαστηματικὴν φωνὴν ἐκ φύσεως
(oder wie Meibom will, εὐφυῶς) ἔχει, der vierzeitige Chronos sei
dem Ganztone analog, welcher nur vier enharmonische Diesen
enthalte. Man sollte denken, Aristides oder seine Quelle habe
sich hier eine Verwechslung des χρόνος σύνθετος mit dem χρόνος
κατὰ ῥυθμοποιίας χρῆσιν zu Schulden kommen lassen: er habe
sich unter dem χρόνος τετράσημος die vierzeitige Länge ◡ gedacht*). Damit stimmt nun freilich nicht, dass der Anonymus
de mus. ausser der vierzeitigen Länge ◡ auch noch eine fünfzeitige Länge ⊔ hinzufügt, während doch Aristides erklärt,
der vierzeitige Chronos synthetos sei der grösste. Wir haben
nun zu der in Rede stehenden Stelle des Aristides einen Doppelgänger in dem arabischen Berichte des Al Farâbî, von welchem
Kosegarten in der Ausgabe des Ali Ispâhânensis**) folgende lateinische Uebersetzung mittheilt:

Quodcunque mensuratur, id ea tantum re mensuratur, quae
ejusdem generis est: longitudo enim mensuratur longitudine, planities
mensuratur planitie, témpus tempore. Mensura prima vero, qua
mensuratur res, semper est res individua, quae eiusdem generis
est, quam res memorata. Individuum autem aut individuum
natura est, aut id, quod individuum esse sumitur; quod quidem
positum est aut in eo, quod natura unum est, aut in eo, quod
unum esse sumitur, ut cubiti in longitudinibus, uncia et librae
in ponderibus, et horae in temporibus, quarum singula sumitur
esse una et individua. Res minima, quae eiusdem generis est
quam res mensurata, constituitur signum, quo mensurantur
maiora, quae eiusdem generis sunt. Unde fit, ut, si rhythmi
mensurantur, id quod eos mensurat esse oporteat minimum
temporum eorum, quae inter initia sonorum exsistunt. Hoc vero

---

*) Vergl. oben.

**) Alii Ispahanensis liber cantilenarum magnus ex codicibus manu
scriptis arabice editus adiectaque translatione adnotationibusque illustratus
ab Ioanne Godofredo Ludovico Kosegarten Theologiae et litterarum orien-
talium in academia Pomerana professor. Tomus primus Gripesvoldiae in
libraria Kochiana MDCCCXL. p. 127.

tempus minimum id est, quod inter sonos duos tale situm est,
ut inter eos non possit exsistere sonus alius, quo dividatur tempus.

Quodcunque tempus inter sonos duos tale exsistit, ut in
ipsum cadere possit unius tantum soni initium, id est duplum
temporis primi.

Si vero in id initia sonorum duorum cadere possunt, tum
est triplum temporis primi, sive unum tempus secundum cum
dimidio.

Si vero in ipsum trium sonorum initia cadere possunt, tum
hoc tempus est quadruplum primi, sive duplum secundi, sive
unum tempus tertium cum tertia eius parte.

Atque ita, si in ipsum quattuor sonorum initia cadere possunt, tum tempus, quod tum exsistit, est quintuplum primi,
sive unum tempus quartum cum quarta eius parte. Hoc vero
tempus, quod longissimum eorum est, quae inter sonos duos in-
tercedere possunt, usurpatur raro.

Plerumque in producendo tempore eo, quod inter sonos
duos intercedit, eo tantum procedunt, ut hoc tempus sit unum
tempus tertium cum tertia eius parte, sive quadruplum temporis
primi.

§ 22.

Aristides über die χρόνοι ῥυθμοειδεῖς στρογγύλοι und περίπλεω,
ἁπλοῖ und πολλαπλοῖ.

Aristid. p. 33 M. Τούτων δὴ τῶν χρόνων οἱ μὲν ἔρρυθμοι
λέγονται, οἱ δὲ ἄρρυθμοι, οἱ δὲ ῥυθμοειδεῖς.

Ἔρρυθμοι μὲν οἱ ἔν τινι λόγῳ πρὸς ἀλλήλους σώζοντες
τάξιν, οἷον διπλασίονι, ἡμιολίῳ καὶ τοῖς τοιούτοις. λόγος γάρ
ἐστι δύο μεγεθῶν ὁμοίων ἡ πρὸς ἄλληλα σχέσις.

Ἄρρυθμοι δὲ οἱ παντελῶς ἄτακτοι καὶ ἀλόγως συνειρόμενοι.

Ῥυθμοειδεῖς δὲ οἱ μεταξὺ τούτων καί πη μὲν τάξεως
τῶν ἐρρύθμων, πῆ δὲ τῆς ταραχῆς τῶν ἀρρύθμων μετειληφότες.

Τούτων δὲ οἱ μὲν στρογγύλοι καλοῦνται οἱ μᾶλλον τοῦ
δέοντος ἐπιτρέχοντες, οἱ δὲ περίπλεω οἱ πλέον ἢ δεῖ (lib. ἤδη)
τὴν βραδύτητα διὰ συνθέτων φθόγγων ποιούμενοι.

Ἔτι τῶν χρόνων οἱ μὲν ἁπλοῖ οἱ δὲ πολλαπλοῖ οἳ καὶ
ποδικοὶ καλοῦνται.

Marcianus Capella übersetzt:

Sed eorum temporum quae ad numeros copulantur alia sunt quae
enrhythma tempora nominantur, alia quae arrhythma, tertia quae rhyth-
moide perhibentur.

Et enrhythma quidem sunt quae ratione certa ordinem servant ut in duplici vel hemiolio vel in aliis quae alia ratione iunguntur.

Arrhythma sunt quae sibi nulla omnino lege consentiunt ac sine certa ratione coniuncta sunt.

Rhythmoides vero in aliis numerum servant, in aliis despiciunt.

Quorum temporum alia strongyla h. e. rotunda perhibentur, alia peripleo. Et rotunda sunt quae proclivius et facilius, quam gradus quidam atque ordo legitimus expetit, praecipitantur, peripleo vero quae amplius quam decet moras compositae modulationis innectunt, seque ipsa tardiore pronuntiatione suspendunt.

Sed temporum alia simplicia sunt quae podica etiam perhibentur.

Der Anfang *Τούτων δὴ τῶν χρόνων* würde etwas irriges enthalten, wenn wir *χρόνων* von den vorher besprochenen *χρόνοι σύνθετοι* verstehen wollten. Denn diese *σύνθετοι* sind sämmtlich *χρόνοι ἔρρυθμοι*, nicht *ἄρρυθμοι* und nicht *ῥυθμοειδεῖς*. Daher hat sich Aristides mit den Worten *τούτων δὴ τῶν χρόνων* ungenau ausgedrückt, seine Quelle wird wohl allgemein *Τῶν δὲ χρόνων* gelesen haben.

Ἔρρυθμοι sind die *χρόνοι*, wenn sie eines der rhythmischen Verhältnisse bilden, z. B. das iambische, hemiolische.

Χρόνοι ἄρρυθμοι „konnten, sagt Jul. Caesar, in der Rhythmik nur erwähnt werden, um sie als gänzlich ausgeschlossen zu bezeichnen, weil sie durchaus ungeordnet sind, während der Begriff des Rhythmus geordnete Zusammenstellung der Zeiten erfordert." „Doch lässt die griechische Rhythmik noch eine Mittelklasse zu, indem sie eine *ἀλογία* innerhalb bestimmter Grenzen vom Rhythmus nicht ausschliesst. Hierin müssen wir nun auch die *ῥυθμοειδεῖς* des Aristides wiederfinden. Dies wird dadurch bestätigt, dass Aristides unten als *ἄλογοι* den *ἰαμβοειδὴς* und *τροχοειδὴς* bezeichnet, womit auf den Terminus *ῥυθμοειδὴς* zurückgewiesen wird."

Das mit Aristides sich vielfach berührende Fragmentum Parisinum enthält über die *ῥυθμοειδεῖς* u. s. w. folgende Stelle:

§ 6. *Ὡρισμένοι δέ εἰσι τῶν ποδῶν οἱ μὲν λόγῳ τινί, οἱ δὲ ἀλογίᾳ κειμένῃ μεταξὺ δύο λόγων γνωρίμων, ὥστε εἶναι φανερὸν ἐκ τούτων, ὅτι ὁ πούς λόγος τίς ἐστιν ἐν χρόνοις κείμενος ἢ ἀλογία ἐν χρόνοις κειμένη εἰρημένον ἀφορισμὸν ἔχουσα.*

§ 7. *Τῶν δὲ χρόνων οἱ μὲν εὔρυθμοι, οἱ δὲ ῥυθμοειδεῖς, οἱ δὲ ἄρρυθμοι. Εὔρυθμοι μὲν οἱ διαφυλάττοντες ἀκριβῶς τὴν πρὸς ἀλλήλοις εὔρυθμον τάξιν· ῥυθμοειδεῖς δὲ οἱ τὴν μὲν εἰρημένην ἀκρίβειαν μὴ σφόδρα ἔχοντες, φαίνοντες δὲ ὅμως ῥυθμοῦ* τινος εἶδος· ἄρρυθμοι δὲ οἱ πάντη καὶ πάντως ἄγνωστοι ἔχοντες πρὸς ἀλλήλοις σύνθεσιν.

Von den Aristideischen χρόνοι στρογγύλοι und περίπλεῳ nahm Feussner zu Aristox. S. 47 und unsere erste Bearbeitung der griechischen Rhythmik an, dass sie Unterarten der ῥυθμοειδεῖς seien. Caesar sagt, die Frage entstehe, ob sie sich wie oben Τούτων δὴ τῶν χρόνων auf die rhythmischen Zeiten überhaupt beziehen, oder ob τούτων auf die ῥυθμοειδεῖς hinweisen soll? Im zweiten Buche des Aristides p. 100 werden neben den στρογγύλοι und den περίπλεῳ auch noch χρόνοι μέσοι genannt und alle drei Arten stehen unmittelbar nach den Verschiedenheiten des Tempo:

Ἔτι τῶν ῥυθμῶν οἱ μὲν ταχυτέρας ποιούμενοι τὰς ἀγωγὰς θερμοί τέ εἰσι καὶ δραστήριοι· οἱ δὲ βραδείας καὶ ἀναβεβλημένας ἀνειμένοι τε καὶ ἡσυχαστικοί.

Ἔτι δὲ οἱ μὲν στρογγύλοι καὶ ἐπίτροχοι σφοδροί τε καὶ συνεστραμμένοι, καὶ εἰς τὰς πράξεις παρακλητικοί· οἱ δὲ περίπλεῳ τῶν φθόγγων τὴν σύνθεσιν ἔχοντες ὕπτιοί τέ εἰσι καὶ πλαδαρώτεροι. οἱ δὲ μέσοι κεκραμένοι τε ἐξ ἀμφοῖν καὶ σύμμετροι τὴν κατάστασιν.

Hieraus dürfte hervorgehen, dass die στρογγύλοι und περίπλεῳ nicht Unterarten der ῥυθμοειδεῖς sind. Caesar S. 45 sagt: „Der Ausdruck στρογγύλοι, dessen sich auch die Rhetoren bedienen, der aber wie alle damit verbundenen von der Körperbeschaffenheit entlehnt ist, bezeichnet die gedrungene Form, zu der auch die Charakteristik der ῥυθμοὶ στρογγύλοι im zweiten Buche des Aristides passt, wo er sie σφοδροί τε καὶ συνεστραμμένοι, rasch und knapp, nennt, περίπλεῳ dagegen bezeichnet das Fleischige, Aufgeschwemmte; solche Rhythmen sind, wie Aristides sagt, wegen der σύνθεσις τῶν φθόγγων ὕπτιοί τε καὶ πλαδαρώτεροι, breit und weicher, schwammiger, was jedoch nicht als Fehler des Schlaffen und Weichlichen, sondern streng im Gegensatz mit jenen Eigenschaften zu verstehen ist.“

Aristid. lib. I.

Τῶν δὲ χρόνων οἱ μὲν στρογγύλοι καλοῦνταί οἱ μᾶλλον τοῦ δέοντος ἐπιτρέχοντες.

οἱ δὲ περίπλεῳ οἱ πλέον ἢ δεῖ τὴν βραδυτῆτα διὰ συνθέτων φθόγγων ποιούμενοι.

Aristid. lib. II.

Ἔτι οἱ μὲν στρογγύλοι καὶ ἐπίτροχοι σφοδροί τε καὶ συνεστραμμένοι καὶ εἰς πράξεις παρακλητικοί.

οἱ δὲ περίπλεῳ τῶν φθόγγων τὴν σύνθεσιν ἔχοντες ὕπτιοί τέ εἰσι καὶ πλαδαρώτεροι.

οἱ δὲ μέσοι κεκραμμένοι τε ἐξ ἀμφοῖν καὶ σύμμετροι τὴν κατάστασιν.

Die στρογγύλοι sind μᾶλλον τοῦ δέοντος ἐπιτρέχοντες, die περίπλεῳ πλέον ἢ δεῖ τὴν βραδυτῆτα ποιούμενοι: jene sind über Gebühr rasch, diese über Gebühr langsam. (Die Besserung Caesars πλέον ἢ δεῖ statt πλέον ἤδη der Handschriften wird durch die Gegensätze μᾶλλον τοῦ δέοντος und πλέον ἢ δεῖ und durch Marcianus Capella „magis quam decet" bestätigt.)

Von den περίπλεῳ heisst es in der Stelle des ersten Buches: τὴν βραδυτῆτα διὰ συνθέτων φθόγγων ποιούμενοι, im zweiten Buche τῶν φθόγγων τὴν σύνθεσιν ἔχοντες. Das erste συνθέτων φθόγγων scheint aus σύνθε(σιν) τῶν φθόγγων durch Buchstabenausfall entstanden zu sein. Es ist eine derartige Zusammenstellung von Tönen gemeint, durch welche des Rhythmus Langsamkeit bewirkt wird. Das werden wohl Rhythmen mit vielen χρόνοι παρεκτεταμένοι gewesen sein. In den entgegengesetzten, durch das umgekehrte Ethos charakterisirten, ῥυθμοὶ περίπλεῳ scheinen die gehäuften Kürzen vorgewaltet zu haben, wie vorher Aristides sagte: „τῶν δ' ἐν ἴσῳ λόγῳ οἱ μὲν διὰ βραχειῶν γινόμενοι μόνων τάχιστοι καὶ θερμότεροι καὶ κατεσταλμένοι". Die dritte Art der Rhythmen, die μέσοι, würde durch das frühere „τοὺς δ' ἀναμὶξ ἐν ταῖς μέσαις ὀρχήσεσι"*) ihre Erklärung finden.

Die ganze Partie des Aristides über die Chronoi schliesst:

Ἔτι τῶν χρόνων οἱ μὲν ἁπλοῖ, οἱ δὲ πολλαπλοῖ οἳ καὶ ποδικοὶ καλοῦνται.

Der Terminus χρόνοι ποδικοὶ kommt auch bei Aristoxenus vor, wo er den Gegensatz zu χρόνοι ῥυθμοποιίας ἴδιοι bildet. Die ἁπλοῖ können nur die χρόνοι ποδικοὶ sein, die πολλαπλοῖ nur die χρόνοι ῥυθμοποιίας ἴδιοι**). Daher sind die Worte des Aristides umzustellen: οἱ μὲν ἁπλοῖ, οἳ καὶ ποδικοὶ καλοῦνται, οἱ δὲ πολλαπλοῖ. Auch Marcianus übersetzt: „Simplicia quae podica perhibentur"

---

*) Aristid. 2, 98.
**) Vgl. unten.

Drittes Capitel.

Allgemeine Taktlehre.

§ 23.

Aristoxenische Definition des Taktes.

„Fuss" (πούς) nannte man zunächst in einem Tanz- oder Processionsliede diejenige Gruppe von Tönen, innerhalb welcher ein Niedertreten und ein Aufheben des Fusses stattfindet; weiterhin wurde der Ausdruck auch wenn nicht getanzt wurde für die betreffende Sylbengruppe des gesungenen oder declamirten Verses beibehalten. Da ein solcher „Fuss" stets ein Theil eines Verses ist, sagen wir gewöhnlich „Versfuss"

„Versfüsse" pflegen heut zu Tage die meisten nur bei declamirten Versen auzunehmen, bei gesungenen Versen höchstens im Chorale. Der Versfuss, so meint man, sei ein metrischer, kein musikalischer Begriff.

Erst aus Aristoxenus werden unsere Musiker zu lernen haben, dass sie den Begriff des Versfusses als des kleinsten rhythmischen Abschnittes auch für das Melos, und zwar nicht bloss für die Vocal-, sondern auch für die Instrumentalmusik zu statuiren haben, wenn anders die Theorie des Rhythmus eine wirklich wissenschaftliche werden soll.

In der rhythmischen Theorie des Aristoxenus ist der Ausdruck „πούς" nicht auf den Begriff des Versfusses beschränkt, er dient auch als adaequater Ausdruck für dasjenige, was unsere Musiker „Takt" nennen. Ein einzelner Versfuss kann nämlich als Takt fungiren, dann heisst der Takt ein πούς ἀσύνθετος, unzusammengesetzter oder einfacher Takt; es können aber auch mehrere Versfüsse zu einem einzigen Takte combinirt werden, dann heisst derselbe ein πούς σύνθετος, ein zusammengesetzter Takt.

Die Praxis unserer Componisten verfährt ebenso. Bei Mozart Don Juan, Arie No. 12 bildet in dem vierfüssigen Verse

Ártige Mädchen führst du mir léise

ein jeder der vier Versfüsse einen ²⁄₄-Takt:

Ar - ti - ge Mäd-chen führst du mir lei - se;

Zauberflöte No. 2 bilden in dem vierfüssigen Verse

Der Vógelfänger bín ich ja

je zwei Versfüsse einen $\frac{2}{4}$-Takt

Der   Vo-gel - fän-ger   bin ich ja;

Figaro No. 29 Finale bildet in den beiden vierfüssigen Versen

Stíll, nur stíll, ich wíll mich nähern

éh der Aúgenblíck verstreicht

ein jeder einzelne Vers einen vierfüssigen **C**-Takt

Still nur still, ich will mich nähern eh der Augenblick verstreicht;

Bach in der grossen Messe No. 11 behandelt die Verse

Cum sáncto spíritú

in glória déi pátris

dem Wortaccente gemäss als dreifüssige Verse und fasst jeden
derselben als einen einheitlichen dreifüssigen $\frac{3}{4}$-Takt auf

Cum sancto spi - ri - tu   in glo - ri-a   De - i patris.

Gleicher Weise hat auch die moderne Musik Takte von einem,
von zwei, von vier, von drei Versfüssen. Auf diesen Unterschied
aufmerksam zu sein, lernt man nur durch Aristoxenus.

Im zweiten Buche des Aristoxenus beginnt die Lehre vom
Takte § 16:

῾Ωι δὲ σημαινόμεϑα τὸν ῥυϑμὸν καὶ γνώριμον ποιοῖμεν τῇ
αἰσϑήσει, ποῦς ἐστιν εἷς ἢ πλείους ἑνός.

Bei Aristides lautet der Anfang der Taktlehre (p. 34 M.):

Ποῦς μὲν οὖν ἐστι μέρος τοῦ παντὸς ῥυϑμοῦ, δι᾽ οὗ τὸν ὅλον
καταλαμβάνομεν. Τούτου μέρη δύο, ἄρσις καὶ ϑέσις.

E. F. Baumgart in der „Betonung der rhythmischen Reihe
bei den Griechen 1869“ S. IX erklärt zuvörderst die Stelle des
Aristoxenus folgendermassen: „Zweierlei ist damit gesagt. Zunächst: Mit dem Grundmasse des Chronos protos wird freilich

jeder Rhythmus gemessen, er mag eine Bewegung und Verhältnisse seiner Bewegung haben, wie er will: jedes Rhythmengeschlecht hat den Chronos protos zum Grundmasse. Das kann
nicht genügen, um das eigenthümliche Mass verschiedener
Rhythmen zu erkennen, dazu bedarf es eines nicht überall gleichen,
sondern verschieden gestalteten Masses, und dies ist der πούς,
ein aus einer bestimmt geordneten Zahl von Chronoi bestehendes
Ganze. Eine Definition des πούς hat Aristoxenus freilich nicht
hinzugefügt, weil er sie als erfahrungsmässig bekannt voraussetzen konnte: er hätte nur sagen können, was Aristides in
seiner Erklärung des Taktes ganz richtig sagt: Πούς μὲν οὖν
ἐστι μέρος τοῦ παντὸς ῥυϑμοῦ u. s. w. Wenn Aristides vom Takte
sagt: δι' οὗ καταλαμβάνομεν (τὸν ῥυϑμὸν), so bedeutet das zuletzt ganz dasselbe wie bei Aristoxenus: ᾧ δὲ σημαινόμεϑα τὸν
ῥυϑμόν. Jenes ist: „wir begreifen die rhythmische Bewegung
durch das Taktmass", dieses: „wir machen sie begreiflich". Soll
σημαίνεσϑαι hier bedeuten: „taktiren", so wird dem scharfsinnigen
und klaren Aristoxenos eine Definition zugeschrieben, die ihm
keine besondere Ehre machen würde; er hätte dann gesagt:
„Wodurch wir den Rhythmus taktiren, das ist der Takt." —
Zweitens aber fügt Aristoxenos unmittelbar hinzu: (πούς ἐστιν)
εἷς ἢ πλείους ἑνός. Er zieht die allgemeine Erklärung, dass der
Takt das Kennzeichen des Rhythmus sei, zusammen mit der
speciellen: entweder ein Takt oder mehrere sind dieses Kennzeichen. Deutlicher hätte er Beides gesondert, aber der Zusammenhang und die Natur der Sache gestatten kein Missverständnis;
die letzten Worte sind nur eine specielle Bestimmung zu der allgemeinen Erklärung, und wir haben zu übersetzen: „Wodurch
wir aber den Rhythmus erkennbar machen, das ist der Takt,
und zwar einer oder mehr als einer". Aristoxenos ist ein zu
erfahrener Praktiker, um nicht daran zu denken, dass mit einem
Takte die jedesmalige Rhythmen-Gattung gar nicht immer deutlich bezeichnet ist. Ein kurzer, schneller Takt geht so rasch
vorüber und das Verhältnis von Thesis und Arsis prägt sich
dabei dem Ohre so wenig ein, dass wir oft im ersten Takte über
die Taktart noch unklar bleiben; erst die Wiederholung desselben Verhältnisses befestigt den Eindruck und stellt die Art
des Rhythmus ausser Frage. Hierauf beruhen, als auf ihrem zu-
reichenden Grunde, unsere zusammengesetzten Takte und die
griechische Messung nach Dipodien, wiewohl wir gar nicht

leugnen wollen, dass unsere Musiker die zusammengesetzten Takte
auch ohne eine solche Nöthigung, aus blosser Bequemlichkeit
brauchen. Und wenn Aristoxenos an die ἄλογοι dachte, z. B.
an die künftigen Spondeen am Anfange der iambischen Trimeter,
so musste er wohl sehen, dass mit Einem Fusse der Rhythmus
nicht sicher gemessen wurde. Westphal selbst wird zugeben,
dass die Pindarischen Epitriten nach seiner Triolen-Messung alle
es am Anfange zweifelhaft lassen, obnder Takt drei- oder zwei-
theilig beginnt. So spricht also aus Aristoxenos die vorsichtige
Erfahrung. Er mag vorzugsweise an die dipodisch gemessenen
Rhythmen gedacht haben, doch braucht es dieser Beschränkung
seiner Meinung nicht; der Fälle, wo ein Takt, selbst zwei
Takte das Geschlecht noch nicht sicher erkennbar machen, sind
mancherlei denkbar. Man sehe z. B. die Reihe an:

$$\smile \; — \; | \; - \; \cup \; - \; \cup \; | \; \overset{.}{-} \; \cup \; - \; .$$

Die beiden dreizeitigen Längen am Anfange können vom Ohre
ohne Weiteres als ein Spondeus: - - vernommen werden, wenn
man nicht den Fuss-Accent absichtlich deutlich hervorhebt: erst
der dritte Trochaeus und der Fortgang des Rhythmus stellt den
diplasischen Satz klar heraus. In unsrer Musik sind solche
Zweideutigkeiten eben so häufig, obschon wir durch die Begleitung sie vermeiden können, wenn etwas darauf ankommt, wie
dies die Griechen auch konnten. Wenn Westphal mit Weil
den Zusatz: εἰς ἢ πλείους ἑνός vom Taktwechsel versteht, so
lässt er Aristoxenos abermals etwas sagen, was des Sagens nicht
werth war".

So weit Dr. E. F. Baumgart. In der deutschen Uebersetzung und Erklärung des Aristoxenus 1883 S. 20 ff. bin ich
noch einmal auf diese Stelle des Aristoxenus eingegangen. Ich
darf es aber unterlassen, das dort Gesagte zu recapituliren. Für
die Auffassung der griechischen Rhythmen ist es gleichgültig,
wie Aristoxenus die Worte πούς ἐστιν εἰς ἢ πλείους ἑνός verstanden wissen will.

<h2 style="text-align:center">§ 24.</h2>

Schwere und leichte Takttheile.

Das Grundprincip des Rhythmus besteht darin, dass die auf
einander folgenden Zeitmomente in bestimmte Gruppen zerfallen,
die als solche von der αἴσθησις scharf gesondert werden können.
Die einzelne Gruppe heisst bei den Alten ῥυθμός oder πούς,

wir nennen sie Takt. Damit die αἴσθησις eine solche Gruppe
als Ganzes erfasst, ist es nöthig, dass ein einzelnes Zeitmoment
derselben vor den übrigen durch eine stärkere Intension, einen
gewichtvolleren Ictus hervorgehoben werde. Dieser verleiht ihr
denselben Halt, wie dem Worte der Wortaccent, und deshalb redet man auch von einem rhythmischen Accente. Die moderne
Rhythmik bezeichnet den Theil des Taktes, auf welchem die
stärkere Intension ruht, als schweren oder guten Takttheil, den
Theil des Taktes, der einen schwächeren Ictus hat, als leichten
oder schlechten Takttheil. Bei einer musikalischen Aufführung
wird der schwere Takttheil gewöhnlich durch Niederschlag der
Hand, der leichte durch Aufschlag bezeichnet und man redet
deshalb von einem Auf- und Niedertakte. Die Praxis der Alten
war ganz die nämliche: dem singenden Chore u. s. w. suchte der
ἡγεμών durch Auf- und Niederschlag der Hand oder auch wohl
durch Auf- und Niedertritt des Fusses das Takthalten zu erleichtern*); und ebenso geschah es auch beim Unterricht**). Aristoxenus bezeichnet den schweren und leichten Takttheil als χρόνοι
ποδικοί, χρόνοι ῥυθμικοί oder χρόνοι schlechthin (das letztere auch
schol. ad Hermog. VII, 892 Walz χρόνος δέ ἐστι μόριον ποδὸς =
Takttheil) oder auch mit Rücksicht auf die eben angegebene Praxis
des Taktirens als σημεῖα ποδός***). Auf den schweren Takt-

---

*) Vom taktangebenden ἡγεμών des Chores redet Aristotel. probl.
19, 22 διὰ τί οἱ πολλοὶ μᾶλλον ᾄδοντες τὸν ῥυθμὸν σώζουσι ἢ οἱ ὀλίγοι; ἢ
ὅτι μᾶλλον ἐς ἕνα ἡγεμόνα βλέπουσι καὶ βαρύτερον ἄρχονται, ὥστε ῥᾷον τοῦ
αὐτοῦ τυγχάνουσι, ἐν γὰρ τῷ τάχει ἁμαρτία πλείων. Im zweiten Theile
dieses Satzes ist καὶ βραδύτερον statt καὶ βαρύτερον zu schreiben; der
Chorgesang (τῶν πολλῶν) hat gewöhnlich ein langsameres Tempo als monodische Skolien u. dgl., beim langsameren Tempo macht man nicht so leicht
Taktfehler als beim schnellen (ἐν τῷ τάχει). — Als taktirender ἡγεμών
stellt sich od. 4, 6, 31 Horatius hin: virginum primae puerique ... Lesbium servate pedem meique pollicis ictum. — Auch der Solospieler oder Solosänger
erleichterte sich durch Taktiren das Festhalten des Rhythmus, so taktirt
der alte Olympus bei Philostr. imag. 12, so taktirt der Aulet Cic. orat.
58, 198 non sunt in ea (in der rhethorischen Periode) tanquam tibicini percussionum modi, schol. Aeschin. c. Tim. p. 126 οἱ αὐληταὶ ... ὅταν αὐ-
λῶσι, κατακρούουσιν ἅμα τῷ ποδὶ ... τὸν ῥυθμὸν τὸν αὐτὸν συναποδιδόντες
Lucian. saltat. 10 κτυπῶν τῷ ποδί; der Kitharode Quint. inst. 1, 12, 3
citharoedi ... ne pes quidem otiosus certam legem servat? — Ueber die
beiden Taktirmethoden (Hand und Fuss) s. S. 104 Anm.
**) Terent. Maur. 2254 Pollicis sonore vel plausu pedis discriminare,
qui docent artem, solent.
***) Σημεῖον ist eigentlich das auf einen Taktabschnitt fallende Zeichen,

theil kam ein Niederschlag der Hand, auf den leichten ein Aufschlag, daher nannte man den schweren ὁ κάτω χρόνος, τὸ κάτω,
den leichten ὁ ἄνω χρόνος, τὸ ἄνω (Plato rep. 400, b. Aristox.
§ 16. 20), oder auch den schweren θέσις, positio, den leichten
ἄρσις, elatio; Aristoxenus gebraucht für θέσις den Namen βάσις,
einen Ausdruck, welcher von dem auf diesen Takttheil fallenden
Niedertritt des Fusses entlehnt ist, denn auch des Fusses bediente man sich zum Taktiren*). Dass der leichte Takttheil durch

---

bei den Römern nota Fabius Quintil. inst. orator. 9, 4, 51. Das Taktiren
heisst hiervon σημασία Aristox. 36, 16, Aristid. 58, 7, das Takthalten von
Seiten des Sängers u. s. w. ἀκολούθησις Aristid. 58, 7 oder σώζειν τὸν
ῥυθμὸν Aristot. probl. 19, 22. Bei den Römern heisst σημασία mit Rücksicht auf die Art des Taktirens percussio Mar. Victor. p. 2486 *Pes vocatur
... quia in percussione metrica pedis pulsus ponitur tolliturque;* ibid. p. 2521
est autem percussio cuiuslibet metri in pedes divisio; Cic. de orat. 3 § 184
aequalium et saepe variorum intervallorum percussio numerum conficit, orat.
§ 198 *percussionum modi,* womit zu vergleichen Caes. Bassus ap. Rufin. 2707
percussionem moderare; die Sylben oder Noten, auf welche der Taktschlag
fällt, heissen *loca percussionis* Caes. Bassus l. l. (*Percussio* steht aber auch
für σημεῖον oder χρόνος = der durch einen Schlag bezeichnete Taktabschnitt Quintil. inst. 9, 4, 51). Dem Namen *percussio* steht als Verbum
gleichbedeutend *percutere* (Mar. Victor. 2521), *caedere* (ib. 2521), *ferire* (ib.
2530, Juba ap. Priscian. 1321, Asmonius ib., Caesius Bassus ap. Rufin. 2707,
Atil. Fortun. 2691), *plaudere* (Augustin. mus. 2, 12).
*) Die *percussio* oder das *percutere, caedere, ferire, plaudere* geschieht
durch den *ictus percussionis* (Asmon. ap. Priscian. 1321) oder *ictus* schlechthin. Sowohl der starke, wie der schwache Takttheil erhielt einen *ictus,*
Diomed. 471 *ictibus duobus* ἄρσις et θέσις *perquirenda est,* Terent. Maur. v.
1343 *pes ictibus fit duobus.* Der Ictus wird entweder durch die Hand oder
durch den Fuss angegeben: Augustin. de mus. 2, 12 *in plaudendo enim quia
levatur aut ponitur manus, partem pedis sibi levatio vindicat, partem positio,*
Hor. od. 4, 6, 31 *servate pedem meique pollicis ictum,* Mar. Victor. 2486
pes vocatur ... quia in percussione metrica pedis pulsus ponitur tolliturque
(cf. *positio, elatio,* θέσις, ἄρσις). Caesius Bass. ap. Rufin. 2707 (vom iambischen Trimeter) *percussionem ita moderaveris, ut cum pedem supplodis iambicum ferias.* Quintil. instit. 9, 4, 51 *pedum et digitorum ictu intervalla
signant quibusdam notis* (= σημείοις) *atque aestimant quot breves illud spatium habeat, inde* τετράσημοι, πεντάσημοι, *deinceps longiores fiunt percussiones*
(also die *pedum et digitorum ictus* sind die σημεῖα, womit man die Takt-
abschnitte bezeichnet; man zählt dabei, wie viele Moren diese *spatia* haben
und so giebt es *percussiones* (Taktschläge) von vierzeitiger und fünfzeitiger
und noch längerer Dauer, Terent. Maur. v. 2254 *pollicis sonore vel
plausu pedis discriminare, qui docent artem, solent.* Dem Treten mit
dem Fusse entstammt der Ausdruck βαίνεται ὁ ῥυθμός, *scanditur.* — Es
gab also zwei Arten des Taktirens, die eine für das Auge der Sänger ver-

Aufschlag, der schwere durch Niederschlag der Hand oder Niedertritt des Fusses bezeichnet wurde, hatte wohl in der Orchestik
seinen Grund: die Tanzenden setzten im schweren Takttheile den
Fuss zur Erde nieder und hoben ihn im leichten Takttheile empor.
Daher pafst die Definition des Bacchius p. 24 Meib. sowohl auf die
Praxis des Taktirens, wie auf die orchestische Bewegung: Ἄρσιν ποίαν λέγομεν εἶναι; ὅταν μετέωρος ᾖ ὁ πούς, ἡνίκα ἂν μέλλω-
μεν ἐμβαίνειν. Θέσιν δὲ ποίαν; ὅταν κείμενος. Maxim. Planud.
5, 454 Walz.: ἀπὸ τῶν χορευτῶν … ἄρσις οὖν καὶ θέσις ἡ ἐν
τῷ ἄρχεσθαι καὶ λήγειν τῶν χορευτῶν ὁρμὴ λέγεται. Dasselbe
besagt Aristides p. 31 Meib.: ἄρσις μὲν οὖν ἐστι φορὰ μέρους
σώματος ἐπὶ τὸ ἄνω, θέσις δὲ ἐπὶ κάτω ταὐτοῦ μέρους*). Auch

---

mittelst Auf- und Niederschlages der Hand *(levatur aut ponitur manus,
pollicis ictus, digitorum ictus)*, die andere für das Ohr entweder vermittelst eines hörbaren Aufschlagens mit der Hand oder dem Finger
(pollicis sonore) oder vermittelst des Tretens mit dem Fusse *(plausus pedis,
cum pedem supplodis, pedum ictus)*. Während bei der ersten Art sich das
σημεῖον über den ganzen schweren oder leichten Takttheil erstreckte (daher
die τετράσημοι, πεντάσημοι, *deinceps longiores percussiones*), konnte bei der
zweiten Art immer nur der Anfang des Takttheils ein σημεῖον erhalten
und in monopodischen Takten scheint ihn nur der schwere Takttheil (θέσις),
nicht aber der leichte (ἄρσις) erhalten zu haben, so auch in den Dipodien
des iambischen Trimeters; daher Marius Victor. p. 2482 *est arsis sublatio pedis sine sono, thesis positio pedis cum sono* (nur den auf die θέσις
fallenden Niedertritt des Fusses konnte man hören, nicht aber die auf die ἄρσις
fallende Erhebung des Fusses). Dasselbe bedeutet Aristid. p. 31 ἄρσιν καὶ
θέσιν, ψόφον καὶ ἠρεμίαν, wo die beiden letzten Worte entweder mit
Böckh de metr. Pind. p. 13 umzustellen oder mit Feussner de ant. mel. et
metr. p. 15 in einer chiastischen Verbindung zu den beiden vorhergehenden
Worten zu fassen sind; die θέσις ist ψόφος = *positio pedis cum sono*, die
ἄρσις ist ἠρεμία = *sublatio pedis sine sono*. Die zweite auf das Gehör be-
rechnete Art des Taktirens war beim Chorgesange nicht anwendbar, da
hier der ψόφος, der *pollicis sonor* oder *plausus pedis* übertönt wurde. Dagegen war sie anwendbar bei der ψιλὴ λέξις (Terent. Maur. v. 2254) und
in der Aulesis des einzelnen Auleten, der sich selber mit dem Fusse den
Takt angab (vgl. die vorige Anm.). Aber auch dieser bediente sich späterhin, um
den ψόφος zu verstärken, noch eines besonderen unter dem rechten Fuss
befestigten hölzernen ὑποπόδιον, genannt κρουπέζη, βάταλον, *scabellum* schol.
Aeschin. c. Tim. p. 126. Photius s. v. κρουπέζαι, Cic. pro Cael. 27, 65,
Sueton. Calig. 54. Arnob. 2, 42. Augustin. mus. 3, 1. Vgl. Böttiger,
kl. Schriften 1, S. 323. Meinecke hist. com. p. 336.

*) An dieser Stelle ist das erste μέρους wegen des folgenden ταὐτοῦ
μέρους durchaus nothwendig, und steht zudem in den beiden besten Codices.
Zu verstehen ist unter dem Körperglied die Hand oder der Fuss. Vgl.

die Benennung des Taktes mit πούς verdankt der Orchestik ihren Ursprung.

Arsis und Thesis als χρόνος καθηγούμενος und ἑπόμενος.

Die genannte Terminologie ist die allgemeine der Rhythmiker, und in der klassischen Zeit hat es keine andere als diese gegeben. Man nahm nun bisher an, dass im Sprachgebrauche der lateinischen Metriker die Bedeutung von ἄρσις und θέσις umgekehrt worden, dass hier ἄρσις oder *elatio* von dem schweren, θέσις oder *positio* von dem leichten Takttheile gesagt worden sei; und in diesem Sinne sind auch von den modernen Metrikern seit Bentley die Worte Arsis und Thesis gebraucht worden. Eine Umkehrung der Wörter ἄρσις und θέσις kommt allerdings vor, aber die bisher geltende Annahme von der späteren Bedeutung dieser Wörter ist ungenau. Die lateinischen Metriker nämlich folgen in ihren rhythmischen Auseinandersetzungen im Allgemeinen guten alten Quellen und gebrauchen hier *arsis* und *thesis* völlig im Sinne der Alten, wie Mar. Victorinus in seinem Capitel de rhythmo p. 2484. Aber sie haben zugleich aus der Schrift eines späteren griechischen Metrikers geschöpft, der von Rhythmik unzureichende Kenntniss hatte, und nichts desto weniger, wie es einmal üblich war, in der Einleitung auch die rhythmischen Verhältnisse berührt und die Ausdrücke ἄρσις und θέσις in die heilloseste Verwirrung gebracht hatte. Es war durchgehende Sitte bei den alten Rhythmikern, dass wenn sie über die χρόνοι ποδικοί allgemeine Angaben brachten, sie immer die ἄρσις zuerst nannten, die θέσις an zweiter Stelle. Hierdurch liess sich jener spätere griechische Metriker bei seiner Unkenntniss des Gegenstandes verführen, und ohne zu wissen, dass je nach der Verschiedenheit der einzelnen πόδες der anlautende χρόνος bald eine ἄρσις, bald eine θέσις, und auch wiederum der auslautende bald eine θέσις, bald eine ἄρσις ist, nennt er den ersten χρόνος eines Fusses überall ἄρσις, den zweiten überall θέσις, der Fuss mag eine rhythmische Beschaffenheit haben, wie er will. Hier ist also der Ausdruck ἄρσις identisch geworden mit dem, was die Rhythmiker χρόνος καθηγούμενος oder πρότερος nennen, und θέσις bedeutet so viel wie χρόνος ἑπόμενος oder ὕστερος, Aristid. p. 34 Meib.; Aristox. ap. Psell. frg. 4. Der griechische Grammatiker,

---

Aristoxen. 29, 6 τῶν τοῦ σώματος μερῶν. Ueber φορά (= κίνησις als Theil der Orchestik) vgl. Plut. symp. probl. 9, 15.

der sich diesen Fehler zu Schulden kommen liess, lebte in der mittleren Kaiserzeit, sein Buch wurde zum Schulbuche bei den Byzantinern, wurde hier vielfach excerpirt und umgearbeitet und liegt uns auf diese Weise noch in einer grossen Zahl von metrischen Schriften und Tractaten der Byzantiner vor, in den sog. scholia majora zu Hephaestio, in dem Anonymus Ambrosianus, im Pseudodrakon, im Elias Monachus und vielen Anderen. Auch zu den Römern ist jenes Buch gedrungen; ein unbekannter lateinischer Metriker excerpirte daraus die zwei ersten Capitel περὶ ποδῶν und περὶ τοῦ ἡρῴου, und die folgenden Metriker, die nichts thaten als abschreiben, haben diese Partie und vorwiegend gerade das erste der beiden Capitel in ihre Schriften aufgenommen, wobei sie denn so gedankenlos verfahren, dass sie jene verkehrte Auffassung der rhythmischen Verhältnisse geradezu den Sätzen, die sie aus guten Quellen compilirt haben, hinzufügen, ohne den Widerspruch in der Terminologie zu bemerken. Die hierher gehörigen Stellen sind folgende: Mar. Vict. de pedibus p. 2485, Terent. Maur. v. 1388 ff., Diomed. 476, Sergius 1831, Isidor. Orig. I, 16, fragm. de pedibus ap. Gaisford metric. latin. 572 und 577. Sergius sagt: *Scire autem debemus, quod unicuique pedi accidit arsis et thesis, hoc est elevatio et positio. Sed arsis in prima parte, thesis in secunda ponenda est.* Bei Mar. Victor. p. 2487 heisst es: *Siquidem in iambo arsis primam brevem, in trochaeo autem longam habeat, thesis (in thesi lib.) vero contraria superioribus sumat.* Also

ars. thes.   ars. thes.

⌣   –   –   ⌣

Bei Diomed. p. 476: *iambi enim arsis unum tempus tantum in se habet et eius thesis duo, at trochaei versa vice arsis duo habet et thesis unum.* Und ebenso auch bei den übrigen oben citirten lateinischen Metrikern. Die bis ins Einzelnste gehende Uebereinstimmung dieser Lateiner (insonderheit des Diomedes) mit dem Anonymus Ambrosianus und dem schol. Heph. zeigt, dass das Original der letzteren ebenfalls die oben angegebene Terminologie der beiden Chronoi enthalten haben muss.

Arsis und Thesis in der umgekehrten Bedeutung der Alten.

Nun giebt es noch eine dritte rhythmische Partie bei Mar. Victorin., wo das Wort ἄρσις und θέσις wiederum in einer anderen Bedeutung gebraucht ist. Dies ist das Capitel de arsi et thesi p. 2482: Die beiden Ausdrücke sind consequent in dem

Sinne gebraucht, dass ἄρσις oder *elatio* den schweren, θέσις oder *positio* den leichten Takttheil bezeichnet. Diese Bedeutung findet sich in keiner anderen metrischen Schrift der Alten wieder, denn in der Stelle Atilius p. 2688 ist ἄρσις und θέσις in der oben besprochenen zweiten Bedeutung zu fassen. Wohl aber findet sie sich bei dem Grammatiker Priscian de accentibus p. 1289: *Ad hanc autem rem arsis et thesis necessariae sunt. Nam in unaquaque parte orationis arsis et thesis sunt, non in ordine syllabarum, sed in pronuntiatione velut in hac parte: natura, ut quando dico natu elevatur vox et est arsis in tu, quando vero ra, deprimitur vox et est thesis.* Die Sylbe des Wortes, bei welcher sich die Stimme erhebt, wie die zweite in *natúra*, heisst *arsis*, die Sylbe, bei welcher sich die Stimme senkt, heisst *thesis*. Auch ein Satz des Martianus Capella p. 191, der sich indess bei Aristides nicht findet, giebt dieselbe Definition: *arsis est elevatio, thesis positio vocis ac remissio.* Aristides gebraucht ἄρσις und θέσις im technischen Sinne (die Stelle p. 31 Meib. τὰ τούτων πάθη καλοῦμεν ἄρσιν καὶ θέσιν, ψόφον καὶ ἠρεμίαν kann hiergegen nicht geltend gemacht werden, vgl. oben S. 105 Anm.). Die Umkehrung der beiden Worte bei Priscian scheint also weiter nichts als eine freie Uebertragung musikalischer Termini technici auf grammatische Verhältnisse, und Mar. Victorinus in seinem Capitel *de arsi et thesi*, aber er allein unter sämmtlichen Metrikern, hat jenen grammatischen Gebrauch adoptirt. Im Ganzen finden sich also in seiner Metrik die Wörter *arsis et thesis* in drei verschiedenen Bedeutungen angewandt. Unsere Darlegung des wahren Sachverhaltes wird gezeigt haben, wie wenig berechtigt der jetzt seit Bentley und Hermann übliche Gebrauch von Arsis und Thesis ist, uns bleibt nichts anderes übrig als zur Terminologie der Rhythmiker zurückzukehren.

Rhythmische Zeichen für Arsis und Thesis.

Schliesslich haben wir hier eine Stelle bei dem Anonymus *de musica* herbeizuziehen, worin uns mitgetheilt wird, dass man die guten oder schweren Takttheile auch in der Notenschrift durch einen über das Notenzeichen gesetzten Punct (στιγμή) bezeichnet habe; nur in den κεχυμένα ᾄσματα und in Tonleiterübungen seien diese Zeichen weggelassen. Dann folgen Beispiele von Instrumentalnoten, in welchen die στιγμή angewandt ist. Die Stelle heisst p. 69 § 85: Ἡ μὲν οὖν θέσις σημαίνεται ὅταν ἁπλῶς τὸ σημεῖον ἄστικτον ᾖ, οἷον Ⱶ, ἡ δὲ ἄρσις ὅταν ἐστιγμένον (οἷον Ⱶ)*). Also die ἄρσις erhielt einen Punct, die θέσις blieb unpunctirt. Man sollte das Gegentheil erwarten, dass nämlich die θέσις als schwerer Takttheil eine στιγμὴ bekommen habe, die ἄρσις dagegen als leichter Takttheil nicht. Dass dies nun wirklich der Fall war, geht aus den folgenden Beispielen, namentlich aus dem ἄλλος ἑξάσημος § 97 überschriebenen hervor, worüber wir später handeln werden. Wahrscheinlich ist die handschriftliche Stellung von θέσις und ἄρσις zu vertauschen; darauf führt erstens die durchgehende Gewohnheit der Alten, zuerst von der ἄρσις und dann von der θέσις zu sprechen, und zweitens auch der vorausgehende Satz des Anonymus, wo es ganz in der normalen Weise heisst ὁ ῥυθμὸς συνέστηκεν ἔκ τε ἄρσεως καὶ θέσεως; dem angemessen muss weiter zuerst von der ἄρσις, dann erst von der θέσις gesprochen werden, nicht aber umgekehrt, wie es in unseren Handschriften der Fall ist. Dass der Musiker die Ausdrücke ἄρσις und θέσις in Priscian's Weise gebraucht haben sollte, ist wohl schwerlich anzunehmen. — Die hier uns mitgetheilte rhythmische Bezeichnung στιγμὴ ist jedenfalls älter als Aristophanes von Byzanz. Die Ueberlieferung nämlich, dass Aristophanes das von ihm eingeführte Accentzeichen den Musikern entlehnt habe, bezieht sich eben auf die rhythmische στιγμὴ, von der wir so glücklich sind, durch den Anonymus die Kunde zu erhalten. Wir pflegen jetzt die Ictusnote durch einen Taktstrich zu bezeichnen; wir würden völlig in der antiken Weise verfahren, wenn wir statt des Striches einen Punct gebrauchten.

§ 25.
Die Chronoi podikoi oder Semeia podika.

Aristoxenus überliefert:

§ 12. Τῶν δὲ ποδῶν οἱ μὲν ἐκ δύο χρόνων σύγκεινται τοῦ τε ἄνω καὶ τοῦ κάτω, οἱ δὲ ἐκ τριῶν, δύο μὲν τῶν ἄνω, ἑνὸς δὲ τοῦ κάτω ἢ ἐξ ἑνός μὲν τοῦ ἄνω, δύο δὲ τῶν κάτω, ⟨οἱ δὲ ἐκ τεττάρων, δύο μὲν τῶν ἄνω, δύο δὲ τῶν κάτω⟩. Der letzte Satz ist eine Ergänzung Feussners.

§ 14. Ὅτι μὲν οὖν ἐξ ἑνὸς χρόνου ποὺς οὐκ ἂν εἴη φανερόν, ἐπειδήπερ ἓν σημεῖον οὐ ποιεῖ διαίρεσιν χρόνου· ἄνευ γὰρ διαι-

---

*) Das in Parenthese Angegebene ist zu ergänzen. Dasselbe hat auch schon Vincent gethan.

ρέσεως χρόνου πούς οὐ δοκεῖ γίνεσθαι. Τοῦ δὲ λαμβάνειν τὸν
πόδα πλείω τῶν δύο σημεῖα τὰ μεγέθη τῶν ποδῶν αἰτιατέον.
οἱ γὰρ ἐλάττους τῶν ποδῶν, εὐπερίληπτον τῇ αἰσθήσει τὸ μέγεθος
ἔχοντες, εὐσύνοπτοί εἰσι καὶ διὰ τῶν δύο σημείων· οἱ δὲ μεγάλοι τοὐναντίον πεπόνθασι, δυςπερίληπτον γὰρ τῇ αἰσθήσει τὸ
μέγεθος ἔχοντες, πλειόνων δέονται σημείων, ὅπως εἰς πλείω
μέρη διαιρεθὲν τὸ τοῦ ὅλου ποδὸς μέγεθος εὐσυνοπτότερον
γίνηται. Διὰ τί δὲ οὐ γίνεται πλείω σημεῖα τῶν τεττάρων, οἷς
ὁ πούς χρῆται κατὰ τὴν αὐτοῦ δύναμιν, ὕστερον δειχθήσεται.

§ 17. „Von den Takten bestehen die einen aus zwei Taktzeiten: einem Aufschlage (ἄνω χρόνος) und einem Niederschlage
(κάτω χρόνος),
andere aus drei Taktzeiten: zwei Aufschlägen und einem
Niederschlage, oder aus einem Aufschlage, und zwei Niederschlägen,
die Takte einer dritten Kategorie aus vier Taktzeiten: zwei
Aufschlägen und zwei Niederschlägen."

§ 18. „Dass nun aus Einem Abschnitte kein Takt bestehen
kann, ist klar, da ja Ein Semeion keine Theilung der Zeit bewirken, ohne Theilung der Zeit aber kein Takt bestehen kann.

„Dass aber ein Takt mehr als zwei Semeia hat, davon liegt
in dem Umfange des Taktes der Grund. Denn die kleineren
unter den Takten, die der Aisthesis leicht fasslich sind, sind
leicht zu überschauen auch bei ihren zwei Semeia. Mit den
grossen Takten verhält es sich anders, denn bei ihrem für die
Aisthesis schwer zu erfassenden Umfange bedürfen wir mehrerer
Semeia, damit in mehrere Theile getheilt der Umfang des ganzen
Taktes übersichtlicher werde.

„Weshalb aber die Semeia, deren der Takt seinem Wesen
nach benöthigt ist, der Zahl nach nicht mehr als vier sind, wird
später gezeigt werden."

Der Inhalt des § 17 erscheint in anderer Form in einem
späteren Capitel der Aristoxenischen Rhythmik, nur im Auszuge
des Psellus erhalten. Wir stellen beide Angaben tabellarisch
einander gegenüber:

Aristox. § 17:	Psellus Prolamban. § 12:
Τῶν δὲ ποδῶν οἱ μὲν ἐκ δύο χρόνων	Οἱ μὲν τῶν ποδῶν δύο μόνοις πεφύ-
σύγκεινται	κασι σημείοις χρῆσθαι
τοῦ τε ἄνω καὶ τοῦ κάτω	ἄρσει καὶ βάσει

Aristox. § 17:

Οἱ δὲ ἐκ τριῶν
δύο μὲν τῶν ἄνω, ἑνὸς δὲ τοῦ
κάτω οἱ δὲ (ἢ Psell.) ἑνὸς μὲν
τοῦ ἄνω, δύο δὲ τῶν κάτω.

Διὰ τί δὲ οὐ γίνεται πλείω σημεῖα
τῶν τεττάρων ... ὕστερον δειχθήσεται.

Psellus Prolamban. § 12:

Οἱ δὲ τρισίν,
ἄρσει καὶ διπλῇ βάσει.

Οἱ δὲ τέτρασιν
δύο ἄρσεσι καὶ δύο βάσεσι.

In unserer ersten Bearbeitung der griechischen Rhythmik (1854) war bereits richtig erkannt, dass bei Aristoxenus grosse daktylische, iambische und päonische Takte bis zu einem Megethos von 16, 18, 25 Chronoi protoi statuirt werden. Doch glaubten wir damals, dass auch diese grossen Takte je nur in zwei Chronoi podikoi, eine Thesis (Basis) und eine Arsis zerfällt würden z. B.

Es war ein grosser Fortschritt, dass H. Weil in seiner Besprechung des Buches*) die Entdeckung machte, dass unsere Auffassung eine falsche sei. Anschliessend an den in der Rhythmik besonders betonten Satz, dass die μεγάλοι πόδες des Aristoxenus mit dem, was die Metriker κῶλα nennen, identisch seien, sagt Weil, dass, wenn Aristoxenus einem jeden πούς mindestens zwei, den μεγάλοι πόδες aber auch drei und vier Semeia vindicire, dass dann die μεγάλοι πόδες von den grösseren der in der Aristoxenischen Scala enthaltenen πόδες verstanden werden müssten. Auch Aristides gebe hiermit im Einklang dem 10-zeitigen Paion epibatos vier Chronoi, dem 12-zeitigen Trochaios semantos und orthios drei Chronoi. Grosses Gewicht legt Weil auf die Ueberlieferung bei Psellus, welche der oben von mir herbeigezogenen Stelle über die Zahl der Semeia unmittelbar vorangeht:

Αὔξεσθαι δὲ φαίνεται τὸ μὲν ἰαμβικὸν γένος μέχρι τοῦ
ὀκτωκαιδεκασήμου μεγέθους ὥστε γίνεσθαι τὸν μέγιστον πόδα
ἑξαπλάσιον τοῦ ἐλαχίστου, τὸ δὲ δακτυλικὸν μέχρι τοῦ ἑκκαιδεκασήμου, τὸ δὲ παιωνικὸν μέχρι τοῦ πεντεκαιεικοσασήμου. αὔξεται

*) H. Weil, über Arsis und Thesis in den: N. J. für Phil. u. Paed. 76, S. 396.

δὲ ἐπὶ πλειόνων τό τε ἰαμβικὸν γένος καὶ τὸ παιωνικὸν τοῦ
δακτυλικοῦ, ὅτι πλείοσι σημείοις ἑκάτερον αὐτῶν χρῆται.
Οἱ μὲν γὰρ τῶν ποδῶν δύο μόνοις πεφύκασι ... S. oben S.110.

In dieser Stelle des Psellus, wie sie handschriftlich überliefert ist, wird die Zahl der Semeia mit dem grössten Megethos
jeder Taktart in Causal-Nexus gebracht:

Taktarten	Zahl der Semeia	grösstes Megethos
γένος δακτυλικόν	2	16-zeitig
γένος ἰαμβικόν	3	18-zeitig
γένος παιωνικόν	4	25-zeitig.

Unsere Fragmente und Lehrsätze der griechischen Rhythmiker 1861 hatten sich diese Auffassung H. Weil's angeeignet:
„Je mehr Semeia ein Rhythmengeschlecht hat, um so grösser
ist auch die grösste Ausdehnung, welche es zulässt. Hieraus
ergiebt sich:

Die Takte des γένος δακτυλικὸν als diejenigen, welche nur
zum ἐκκαιδεκάσημον μέγεθος gehen, sind die Takte, welche die
kleinste Anzahl von Semeia, nämlich nur zwei, enthalten;

dass ferner die πόδες ἡμιόλιοι, welche von allen das grösste
μέγεθος (nämlich 25 Moren) zulassen, auch die grösste Anzahl
der σημεῖα, nämlich 4, enthalten (als Beispiel der 10-zeitige
Paion epibatos);

und dass endlich das diplasische Taktgeschlecht, welches in
Beziehung auf die Grenze des μέγεθος zwischen beiden in der
Mitte steht, auch in Beziehung auf seine σημεῖα in der Mitte
stehen muss, mithin 3 σημεῖα enthält (als Beispiel der 12-zeitige
Trochaios semantos)".

Jedem tetrapodischen Kolon gaben wir mit Weil nur zwei
Semeia, eine Thesis und eine Arsis:

$$\underset{\text{θέσις}}{\cup\cup\_\cup\cup\_,}\quad \underset{\text{ἄρσις.}}{\cup\cup\_\cup\cup\_}$$

Jedem tripodischen Kolon gaben wir mit Weil drei Semeia

$$\underset{\text{θέσ.}}{\cup\cup\_}\quad\underset{\text{θέσ.}}{\cup\cup\_}\quad\underset{\text{ἄρσ.}}{\cup\cup\_}$$

Jedem pentapodischen Kolon vier Semeia.

Erst Dr. E. F. Baumgart*) machte darauf aufmerksam, dass
diese Auffassung des tetrapodischen Kolons unüberwindliche
Schwierigkeiten habe. „Wenn wir nicht glauben wollen, dass die
Griechen aus einer Art theoretischer Steifheit den ganzen Zweck

---

*) Ueber die Betonung der rhythmischen Reihe bei den Griechen.

und Nutzen des Taktirens unsicher und illusorisch gemacht
haben, so können wir ihnen eine solche Handhabung desselben
nicht zutrauen". ... „Der Haupt-Ictus musste von den Sängern
auf den ersten Beginn des Tones gelegt werden, also mit dem
Tone gleichzeitig eintreten; in dem ersten Augenblicke aber,
wenn der Niederschlag fiel, konnte kein Sänger wissen, wie lange
dieser Niederschlag ausgehalten werden würde. Statt des plötz-
lichen starken Ictus wäre also höchstens ein anschwellender Ton
herausgekommen, oder um modern zu sprechen, statt eines *sforzato* ein *crescendo* ..."

„So viel wird sich musikalischen Lesern wohl gezeigt haben,
dass auf die Praxis des Taktirens eine Theorie der Reihen-
Accente nicht gegründet werden kann, eher umgekehrt, aber auch
da nur mit dem Vorbehalte, die Theorie nicht zur schädlichen
Fessel werden zu lassen. Im weitern Zusammenhange mit der
besprochenen Praxis des Taktirens steht auch bei Weil und
Westphal die grösste Ausdehnung der Reihen, nämlich bei
daktylischer (isorrhythmischer) Gliederung bis zu 16 Moren, bei
iambischer (diplasischer) bis zu 18 Moren, bei paeonischer
(hemiolischer) bis zu 25 Moren. Warum das so ist, dafür giebt
Aristides einfach als Grund an: „weil wir eine grössere Ausdehnung in jedem der drei Rhythmengeschlechter nicht mehr als
eine Einheit fassen könnten". Das glauben wir ihm ohne Beweis. Aber Psellus (§ 12), der in seinen Excerpten fast
wörtlich aus Aristoxenus schöpft, giebt auch einen Grund an,
weshalb das daktylische Geschlecht eine geringere Reihenaus-
dehnung hat, als die beiden andern. Er sagt: αὔξεται δὲ ἐπὶ
πλειόνων τό τε ἰαμβικὸν γένος καὶ τὸ παιωνικὸν τοῦ δακτυλικοῦ,
ὅτι πλείοσι σημείοις ἑκάτερον αὐτῶν χρῆται. Durch eine un-
bestreitbar scharfsinnige Combination dieser Stelle mit den von
Aristoxenos angegebenen μεγέθη ποδῶν gelangt Westphal zu dem
bereits mitgetheilten Resultate, dass alle gerade gegliederten
Reihen, auch die 16-zeitige, nur 2 Taktschläge, alle dreitheilig
gegliederten nur 3, alle fünftheilig gegliederten nur 4 bekommen
haben. (Vgl. Frgm. d. Rh. 136; System, 29 ff.) Wir haben vom
praktischen Gesichtspunkte aus hierüber nichts mehr zu sagen,
müssen aber ganz offen gestehen, dass wir uns vergeblich gemüht
haben, ein Verständniss für diesen Sinn der Worte zu finden.
Weil es durch die Praxis geboten war, jenen Reihen nur eine
bestimmte Zahl Taktschläge zu geben, darum durften sie nicht

länger gestaltet werden? und vielleicht auch darum konnte man
eine längere Reihe nicht mehr als Einheit begreifen? Hing denn
wirklich das Verständniss des Rhythmus vom Taktirenden ab?
Musste das Auge die Nieder- und Aufschläge sehen und zählen,
um die Grenzen der Reihen dem Ohre erkennbar zu machen?
Oder musste das Ohr die Fusstritte hören, um den Rhythmus zu
verstehen? Wir haben oft gefürchtet, Westphal missverstanden
zu haben, weil wir uns wirklich ausser Stande fühlten, den
Griechen so wenig rhythmisches Gefühl zuzutrauen. Allein wenn
es z. B. im System d. Rh. 29 heisst: „Die Eintheilung in σημεῖα
hat eine praktische Bedeutung, sie repräsentirt die Art und
Weise des antiken Taktirens durch Auf- und Niederschläge", im
ausdrücklichen Gegensatze zur διαίρεσις ποδική, die „eine abstracte, den Begriff der Taktart bestimmende Gliederung" ist;
wenn an vielen Stellen erläutert wird, welcher Theil der Reihe
unter einem Niederschlag, welcher Theil unter einem Aufschlage
zusammenzufassen ist; wenn wir endlich den Ausgangspunct der
ganzen Takttheorie von der Praxis des Taktirens bedenken: so
können wir an einen Irrthum unsererseits nicht füglich glauben
und müssten, wäre hier die Erklärung der σημεῖα als „Taktschläge" richtig, den Alten einen seltenen Mangel an rhythmi-
schem Gefühl zuschreiben. Der ganze Satz des Psellus
kommt uns vor, wie eine völlig unlogische Umkehrung
von Grund und Folge. Er besagt in der That nichts Besseres,
als etwa folgender: „Dieser Weg kann nur bis zu 16 Meilen
verlängert werden, weil weniger Meilensteine darauf zu
stehen kommen." Man richtet den Weg nicht nach der Zahl
der Meilensteine ein, sondern setzt so viel Meilensteine, als für
den längern oder kürzeren Weg erforderlich sind; und so dehnt
oder verkürzt man keine musikalische und metrische Reihe nach
der Zahl der Taktschläge, die man nach Gewohnheit oder Be-
lieben geben will, sondern je länger die Reihe, desto mehr Taktschläge braucht und erhält sie. — Und eine solche Erklärung
soll Aristoxenos gegeben haben, der beim Vater der
Logik in die Schule gegangen ist, der scharfsinnige,
klare Kopf, der über den Rhythmus eigentlich Alles gedacht und geschrieben hat, was das Alterthum davon
wusste? — Es bleibt nur zweierlei übrig: Entweder ist der
Satz die Zuthat des Psellus aus irgend einem gelehrt sein wollenden Grammatiker, oder der Sinn ist ein anderer."

Baumgart entscheidet sich von diesen beiden Alternativen für die letztere: der Sinn soll ein anderer sein. Er adoptirt die Erklärung der Semeia, welche Boeckh gegeben hat.

Boeckh metr. Pind. p. 22 und Ind. lect. Berol. 1825 p. 5 hält die 2, 3, 4 χρόνοι oder σημεῖα, welche Aristoxenus den πόδες zuertheilt, für identisch mit den χρόνοι πρῶτοι; die betreffenden πόδες seien der 2-, 3-, 4-zeitige, obwohl Aristoxenus weder den 2-zeitigen ποὺς anerkennt, noch auch jemals den Aristideischen Ausdruck σημεῖα für χρόνοι πρῶτοι gebraucht. Nach Boeckh also würde Aristoxenus keinen grösseren ποὺς als den 4-zeitigen Anapaest oder Daktylus statuiren. Das glaubt nun Boeckh auch in der That aus Aristoxenus' Worten schliessen zu müssen, denn wenn es, sagt Boeckh, im weiteren Fortgange der Aristoxenischen Stelle heisse, durch die Rhythmopoeie werde ein ποὺς auch in mehr als 4 χρόνοι zerlegt, so seien damit die das 4-zeitige Megethos überschreitenden πόδες vom 5- bis zum 25-zeitigen gemeint. Jene (vom 2- bis 4-zeitigen) seien die ἀσύνθετοι πόδες, diese (vom 5- bis zum 25-zeitigen) die σύνθετοι —: der 5-zeitige sei aus einem Trochaeus und Pyrrhichius, der 6-zeitige Ionicus aus einem Spondeus und Pyrrhichius zusammengesetzt u. s. w.

Dieser an sich ganz scharfsinnigen Deutung widerspricht, dass Aristoxenus dem χρόνος ποδικὸς unter Umständen auch das μέγεθος ὅλου ποδὸς giebt § 58a; bei Boeckhs Identificirung von χρόνος πρῶτος mit χρόνος ποδικὸς würde dies nicht möglich sein, denn Ein χρόνος πρῶτος kann unter keinen Umständen einen ὅλος ποὺς bilden, vgl. Aristox. § 18.

Boeckh hat auch unbeachtet gelassen, dass nach seiner Interpretation des Aristoxenus dieser dem τρίσημος ποὺς drei χρόνοι zuertheilen müsste, während Aristoxenus demselben in dem Abschnitte von der Alogia § 20 zwei χρόνοι vindicirt hat; ebendaselbst giebt Aristoxenus dem ποὺς τετράσημος zwei, nicht wie es nach Boeckh der Fall sein müsste, vier χρόνοι. Auch dem 5-zeitigen Paeon wird eine τρίσημος θέσις und eine δίσημος ἄρσις zuertheilt, also 2, nicht aber 5 ποδικὰ σημεῖα, dem 6-zeitigen Ionicus eine τετράσημος θέσις und eine δίσημος ἄρσις, wieder 2 χρόνοι ποδικοί, nicht sechs; nicht minder heisst es vom 6-zeitigen Ditrochaeus bei den Metrikern: *unus pes arsin, alter θέσιν obtinebit* (vgl. unten). Auch die 8-zeitige anapaestische und daktylische Dipodie hat trotz ihres 8-zeitigen Megethos gleich der trochaei-

schen nur Eine ἄϱσις und Eine ϑέσις. Für alle πόδες vom 3-
zeitigen bis zum 8-zeitigen steht es fest, dass sie Einen ἄνω
χϱόνος und Einen κάτω χϱόνος haben. Und da sie alle nur zwei
χϱόνοι ποδικοὶ oder σημεῖα haben, so gehören sie nicht, wie
Boeckh will, zu den μεγάλοι πόδες, die ja ihrerseits nach Aristoxenus mehr als 2 χϱόνοι, nämlich 3 oder 4 χϱόνοι nöthig
haben. Wir müssen also diese μεγάλοι πόδες nothwendig unter
den die Achtzeitigkeit überschreitenden μεγέϑη suchen, nicht aber
unter den διαιϱέσεις ὑπὸ ῥυϑμοποιίας γενόμεναι.

Die Auffassung Boeckhs hat E. F. Baumgart etwas modi-
ficirt, aber keine der eben aufgezählten Schwierigkeiten hinweg-
geräumt. Es lässt sich nun einmal das σημεῖον des Aristoxenischen § 18 nicht mit dem Chronos protos identificiren.

Nichts destoweniger hat sich Baumgart um die Lehre von
den Semeia auf Höchste verdient gemacht, indem er den Nachweis geliefert: auf den Satz des Psellus, welchen hier Weil zur
Grundlage gemacht, dürfe jene Aristoxenische Lehre von den
Semeia unmöglich basirt werden. Darin hat freilich H. Weil das
Richtige erkannt, die Anzahl der von Aristoxenus statuirten
χϱόνοι ποδικοὶ oder σημεῖα ποδικὰ sind nicht, wie Boeckh, Baumgart und unsere erste Bearbeitung der Rhythmik will, von den
kleinen, sondern von den grossen Takten zu verstehen, und Baumgart ist mit seiner Polemik gegen Weil zu keinem positiven Resultate gelangt. Der Sinn der Aristoxenischen Stelle über die
Semeia podika ist kein anderer als H. Weil angenommen. Aber
die andere von Baumgart als möglich hingestellte Alternative
hat Anspruch auf volle Richtigkeit: „was Psellus § 12 [s. unten
S. 117] sagt, ist nicht Aristoxenisch, sondern eine fremde Zuthat aus
einem gelehrt sein wollenden Grammatiker." Baumgart sagt:

„Die Deutung der Semeia als Taktschläge erschien uns unmöglich. Die Stelle gewinnt aber ein ganz anderes und wie wir
meinen völlig einleuchtendes Ansehen, wenn wir die σημεῖα als
Chronoi protoi des kleinsten Fusses fassen (vgl. Aristides p. 32
„πϱῶτος χϱόνος ... ὃς καὶ σημεῖον καλεῖται"). Rechnen wir den
ποὺς δίσημος als kleinsten Fuss des geraden Geschlechtes, so ist

    1) im γένος ἴσον der 16-zeitige Fuss vom kleinsten (2-zeitigen)
       das 8fache,

    2) im γένος διπλάσιον der 18-zeitige Fuss vom kleinsten (3-zeiti-
       gen) das 6fache,

    3) im γένος ἡμιόλιον der 25-zeitige Fuss vom kleinsten (5-zeiti-
       gen) das 5fache.

„Das ist eine der Natur der Sache ganz entsprechende Scala:
Je kleiner der kleinste Fuss, desto mehr Einzelfüsse können zu
einer grösseren Einheit verbunden werden, ohne dass die letztere
unsere Fassungskraft übersteigt; je grösser schon der kleinste Fuss,
desto schwerer übersehen wir eine grössere, aus seiner Wiederholung gebildete Einheit, desto geringer muss also die Zahl der
Einzelfüsse sein."

Freilich gewinnt die Stelle so ein völlig einleuchtendes Aussehen! Nur muss dann in den handschriftlich überlieferten
Worten des Psellus § 12 eine kleine Lücke stattfinden:
*Αὔξεται δὲ ἐπὶ πλειόνων τό τε ἰαμβικὸν γένος καὶ τὸ παιωνι-
κὸν τοῦ δακτυλικοῦ, ὅτι ⟨ἐν τῷ ἐλαχίστῳ ποδὶ⟩ πλείοσι σημείοις
ἑκάτερον αὐτῶν χρῆται.* Die Worte „*ἐν τῷ ἐλαχίστῳ ποδὶ*"
müssen in der Ueberlieferung ausgefallen sein.

Ferner muss der ganze Satz ursprünglich ein Scholion gewesen sein, welches ein gutmeinender Abschreiber an den Rand
setzte, und welches schliesslich in den Text des Psellus gedrungen ist.

Das Scholion stammt von einem Anhänger der von Aristides
dargelegten Theorie, dass der kleinste Takt des daktylischen Geschlechts ein *ποὺς δίσημος* sei und dass für *χρόνος πρῶτος* auch
σημεῖον gesagt werde.

Es ist wahrscheinlich, dass, als Psellus seine Prolambanomena
aus der Aristoxenischen Rhythmik excerpirte, schon damals das
betreffende Scholion am Rande des Aristoxenus-Textes stand.

Fassen wir in dieser Weise die fraglichen Worte des Psellus
als ein Marginal-Scholion auf, so ist alles in der besten Ordnung;
dann fehlt für Baumgart die Veranlassung zu seiner Polemik
gegen Weils Auffassung der in den grösseren Takten enthaltenen Semeien-Zahl. Es gehört diese Lehre im Einzelnen dem
Abschnitte von dem Unterschiede der Takt-Diairesis an. Im Allgemeinen darf angenommen werden (vgl. unten): Ein jeder der Versfüsse, aus denen der zusammengesetzte Takt besteht, gilt als Chronos podikos oder Semeion podikon des zusammengesetzten Taktes:

ein jeder dipodische Takt hat 2 Semeia,

ein jeder tripodische Takt hat 3 Semeia,

ein jeder tetrapodische Takt hat 4 Semeia.

Besteht ein *ποὺς σύνθετος* aus mehr als 4 Versfüssen: aus
5 oder 6 Versfüssen, so werden die einzelnen Versfüsse nicht
mehr, wie es bei der Dipodie, Tripodie und Tetrapodie der Fall

war, als Chronoi podikoi angesehen und nicht mehr als solche
durch das Dirigiren markirt, weil die Ausführenden durch die
allzu vielen Taktzeichen leicht in Verwirrung geführt werden
und also das Taktiren die Ausführung nicht erleichtern, sondern
vielmehr erschweren würde.

§ 26.
Die Chronoi Rhythmopoiias idioi.

Den Terminus Chronoi Rhythmopoiias im Gegensatze zu
Chronoi podikoi gebraucht Aristoxenus § 58. Es heisst bei ihm
§ 19. *Δεῖ δὲ μὴ διαμαρτεῖν ἐν τοῖς νῦν εἰρημένοις, ὑπο-
λαμβάνοντας, μὴ μερίζεσθαι πόδα εἰς πλείω τῶν τεττάρων ἀρι-
θμόν. Μερίζονται γὰρ ἔνιοι τῶν ποδῶν εἰς διπλάσιον τοῦ
εἰρημένου πλήθους ἀριθμὸν καὶ εἰς πολλαπλάσιον. Ἀλλ' οὐ καθ'
αὑτὸν ὁ ποὺς εἰς τὸ πλέον τοῦ εἰρημένου πλήθους μερίζεται,
ἀλλ' ὑπὸ τῆς ῥυθμοποιίας διαιρεῖται τὰς τοιαύτας διαιρέσεις.
Νοητέον δὲ χωρὶς
τά τε τὴν τοῦ ποδὸς δύναμιν φυλάσσοντα σημεῖα
καὶ τὰς ὑπὸ τῆς ῥυθμοποιίας γινομένας διαιρέσεις·
καὶ προσθετέον δὲ τοῖς εἰρημένοις, ὅτι τὰ μὲν ἑκάστου ποδὸς
σημεῖα διαμένει ἴσα ὄντα καὶ τῷ ἀριθμῷ καὶ τῷ μεγέθει, αἱ δ'
ὑπὸ τῆς ῥυθμοποιίας γινόμεναι διαιρέσεις πολλὴν λαμβάνουσι
ποικιλίαν. Ἔσται δὲ τοῦτο καὶ ἐν τοῖς ἔπειτα φανερόν.*

§ 19. „Durch das eben Vorgetragene darf man sich aber
nicht zu der irrigen Meinung verleiten lassen, als ob ein Takt
nicht in eine grössere Anzahl von Theilen als vier zerfalle. Vielmehr zerfallen einige Takte in das Doppelte der genannten Zahl,
ja in ihr Vielfaches. Aber nicht an sich zerfällt der Takt in
solche grössere Menge (als wir § 17 angaben), sondern die
Rhythmopoeie ist es, die ihn in derartige Abschnitte zu zerlegen
heisst. Die Vorstellung hat nämlich aus einander zu halten:
einerseits die das Wesen des Taktes wahrenden Semeia,
andererseits die durch die Rhythmopoeie bewirkten Zertheilungen.
Und dem Gesagten ist hinzuzufügen, dass die Semeia eines
jeden Taktes, überall, wo er vorkommt, dieselben bleiben, sowohl
der Zahl als auch dem Megethos nach, dass dagegen die aus der
Rhythmopoeie hervorgehenden Zertheilungen eine reiche Mannig-

faltigkeit gestatten. Auch dies wird in dem weiterhin Folgenden einleuchten".*).

Die übrigen Stellen des Aristoxenus über die Chronoi Rhythmopoiias idioi finden sich bei Psellus Prolambanomena § 8 u. § 10. Psellus § 8 = Aristox. § 58. *Τῶν δὲ χρόνων οἱ μέν εἰσι ποδικοί, οἱ δὲ τῆς ῥυθμοποιίας ἴδιοι.*

Ποδικὸς μὲν οὖν ἐστι χρόνος ὁ κατέχων σημείου ποδικοῦ μέγεθος οἷον ἄρσεως ἢ βάσεως ἢ ὅλου ποδός,

Ἴδιος δὲ ῥυθμοποιίας ὁ παραλάσσων ταῦτα τὰ μεγέθη εἴτ' ἐπὶ τὸ μικρὸν εἴτ' ἐπὶ τὸ μέγα.

Καί ἐστι ῥυθμὸς μὲν ὥσπερ εἴρηται σύστημά τι συγκείμενον ἐκ τῶν ποδικῶν χρόνων ὧν ὁ μὲν ἄρσεως, ὁ δὲ βάσεως, ὁ δὲ ὅλου ποδός, ῥυθμοποιία δ' ἂν εἴη τὸ συγκείμενον ἔκ τε τῶν ποδικῶν χρόνων καὶ ἐκ τῶν αὐτῆς τῆς ῥυθμοποιίας ἰδίων.

§ 8. „Von den Chronoi sind die einen podikoi, die anderen sind Chronoi Rhythmopoiias idioi.

Chronos podikos ist derjenige, welcher das Megethos eines Taktabschnittes hat, des leichten oder des schweren, oder des ganzen Taktes.

Chronos Rhythmopoiias idios ist derjenige, welcher hinter diesen Megethe zurückbleibt oder darüber hinausgeht.

Und es ist der Rhythmus wie gesagt ein System aus den Chronoi podikoi, von denen jeder bald ein leichter, bald ein schwerer Takttheil, bald ein ganzer Takt ist. Rhythmopoeie dagegen wird sein, was aus Chronoi podikoi und Chronoi Rhythmopoiias idioi besteht."

Psellus § 10 = Aristox. § 57. *Πᾶς δὲ ὁ διαιρούμενος εἰς πλείω ἀριθμὸν καὶ εἰς ἐλάττω διαιρεῖται.*

---

*) „Sonderbarer Weise hat man diese Stelle gegen den klaren Sinn der Worte zum vermeintlichen Beweise für die Gleichheit der *μέρη ποδὸς* (*σημεῖα*) herbeigezogen: Feussner (Aristoxenus Grundzüge S. 33) und Brill (Aristoxenus Messungen S. 28). Was sie bedeutet, darüber sollte eigentlich keine Meinungsverschiedenheit herrschen: „Die Semeia eines solchen Taktes bleiben sich fortwährend gleich an Zahl wie an Grösse." Man kann natürlich von einem einzigen Takte nicht sagen, dass seine Theile sich an Zahl fortwährend gleich bleiben; Aristoxenus spricht von wiederholt vorkommenden Takten. Jeder Takt, so oft er vorkommt, bleibt sich stets gleich in der Zahl und Grösse seiner Theile. ... Das ist so einfach und natürlich, auch so bestimmt von Aristoxenus ausgesprochen, dass man sich wundern muss, wenn aus dieser Stelle der Schluss gezogen wurde, dass innerhalb eines Taktes die Semeia stets einander gleich seien." W. Brambach, rhythm. u. metr. Untersuch. 1871. S. 34.

§ 10. „Jeder Takt, welcher zerfällt wird, wird in eine grössere und in eine kleinere Zahl von Theilen zerfällt."

Eine andere Notiz steht in Aristoxenus' dritter Harmonik.

§ 9. Καθόλου δ᾽ εἰπεῖν ἡ μὲν ῥυθμοποιία πολλὰς καὶ παντοδαπὰς κινήσεις κινεῖται, οἱ δὲ πόδες, οἷς σημαινόμεθα τοὺς ῥυθμοὺς, ἁπλᾶς τε καὶ τὰς αὐτὰς ἀεί.

§ 9. „Allgemein zu reden, es bedingt die Rhythmopoeie viele und mannigfaltige Bewegungen, die Takte aber, durch welche wir die Rhythmen bezeichnen, stets einfache und constante Bewegungen."

W. Brambach*) sagt: „Eine Theorie kann massgebende und praktische Bedeutung haben, ohne richtig oder gut zu sein. Die rhythmischen Elemente des Aristoxenus verdienen also die grosse ihnen zugewendete Aufmerksamkeit, auch wenn sich herausstellen sollte, dass der Rhythmiker geirrt habe, oder dass sein System unvollkommen sei."

„Immerhin werden einige Beobachtungen des Aristoxenus unangefochten bleiben." Das seien nämlich fünf Grundsätze: ... 2) dass der Rhythmus nicht nach Sylben, sondern nach Zeiteinheiten (Chronoi protoi) messbar sei, 3) dass die praktische Versbildung eine Figurirung der Zeittheile vorzunehmen im Stande sei, und dass somit ein Unterschied zwischen den rein rhythmischen Taktzeiten (Chronoi podikoi) und den Zeitfiguren der praktischen Composition (Chronoi Rhythmopoiias idioi) entstehen könne. ...

„Hätte Aristoxenus die erwähnten fünf Grundsätze consequent durchgeführt, so wäre er zur Aufstellung eines rhythmischen Systemes gelangt, welches für die antike Vocalmusik ebenso ausreichend gewesen, wie unsere Taktschrift für die moderne Musik. Aber in Anwendung des zweiten und dritten Grundsatzes ist er mit seinen Nachfolgern auf halbem Wege stehen geblieben. Er theilt zwar die Takte in Taktglieder und Zeiteinheiten; die Zeitfiguren dagegen, welche durch Zusammenziehung oder Brechung von der reinen Gliederung abweichen, hat er nicht auf ihre Urform zurückzuführen verstanden." ... „Er giebt zu, dass Takte von der praktischen Composition gebildet werden, welche sich in die reine Theilung von höchstens 4 Semeia nicht fügen. ... Damit ist eingestanden, dass die Chronoi Rhythmopoiias idioi

---

*) Rhythmische und metrische Untersuchungen 1871 S. 7.

nicht auf die Grundverhältnisse des einfachen Taktes zurück-
geführt werden. Wenn der Takt an sich ($\varkappa\alpha\vartheta$' $\alpha\dot{\upsilon}\tau\acute{o}\nu$) nur jene
Zerfällung in 2, 3, 4 „Zeichen" zulässt, wenn andererseits Takt-
bildungen vorkommen, die praktisch in 8 oder mehrere „Zeichen"
zerlegt werden müssen, so folgt daraus, dass der Rhythmiker in
den letzteren Taktbildungen die zu Grunde liegende Urform des
Taktes nicht mehr fixirt hat. Wollte Aristoxenus das Princip
der Zeitmessung strenge verfolgen, so musste er die Chronoi
Rhythmopoiias idioi nicht nur in Chronoi protoi zerlegen, sondern auch ihr dynamisches Gewicht bestimmen. So lange die
Rhythmik nicht unterscheidet, welche betonte und welche un-
betonte Zeiteinheiten in jedem Tone und in jeder Sylbe enthalten
sind, so lange ist sie ausser Stande, die einheitlichen Masse oder
den gleichmässigen Schritt der Bewegung zu finden."

Es ist misslich dem Aristoxenus vorzuwerfen, seine Lehre
von den Chronoi Rhythmopoiias idioi sei mangelhaft, so lange
wir sie nicht kennen. Als man glaubte, dass Aristoxenus dem
vierfüssigen Takte zwei Chronoi podikoi, dem fünffüssigen vier
Chronoi podikoi zuertheilt, so lange waren Baumgarts Ausstellungen an dem angeblich Aristoxenischen Taktirverfahren vollständig gerechtfertigt. Glücklicher Weise hat sich ermitteln
lassen, dass das keineswegs von Aristoxenus so angegeben ist,
dass vielmehr Aristoxenus die zusammengesetzten Takte so taktirt wissen will, wie dies in der modernen Musik geschieht, die
diesen Takten entweder zwei oder drei oder vier, niemals aber
mehr als vier Haupttaktirzeichen giebt.

Es muss darin eine Mahnung liegen, auch für die Chronoi
Rhythmopoiias immer noch eine Auffassung als möglich offen
zu lassen, welche eine recht eigentlich rhythmische sei, so gut
wie die der Chronoi podikoi.

Baumgart sagt S. VI: „Denken wir uns eine anapaestische
Tetrapodie. Nach der Lehre von den Chronoi podikoi kann
der erste Niederschlag nicht früher als auf die erste Länge fallen,
und die anlautenden Kürzen blieben also unbezeichnet. Wie
trafen nun Sänger oder Spieler den gleichzeitigen Anfang? Wir
sehen dazu keine Möglichkeit, und noch viel weniger, wenn der
Hauptictus, wie es ja sein konnte, in die Mitte der Reihe, also
auf die zweite Länge fiel

$$\smile\smile\ \_\ \smile\smile\ \acute{\_}\ \smile\smile\ \_\ \smile\smile\ \_.$$

Schlug der Hegemon hier erst auf der zweiten Länge nieder?

Ein ganz ähnlicher Fall wäre es beim iambischen Trimeter, der
nach einer Ueberlieferung der Metriker den Hauptictus immer am
Ende der ersten Dipodie hatte

$$\cup \_ \cup \overset{\prime\prime\prime}{\_} \cup \_ \cup \overset{\prime\prime}{\_} \cup \_ \cup \perp.$$

Obwohl er meist gesprochen wurde, so findet er sich doch auch
in melischen Partien, und dann bietet er dieselbe Unmöglichkeit
einer genauen Anfangs-Bezeichnung wie oben die Anapaesten. Ja,
wir werden bei jeder anakrusischen Reihe auf diesen Zweifel
stossen. Es wäre sehr leicht zu sagen, dass in solchen Fällen
ein Hegemon ein Zeichen zum Anfang hinzugefügt habe, dass
es aber ausnahmsweise nicht als Taktschlag gerechnet worden
sei. Das Zeichen konnte nur ein Taktschlag sein und sich in
gar nichts von anderen Taktschlägen unterscheiden. Aber mit
jedem Taktschlag mehr ist die ganze Theorie der Taktschläge
durchbrochen, wie die Reihe mit einem hinzugefügten Ictus verändert wird."

Der Thatsache, welche Baumgart geltend macht, kann absolut nicht widersprochen werden. Wenn alle Sänger zugleich
anfangen sollten, so musste die Anakrusis durch ein Zeichen
markirt werden, und dies Zeichen konnte nichts anders sein, als ein
Taktschlag. Also ein Taktschlag mehr, als die Chronoi podikoi,
die nach Aristoxenus die Zahl vier nicht überschreiten können.

Antwort: Dieser „Taktschlag mehr" gehört nicht unter die
Kategorie der Chronoi podikoi, er gehört unter die Kategorie
der Chronoi Rhythmopoiias idioi.

Nach Aristoxenus kommen auf den Takt (zusammengesetzten
Takt, Kolon) weniger Chronoi Rhythmopoiis idioi als Chronoi
podikoi.

Im § 57 sagt er: „jeder Takt, welcher zerfällt wird, wird
in eine grössere und in eine kleinere Zahl von Theilen zerfällt."
Die grössere Zahl sind die Chronoi Rhythmopoiias idioi, die
kleinere Zahl die Chronoi podikoi.

Dasselbe sagt Aristoxenus auch § 58b: „Und es ist der
Rhythmus, wie gesagt, eine Zusammenstellung aus Chronoi podikoi, ... Rhythmopoeie dagegen wird sein, was aus Chronoi
podikoi und Chronoi Rhythmopoiias idioi besteht."

Von grösster Wichtigkeit ist, was wir aus diesen Stellen
erfahren, dass die Takte zugleich in Chronoi podikoi und
Chronoi Rhythmopoiias idioi zerlegt werden sollen. Der Rhythmus als das abstracte Schema geordneter Zeitgrössen verlangt

zwar nur Gliederung nach Chronoi podikoi, die Rhythmopoeie
dagegen, die concrete Ausfüllung der rhythmischen Fächer mit
den Theilen des Rhythmizomenons, verlangt ausser der Gliederung nach Chronoi podikoi zugleich die Gliederung nach den
Chronoi Rhythmopoiias idioi.

Folgende Auffassung beider Kategorien der Chronoi scheint
wohl gerechtfertigt zu sein, wenn damit auch noch nicht alle
Schwierigkeiten entfernt sein sollten.

Das Kolon, oder wie Aristoxenus sagt, der πούς σύνθετος,
ist eine Vereinigung von Versfüssen, deren jeder beim Dirigiren
als Chronos podikos oder Semeion podikon mit einem Takt-
schlage bezeichnet wird. Der zusammengesetzte Takt kann zwei
oder drei oder vier solcher Semeia podika haben, d. h. er kann
zwei oder drei oder vier Versfüsse enthalten.

Nun hat aber jeder dieser zwei zum πούς σύνθετος vereinten
und als Chronoi podikoi geltenden Versfüsse, als Einzelfuss gefasst, einen schweren und einen leichten Takttheil. Diese Takttheile des Einzel-Versfusses, welcher einen Bestandtheil des πούς
σύνθετος ausmacht, können natürlich nicht Chronoi podikoi sein,
es sind die die Theile des Chronos podikos bildenden Chronoi
Rhythmopoiias idioi.

Die Versfüsse des zusammengesetzten Taktes sind die Chronoi podikoi desselben.

Der einzelne Takttheil des ganzen Versfusses ist der Chronos
Rhythmopoiias idios. Da in einem Kolon die Zahl der Versfüsse kleiner ist als die Zahl der in diesen Versfüssen enthaltenen starken und schwachen Takttheile, — als die Zahl der Thesen
und Arsen der zu einem Kolon combinirten Versfüsse —, so muss
nothwendig die Zahl der Chronoi podikoi eines zusammengesetzten
Taktes kleiner sein als die Anzahl der Chronoi Rhythmopoiias
idioi —, umgekehrt die Anzahl der Chronoi Rhythmopoiias idioi
grösser als die Zahl der Chronoi podikoi. Aristoxenus sagt, die
grössere Anzahl (Chronoi Rhythmopoiias idioi) könne das Doppelte, ja das Vielfache der kleineren Anzahl (Chronoi protoi)
bilden. Machen wir hiervon eine Anwendung:

Der dipodische Takt z. B. ⌣⌣‿ ⌣⌣‿ oder ⌣‿ ⌣‿ oder ‿⌣‿ ‿⌣‿
hat zwei Chronoi podikoi (jeder Versfuss ist ein Chronos podikos).
Die Anzahl seiner Chronoi Rhythmopoiias idioi ist doppelt oder
dreifach so gross, sie wird also für die Dipodie zweimal zwei
oder zweimal drei d. i. die Zahl 4 oder 6 betragen.

Die anapaestische Dipodie als πούς σύνϑετος

enthält zwei Chronoi podikoi, den einen Anapaest als starken, den anderen als schwachen Takttheil, einen jeden 4-zeitig; die Anzahl der Chronoi Rhythmopoiias idioi ist das Doppelte, also vier Chronoi Rhythmopoiias idioi, ein jeder derselben 2-zeitig

$$\begin{array}{c|c} \text{I} & \text{II} \\ \text{Thesis} & \text{Arsis} \\ \cup\,\cup\,- & \cup\,\cup\,- \end{array} \quad \text{zwei 4-zeitige Chronoi podikoi}$$

$$\underset{1}{\overset{\backsim}{}}\Big|\underset{2}{\overset{-}{}}\Big|\underset{3}{\overset{\backsim}{}}\Big|\underset{4}{\overset{-}{}} \quad \text{vier 2-zeitige Chronoi Rhythmopoiias.}$$

Die ionische Dipodie als πούς σύνϑετος

enthält zwei Chronoi podikoi, den einen Ionicus als starken, den anderen als schwachen Takttheil; die Anzahl der Chronoi Rhythmopoiias ist das Dreifache, also sechs Chronoi Rhythmopoiias

$$\Big\| \begin{array}{c|c} \text{I} & \text{II} \\ \text{Thesis} & \text{Arsis} \\ -\,-\,\cup\,\cup & -\,-\,\cup\,\cup \end{array} \Big\| \quad \text{zwei 6-zeitige Chronoi podikoi}$$

$$\Big\|\underset{1}{\overset{-}{}}\Big|\underset{2}{\overset{-}{}}\Big|\underset{3}{\overset{\backsim}{}}\Big|\underset{4}{\overset{-}{}}\Big|\underset{5}{\overset{-}{}}\Big|\underset{6}{\overset{\backsim}{}}\Big\| \quad \text{sechs 2-zeitige Chronoi Rhythmopoiias.}$$

In beiden Fällen würde der einzelne Chronos Rhythmopoiias ein Megethos von 2 Chronoi protoi, ein Megethos disemon haben.

Die iambische Dipodie als πούς σύνϑετος

enthält zwei Chronoi podikoi, den einen Iambus als Thesis, den anderen als Arsis, einen jeden 3-zeitig. Beträgt die Anzahl der Chronoi Rhythmopoiias das Dreifache, so hat dieser ganze πούς σύνϑετος sechs Chronoi Rhythmopoiias, einen jeden vom Umfange eines Chronos protos

$$\Big\| \begin{array}{c|c} \text{I} & \text{II} \\ \text{Thesis} & \text{Arsis} \\ \cup\,- & \cup\,- \end{array} \Big\| \quad \text{zwei 3-zeitige Chronoi podikoi}$$

$$\Big\| \underset{1}{\cup}\,\underset{2}{\cup}\,\underset{3}{\cup}\Big|\underset{4}{\cup}\,\underset{5}{\cup}\,\underset{6}{\cup}\Big\| \quad \text{sechs 1-zeitige Chronoi Rhythmopoiias.}$$

Die paeonische Dipodie als πούς σύνϑετος

enthält zwei Chronoi podikoi, den einen Paeon als Thesis, den anderen als Arsis, einen jeden 5-zeitig. Beträgt die Anzahl der Chronoi Rhythmopoiias das Fünffache, so hat die paeonische

Dipodie deren zehn, einen jeden vom Umfange des Chronos
protos

I	II	
Thesis	Arsis	zwei 5-zeitige Chronoi podikoi
‿ ∪ ‿	‿ ∪ ‿	

∪∪∪∪ ∪∪∪∪ ∪	zehn 1-zeitige Chronoi Rhythmopoiias.
1 2 3 4 5 6 7 8 9 10	

In den beiden letzten Fällen (bei der iambischen Dipodie
und der paeonischen Dipodie) würde der einzelne Chronos Rhythmopoiias idios das Megethos eines Chronos protos haben.

Eine Stelle des Fabius Quintilianus, welche von den rhythmischen Taktschlägen (percussiones) redet, verdient hier heran-
gezogen zu werden, instit. 9, 4, 51:

Maior tamen illic licentia est, ubi tempora etiam animo meti-
untur et pedum et digitorum ictu intervalla signant quibusdam
notis atque aestimant, quot breves illud spatium habeat; inde tetrasemi, pentasemi, deinceps longiores fiunt percussiones.

Unter den longiores percussiones müssen die hexasemi und
octasemi verstanden sein. Im Ganzen würde Quintilian also folgende Chronoi podikoi vor Augen haben:

percussio tetrasemos ‑∪∪ oder ∪∪‑,

percussio pentasemos ‑∪∪∪,

percussio hexasemos ‑‑∪∪ oder ∪∪‑‑ und ‑∪‑∪ oder ∪‑∪‑,

percussio octasemos ‑∪∪‑∪∪ oder ∪∪‑∪∪‑.

Innerhalb dieser percussiones wird die Anzahl der Chronoi
protoi oder, wie Quintilian sagt, der breves vom Dirigenten ge-
zählt, und hiernach die betreffenden Zeitgrössen durch Bewegungen
mit dem Fusse oder mit der Hand angezeigt (d. h. taktirt). Ausdrücklich ist hier gesagt, dass der Taktirende die Chronoi protoi
zu zählen hatte.

Das obige Beispiel der iambischen Dipodie und der paeonischen Dipodie würde den Fall erläutern, wo der Dirigent die
Chronoi protoi nicht bloss zu zählen, sondern wo er einen jeden
der Chronoi protoi durch Taktirzeichen (quibusdam notis), d. i.
pedum et digitorum ictu, als einen Chronos Rhythmopoiias den
Ausführenden anzudeuten hätte.

Hat der Musikdirector unserer Tage nach zusammengesetzten
Takten zu dirigiren, so giebt er, wenn das Tempo ein langsames
ist, mit dem ganzen Arme die Hauptbewegungen des Taktes, mit
dem Vorderarme die zu jeder Hauptbewegung gehörenden die

Nebenbewegungen des Taktirens an. Wie beides, die Haupt- und die Nebenbewegungen mit einander angegeben werden, ist von Berlioz*) ausführlich beschrieben. Die Hauptbewegungen haben genau dieselbe rhythmische Bedeutung wie die Chronoi podikoi des Aristoxenus. Es liegt daher nahe genug, die Chronoi Rhythmopoiias idioi mit den sog. Nebenbewegungen des heutigen Taktschlagens zu vergleichen.

Im modernen Dirigiren werden bei einem raschen Tempo nur die Hauptbewegungen des Taktschlagens ausgeführt, bloss bei langsamem Tempo werden neben den Hauptbewegungen zugleich die Nebenbewegungen zum richtigen Einhalten des Taktes den Ausführenden vor die Augen geführt. Aristoxenus drückt sich so aus, als ob neben der Gliederung nach Chronoi podikoi stets auch die Gliederung nach Chronoi Rhythmopoiias idioi angegeben würde. Wir dürfen nicht daran zweifeln; es deutet darauf hin, dass in der griechischen Musik das Tempo stets ein langsameres war als in der modernen, dass dort so rasche Tempi wie bei uns nicht vorkommen konnten.

Wie die Lehre von den Chronoi podikoi in § 18 nur vorläufig angedeutet sein soll „Διὰ τί δὲ οὐ γίνεται πλείω σημεῖα τῶν τεττάρων ... ὕστερον δειχθήσεται", so ist auch, was § 19 über die Chronoi Rhythmopoiias idioi gesagt ist, nur eine vorläufig instruirende Anticipation des später Darzustellenden „Ἔσται δὲ τοῦτο ἐν τοῖς ἔπειτα φανερόν."

Aus diesen „τοῖς ἔπειτα" würden wir zweifelsohne erfahren, wie das Markiren der Chronoi podikoi und der gleichzeitigen Chronoi Rhythmopoiias idioi in der Praxis ausgeführt wurde, in welcher Weise Fuss und Finger dazu benutzt wurde „pedum et digitorum ictu" (Quintil.)**). Wären uns „τὰ ἔπειτα" erhalten, dann würden wir auch wissen, was Aristoxenus mit den räthselhaften Worten des Psellianischen § 8 sagen will: „ποδικὸς μὲν οὖν ἐστι χρόνος ὁ κατέχων σημείου ποδικοῦ μέγεθος, οἷον ἄρσεως ἢ βάσεως ἢ ὅλου ποδός. ἴδιος δὲ ῥυθμοποιίας ὁ παραλλάσσων ταῦτα τὰ

---

*) Hektor Berlioz, Instrumentationslehre deutsch von A. Dörffel, 1864, S. 259.

**) Bezeichnete man durch das Aufstampfen des Fusses den Anfang der Chronoi podikoi? Durch gleichzeitige Bewegung der Finger die Chronoi Rhythmopoiias idioi? Durch den Gebrauch einerseits des ganzen Armes, und andererseits des Vorderarmes, wie heut zu Tage die zusammengesetzten Takte dirigirt werden, scheint man im Alterthume die Haupt- und Nebenbewegungen nicht unterschieden zu haben.

μεγέθη εἴτ᾽ ἐπὶ τὸ μικρὸν εἴτ᾽ ἐπὶ τὸ μέγα." Bezüglich des
εἴτ᾽ ἐπὶ τὸ μικρὸν können wir uns leicht eine Vorstellung machen:
der Umfang eines Chronos Rhythmopoiias idios ist, wenn er wie
oben S. 124 angenommen wurde, ein δίσημον oder μονόσημον ist,
kleiner als der kleinste Chronos podikos, der (als trochaeischer
oder iambischer Versfuss) mindestens ein χρόνος τρίσημος sein
muss. Aber παραλλάσσων εἴτ᾽ ἐπὶ τὸ μέγα?*) Wann mag ein
Chronos Rhythmopoiias grösser sein, als ein Chronos podikos?
Zuerst hat es H. Weil ausgesprochen, dass es sich bei einem
ἴδιος ῥυθμοποιίας χρόνος τὰ τοῦ σημείου ποδικοῦ μέγεθος οἷον
ἄρσεως ἢ βάσεως ἢ ὅλου σημείου ποδικοῦ μέγεθος, παραλλάσσων εἴτ᾽ ἐπὶ τὸ μικρὸν εἴτ᾽ ἐπὶ τὸ μέγα um die von Aristides
sogenannten παρεκτεταμένοι handelt. Natürlich veranlasst nicht
eine jede über die Zweizeitigkeit ausgedehnte Sylbe eine Differenz zwischen χρόνος ποδικὸς und χρόνος ῥυθμοποιίας ἴδιος.
Nicht in trochaeischen Versen Eum. 920

ῥυσίβωμον Ἑλλά- | νων ἄγαλμα δαιμόνων·

‿ ∪ ‿ ∪ ‿́ ‿́ | ‿́ ∪ ‿ ∪ ‿ ∪ ‿ ∧.

Hier hat jede der beiden 3-zeitigen Längen Ἑλλα- den Umfang
eines 3-zeitigen Chronos podikos, beide zusammen stehen dem
Rhythmus nach den beiden vorausgehenden Versfüssen ῥυσίβωμον gleich. Ebenso im vorausgehenden Verse

τὰν καὶ Ζεὺς ὁ παγκρατὴς Ἄρης τε | φρούριον θεῶν νέμει,

‿́ ‿́ ‿ ∪ ‿ ∪ ‿ ∪ ‿ ∪ | ‿ ∪ ‿ ∪ ‿ ∪ ‿ ∧

die beiden anlautenden Längen von je 3-zeitigem Megethos. Das
alles sind 6-zeitige Chronoi podikoi, von denen ein jeder zwei
3-zeitige Chronoi Rhythmopoiias enthält.

‿ ∪ ‿ ∪ ‿́ ‿́ | ‿ ∪ ‿ ∪ ‿ ∪ ‿ ∧ 3-zeitige Chronoi Rhythmopoiias,

   6   6   6   6   6-zeitige Chronoi podikoi.

Hier ist jeder Chronos Rhythmopoiias genau halb so gross, wie
der Chronos podikos. In iambischen Versen analoger Bildung,
wie die vorliegenden trochaeischen, bewirken die 3-zeitigen
Längen, dass die Chronoi Rhythmopoiias idioi sich nicht als
eigentliches Mass der Chronoi podikoi zu Grunde legen lassen.
In dem Verse Agam. 459

---

*) Eine Parallele der ganzen Ausdrucksweise bei Pseudo-Euklid. p. 9
Meib., was ohne Zweifel aus der Darstellung des Aristoxenus excerpirt ist.

μένει δ᾽ ἀκοῦσαί τί μου | μέριμνα νυκτηρεφές

‿ ⏔ ∪ ‿́ ‿ ∪ ⏕ | ∪ ‿ ∪ ‿́ ‿ ∪ ⏕ |

sollte jedes der beiden 12-zeitigen Kola (nach Aristoxenus „*πόδες σύνϑετοι δωδεκάσημοι*") zwei 6-zeitige Chronoi podikoi enthalten. Durch die Eigenthümlichkeit der Rhythmopoeie aber wird die erste iambische Dipodie zu einem 7-zeitigen, die zweite zu einem 5-zeitigen Megethos.

∪ ‿ ∪ ‿́ ‿ ∪ ⏕ | ∪ ‿ ∪ ‿́ ‿ ∪ ⏕ |

    7   5   7   5

Hier tritt ein, was Aristoxenus sagt: in jedem der beiden Kola überschreitet die erste Dipodie durch ihre eigenthümliche Rhythmopoeiegestaltung das Megethos des 6-zeitigen Chronos podikos um Einen Chronos protos, die zweite Dipodie bleibt um Einen Chronos protos hinter dem 6-zeitigen Chronos podikos zurück. Bei der ersten Dipodie findet das „*παραλλάσσειν ἐπὶ τὸ μέγα*", bei der zweiten Dipodie das „*παραλλάσσειν ἐπὶ τὸ μικρόν*" statt*).

Sowohl in den vorher herbeigezogenen trochaeischen wie iambischen Versen beruht die Eigenartigkeit der Rhythmopoeie darauf, dass der schwache Takttheil eines Versfusses nicht durch die kurze Sylbe besonders ausgedrückt wird, sondern dass statt dessen eine Dehnung der folgenden Länge zur Dreizeitigkeit stattfindet. Die erste Auflage der Rossbach-Westphalschen Metrik hatte für diese Art der metrischen Bildung den Namen Synkope, synkopirter Vers aufgebracht. Baumgart war der erste, welcher mit dem Herausgeber der zweiten Auflage die Anwendung des Namens Synkope für die in Rede stehende metrische Bildung verwarf, da unsere musikalische Rhythmik den Terminus Synkope für eine andere rhythmische Eigenthümlichkeit bereits in festem Gebrauche habe. Was die erste Auflage der Rossbach-Westphalschen Metrik „synkopirten Vers" nannte, dafür hat die antike Theorie der Metrik den Namen „dikatalektisches, prokatalektisches Asynarteton" des trochaeischen oder iambischen Metrums. Kurz gesagt: was Aristoxenus bei Psellus § 8 mit

---

*) Der durch Psellus überlieferte Aristoxenische Ausdruck ist in derselben Weise zu fassen, wie der (zweifelsohne aus der Aristoxenischen Harmonik) excerpirte Satz bei Pseudo-Euklid p. 9 Meib: *παραλλάττοντα ταῦτα τὰ μεγέθη ἐπὶ τὸ μεῖζον ἢ ἐπὶ τὸ ἔλαττον ἀμελῳδήτῳ τινὶ μεγέθει* d. i. die irrationalen Intervalle sind um ein Amelodeton grösser oder kleiner als die rationalen. S. Aristoxenus von Tarent, 1883, S. 289.

den Worten bezeichnet „ποδικὸς μὲν οὖν χρόνος ὁ κατέχων σημείου ποδικοῦ μέγεϑος, οἷον ἄρσεως ἢ βάσεως ἢ ὅλου ποδός·
ἴδιος δὲ ῥυϑμοποιίας ὁ παραλλάσσων ταῦτα τὰ μεγέϑη εἴτ᾽
ἐπὶ τὸ μικρὸν εἴτ᾽ ἐπὶ τὸ μέγα“, das tritt vorzugsweise in
solchen Versen ein, welche nach Hephaestion als die mit einer
Anakrusis anlautenden ἀσυνάρτητα zu bezeichnen sind, während ihnen die erste Auflage der Rossbach-Westphalschen Metrik
den wenig passenden Namen „synkopirte Verse“ beilegen zu
müssen glaubte.

Auch dasjenige, was in der Rhythmik unserer modernen
Musik Synkope genannt wird, war der Rhythmopoeie des Griechenthumes keineswegs unbekannt. Unter den Beispielen antiker
Instrumentalmusik, welche der Anonymus de musica überliefert,
lautet § 104 unter der Ueberschrift „Κῶλον ἐξάσημον“ folgendermassen:

Eine jede dieser drei Musikzeilen enthält zwei πόδες ἐξάσημοι,
d. i. zwei 6-zeitige Dipodien von folgender Sylbenform:

$$\smile\ -\ \overset{.}{-}\ \overset{.}{\smile}\ \smile\ \overset{.}{-}$$
$$\smile\ -\ \overset{.}{-}\ \overset{\frown}{\smile}\ \smile\ \overset{.}{-}$$
$$\overset{.}{-}\ \smile\ \smile\ -\ \smile\ -\ \overset{.}{-}$$

Bedenken wir wohl, dass es Instrumentalmusik ist, deren Rhythmus wir hier vor uns haben. In der griechischen Vocalmusik
kommt das freilich nicht vor. Denn ein auf der Kürze den
rhythmischen Accent tragender Iambus, den wir einen absteigenden Iambus nennen müssten,

$$\overset{.}{\smile}\ -$$

scheint von Seiten der alten metrischen Tradition aller Bestätigung zu entbehren. Gottfried Hermann freilich nahm an, dass
die von ihm so genannte Basis aus einem auf jedem seiner Sylben
zu betonenden zweisylbigen Versfusse bestehe, also eventuell
auch aus einem Iambus

$$\cup \perp.$$

Viel eher als diesen Hermannschen Iambus mit zwei rhythmischen Accenten wird man den vom Anonymus überlieferten
ansteigenden Iambus mit dem rhythmischen Accente auf der
Kürze als berechtigt gelten lassen dürfen, denn er beruht auf
einer sehr werthvollen rhythmischen Quelle. Das Wesen dieses
Iambus ist so zu erklären, dass von den im 3-zeitigen Versfusse enthaltenen drei Chronoi protoi, deren erster den rhythmischen Accent trägt, der zweite und dritte zu einer Länge contrahirt sind:

$$\perp \cup \text{ Trochaeus}$$
$$\cup \cup \cup \text{ absteigender Tribrachys}$$
$$\cup - \text{ absteigender Iambus.}$$

Es findet mithin in dem absteigenden Iambus genau dasselbe
statt, was wir heutzutage in der musikalischen Rhythmik eine
Synkope nennen: die Länge des absteigenden Iambus enthält zu-
gleich ein accentuirtes zur $\vartheta\acute{\epsilon}\sigma\iota\varsigma$ gehörendes und ein unaccentuir-
tes zur $\check{\alpha}\varrho\sigma\iota\varsigma$ gehörendes Zeitmoment. Der 3-zeitige Takt in der
Form des Trochaeus hat eine 2-zeitige Thesis und eine 1-zeitige
Arsis. Durch Sylbenauflösung entsteht aus dem Trochaeus das
Schema des Tribrachys, in welchem gerade so wie in der Grund-
form, dem Trochaeus, die Thesis eine 2-zeitige, die Arsis eine
1-zeitige ist. Trochaeus und Tribrachys sind derselbe Rhythmus, jedoch verschiedene Schemata der Rhythmopoeie. Ein
drittes Schema der Rhythmopoeie wird der absteigende Iambus
sein, der uns in dem Musikbeispiele des Anonymus überliefert
ist. Im Trochaeus und Tribrachys hat der als Thesis fungirende
Chronos podikos ein 2-zeitiges Megethos, der als Arsis fungirende
ein 1-zeitiges Megethos: hier sind die beiden Chronoi podikoi
mit den Chronoi Rhythmopoiias idioi dem Megethos nach identisch. Dagegen von den beiden Sylben des absteigenden Iambus
hat die erste ein kleineres Megethos als der thetische Chronos
podikos des Trochaeus, während die zweite Sylbe des absteigenden Iambus ein grösseres Megethos als die Arsis des Trochaeus hat.

So viel lässt sich zur Wiederherstellung der Aristoxenischen Lehre von dem Megethos der Chronoi Rhytmopoiias idioi den Quellen entnehmen.

§ 27.
Irrationale Takte.
(πόδες ἄλογοι, ῥυϑμοειδεῖς.)

Aristoxenus sagt in der Einleitung zur Taktlehre:

§ 20. Ὥρισται δὲ τῶν ποδῶν ἕκαστος ἤτοι λόγῳ τινὶ ἢ ἀλογίᾳ τοιαύτῃ, ἥτις δύο λόγων γνωρίμων τῇ αἰσϑήσει ἀνὰ μέσον ἔσται.*)

Γένοιτο δ' ἂν το εἰρημένον ὧδε καταφανές· εἰ ληφϑείησαν δύο πόδες, ὁ μὲν ἴσον τὸ ἄνω τῷ κάτω ἔχων καὶ δίσημον ἑκάτερον, ὁ δὲ τὸ μὲν κάτω δίσημον, τὸ δὲ ἄνω ἥμισυ, τρίτος δέ τις ληφϑείη πούς παρὰ τούτους, τὴν μὲν βάσιν ἴσην αὖ τοῖς ἀμφοτέροις ἔχων, τὴν δὲ ἄρσιν μέσον μέγεϑος ἔχουσαν τῶν ἄρσεων. Ὁ γὰρ τοιοῦτος πούς ἄλογον μὲν ἕξει τὸ ἄνω πρὸς τὸ κάτω· ἔσται δ' ἡ ἀλογία μεταξὺ δύο λόγων γνωρίμων τῇ αἰσϑήσει, τοῦ τε ἴσου καὶ τοῦ διπλασίου. καλεῖται δ' οὗτος χορεῖος ἄλογος.

§ 20. „Bestimmt ist ein jeder der Takte entweder durch einen Logos (Verhältniss 2 : 1, 2 : 2, 2 : 3 vgl. unten) oder durch eine solche Alogia, welche zwischen zwei unserer Aisthesis leicht fasslichen Logoi in der Mitte liegt.

„Man kann sich das Gesagte etwa so zur Anschauung bringen. Wenn man zwei Takte nimmt, von denen der eine den Niederschlag gleich gross hat wie den Aufschlag, jeden im Werthe eines Chronos disemos

$$\frac{\llcorner}{2} \frac{-}{2},$$

der andere den Niederschlag vom Werthe eines Chronos disemos den Aufschlag halb so gross

$$\frac{\llcorner}{2} \frac{\cup}{1},$$

---

*) Die Excerpte bei Psellus und im Fragm. Parisin.:

Psell. 15. Τῶν δὲ ποδῶν ἕκαστος ὥρισται ἢ λόγῳ τινὶ ἢ ἀναλογίᾳ.

Fragm. Par. 6. Ὡρισμένοι δέ εἰσι τῶν ποδῶν οἱ μὲν λόγῳ τινί, οἱ δὲ ἀλογίᾳ κειμένη μεταξὺ δύο λόγων γνωρίμων, ὥστε εἶναι φανερὸν ἐκ τούτων, ὅτι ὁ πούς λόγος τίς ἐστιν ἐν χρόνοις κείμενος, ἡ ἀλογία δὲ ἐν χρόνοις κειμένη εἰρημένον ἀφορισμὸν ἔχουσα.

9*

wenn zu diesen beiden Takten ein dritter genommen wird,
dessen Niederschlag ebenso gross ist wie bei jedem der beiden
genannten Takte, während sein Aufschlag die mittlere Grösse
(arithmetisches Mittel) der beiderseitigen Aufschläge hat

$$\frac{\llcorner}{2} \; \frac{-}{1\frac{1}{2}},$$

ein solcher Takt wird einen Niederschlag haben, welcher zum
Aufschlage in einem irrationalen Verhältnisse (einer Alogia) steht.
Die Irrationalität wird aber zwischen zwei der Aisthesis fasslichen Verhältnissen, dem Verhältnisse 2 : 2 und 2 : 1 genau in
der Mitte liegen. Dieser Takt hat den Namen Choreios alogos".

$$\Delta \acute{\alpha} \varkappa \tau \upsilon \lambda o \varsigma \; \dot{\varrho} \eta \tau \acute{o} \varsigma \quad \frac{\llcorner}{2} \; \frac{\smile\smile}{2},$$

$$X o \varrho \varepsilon \tilde{\iota} o \varsigma \; \ddot{\alpha} \lambda o \gamma o \varsigma \quad \frac{\llcorner}{2} \; \frac{-}{1\frac{1}{2}},$$

$$X o \varrho \varepsilon \tilde{\iota} o \varsigma \; \dot{\varrho} \eta \tau \acute{o} \varsigma \quad \frac{-}{2} \; \frac{\smile}{1}$$

Den Namen ῥητός im Gegensatze zu ἄλογος gebraucht Aristoxenus im folgenden § 21 und § 22. Ebenso sagt auch Aristides ῥητός und ἄλογος, was Marcianus Capella mit rationabilis
und irrationabilis übersetzt. Davon haben die Modernen die
Ausdrücke rational und irrational gebildet, obwohl im Sinne unserer Mathematiker dafür commensurabel und incommensurabel
zu sagen sein würde.

Boeckh hat das grosse Verdienst, diesen Choreios alogos des
Aristoxenus in den unter Trochaeen am Ende eines Kolons oder
einer Dipodie statt des 3-zeitigen Trochaeus verstatteten Spondeus
erkannt zu haben. Der metrischen Form nach besteht also der
Choreios alogos in einem Spondeus. Die spondeische Form wird
durch Bacchius de musica p. 25 Meib. bestätigt, wo ein Takt
„ἐξ ἀλόγου ἄρσεως καὶ θέσεως μακρᾶς οἷον ὀργή"
mit einem Spondeus als Beispiel aufgeführt ist. Derselbe verhält sich zum Choreios alogos, wie der rationale Iambus zum
rationalen Trochaeus

ῥητοὶ πόδες:	Τροχαῖος	Ἴαμβος
	$\frac{\llcorner \;\; \smile}{2 \;\; 1}$	$\frac{\smile \;\; \llcorner}{1 \;\; 2}$

ἄλογοι πόδες:	Χορεῖος ἄλογος	Ἴαμβος ἄλογος
	$\frac{\llcorner \;\;\; -}{2 \;\;\; 1\frac{1}{2}}$	$\frac{- \;\;\; \llcorner}{1\frac{1}{2} \;\;\; 2}$.

Bacchius gebraucht für den ἴαμβος ἄλογος den Namen ὄρθιος.
Wir werden, da ὄρθιος die Bezeichnung für verschiedene, dem

Iambus analoge Takte ist, z. B. für ◡ ◡ ◡ (den Gegensatz des τροχαῖος σημαντός), für den irrationalen Iambus die Bezeichnung ὄρθιος ἄλογος gebrauchen dürfen.

Auch den Auflösungen des rationalen Trochaeus und rationalen Iambus ◡◡◡ und ◡◡◡ stehen irrationale Formen zur Seite. Aristides sagt: „Εἰσὶ δὲ καὶ ἄλογοι χορεῖοι δύο, ἰαμβοειδής, ὃς συνέστηκεν ἐκ μακρᾶς ἄρσεως καὶ δύο θέσεων. καὶ τὸν ῥυθμὸν ἔοικεν ἰάμβῳ, τὰ δὲ λέξεως μέρη δακτύλῳ. Ὁ δὲ τροχοειδὴς ἐκ δύο θέσεων καὶ μακρᾶς ἄρσεως κατ᾽ ἀντιστροφὴν τοῦ προτέρου."

τροχαιοειδής   ἰαμβοειδής

◡◡   -   -   ◡◡

2   1½   1½   2 .

Der Richtigkeit der Boeckhschen Entdeckung thut es keinen Abbruch, dass Boeckh die von Aristoxenus angegebene Messung des Chronos alogos nicht richtig interpretirt hat. Boeckh glaubte, für die beiden Takttheile nicht $2 + 1\frac{1}{2}$, sondern $\frac{4}{3}^{?} + \frac{2}{3}$ annehmen zu müssen, denn der ganze Choreios alogos müsse genau dieselbe Zeitdauer haben wie der auf ihn folgende rationale Trochaeus (also 3 χρόνοι πρῶτοι), die beiden Takttheile des Choreios alogos aber ständen im Verhältnisse $2 : 1\frac{1}{2} = 2 : \frac{3}{2} = \frac{4}{3}^{?} : \frac{2}{3}$. Diese Messung ist gegen die Angabe des Aristoxenus. Denn dieser sagt ausdrücklich, der starke Takttheil des Choreios alogos sei von gleichem Zeitwerthe, wie der des 4-zeitigen Daktylus und der des 3-zeitigen Trochaeus, also 2-zeitig (aber nicht $\frac{4}{3}^{?}$-zeitig)*).

---

*) Boeckh geht wie Voss und Apel von dem Satze aus, dass in der alten Rhythmik wie in der modernen Musik strenge Takteinheit stattfinde. Der Messung des antiken Taktes im Einzelnen legt er die Stelle des Aristoxenus von dem Choreios alogos zu Grunde, dessen Thesis mit der Thesis des rationalen Trochaeus und Daktylus an Zeitdauer übereinkommt, dessen Arsis aber zwischen den Arsen dieser beiden Füsse (1 und 2) in der Mitte steht und also 1½ Moren beträgt. Diesen irrationalen Choreus findet Boeckh in dem Spondeus der nach Dipodien gemessenen trochaei-schen und iambischen Kola und bezeichnet ihn mit

- - z. B.: - ◡ - - - ◡ - - - ◡ -

1 1½

Boeckh's Theorie ist nun folgende:

Weil der Rhythmus gleiche Takte erfordert, so muss auch der irrationale Choreus dieselbe Zeitdauer haben, wie der rationale Trochaeus, nämlich die Zeitdauer von 3 kurzen Sylben. Die von Aristoxenus angegebene Grösse des irrationalen Choreus $2 + 1\frac{1}{2}$ kann daher nicht das absolute, sondern

Verhältniss zwischen Rhythmisch- und Melisch-Irrationalem.

§ 21. *Δεῖ δὲ μηδ᾽ ἐνταῦθα διαμαρτεῖν, ἀγνοηθέντος τοῦ τε ῥητοῦ καὶ τοῦ ἀλόγου, τίνα τρόπον ἐν τοῖς περὶ τοὺς ῥυθμοὺς λαμβάνεται. Ὥσπερ οὖν ἐν τοῖς διαστηματικοῖς στοιχείοις τὸ μὲν κατὰ μέλος ῥητὸν ἐλήφθη, ὃ πρῶτον μέν ἐστι μελῳδούμενον, ἔπειτα γνώριμον κατὰ μέγεθος, ἤτοι ὡς τά τε σύμφωνα καὶ ὁ*

nur das relative Verhältniss zwischen Arsis und Thesis bezeichnen; beide enthalten zusammen nicht $3\frac{1}{2}$, sondern nur 3 Chronoi protoi. Deshalb beträgt die Thesis $1\frac{2}{7}$, die Arsis $\frac{9}{7}$, denn diese Zahlen stehen einerseits in dem von Aristoxenus angegebenen Verhältnisse 2 zu $1\frac{1}{2}$, andererseits betragen sie in Gesammtheit 3 Einheiten:

In den logaoedischen und glyconeischen Strophen findet sich die irrationale Sylbe in der Thesis des Daktylus

die Arsis misst daher $\frac{9}{7}$, die beiden kurzen Sylben des Daktylus zusammen $1\frac{2}{7}$, also jede einzelne Kürze $\frac{6}{7}$, der Grundrhythmus ist der trochaeische:

Dem griechischen Takte liegt hiernach als kleinste Einheit das Siebentel zu Grunde, aber es erscheint nicht als ein selbstständiges Siebentel wie in unserer Septimole, sondern 9, 6, 7, 14 Siebentel sind zu einer einzigen Note verbunden: setzen wir in der obigen Reihe die rationale kurze Sylbe (= 1) als ein doppelt punctirtes Achtel an, so lassen sich die griechischen Noten ihrem Werthe nach folgendermassen ausdrücken:

[Boeckh sagt zwar: *quinque nostris notis designari nequeunt, sed disci poterant facillime*, allein das erstere ist sehr wohl möglich, wenn man nur nicht den χρόνος πρῶτος als Achtel ansetzt. Dasselbe gilt auch vom Rhythmus der dorischen Strophe.]

In Pindars episynthetischen Strophen ist nach B. der Daktylus rational, aber er kommt an Umfange einer trochaeischen Dipodie gleich: „*quod sentiet qui huiusmodi versus recte didicerit aut recitare aut canere.*" Die lange Sylbe des Daktylus ist so gross, wie ein ganzer Trochaeus, also 3-zeitig; eine jede der beiden kurzen Sylben beträgt die Hälfte davon, also $1\frac{1}{2}$. Die kleinste Einheit ist demnach das Vierzehntel der rationalen kurzen Sylbe:

τόνος ⟨καὶ τὸ ἡμιτόνιον καὶ τὸ τεταρτημόριον τοῦ τόνου⟩ ἢ ὡς
τὰ τούτοις σύμμετρα, τὸ δὲ κατὰ τοὺς τῶν ἀριϑμῶν μόνον λόγους ῥητόν, ᾧ συνέβαινεν ἀμελῳδήτῳ εἶναι ⟨ῥητοῦ τινος μεῖζον

Der Creticus, welcher in denselben Strophen die Stelle des Ditrochaeus
vertritt, wird von B. gemessen:

$$\acute{2}\tfrac{2}{3}\ 1\tfrac{1}{3}\ 2\tfrac{2}{3}.$$

Die Arsen und Thesen stehen in dem gewöhnlichen rhythmischen Verhältniss von 3 : 2, aber betragen zusammen 6 Einheiten wie die trochaeische Dipodie.

Soweit die Theorie Boeckh's, von der ihr Urheber selbst sagt: *quae
etsi coniectura nituntur, tamen neque ex veteribus refutari posse videntur,
nec commodiorem viam novi, qua metrorum veterum inaequali mensurae con-
ciliari aequalitas prorsus necessaria possit.*

Einen wesentlichen Punct hat diese Theorie richtig getroffen, dass
nämlich die Syllaba anceps der iambischen und trochaeischen Metra und
die Länge des Daktylus in glyconeisch-logaoedischen Metra als ἄλογος gefasst werden muss, aber folgende Puncte treten mit den Angaben der alten
Rhythmiker in offenen Widerspruch:

1) Die Gleichstellung des Daktylus und Ditrochaeus in der
dorischen Strophe. Der Ditrochaeus enthält mindestens 6 Moren, wie
durch die Angaben der Alten gesichert ist und auch Boeckh annimmt.
Wenn nun der einzelne Daktylus dem Ditrochaeus an Zeitdauer gleich stände,
so enthielte in der dorischen Strophe die daktylische Tetrapodie 24, die
Pentapodie 30 Chronoi protoi. Diese Ausdehnung der daktylischen Kola
ist aber nach den Bestimmungen der alten Rhythmiker nicht möglich: denn
wie sie ausdrücklich lehren, ist der grösste δακτυλικὸς ποὺς ein μέγεϑος
ἑκκαιδεκάσημον, der grösste παιωνικὸς ein πεντεκαιεικοσάσημον μέγεϑος,
d. h. die grösste Tetrapodie enthält 16 Chronoi protoi

$$\angle\ \cup\ \cup\ \angle\ \cup\ \cup\ \angle\ \cup\ \cup\ \angle\ -\ ,$$

die grösste Pentapodie 25 Moren

$$\angle\ \cup\ -\ \angle\ \cup\ -\ \angle\ -\ \angle\ \cup\ -\ ,$$

ein Mass, welches von der Tetrapodie und Pentapodie der dorischen
Strophe bei der Boeckh'schen Messung

3 3	3 3	3 3	3 3	
_ ∪ ∪	_ ∪ ∪	_ ∪ ∪	_ _	24 Chronoi protoi,
3 3	3 3	3 3	3 3	3 3
_ ∪ ∪	_ ∪ ∪	_ ∪ ∪	_ ∪ ∪	_ _ 30 Chronoi protoi

um 8 und 5 Chronoi protoi überschritten wird.

ἢ ἔλαττον⟩· οὕτω καὶ ἐν τοῖς ῥυθμοῖς ὑποληπτέον ἔχειν τό τε
ῥητὸν καὶ τὸ ἄλογον. Τὸ μὲν γὰρ κατὰ τὴν τοῦ ῥυθμοῦ φύσιν
λαμβάνεται ῥητόν, τὸ δὲ κατὰ τοὺς τῶν ἀριθμῶν μόνον λόγους.
Τὸ μὲν οὖν ἐν ῥυθμῷ λαμβανόμενον ῥητὸν χρόνου μέγεθος
πρῶτον μὲν δεῖ τῶν πιπτόντων εἰς τὴν ῥυθμοποιίαν εἶναι, ἔπειτα
τοῦ ποδὸς ἐν ᾧ τέτακται μέρος εἶναι ῥητόν· τὸ δὲ κατὰ τοὺς
τῶν ἀριθμῶν λόγους λαμβανόμενον ῥητὸν τοιοῦτόν τι δεῖ νοεῖν
οἷον ἐν τοῖς διαστηματικοῖς τὸ ⟨περὶ τὸ⟩ δωδεκατημόριον τοῦ
τόνου καὶ εἴ τι τοιοῦτον ἄλλο ἐν ταῖς τῶν διαστημάτων παραλλαγαῖς λαμβάνεται. Φανερὸν δὲ διὰ τῶν εἰρημένων, ὅτι ἡ μέση

[Boeckh selber erkennt die Gesetze des Aristides über die Ausdehnung
der Reihen an einer anderen Stelle als richtig an, S. 60, cf. „ultro vero
sensus non percipiet“, und folgert daraus wie wir, dasſ der daktylische
Hexameter und Pentameter, der anapaestische Tetrameter aus mehreren
Reihen bestände. Bloss über die Ausdehnung der Cretici weiss Boeckh
nicht, ob er den Rhythmikern beistimmen soll. Wenn er aber sagt: *Pin-
darus tamen usque ad viginti tempora progreditur in dactylica compositione*

_ ∪ ∪ _ ∪ ∪ _ ∪ ∪ _ ∪ ∪ _ _ ,

so ist dies kein Widerspruch gegen die Rhythmiker, da nach ihrer Theorie
die daktylische Pentapodie kein μέγεθος δακτυλικὸν, sondern ein μέγεθος
εἰκοσάσημον παιωνικὸν ist, im Verhältniss von 15 : 10 = 3 : 2 gerechnet.]

2) Die Messung des irrationalen Choreus. Boeckh bestimmt die
Arsis auf $\frac{9}{7}$, die Thesis auf $\frac{6}{7}$, weil er einerseits das von Aristoxenus angegebene Verhältniss von $1\frac{1}{2}$: 2 (= $\frac{9}{7}$: $\frac{6}{7}$), andererseits die 3-zeitige Takt-
grösse festhalten will. Somit ist die Arsis dieses Fusses nach der
Boeckh'schen Messung kleiner als die Arsis des rationalen Trochaeus. Aber
Aristoxenus sagt ausdrücklich von dem irrationalen Choreus: τὴν μὲν βάσιν
ἴσην αὐτοῖς ἀμφοτέροις ἔχων, d. h. seine Thesis ist gleich der 2-zeitigen
Thesis des rationalen Trochaeus und rationalen Daktylus, enthält also
2 Chronoi protoi. Dieser Widerspruch des Aristoxenus gegen die Messung
der Arsis trifft zugleich die von Boeckh angenommene Messung der
Thesis.

[Meist unbegründet sind die Einwendungen G. Hermann's gegen Boeckh's
Theorie, dem besonders die allerdings nicht geringe Schwierigkeit in der
Messung der dorischen Strophe auffiel: *cui rite exsequendae ipse Apollo
impar sit*, cf. de metrorum quorundam mensura rhythmica dissertatio 1815,
de epitritis doriis dissertatio 1824, in opusc. II, 105. III, 83. Dagegen
Boeckh Pindar. II, 1 praefat. 1819 und Indic. lection. aestiv. Berol. a. 1825
praefat. Später mass Hermann die Daktylen der dorischen Strophe wie
Boeckh

♩. ♪. ♪. | ♩. ♪. ♪. |

vgl. Jahn, Jahrb. 1837, S. 378.]

ληφθεῖσα τῶν ἄρσεων οὐκ ἔσται σύμμετρος τῇ βάσει· οὐδὲν γὰρ αὐτῶν μέτρον ἐστὶ κοινὸν ἔνρυϑμον.

„Nur hüte man sich auch hier vor Missverständnissen aus Unbekanntschaft mit dem Rationalen und Irrationalen, in welcher Bedeutung es in der Rhythmenlehre zu nehmen ist. Wie ich in den diastematischen Stoicheia dasjenige als etwas der Natur des Melos nach Bestimmbares gefasst habe, was

erstens ein Melodumenon ist,

zweitens seinem Megethos nach dadurch erkennbar, dass es ein Multiplum des kleinsten Intervalles der Melodumena ist, wie z. B. die symphonischen Intervalle und der Ganzton und der Halbton und das Tetartemorion des Ganztones oder alles damit Messbare,

dagegen dasjenige als etwas bloss den Zahlenverhältnissen nach Bestimmbares, bei welchem es der Fall ist, dass es [um] ein Amelodeton [kleiner oder grösser als ein der Natur des Melos nach bestimmbares Intervall] ist, so soll ganz analog das Rationale und Irrationale auch in der Rhythmik genommen werden.

„Das eine wird nämlich als etwas der Natur des Rhythmus nach Bestimmbares gefasst, das andere als etwas nur den Zahlenverhältnissen nach Bestimmbares.

„Die in der Rhythmik als rational gefasste Zeitgrösse muss also

erstens zu denjenigen gehören, welche in der Rhythmopoeie vorkommen,

zweitens ein bestimmbarer Theil des Taktes sein, in welchem sie einen Takttheil bildet;

dagegen dasjenige, was als etwas bloss den Zahlenverhältnissen nach Bestimmbares gefasst wird, muss man sich analog denken, wie in den diastematischen Stoicheia das über das Dodekatemorion des Ganztones und wenn noch etwas anderes von der Art bei den Verschiedenheiten der Intervalle vorkommt.

„Aus dem Gesagten ist klar, dass die in der Mitte zwischen den beiden Arsen stehende Arsis des Choreios alogos nicht commensurabel mit der Basis ist, denn es giebt kein den beiden Takttheilen gemeinsames Mass, welches als rhythmische Grösse vorkäme.“

Wo Aristoxenus kann, liebt er für die Fragen in der Rhythmik analoge Thatsachen der Harmonik herbeizuziehen. Es

scheint, dass die Zuhörer, welche die Vorlesungen über Rhythmik besuchen, vorher die Vorlesung über Harmonik besucht
haben, und zwar die nach sieben Theilen vorgetragene (die
dritte) Harmonik. Diese ist es, auf welche sich hier Aristoxenus
als „die diastematischen Stoicheia" beruft.

Für die Athenischen Zuhörer mochten die von Aristoxenus
gezogenen Analogien wohl instructiver sein als für uns moderne
Menschen, die wir die citirte Partie der Harmonik durchaus nicht
mehr besitzen und noch dazu die in der Rhythmik gemachten
Selbstcitate des Aristoxenus aus der Harmonik in einer sehr
verwahrlosten Fassung überkommen haben. Glücklicherweise
lassen sich die Textlücken, durch welche der gegenwärtige Abschnitt entstellt ist, dem materiellen Gehalte nach mit Sicherheit wieder herstellen.

Einen kurzen Einblick in die antike Intervalllehre
können wir uns nicht ersparen.

Einfaches oder unzusammengesetztes Intervall einer Tonleiter
heisst nach Aristoxenus ein solches, dessen Grenzklänge in der
betreffenden Tonleiter als Nachbarklänge unmittelbar auf einander
folgen. Liegt zwischen zwei Klängen der Scala noch ein dritter
Klang, so bilden dieselben ein zusammengesetztes Intervall.

Die Intervalle des griechischen Melos sind entweder wie in
der modernen Musik Ganzton- und Halbtonintervalle, oder es
kommen auch solche Intervalle vor, welche kleiner als das Halbtonintervall sind. Ein Melos der ersten Art heisst Diatonon
syntonon oder Chroma syntonon, ein Melos der zweiten Art
heisst entweder Enharmonion oder Diatonon malakon oder Chromatikon malakon oder Chromatikon hemiolion. Von den Arten
des griechischen Melos, in welchen dergleichen kleinere für unsere Musik durchaus unbrauchbare Intervalle vorkommen, werden
wir uns nie eine genügende Vorstellung machen können. Auffallend ist es sehr, dass bei den griechischen Theoretikern die diato-
nische Musik als ganz coordinirt mit der nichtdiatonischen Musik
angesehen wird. Ein dem Enharmonion angehörendes Intervall,
welches genau die Hälfte des Halbtones, das Viertel des Ganztones ist, genannt die enharmonische Diesis, wird den sämmtlichen Intervallen als kleinste Masseinheit zu Grunde gelegt.
Je nach der Anzahl der in ihm enthaltenen enharmonischen
Diesen oder Vierteltöne redet Aristoxenus von einem ersten,
einem zweiten, einem dritten, einem vierten Intervall-Megethos u. s. w.

Das betreffende Zahlwort besagt, wie gross die Anzahl der in dem Intervalle enthaltenen Vierteltöne ist. Nur die geraden Intervalle haben in der modernen Musik ein Analogon, die ungeraden Intervalle nicht. Die zweite Intervallgrösse der Griechen, genannt Hemitonion, kommt mit unserem Halbtonintervalle, z. B. ab überein, die vierte, genannt Tonos, mit unserem Ganztone, z. B. ah, die sechste, genannt Trihemitonion, mit unserer kleinen Terz, z. B. ac, die achte, genannt Ditonos, mit unserer grossen Terz, z. B. ce.

Indem wir den in der Mitte des Halbtones gelegenen Viertelton durch einen über die betreffende Note gesetzten Asteriscus ausdrücken, gewinnen wir eine Bezeichnung für die uns fremden ungeraden Intervalle. Die zwischen e und a möglichen Viertelton-Klänge sind

$$ e \quad \overset{*}{e} \quad f \quad \overset{*}{f} \quad \text{fis} \quad \overset{*}{\text{fis}} \quad g \quad \overset{*}{g} \quad \text{gis} \quad \overset{*}{\text{gis}} \quad a $$

mathematisch ausgedrückt*):

$$ m^0 \quad m^1 \quad m^2 \quad m^3 \quad m^4 \quad m^5 \quad m^6 \quad m^7 \quad m^8 \quad m^9 \quad m^{10}. $$

Der Buchstabe m habe den Werth von

$$ \sqrt[24]{2}, $$

dann werden wir den genauen Zahlenausdruck für die Schwingungsverhältnisse der betreffenden Klänge haben, die Zahlenreihe von 0 bis 10, eine jede Zahl als Exponent von m gefasst, wird die Reihenfolge der enharmonischen Vierteltöne, welche innerhalb der Quinte e bis a möglich sind, angeben. Die geraden Exponentialzahlen bezeichnen die Grenzen gerader Intervalle, die ungeraden Exponentialzahlen die der ungeraden Intervalle. Diese ungeraden Intervalle kamen bei den Griechen in den Musikarten vor, welche Enharmonion und Malakon Diatonon genannt werden. Wie solche Musik geklungen, davon vermögen wir uns keine Vorstellung zu machen.

Und doch giebt es ausser den ungeraden Intervallen auch noch solche, welche ἄλογα διαστήματα, irrationale Intervalle genannt werden. Das sind solche, wo die Exponentialzahl von m eine Bruchzahl ist, z. B. $m^{1\frac{1}{2}}$ ($= m^{\frac{3}{2}}$) d. i. ein Klang, welcher zwischen m^1 und m^2 gerade in der Mitte liegt, ferner $m^{1\frac{1}{3}}$ ($= m^{\frac{4}{3}}$). Mit Hülfe der Logarithmen ist es uns möglich, für diese irrationalen Intervallgrössen einen kurzen Zahlenausdruck zu finden,

---

*) Nach meinem „Aristoxenus von Tarent" S. 255.

wie dies in meiner Aristoxenus-Ausgabe S. 254 ff. gezeigt ist.
Die mathematische Wissenschaft zur Zeit des Aristoxenus wusste
noch nicht mit Exponenten und Logarithmen umzugehen, daher
musste Aristoxenus, um den Begriff der irrationalen Intervalle zu
geben, zur Annahme von ἀμελῳδήτα, d. i. kleinen bloss theoretischen Intervallgrössen, die in der Praxis des Melos als selbstständige Intervalle nicht vorkommen, seine Zuflucht nehmen.
Das kleinste μελῳδητὸν (das kleinste in der Praxis vorkommende
Intervall) ist nach ihm die enharmonische Diesis, die Hälfte des
Halbtones, der vierte Theil des Ganztones, diesem seinem Werthe
gemäss von ihm τεταρτημόριον τόνου (Viertel des Ganztones)
genannt   Die kleinsten ἀμελῳδήτα (bloss imaginäre, zur theoretischen Bestimmung der irrationalen Intervalle nothwendige
Intervallgrössen) sind das ὀγδοημόριον τόνου (Achtel des Ganztones) und das δωδεκατημόριον τόνου (Zwölftel des Ganztones).
Als Exponentialgrössen ausgedrückt würden dies folgende sein:

$$\text{Achtelton, Ogdoemorion } \left(\sqrt[24]{2}\right)^{\frac{1}{2}}$$

$$\text{Zwölftelton, Dodekatemorion } \left(\sqrt[24]{2}\right)^{\frac{1}{3}}$$

Die Gesammtclassification der Intervalle ist also im Sinne
des Aristoxenus folgende:

A. Διαστήματα μελῳδητά.
(Intervalle der musikalischen Praxis.)

I. Διαστήματα ῥητά (rationale).
   1. διαστ. ἄρτια (gerade).
   2. διαστ. περιττά (ungerade).
II. Διαστήματα ἄλογα (irrationale).

B. Διαστήματα ἀμελῳδήτα.
(Imaginäre Intervalle.)

Die imaginären Intervalle dienen der Theorie des Aristoxenus
zur Grössenbestimmung der διαστήματα ἄλογα, der auf das Chroma
malakon und Chroma hemiolion beschränkten irrationalen Intervalle,
denen er den Umfang von $1\frac{1}{2}, 1\frac{1}{3}, 7\frac{1}{3}$ enharmonischen Diesen zuweist.
Das kleinste Intervall des Chroma hemiolion ($= 1\frac{1}{2}$ enharmo-
nischer Diesen) bestimmt sich als die Summe der enharmonischen
Diesis und eines Amelodeton vom Umfange des Ogdoemorion.

$$\left(\sqrt[24]{2}\right)^{1 + \frac{1}{2}}$$

Das kleinste Intervall des Chroma malakon ($= 1\frac{1}{3}$ enharmonischer Diesen) bestimmt sich als die Summe einer enharmonischen

Diesis und eines Amelodeton, welches den Umfang des Dodekatemorion hat.

$$\left(\sqrt[24]{\ }_2\right)^{1 + 1\frac{1}{3}}$$

Das grösste Intervall des Chroma malakon (= $7\frac{1}{3}$ enharmonischer Diesen) bestimmt sich als die Summe aus 7 enharmonischen Diesen und einem Amelodeton von dem Umfange eines Dodekatemorion, — oder wie man ebenfalls sagen kann, als die Differenz eines Ditonos (= 8 enharmonischer Diesen) und zweier Dodekatemorien.

$$\left(\sqrt[24]{\ }_2\right)^{7 + \frac{1}{3}} = \left(\sqrt[24]{\ }_2\right)^{8 - \frac{2}{3}}$$

In dieser Weise haben wir die von Aristoxenus gegebene Definition zu verstehen:

Eine irrationale Intervallgrösse ist die Summe oder Differenz einer rationalen Intervallgrösse und eines Amelodeton.

Diese Definition ist in dem Auszuge aus der siebentheiligen Aristoxenischen Harmonik enthalten, welchen die Introductio musica des sogenannten Euklides repräsentirt. Dort heisst es p. 9 Meibom:

Ἡ δὲ τοῦ ῥητοῦ καὶ ἀλόγου διαστήματος διαφορά ἐστι, καθ᾽ ἣν τῶν διαστημάτων ἃ μέν ἐστι ῥητά, ἃ δὲ ἄλογα.

Ῥητὰ μὲν οὖν ἐστιν ὧν οἷόντ᾽ ἐστὶ τὰ μεγέθη ἀποδιδόναι, οἷον τόνος, ἡμιτόνιον, δίτονον, τρίτονον καὶ τὰ ὅμοια.

Ἄλογα δὲ τὰ παραλλάττοντα ταῦτα τὰ μεγέθη ἐπὶ τὸ μεῖζον ἢ ἐπὶ τὸ ἔλαττον ἀλόγῳ τινὶ μεγέθει.

Der Epitomator wird hier wohl die Worte seines Originales unverändert gelassen haben. Dass es Aristoxenische Worte sind, darauf deutet die Uebereinstimmung des Anfangssatzes mit Aristoxenischen Wendungen wie in der Rhythmik § 22 τρίτη δὲ [διαφορὰ], καθ᾽ ἣν οἱ μὲν ῥητοί, οἱ δ᾽ ἄλογοι τῶν ποδῶν εἰσι, und des Schlusssatzes mit Rhythm. § 58a. ἴδιος δὲ ῥυθμοποιίας ὁ παραλλάσσων ταῦτα τὰ μεγέθη εἴτ᾽ ἐπὶ τὸ μικρὸν εἴτ᾽ ἐπὶ τὸ μέγα. Aber die handschriftliche Ueberlieferung der Stelle muss nothwendig einen Fehler enthalten. Auch Marquards Ausgabe S. 241 bemerkt den Uebelstand, „dass zur Bestimmung des Begriffes (ἄλογος) der zu bestimmende Begriff (ἀλόγῳ μεγέθει) selber angewandt wird. Ich möchte glauben, dass die Masseinheit der zwölfte Theil des Ganztones gewesen sei." Offenbar war die ursprüngliche Lesart der Handschriften

Ἄλογα δὲ τὰ παραλλάττοντα ταῦτα τὰ μεγέθη (sc. ῥητὰ) ἐπὶ τὸ μεῖζον ἢ ἐπὶ τὸ ἔλαττον ἀμελῳδήτῳ τινὶ μεγέθει.

Irrational sind die Intervallgrössen, welche um ein Amelodeton (um ein Ogdoemorion oder ein Dodekatemorion) grösser oder kleiner als die rationalen sind.

Das vorausgehende Ἄλογα veranlasste den Librarius, ἀλόγῳ τινὶ μεγέθει statt des in seinem Archetypon stehenden ἀμελῳδήτῳ τινὶ μεγέθει zu schreiben. Es konnte dies um so eher geschehen, wenn wir annehmen dürfen, dass in dem ursprünglichen

A[ΜΕ]ΛΩ[ΔΗ]ΤΩ

die eingeklammerten Buchstaben verwischt oder sonst unleserlich geworden waren

A . . ΛΟ . . ΓΩ.

Dass nun Aristoxenus bei der Darstellung der rationalen und irrationalen Grössen des Melos in der That von dem μέγεθος ἀμελῴδητον ὡς τὸ δωδεκατημόριον gesprochen hat, das geht aus dem Selbstcitate hervor, welches Aristoxenus in der Rhythmik aus seinen Stoicheia diastematika, d. i. dem von den Intervallen handelnden Abschnitte seiner (dritten) Harmonik, giebt.

Ὥσπερ οὖν ἐν τοῖς διαστηματικοῖς στοιχείοις τὸ μὲν κατὰ μέλος ῥητὸν ἐλήφθη,
  ὃ πρῶτον μέν ἐστι μελῳδούμενον,
  ἔπειτα γνώριμον κατὰ μέγεθος ἤτοι ὡς τά τε σύμφωνα καὶ ὁ τόνος ἢ ὡς τὰ τούτοις σύμμετρα,
τὸ δὲ κατὰ τοὺς τῶν ἀριθμῶν μόνον λόγους ῥητόν,
  ᾧ συνέβαινεν ἀμελῳδήτῳ εἶναι,
οὕτω καὶ ἐν τοῖς ῥυθμοῖς ὑποληπτέον ἔχειν τό τε ῥητὸν καὶ τὸ ἄλογον. Τὸ μὲν γὰρ κατὰ τὴν τοῦ ῥυθμοῦ φύσιν λαμβά-νεται ῥητόν, τὸ δὲ κατὰ τους τῶν ἀριθμῶν μόνον λόγους.
τὸ μὲν οὖν ἐν ῥυθμῷ λαμβανόμενον ῥητὸν χρόνου μέγεθος πρῶτον μὲν δεῖ τῶν πιπτόντων εἰς ῥυθμοποιίαν εἶναι ἔπειτα τοῦ ποδὸς ἐν ᾧ τέτακται μέρος εἶναι ῥητόν
τὸ δὲ κατὰ τοὺς τῶν ἀριθμῶν λόγους λαμβανόμενον ῥητὸν τοιοῦτόν τι δεῖ νοεῖν οἷον ἐν τοῖς διαστηματικοῖς τὸ δω-δεκατημόριον τοῦ τόνου καὶ εἴ τι τοιοῦτον ἄλλο ἐν ταῖς τῶν διαστημάτων παραλλαγαῖς λαμβάνεται.

Den handschriftlich erhaltenen Partien der Aristoxenischen Schriften über Harmonik fehlt die Erörterung des Unterschiedes zwischen διάστημα ῥητὸν und ἄλογον. Die vorliegende Stelle der Rhythmik, in welcher Aristoxenus seine Harmonik citirt, ist das einzige, was wir direct von Aristoxenus über jenen Punct der Harmonik besitzen. Dass er dort das ἀμελῴδητον zur Definition des ἄλογον herbeigezogen hat, steht fest. Wie er dies gethan, ist aus unserer Stelle nicht ganz klar. Dem handschriftlichen Wortlaute nach würde Aristoxenus das ἄλογον διάστημα als ein ἀμελῴδητον*) bezeichnet haben („ᾧ συνέβαινε ἀμελῳδήτῳ εἶναι"). Aber das ist es doch nach seiner Aussage entschieden nicht. Bezüglich des grössten Intervalles, welches in der Tiefe der Quarte vorkommt, sagt Aristoxenus erste Harmonik § 60, es sei ἤτοι ὀκταπλάσιον διέσεων (als Intervall des Enharmonion = 8 Diesen) ἢ μικρῷ τινι παντελῶς καὶ ἀμελῳδήτῳ ἔλαττον (als Intervall des Chroma hemiolion = 7½ Diesen = 8 — ½ Diesen = 8 Diesen um ein Dodekatemorion verringert). So wird Aristoxenus in unserer Stelle der Rhythmik unmöglich geschrieben haben: „ᾧ συνέβαινεν ἀμελῳδήτῳ εἶναι", das wäre ja unsinnig, sondern seine genuinen Worte mussten sein: „ᾧ συνέβαινε ἀμελῳδήτῳ εἶναι ῥητοῦ τινος διαστήματος μεῖζον ἢ ἔλαττον", wie er in der herbeigezogenen Stelle der Harmonik das grösste irrationale Intervall des Chroma hemiolion bezeichnet hat als „μικρῷ τινι παντελῶς ἀμελῳδήτῳ ἔλαττον".

Das grösste irrationale Intervall des Chroma malakon ist um ein Amelodeton kleiner als der rationale Ditonos.

Das irrationale Intervall im Allgemeinen ist um ein Amelodeton grösser oder kleiner als ein rationales.

Dieselbe Stelle der Harmonik, mit deren Hülfe sich die Stelle der Rhythmik wiederherstellen lässt, bezeugt auch, dass wir oben die Stelle des Euklides richtig emendirt haben

Ἄλογα διαστήματα παραλλάττοντα τὰ ῥητὰ μεγέθη ἐπὶ τὸ μεῖζον ἢ ἐπὶ τὸ ἔλαττον ἀμελῳδήτῳ τινὶ μεγέθει,

statt ἀλόγῳ τινὶ μεγέθει der Handschriften. Es ist auffallend genug, dass beide Definitionen der irrationalen Intervalle, welche uns von Aristoxenus überkommen, geschädigt sind; einmal das

---

*) Ἀμελῴδητον auch erste Harmonik § 49: μελῳδείσθω τοῦ τόνου τὸ ἥμισυ καὶ τὸ τρίτον καὶ τὸ τέταρτον μέρος· τὰ δὲ τούτων ἐλάττονα διαστήματα πάντα ἔστω ἀμελῴδητα (Marq. p. 30, 5). Erste Harmonik § 55: τοῦτο δὲ ἐστὶν ἐκτημόριον, ἔλαττον διάστημα τοῦ ἐλαχίστου τῶν μελῳδουμένων (Marq. p. 36, 2). Erste Harmonik § 60: Τὰ δὲ ἐλάττω πάντα ἐξαδυνατεῖ τοῦτο δ' ἐστὶν ἤτοι ὀκταπλάσιον τῆς ἐλαχίστης διέσεως ἢ μικρῷ τινι παντελῶς καὶ ἀμελῳδήτῳ ἔλαττον, ἐπὶ δὲ τὸ βάρυ τῶν δύο διέσεων ἔλαττον οὐ δύναται μελῳδεῖν.

Excerpt bei Euklides aus der dritten Aristoxenischen Harmonik,
wo ἀμελῳδήτῳ in ἀλόγῳ corrumpirt ist, sodann das Selbstcitat
aus der Aristoxenischen Harmonik, welches sich in der Aristoxenischen Rhythmik findet, wo die auf ἀμελῳδήτῳ folgenden
Worte ausgefallen sind. Aber dass eine zweifache Schädigung
stattgefunden hat, ist sicher, und ebenso sicher ist auch die
Wiederherstellung des geschädigten Textes.

Noch ein zweiter Satz in unserer Stelle der Rhythmik erregt
Bedenken: „ἔπειτα γνώριμον κατὰ τὸ μέγεθος ἤτοι ὡς τά τε
σύμφωνα καὶ ὁ τόνος ἢ ὡς τὰ τούτοις σύμμετρα". Die angeführten Beispiele der ῥητὰ διαστήματα sind die Octave, Quinte,
Quarte, Ganzton und was diesen Intervallen symmetrisch ist (mit
einer und derselben melischen Masseinheit gemessen werden kann).
Alle diese Intervalle sind ἄρτια διαστήματα. Zu den ῥητὰ gehören aber ausser den ἄρτια auch noch die περιττὰ διαστήματα;
denn dass die περιττὰ zu den ῥητὰ gehören, und mit den ἄλογα
nicht identificirt werden dürfen, folgt aus Aristox. ap. Plut. de
mus. 39: „ἐν αἷς τὰ πολλὰ τῶν διαστημάτων ἤτοι περιττά ἐστιν
ἢ ἄλογα." Wäre die Definition, welche Aristoxenus von den
ῥητὰ διαστήματα giebt, eine genaue, dann müsste sie lauten: ὡς
τά τε σύμφωνα καὶ ὁ τόνος ⟨καὶ τὸ ἡμιτόνιον καὶ τὸ τεταρτημόριον τοῦ τόνου⟩ καὶ ὡς τὰ τούτοις σύμμετρα d. i. wie Octave, Quinte,
Quarte, Ganzton, Halbton und Viertelton (enharmonische Diesis)
und was sich dem Masse nach auf diese Intervalle zurückführen
lässt. Dann wären auch die ungeraden Intervalle, die Multipla
der enharmonischen Diesis, unter die Klasse der rationalen eingeschlossen. Es ist anzunehmen, dass Aristoxenus' Definition
keine ungenaue war, und dass die in einer eckigen Parenthese ein-
geschlossenen Wörter im Urtexte gestanden haben, aber auf Veranlassung des doppelten καὶ vom Librarius übersehen sind.

Was sonst noch an dieser Stelle der Aristoxenischen Rhythmik zu emendiren ist, wird bei Gelegenheit der irrationalen Intervalle in der griechischen Melik zu erörtern sein. Hier genügt
es, den Vergleich zwischen den irrationalen Grössen der Rhythmik und den irrationalen Grössen der Melik zu ziehen. Es ist
klar, dass Aristoxenus die enharmonische Diesis (das Tetartemorion)
der Melik mit dem Chronos protos der Rhythmik parallel stellt.
Was diesen beiden Grössen symmetrisch ist, d. i. was sich
in einer ganzen Zahl als Multiplum dieser Grössen bestimmen
lässt, ist eine rationale Grösse. Was sich dagegen nicht als

ganze, sondern nur in einer Bruchzahl auf die Masseinheit des Tetartemorion oder des Chronos protos als Multiplum zurückführen lässt, ist eine irrationale Grösse. Ein Intervall von $1\frac{1}{2}$ Tetartemoria (die kleinste Intervallgrösse des Chroma hemiolion) ist ein **irrationales Intervall**, eine Zeitgrösse von $1\frac{1}{2}$ Chronoi protoi ist eine **irrationale Zeitgrösse**. Ein halber Chronos protos würde dem halben Tetartemorion (dem Ogdoemorion, der halben enharmonischen Diesis) entsprechen, würde dasselbe in der Rhythmik sein wie in der Melik das Ogdoemorion, nämlich ein **Amelodeton**, welches als selbstständige Grösse nicht vorkommen kann, sondern nur in Verbindung mit einer rationalen Grösse (als Summe oder Differenz) zu denken ist.*)

Dass in der griechischen Rhythmik ein halber Chronos protos als selbstständiges μέρος τοῦ ῥυθμιζομένου nicht vorkommen kann, folgt schon aus dem Aristoxenischen Satze: „καλείσθω δὲ πρῶτος τῶν χρόνων ὁ ὑπὸ μηδενὸς τῶν ῥυθμιζομένων δυνατὸς ὢν διαιρεθῆναι". Dass aber ein rhythmischer Chronos, welcher so gross ist wie die Summe aus einem Chronos protos und einem halben Chronos protos, **vorkommen kann**, folgt aus dem von Aristoxenus ausgeführten Vergleiche zwischen der rhythmischen und der melischen Irrationalität.

§ 28.
Das kleinste und grösste Taktmegethos der verschiedenen Taktarten.

Hierüber besitzen wir drei Mittheilungen 1) des Aristoxenus in den Prolambanomena des Michael Psellus, 2) des Aristides Quintilian, lateinisch übersetzt von Marcianus Capella, 3) des rhythmischen Fragmentum Parisinum.

In den Prolambanomena des Psellus heisst es:

Psell. 9. Τῶν ποδικῶν λόγων εὐφυνέστατοί εἰσιν οἱ τρεῖς· ὅ τε τοῦ ἴσου καὶ ὁ τοῦ διπλασίου καὶ ὁ τοῦ ἡμιολίου. γίνεται δέ ποτε πούς καὶ ἐν τριπλασίῳ λόγῳ, γίνεται καὶ ἐν ἐπιτρίτῳ.

Psell. 11. Ἔστι δὲ καὶ ἐν τῇ τοῦ ῥυθμοῦ φύσει ὁ ποδικὸς λόγος ὥσπερ ἐν τῇ τοῦ ἡρμοσμένου τὸ σύμφωνον.

---

*) Aristoxenus statuirt **zwei** Amelodeta: ausser dem Dodekatemorion noch das Ogdoemorion, daher in der Rhythmik § 21 der Ausdruck: „τοιοῦτόν τι δεῖ νοεῖν οἷον ἐν τοῖς διαστηματικοῖς τὸ δωδεκατημόριον τοῦ τόνου καὶ εἴ τι τοιοῦτον ἄλλο λαμβάνεται". Damit fällt der in Brambach's rhythm. Unters. S. 15 Anm. dem Aristoxenus gemachte Vorwurf.

Psell. 12. Τῶν δὲ τριῶν γενῶν οἱ πρῶτοι πόδες ἐν τοῖς ἑξῆς ἀριθμοῖς τεθήσονται· ὁ μὲν ἰαμβικὸς ἐν τοῖς τρισὶ πρῶτος, ὁ δὲ δακτυλικὸς ἐν τοῖς τέταρσιν, ὁ δὲ παιωνικὸς ἐν τοῖς πέντε.

Αὔξεσθαι δὲ φαίνεται τὸ μὲν ἰαμβικὸν γένος μέχρι τοῦ ὀκτωκαιδεκασήμου μεγέθους ὥστε γίνεσθαι τὸν μέγιστον πόδα ἑξαπλάσιον τοῦ ἐλαχίστου, τὸ δὲ δακτυλικὸν μέχρι τοῦ ἐκκαιδεκασήμου ⟨ὥστε γίνεσθαι τὸν μέγιστον πόδα τοῦ ἐλαχίστου τετραπλάσιον⟩, τὸ δὲ παιωνικὸν μέχρι τοῦ πεντεκαιεικοσασήμου ⟨ὥστε γίνεσθαι τὸν μέγιστον πόδα τοῦ ἐλαχίστου πενταπλάσιον⟩.

[Σχόλιον. Αὔξεται δὲ ἐπὶ πλειόνων τό τε ἰαμβικὸν γένος καὶ τὸ παιωνικὸν τοῦ δακτυλικοῦ, ὅτι ⟨ἐν τοῖς ἐλαχίστοις ποσὶν⟩ πλείοσι σημείοις ἑκάτερον αὐτῶν χρῆται.]

Οἱ μὲν γὰρ τῶν ποδῶν δύο μόνοις πεφύκασι σημείοις χρῆσθαι ἄρσει καὶ βάσει, οἱ δὲ τρισὶν ἄρσει καὶ διπλῇ βάσει, οἱ δὲ τέτρασι δύο ἄρσεσι καὶ δύο βάσεσιν.

Der vorletzte Satz ist ein Scholion, aus dem Rande in den Text gedrungen, s. oben S. 117.

Die Stelle des Aristides p. 35 M. lautet:

Γένη τοίνυν ἐστὶ ῥυθμικὰ τρία, τὸ ἴσον, τὸ ἡμιόλιον καὶ τὸ διπλάσιον (προςτιθέασι δέ τινες καὶ τὸ ἐπίτριτον) ἀπὸ τοῦ μεγέθους τῶν χρόνων συνιστάμενα. ὁ μὲν γὰρ α΄ πρὸς ἑαυτὸν συγκρινόμενος τὸν τῆς ἰσότητος γεννᾷ λόγον, ὁ δὲ β΄ πρὸς α΄ τὸν διπλάσιον, ὁ δὲ γ΄ πρὸς β΄ τὸν ἡμιόλιον, ο δὲ δ΄ πρὸς γ΄ τὸν ἐπίτριτον.

Τὸ μὲν οὖν ἴσον ἄρχεται μὲν ἀπὸ δισήμου, πληροῦται δὲ ἕως ἐκκαιδεκασήμου διὰ τὸ ἐξασθενεῖν ἡμᾶς τοὺς μείζους τοῦ τοιούτου γένους διαγινώσκειν ῥυθμούς.

Τὸ δὲ διπλάσιον ἄρχεται μὲν ἀπὸ τρισήμου, περαιοῦται δὲ ἕως ὀκτωκαιδεκασήμου, οὐκέτι γὰρ τῆς τοῦ τοιούτου ῥυθμοῦ φύσεως ⟨μείζους⟩ ἀντιλαμβανόμεθα.

Τὸ δὲ ἡμιόλιον ἄρχεται μὲν ἀπὸ πεντασήμου, πληροῦται δὲ ἕως πεντεκαιεικοσασήμου. μέχρι γὰρ τοσούτου τὸν τοιοῦτον ῥυθμὸν τὸ αἰσθητήριον καταλαμβάνει.

Τὸ δὲ ἐπίτριτον ἄρχεται μὲν ἀπὸ ἑπτασήμου, γίνεται δὲ ἕως τεσσαρεσκαιδεκασήμου. σπάνιος δὲ ἡ χρῆσις αὐτοῦ.

Bei Marcianus Capella:

Rhythmica vero genera sunt tria quae alias dactylica, iambica, paeonica nominantur, alias aequalia [alias] hemiolia duplicia. Denique etiam epitritus sociatur. Etenim unus semper quum sibi fuerit aptatus ut aequalis convenit. tria vero ad duo numerus hemiolius est. duplex vero qui fuerit ad singularem geminam rationem tam syllabarum quam temporum servat. Quattuor vero ad tria epitriti modum facit. Sed quae aequalia diximus eadem dactylica esse dicemus. denique in dactylico genere signa aequali sibi iure nectuntur. verum ad alterum vel ad numerum geminum duo velut forte aequalitas numerosa decurret. Sequitur iambicum genus quod diplasion superius expressi in quo pedum signa duplicem rationem ad invicem servant, sive unus ad duo sive (duo) ad quattuor gemini vel quidquid ad duplum currit. Hemiolium sane quod paeonicum memoratur tunc est quum pedum signa hemiolii rationem iusque sectantur ut ad duo tres sunt. Accidit autem etiam in epitriti ratione saepe numerus quum pes in eo accipitur qui fit ad tres quattuor. Sed'iam ad ordinem redeamus.

Aequale est igitur numeri genus quod a disemo usque in sedecim [pedes] procedit, disemus autem appellatur pes qui per arsin et thesin primus constare dicitur, ut est leo.

Duplum vero incipit a trisemo, decem et octo autem [syllabas] in finem usque deducit.

Hemiolium sane a pentasemo ducit exordium, impletur autem in ⟨X⟩XV numero.

Epitritus ab heptasemo principium facit, quatuordecim similibus idem ponens, cuius difficilis est usus. — *Atque hos quidem omnes numerorum ordines ideo memoravimus ut singulorum leges per universa serventur.*

Das Fragmentum Parisinum § 10. 11 berichtet:

Λόγοι δέ εἰσι ῥυθμικοί, καθ᾽ οὓς συνίστανται οἱ ῥυθμοὶ οἱ δυνάμενοι συνεχῆ ῥυθμοποιίαν ἐπιδέξασθαι; τρεῖς· ἴσος, διπλασίων, ἡμιόλιος. Ἐν μὲν.γὰρ τῷ ἴσῳ τὸ δακτυλικὸν γίνεται γένος, ἐν δὲ τῷ διπλασίῳ τὸ ἰαμβικόν, ἐν δὲ τῷ ἡμιολίῳ τὸ παιωνικόν.

Ἄρχεται δὲ τὸ δακτυλικὸν ἀπὸ τετρασήμου ἀγωγῆς, αὔξεται δὲ μέχρι ἑκκαιδεκασήμου, ὥστε γίνεσθαι τὸν μέγιστον πόδα τοῦ ἐλαχίστου τετραπλάσιον. ἔστι δὲ ὅτε καὶ ἐν δισήμῳ γίνεται δακτυλικὸς πούς.

Τὸ δὲ ἰαμβικὸν γένος ἄρχεται μὲν ἀπὸ τρισήμου ἀγωγῆς, αὔξεται δὲ μέχρι ὀκτωκαιδεκασήμου, ὥστε γίνεσθαι τὸν μέγιστον πόδα τοῦ ἐλαχίστου ἑξαπλάσιον.

Τὸ δὲ παιωνικὸν ἄρχεται μὲν ἀπὸ πεντασήμου ἀγωγῆς, αὔξεται δὲ μέχρι πεντεκαιεικοσασήμου, ὥστε γίνεσθαι τὸν μέγιστον πόδα τοῦ ἐλαχίστου πενταπλάσιον.

Im Fragmentum Parisinum ist von drei Taktarten die Rede, der geraden (isorrhythmischen), diplasischen und hemiolischen, in den übrigen Stellen von vier oder fünf Taktarten, indem zu jenen drei noch die epitritische und triplasische Taktart hinzugefügt wird.

Die Namen der Taktarten sind nach dem jedesmaligen Taktverhältnisse (λόγος ποδικὸς), worunter zunächst das Verhältniss der beiden Takttheile, der Arsis und Thesis, zu verstehen ist:

Λόγος ἴσος   Verhältniss 1 : 1
λόγος διπλάσιος   „   1 : 2
λόγος ἡμιόλιος   „   2 : 3
λόγος ἐπίτριτος   „   3 : 4
λόγος τριπλάσιος   „   1 : 3.

Von diesen 5 rhythmischen Verhältnissen wird je nach den jedesmaligen kleinsten Takten das erste auch das daktylische, das zweite das iambische, das dritte das paeonische Rhythmenverhältniss genannt. Bei Psellus § 9 gelten diese drei als die εὐφυέστατοι „die am meisten normal gebildeten" Nach einer verkehrten Interpretation nimmt man an, dass Aristoxenus nur diese drei anerkenne, das epitritische und triplasische dagegen aus der Rhythmik ausschliesse, die Stelle des Psellus könne also nicht aus Aristoxenus excerpirt sein. Letzteres ist die Ansicht Weyhe's: „Iam vero nemini dubium esse potest, quin Pselli verba cum scala Aristoxeni, quoquo eam modo interpretamur, non consentiant, atque ille quinque, hic tres rationes rhythmicas posuerit. Quae cum ita sint, vehementer errant ii, qui Psellum summa fide excerpsisse atque ex Aristoxeni decretis nihil dicunt mutasse; immo haud scio an Pselli verba abjuranda sint iis qui in Aristoxeni soleant iurare."*) Man hat dabei nicht beachtet, dass die Stelle des Aristoxenus § 30, in welcher nur die drei ersten Verhältnisse als rhythmisch, alle übrigen aber als arrhythmisch angesehen werden, nicht von den Takten im Allgemeinen, sondern ausschliesslich von den Takten der συνεχὴς ῥυθμοποιία redet. So auch Frg. Par. § 10.

Plato ist der früheste Schriftsteller, welcher der griechischen Taktarten gedenkt (Rep. 3, 400 a.):

Τρία ἐστὶν εἴδη ἐξ ὧν αἱ βάσεις συμπλέκονται.

---

*) De veterum rhythmi et recentiorum tactus quem vocant discrimine. Bonner Doctordissert. 1868. p. 8.

Er sagt nicht γένη, wie Aristoxenus, sondern εἴδη. Damit meint er die drei λόγοι, welche bei Psellus § 9 als εὐφυέστατοι bezeichnet werden. Nur diese drei gestatten eine συνεχὴς ῥυθμοποιία, nur diese wie Plato sagt, können zu βάσεις verknüpft werden. Vom epitritischen und triplasischen Takte, der ja in der συνεχὴς ῥυθμοποιία nicht vorkommt, kann keine βάσις gebildet werden, mag nun dies Wort bei Plato eine allgemeinere oder wie bei den Metrikern die Bedeutung einer Dipodie haben. Aristoxenus übersetzt und erläutert S. 69.

Auch bei Aristoteles ist von den Taktarten die Rede. Probl. 19, 39:

> Καθάπερ ἐν τοῖς μέτροις οἱ πόδες ἔχουσι πρὸς αὐτοὺς λόγον τὸν πρὸς ἴσον ἢ δύο πρὸς ἓν ἢ καί τινα ἄλλον, οὕτω καὶ οἱ ἐν τῇ συμφωνίᾳ φθόγγοι λόγον ἔχουσι κινήσεως πρὸς αὐτούς.

Wenn hier Aristoteles ausser dem λόγος ἴσος und dem λόγος διπλάσιος (δύο πρὸς ἕν) noch hinzusetzt καί τινα ἄλλον, so zeigt dies, dass er ausser den beiden genannten noch mehrere Rhythmengeschlechter annimmt, ausser dem λόγος ἡμιόλιος noch den λόγος ἐπίτριτος oder τριπλάσιος oder beide zusammen. Vgl. Aristox. v. Tarent § 70.

In den Prolambanomena des Psellus wird gelehrt: „Von den rhythmischen Verhältnissen sind das isorrhythmische, diplasische und hemiolische die εὐφυέστατοι, aber bisweilen (ποτέ) ist ein Takt auch in λόγος τριπλάσιος und ἐπίτριτος gegliedert". Und dann § 11 in Bezug auf die fünf λόγοι ποδικοί:

„Es ist in der Natur des Rhythmus der ποδικὸς λόγος analog der Consonanz (συμφωνίᾳ) in der Harmonik."

Offenbar denkt sich der Verfasser dasselbe, was in den Aristotelischen Problemen 19, 39 gelehrt wird:

„Dieselben Verhältnisse, wie in der Rhythmik 2:2 oder 2:1 u. s. w. kommen auch in der συμφωνίᾳ vor."

Wie dies zu verstehen ist, zeigt die Stelle des jüngeren Dionysius aus Halikarnass, welche von Porphyr. ad Ptolem. p. 220 überliefert ist. Dort lesen wir:

> Κατὰ μέν γε τοὺς κανονικοὺς μία σχεδὸν καὶ ἡ αὐτὴ οὐσία ἐστὶ ῥυθμοῦ τε καὶ μέλους, οἷς τό τε ὀξὺ ταχὺ δοκεῖ καὶ τὸ βαρὺ βραδύ, καὶ καθόλου δὴ τὸ ἡρμοσμένον κινήσεων τινῶν συμμετρία καὶ ἐν λόγοις ἀριθμῶν τὰ ἐμμελῆ διαστήματα· ὥστε

εἴπερ ἀληθῆ τὰ ὑπὸ τούτων λεγόμενα (δοκεῖ δὲ πολλοῖς καὶ
εὐδοκίμοις ἀνδράσιν, εἰσὶ δὲ καὶ οἱ ῥυθμοὶ πάντες ἐν λόγοις
τισὶν ἀριθμῶν, οἱ μὲν διπλασίοις, οἱ δὲ ἴσοις, οἱ δὲ ἄλλοις τισί),
τῆς αὐτῆς φύσεως δόξειεν ἂν εἶναι μέλος καὶ ῥυθμός.

Καὶ πάλιν δόξουσι δὲ καὶ οἱ μουσικοὶ συνεπιμαρτυρεῖν τὸ
αὐτὸ τοῦτο, λέγω δὲ τὰς συμφωνίας καὶ τοὺς ποδικοὺς λόγους
ἔχειν τὸ συγγενὲς καὶ οἰκεῖον. τάς τε γὰρ συμφωνίας ὑπὸ τῶν
λόγων τούτων γίγνεσθαι νομίζουσι, τὴν μὲν διὰ τεσσάρων ὑπὸ
τοῦ ἐπιτρίτου, τὴν δὲ διὰ πέντε ὑπὸ τοῦ ἡμιολίου, τὴν δὲ διὰ
πασῶν ὑπὸ τοῦ διπλασίου, τὴν δὲ διὰ πασῶν καὶ πέντε ὑπὸ
τοῦ τριπλασίου, ὁ μέν γε ἴσος λόγος τοῦ ὁμοφώνου παρασκευα-
στικός ἐστιν αὐτοῖς. καὶ οἱ ῥυθμικοὶ πόδες κατὰ τοὺς αὐτοὺς
τούτους λόγους διακεκρυμμένοι τυγχάνουσι, κατὰ μὲν τὸν ἴσον
καὶ διπλάσιον καὶ ἡμιόλιον οἱ πλεῖστοι καὶ εὐφυέστατοι, ὀλίγοι
δέ τινες καὶ κατὰ τὸν ἐπίτριτον καὶ κατὰ τὸν τριπλάσιον.

„Nach den Kanonikoi ist das Wesen des Rhythmus und der
Harmonik ein und dasselbe. Ihnen erscheint nämlich die Höhe
des Tones als Schnelligkeit, die Tiefe als Langsamkeit, und überhaupt die Harmonie als eine Symmetrie von Bewegungen und
die melodischen Intervalle nach Zahlenverhältnissen geordnet.
Wenn also ihre Ansichten wahr sind (— es sind viele und bedeutende Männer, welche diese Ansicht haben, und in der That
bestehen die Rhythmen in bestimmten Zahlenverhältnissen, die
einen im λόγος διπλάσιος, die andern im λόγος ἴσος u. s. f. —),
so könnte wohl das μέλος und der ῥυθμὸς seiner Natur nach
als identisch erscheinen.

„Und ferner werden auch die μουσικοὶ dasselbe zu bezeugen
scheinen, nämlich dass die Consonanzen und die rhythmischen
Verhältnisse etwas Verwandtes und Gemeinsames haben; denn
sie stellen die Ansicht auf, dass die Consonanzen durch dieselben
Zahlenverhältnisse hervorgebracht werden, wie die rhythmischen
Verhältnisse: die Quarte durch das epitritische Verhältniss 3:4,
die Quinte durch das hemiolische 2:3, die Octave durch das
diplasische 1:2, die Duodezime durch das triplasische 1:3,
während der λόγος ἴσος die Homophonie hervorbringt. Nach
demselben Verhältnisse sind aber auch die Takte gegliedert, die
meisten und die am normalsten gebildeten Takte (οἱ πλεῖστοι
καὶ εὐφυέστατοι) im λόγος ἴσος, διπλάσιος und ἡμιόλιος,
einige wenige (ὀλίγοι τινές) aber auch im λόγος ἐπίτριτος und
τριπλάσιος."

Wir haben im zweiten Theile dieser Stelle das handschriftliche κανωνικοί in μουσικοί verändert. Dies ist nothwendig. Dionysius bezieht sich auf zwei verschiedene Quellen, die dasselbe sagen. Die Einen sind die κανωνικοί, die Anderen können nicht wiederum κανωνικοί genannt sein. Was hier zu schreiben sei, ergiebt sich, wenn wir wissen, dass unter den κανωνικοί die Anhänger der Pythagoreer gemeint sind, welche den Ton genau mathematisch zu bestimmen suchten, wie Ptolemäus, Nikomachus und Viele aus der früheren Zeit. Mit dieser Schule leben die Anhänger des Aristoxenus, die μουσικοί, in stetem Zerwürfniss, und über ihren Streit gab es eine ziemlich umfangreiche Litteratur, wie wir aus Porphyrius zu Ptolemäus ersehen. Die Gewährsmänner der zweiten Art, die in dem vorliegenden Punkte mit den κανωνικοί übereinstimmten, sind eben die Anhänger des Aristoxenus, und deshalb haben wir das zweite κανωνικοί in μουσικοί verändert: liegt ja doch dem Dionysius offenbar dieselbe Quelle zu Grunde, wie der oben angeführten Stelle des Psellus. Nicht nur in der Sache, sondern auch in den Worten die grösste Uebereinstimmung*).

Die Fassung des Dionysius lässt nun über die Bedeutung des zweiten Satzes bei Psellus, dass zwischen den Consonanzen der Musik und den Taktgeschlechtern eine Analogie bestehe, keinen Zweifel mehr. Durch diese Analogie mit der Harmonik suchte man gerade die Existenz der beiden secundären Rhythmengeschlechter zu rechtfertigen:

1) die Homophonie zweier Töne, = 1 : 1, entspricht dem λόγος ἴσος ῥυϑμικός,

2) das Quartenintervall (τὸ διὰ τεσσάρων), welches durch das Zahlenverhältniss 3 : 4 bedingt wird, entspricht dem λόγος ἐπίτριτος,

3) das Quintenintervall (τὸ διὰ πέντε), 2 : 3, entspricht dem λόγος ἡμιόλιος,

4) die Octave (τὸ διὰ πασῶν), 1 : 2, dem λόγος διπλάσιος,

5) die Duodezime (τὸ διὰ πασῶν καὶ διὰ πέντε), 1 : 3, dem λόγος τριπλάσιος.

---

*) Wenn dies Julius Cäsar trotz der in den Fragmenten der Rhythmiker von mir gegebenen Auseinandersetzung, welche ich hier wiederhole, nicht einsehen kann, so ist das nicht meine Schuld.

Diese von Aristoxenus aufgestellte Analogie, die für uns keine
andere Bedeutung hat, als dass sie zeigt, dass Aristoxenus den
λόγος ἐπίτριτος und διπλάσιος entschieden anerkennt, stammt von
den Pythagoreern. Hieraus erklärt sich der Umstand, dass in
dieser Analogie die sechste der musikalischen Consonanzen, die
Undezime, τὸ διὰ πασῶν καὶ διὰ τεσσάρων, 3 : 8, nicht genannt
ist. Ihr entspricht kein rhythmisches Verhältniss; musste nun
nicht gerade, so fragen wir, auch die Berechtigung des triplasischen und epitritischen Geschlechts problematisch sein, da es
keinen der Undezime entsprechenden λόγος ῥυθμικός gab?
Die Antwort ist nein; wenigstens nach der Theorie der
Pythagoreer konnte hierdurch die Analogie nicht gestört werden; denn wir wissen, dass ihre Schule die Undezime unter
der Zahl der consonirenden Intervalle nicht gelten lassen
wollte. So berichtet Ptolemaeus Harmon. 1, 5 p. 9. Die
Undezime in die Kategorie der Symphonien aufgenommen zu
haben, darauf macht Aristoxenus' zweite Harmonik § 47 Anspruch.

Diese Stelle, welche Porphyrius aus der Abhandlung des
jüngeren Dionysius περὶ ὁμοιοτήτων (vermuthlich eines seiner
24 Bücher ῥυθμικῶν ὑπομνημάτων) als Ansicht der Musiker
citirt, scheint aus derselben Quelle zu stammen, woher auch
Psellus seine rhythmischen Prolambanomena geschöpft hat, woher
mittelbar auch Aristides und das Fragmentum Parisinum ihre
Nachrichten über das epitritische Rhythmengeschlecht überkommen haben, nämlich aus der Rhythmik des Aristoxenus. Der
Ausdruck „εὐφυέστατοι" des Psellus findet sich auch bei Dionysius; was Psellus mit „γίνεταί ποτε πούς" ausdrückt, ist dasselbe
wie das ὀλίγοι δέ τινες des Dionysius. Psellus hat den Aristoxenus (freilich unvollständig genug) verbotenus excerpirt; wie
Dionysius von der. Darstellung abgewichen, darüber steht uns
kein Urtheil zu. Auch Aristides § 35: προςτιθέασι δέ τινες
καὶ τὸ ἐπίτριτον und ὁ δὲ δ' πρὸς τὸν γ' γεννᾷ τὸν ἐπίτριτον
λόγον wird wenigstens mittelbar aus Aristoxenus stammen; eben
so auch Aristides § 35: σπάνιος δὲ ἡ χρῆσις αὐτοῦ. Vgl. Aristox.
v. Tarent übersetzt u. erläutert S. 70.

Somit stellt sich bezüglich der kleinsten und der grössten
Takte eines jeden Rhythmengeschlechtes nach Aristoxenus Folgendes heraus:

I. Isorrhythmisches Geschlecht:
vereinzelt eingemischt
2-zeitiger Versfuss

⏑ ⏑;

in continuirlicher Rhythmopoeie
kleinster Takt 4-zeitig

∠ ⏑ ⏑;

grösster Takt 16-zeitig, das 4fache des kleinsten

∠ ⏑ ⏑ ∠ ⏑ ⏑ ∠ ⏑ ⏑ ∠ ⏑ ⏑.

II. Diplasisches Rhythmengeschlecht:
in continuirlicher Rhythmopoeie
kleinster Takt 3-zeitig

∠ ⏑;

grösster Takt 18-zeitig, das 6fache des kleinsten

∠ ⏑ ∠ ⏑ ∠ ⏑ ∠ ⏑ ∠ ⏑ ∠ ⏑.

III. Hemiolisches Rhythmengeschlecht:
in continuirlicher Rhythmopoeie
kleinster Takt 5-zeitig

∠ ⏑ _;

grösster Takt 25-zeitig, das 5fache des kleinsten

∠ ⏑ _ ∠ ⏑ _ ∠ ⏑ _ ∠ ⏑ _ ∠ ⏑ _.

IV. Epitritisches Rhythmengeschlecht:
vereinzelt eingemischt
kleinster Takt 7-zeitig

∠ ⏑ _ _;

grösster Takt 14-zeitig, das doppelte Zeitmass des kleinsten.

V. Triplasisches Rhythmengeschlecht:
vereinzelt eingemischt
kleinster Takt

⏑ ∠ ⏑.

grösster Takt? (vgl. unten).

Ueber die beiden Gegensätze des Gebrauches in continuirlicher Rhythmopoeie und der vereinzelten Einmischung eines πούς
unter heterogene Elemente wird weiterhin das Nähere angeben.

Ueber das Verhältniss der grössten Takte zu den kleinsten
hat bereits A. Boeckh de metr. Pind. 59 das richtige gesagt:
„Minimus ordo ex uno est pede. Duplicantur deinde pedes et

triplicantur, ac sic deinceps in maiorem multiplicantur numerum. Et primum quidem in duplici numero ordines solent binorum esse pedum ($\frac{6}{8}$), item ternorum ($\frac{9}{8}$), quaternorum ($1\frac{2}{8}$) usque ad senos ut tradidit Aristides .... Non praetermittam, unamquamque pedum tempore aequalium duplicationem dactylicam vocatam esse, propterea quod alterum pedem in arseos, alterum in theseos consideravere ratione. Auch Forkel, Gesch. der Musik I, S. 379 ahnte das richtige. Zu einem durchaus anderen Resultate ist H. Feussner zu Aristoxenus S. 56 gelangt:

„Man erweiterte jedes Taktgeschlecht, — so sagt der Urheber dieser Ansicht —, soweit, dass die kleinste Taktgrösse desselben in der grössten ebenso vielmal enthalten war, als sie selber die Grundzeit in sich begriff, oder mit anderen Worten: man sah die Dauer der kleinsten Taktgrösse als eine höhere Einheit oder erweiterte Stammzeit an, woraus man nach der Verhältnisszahl des Taktgeschlechtes, also im iambischen Geschlecht mit 3, im daktylischen mit 4, im paeonischen mit 5, die umfangreichste Taktgrösse ebenso zusammensetzte, wie aus der Grundzahl die kleinste. Hierbei ging man aber im iambischen Taktgeschlechte nicht von dem Einzelfusse (dem *τρίσημον μέγεθος*), sondern von der Dipodie aus und legte deren 6 Stammzeiten zu Grunde. Im daktylischen Geschlechte ist der kleinste rhythmische Fuss (*τετράσημος*) der $\frac{4}{16}$-Takt $\left(\raisebox{0pt}{\musical}\right)$, der grösste (*ἐκκαιδεκάσημος*) der $\frac{4}{4}$ Takt in folgenden Formen: eine ganze Note, oder 2 Halbe, oder 4 Viertel, oder 8 Achtel, oder 16 Sechszehntel, oder 4 Viertel mit Auflösung des zweiten und vierten in je 2 Achtel oder in je eine Achteltriole, oder 8 Achtel mit Auflösung des dritten, vierten, siebenten und achten in 2 Sechszehntel, oder endlich die Taktform | ♩. ♪ ♩. ♪ | . Im paeonischen Taktgeschlechte ist der kleinste rhythmische Fuss (*πεντάσημος*) der $\frac{5}{16}$-Takt $\left(\raisebox{0pt}{\musical}\right)$, der grösste (*πεντεκαιεικοσάσημος*) der $\frac{5}{4}$-Takt (soll vermuthlich heissen der $\frac{5}{4}$-Takt) in folgenden Formen: 2 Halbe und 1 Viertel, oder 5 Viertel, oder 25 Sechszehntel zu 5 Sechszehntel-Quintolen vereinigt. Im iambischen Taktgeschlechte ist der kleinste Fuss (*τρίσημος*) ein $\frac{3}{16}$-Takt, den erweiterten Füssen aber liegt die iambische oder trochaeische Dipodie als $\frac{6}{16}$-Takt zu Grunde, der grösste (*ὀκτωκαιδεκάσημος*) ist hiernach ein $\frac{6}{8}$-Takt in folgenden Formen:

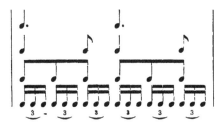

Doch sind diese Taktformen der drei Geschlechter nicht die einzigen, vielmehr hatte in der wirklichen Praxis der alte Tonsetzer so ziemlich dieselbe Freiheit, welche dem neueren in dieser Beziehung vergönnt ist."

Was Feussner als den πούς ὀκτωκαιδεκάσημος ἐν λόγῳ διπλασίῳ hinstellt, dafür giebt er als metrische Form den Diiambus oder Ditrochaeus an. Unmöglich kann man damit einverstanden zu sein. Denn jener πούς ὀκτωκαιδεκάσημος der Alten, das μέγιστον μέγεθος des λόγος διπλάσιος, ist wie bei Aristides und im Fragmentum Parisinum ausdrücklich überliefert wird, das Sechsfache des ἐλάχιστον μέγεθος desselben λόγος διπλάσιος

$$\text{ἐλάχιστος πούς } 3\text{σημος } \_\cup,$$
$$\text{μέγιστος πούς } 18\text{σημος } \_\cup, \_\cup, \_\cup, \_\cup, \_\cup, \_\cup.$$

Der Ditrochaeus ist ein

$$\text{πούς ἑξάσημος } \_\cup, \_\cup,$$

doppelt so gross als der πούς τρίσημος, dreimal so klein als der πούς ὀκτωκαιδεκάσημος, mit welchem ihn Feussner's Auffassung identificirt.

Die Interpretation, welche der durch Wortkritik um Aristoxenus wohlverdiente Heinrich Feussner von der Aristoxenischen Taktscala aufgestellt hat, ist gänzlich verfehlt, was um so auffallender ist, als nicht bloss Boeckh, sondern auch Forkel bereits eine Andeutung des Richtigen gegeben hatten (vgl. S. 153).

Feussner ist des guten Glaubens, dass die Art und Weise, wie er den 18-zeitigen Takt des Aristoxenus ausdrücke, 18 Sechszehntelnoten d. i. 16 Chronoi protoi enthalte. Dieses ist nicht der Fall, denn je drei einer Achtelnote gleichgestellte Sechszehntelnoten sind, wie Feussner ausdrücklich angiebt, Triolennoten: die Sechzehntelnoten der untersten Reihe bei Feussner sind nicht sechszehn Chronoi protoi, sondern haben das Megethos von zwölf Chronoi protoi. Feussner hätte schreiben müssen:

oder

Statt dessen giebt Feussner das oben S. 154 mitgetheilte Taktschema, welches keinen πούς όκτωκαιδεκάσημος, sondern einen πούς έξάσημος, keinen πούς έν λόγω διπλασίω, sondern einen πούς έν λόγω ίσω darstellt, also absolut nichts von dem, was Aristoxenus unter dem „πούς όκτοκαιδεκάσημος έν λόγω διπλασίω" verstanden wissen will.

§ 29.

Aristoxenus über die Takte der continuirlichen Rhythmopoeie*).

§ 30. Τῶν δὲ ποδῶν τῶν καὶ συνεχῆ ῥυθμοποιίαν ἐπιδεχομένων τρία γένη ἐστί· τό τε δακτυλικὸν καὶ τὸ ἰαμβικὸν καὶ τὸ παιωνικόν. Δακτυλικὸν μὲν οὖν ἐστι τὸ ἐν ἴσῳ λόγῳ, ἰαμβικὸν δὲ τὸ ἐν τῷ διπλασίῳ, παιωνικὸν δὲ τὸ ἐν τῷ ἡμιολίῳ.

„Für die Takte, welche eine continuirliche Rhythmopoeie verstatten, giebt es drei Taktarten, die daktylische, die iambische und die paeonische Taktart:

     die daktylische in geradem Taktverhältnisse, gerader Logos isos, Verhältniss des Gleichen;

     die iambische in dem ungeraden Verhältnisse 1 : 2, ungerader Logos diplasios, Verhältniss des Doppelten;

     die paeonische in dem ungeraden Taktverhältnisse 2 : 3, ungerader Logos hemiolios, Verhältniss des Anderthalbfachen."

---

*) Aristox. v. Tarent übersetzt und erläutert S. 35.

Was bedeutet συνεχὴς ὁυθμοποιία oder, wie Marius Victorinus p. 2485 übersetzt, „continua rhythmopoeia“?

Hephaestion gebraucht das Wort σύνεχής von der continuirlichen oder wenigstens mehrmaligen Folge desselben Versfusses innerhalb eines Verses. Es wenden nach ihm z. B. die Komiker im iambischen Trimeter den Anapaest συνεχῶς an, wie

Vesp. 979 κατάβα, κατάβα, κατάβα, κατάβα, καταβήσομαι

(fünf Anapaeste hintereinander),

Αv. 108 ποδαπὼ τὸ γένος δ᾽, ὅθεν αἱ τριήρεις αἱ καλαί

(drei Anapaeste hintereinander).

Hephaestion c. 5 sagt: τοῦτον (τὸν ἀνάπαιστον) δὲ δέχεται τὸ ἰαμβικὸν παρὰ τοῖς κωμικοῖς συνεχῶς, παρὰ δὲ τοῖς ἰαμβοποιοῖς καὶ τοῖς τραγικοῖς σπανιώτερον. Derselbe sagt von dem im trochaeischen Tetrametron vorkommenden Daktylus: τῷ δὲ δακτύλῳ τῷ κατὰ τὰς περιττὰς ἐμπίπτοντι χώρας ἥκιστα οἱ ἰαμβοποιοὶ ἐχρήσαντο ποιηταί, σπανίως δὲ καὶ οἱ τραγικοί, οἱ δὲ κωμικοὶ συνεχῶς, ὥσπερ καὶ ἐν τῷ ἰαμβικῷ τῷ ἐπὶ τῆς ἀρτίου ἀναπαίστῳ. Sodann gebraucht Hephaestion das Wort συνεχής von der continuirlichen Folge ein und desselben Kolons oder Metrons, z. B. des ἀναπαιστικὸν παροιμιακόν c. 8 „Κρατῖνος δὲ ἐν Ὀδυσσεῦσι συνεχεῖ αὐτῷ ἐχρήσατο

Σιγάν νυν ἅπας ἔχε σιγάν
καὶ πάντα λόγον τάχα πεύσει.“

Ferner c. 9 von den χοριαμβικὰ τετράμετρα ἃ καὶ συνεχέστερά ἐστιν οἷα ταυτὶ τὰ Σαπφοῦς

Δεῦτέ νυν ἄβραὶ Χάριτες | καλλίκομοί τε Μοῖσαι.

Auch von dem paeonischen Verse

θυμελικὰν ἴθι μάκαρ | φιλοφρόνως εἰς ἔριν

sagt Hephaestion c. 13 „ᾧ δὴ ἔφαμεν τρόπῳ συνεχῶς κεχρῆσθαι αὐτοὺς ἐπὶ τοῦ τετραμέτρου, ὥστε τοῖς τρισὶ παίωσι τοῖς πρώτοις ἐπάγειν κρητικόν“.

Hiernach bedeutet „πόδες, welche die συνεχῆ ὁυθμοποιία annehmen“ soviel wie „πόδες, welche mehrmals oder continuirlich wiederholt werden können.“ Dieser Ausdruck des Aristoxenus schliesst in sich, dass es ausser den in diesem Zusammenhange genannten πόδες und Taktarten auch noch andere πόδες giebt (σπάνιοι πόδες), welche eine συνεχῆ ὁυθμοποιίαν nicht annehmen, — welche nicht mehrmal hintereinander wiederholt, sondern nur isolirt gebraucht werden können, nur so, dass ihre Continuität von anderen πόδες unterbrochen wird.*)

Hephaestion sagt also z. B. vom ἀνάπαιστος, er wird συνεχῶς gebraucht, wenn zwei oder mehrere Anapaeste auf einander folgen; er wird οὐ συνεχῶς gebraucht, wenn zwei in einem Verse vorkommende Anapaeste durch einen Iambus von einander getrennt sind.

In demselben Sinne wie bei Hephaestion werden wir auch bei Aristoxenus συνεχής und συνεχῶς zu verstehen haben. Derselbe diplasische oder derselbe isorrhythmische oder derselbe hemiolische Takt kann mehrmals hinter einander wiederholt werden, der triplasische πούς und der epitritische πούς kann nicht unmittelbar hinter einander wiederholt werden: zwischen zwei triplasischen und zwischen zwei epitritischen πόδες muss immer ein anderer πούς in der Mitte stehen.

§ 30.

Taktmegethe der continuirlichen Rhythmopoeie nach Aristoxenus.

Dass die unzusammengesetzten Takte (die Versfüsse) jedesmal in zwei rhythmische Abschnitte zerlegt werden, ist durchaus natürlich: der eine ist der starke, der andere ist der schwache Takttheil.

Bei der Diairesis podike der zusammengesetzten Takte in ebenfalls je zwei Abschnitten ist die Sachlage etwas anders. Es handelt sich hier darum, auf welche Weise ist ein grösseres rhythmisches Ganze am leichtesten als Einheit zu überschauen? Dadurch dass wir das rhythmische Ganze in zwei Theile zerlegen. Die beiden Theile sind entweder von gleicher Grösse

_ _ | _ _ Gruppe gerader Theilung (daktylisch)

oder sind ungleich, aber in dieser Ungleichheit für unsere Aisthesis leicht als Ganze zu fassen

_ | _ _ dreitheilig-ungerade Gruppe (iambisch)

_ _ | _ _ _ fünftheilig-ungerade Gruppe (paeonisch).

Von den kleinen Linien des vorstehenden Schemas denken wir uns eine jede entweder als einen Chronos protos (dann ergeben sich einfache Takte oder Versfüsse) oder je als Multiplum von Chronoi protoi (dann ergeben sich zusammengesetzte Takte).

Wir haben noch einmal daran zu erinnern, dass die Takte, welche in dem Folgenden von Aristoxenus als nicht errhythmisch,

*) Aristoxenus übersetzt und erläutert S. 35. 36.

als arrhythmisch bezeichnet werden, keineswegs schlechthin aus
der griechischen Rhythmopoeie ausgeschlossen, sondern nur aus
der continuirlichen Rhythmopoeie ausgeschlossen werden sollen;
als Bestandtheile einer nicht continuirlichen Rhythmopoeie, als
πόδες σπάνιοι sind sie zulässig.

§ 31. Τῶν δὲ ποδῶν ἐλάχιστοι μέν εἰσιν οἱ ἐν τῷ τρισήμῳ μεγέθει. τὸ γὰρ δίσημον μέγεϑος παντελῶς ἂν ἔχοι πυκνὴν
τὴν ποδικὴν σημασίαν. Γίνονται δὲ ἰαμβικοὶ τῷ γένει οὗτοι οἱ
ἐν τρισήμῳ μεγέϑει· ἐν γὰρ τοῖς τρισὶν ὁ τοῦ διπλασίου μόνος
ἔσται λόγος.

§ 32. Δεύτεροι δ᾽ εἰσὶν οἱ ἐν τῷ τετρασήμῳ μεγέϑει·
εἰσὶ δ᾽ οὗτοι δακτυλικοὶ τῷ γένει· ἐν γὰρ τοῖς τέτρασι δύο
λαμβάνονται λόγοι, ὅ τε τοῦ ἴσου καὶ ὁ τοῦ τριπλασίου· ὧν ὁ
μὲν τοῦ τριπλασίου οὐκ ἔρρυϑμός ἐστιν, ὁ δὲ τοῦ ἴσου εἰς τὸ
δακτυλικὸν πίπτει γένος.

§ 33. Τρίτοι δέ εἰσι κατὰ τὸ μέγεϑος οἱ ἐν πεντασήμῳ
μεγέϑει· ἐν γὰρ τοῖς πέντε δύο λαμβάνονται λόγοι, ὅ τε τοῦ
τετραπλασίου καὶ ὁ τοῦ ἡμιολίου· ὧν ὁ μὲν τοῦ τετραπλασίου οὐκ
ἔρρυϑμός ἐστιν, ὁ δὲ τοῦ ἡμιολίου τὸ παιωνικὸν ποιήσει γένος.

§ 34. Τέταρτοι δέ εἰσιν οἱ (ἐν) ἑξασήμῳ μεγέϑει· ἔστι
δὲ τὸ μέγεϑος τοῦτο δύο γενῶν κοινόν, τοῦ τε ἰαμβικοῦ καὶ τοῦ
δακτυλικοῦ, ἐν γὰρ τοῖς ἓξ τριῶν λαμβανομένων λόγων, τοῦ τε
ἴσου καὶ τοῦ διπλασίου καὶ τοῦ πενταπλασίου, ὁ μὲν τελευταῖος
ῥηϑεὶς οὐκ ἔρρυϑμός ἐστι, τῶν δὲ λοιπῶν ὁ μὲν τοῦ ἴσου λόγος
εἰς τὸ δακτυλικὸν γένος ἐμπεσεῖται, ὁ δὲ τοῦ διπλασίου εἰς τὸ
ἰαμβικόν.

§ 35. Τὸ δὲ ἑπτάσημον μέγεϑος οὐκ ἔχει διαίρεσιν ποδι-
κήν· τριῶν γὰρ λαμβανομένων λόγων ἐν τοῖς ἑπτὰ οὐδείς ἐστιν
ἔρρυϑμος· ὧν εἷς μέν ἐστιν ὁ τοῦ ἐπιτρίτου, δεύτερος δὲ ὁ τῶν
πέντε πρὸς τὰ δύο, τρίτος δὲ ὁ τοῦ ἑξαπλασίου.

1) 3-zeitiger Takt.

§ 31. Von den Takten (der continuirlichen Rhythmopoeie)
sind die kleinsten diejenigen, welche ein 3-zeitiges Megethos haben.
Denn (in continuirlicher Rhythmopoeie) würde das 2-zeitige Megethos allzuhäufige Taktschläge erhalten müssen (jeder Takt hat ja
mindestens zwei Chronoi podikoi, also müsste in dem 2-zeitigen
Takte ein jeder Chronos protos als Chronos podikos markirt werden).
Der Taktart nach werden die 3-zeitigen Takte iambische sein;
denn bei drei wird nur das Verhältniss 1 : 2 stattfinden können.

2) 4-zeitiger Takt.

§ 32. An zweiter Stelle stehen die Takte von 4-zeitigem Umfange. Der Taktart nach sind dieselben gerade (daktylische). Denn bei vier lassen sich zwei Verhältnisse annehmen, 2 : 2 und 1 : 3, von denen das letztere (für continuirliche Rhythmopoeie) nicht errhythmisch ist, das erstere (daktylische) unter die gerade Taktart fällt.

3) 5-zeitiger Takt.

§ 33. An dritter Stelle stehen die Takte von 5-zeitigem Umfange. Denn bei fünf lassen sich zwei Verhältnisse annehmen, das tetraplasische (1 : 4) und das hemiolische (2 : 3). Von ihnen ist das tetraplasische kein errhythmisches, das hemiolische wird 5-theilig-ungerade (paeonische) Takte bilden.

4) 6-zeitiger Takt.

§ 34. An vierter Stelle stehen die Takte von 6-zeitigem Umfange. Es ist dies Megethos zwei Taktarten gemeinsam, der geraden (daktylischen) und der 3-theilig-ungeraden (iambischen). Denn von den drei Verhältnissen, welche bei sechs möglich sind, nämlich 3 : 3 (isorrhythmisch), 2 : 4 (= 1 : 2) diplasisch und 1 : 5 (pentaplasisch) ist das letztgenannte kein errhythmisches, von den beiden anderen aber wird das isorrhythmische dem daktylischen, das diplasische dem iambischen Rhythmengeschlechte zufallen.

§ 35. Das 7-zeitige Megethos hat keine (in der continuirlichen Rhythmopoeie) zulässige Takt-Diairesis. Denn von den drei Verhältnissen, welche sich bei sieben annehmen lassen, ist keines errhythmisch, das eine von 3 : 4 (das epitritische), das zweite von 2 : 5, das dritte (das hexaplasische) von 1 : 6.

5) 8-zeitiger Takt.

§ 36. „Ὥστε πέμπτοι ἂν εἴησαν οἱ ἐν ὀκτασήμῳ μεγέθει. ἔσονται δ᾽ οὗτοι δακτυλικοὶ τῷ γένει, ἐπειδήπερ . . .“

§ 36. An fünfter Stelle werden die Takte von 8-zeitigem Umfange stehen. Der Taktart nach werden dieselben gerade (daktylische) sein, da ja von den bei acht sich ergebenden Verhältnissen nur das Verhältniss 4 : 4 ein errhythmisches, nämlich das des geraden Rhythmus ist. Denn ausser 4 : 4 sind alle anderen [1 : 7, 2 : 6, 3 : 5] nicht errhythmisch.

„Das ὀκτάσημον μέγεθος ist mithin ein daktylischer Rhyth-

mus"... Hiermit bricht die Scala des Aristoxenus ab*), ohne dass uns
eine Begründung für diesen Satz gegeben wäre. Aber die bisherigen
Deductionen des Aristoxenus setzen uns in den Stand, nicht bloss
die Begründung dieses Satzes zu geben, sondern auch von allen
übrigen μεγέθη bis zum πεντεκαιεικοσάσημον zu bestimmen, ob
sie unrhythmisch oder rhythmisch sind und welchem Rhythmengeschlechte sie im letzteren Falle angehören. Die Methode, die
wir zu befolgen haben, lässt sich in zwei Sätze zusammenfassen:

1) Wir müssen jedes μέγεθος in alle nur möglichen Abschnitte zerlegen, aber so, dass wir, wie es bisher Aristoxenus gethan, die ganze Gruppe jedesmal nur in zwei
   Theile zerfällen, die zusammen die ganze Anzahl der
   Chronoi proti umfassen.

2) Von den Verhältnissen, die sich durch diese Zerlegung ergeben, sind nach Aristoxenus alle diejenigen rhythmisch,
   die sich auf das Verhältniss der drei Rhythmengeschlechter
   1 : 1, 1 : 2, 2 : 3 zurückführen lassen; alle anderen dagegen sind (für die συνεχὴς ῥυθμοποιία) unrhythmisch, verstatten wie das ἑπτάσημον μέγεθος keine διαίρεσις ποδική.

6) 9 - zeitiger Takt.

§ 37. An der sechsten Stelle stehen die Takte von 9-zei-
tigem Megethos. Bei der Zahl neun ergeben sich die Verhältnisse 1 : 8, 2 : 7, 3 : 6, 4 : 5. Von diesen sind das erste, zweite
und vierte nicht errhythmisch, wohl aber das dritte 3 : 6, nämlich ein diplasisches. Der 9-zeitige Takt wird also ein 3-theilig-
ungerader (iambischer) sein.

7) 10 - zeitiger Takt.

§ 38. An siebenter Stelle stehen die Takte von 10-zeitigem
Megethos. Dasselbe wird zwei Taktarten, der hemiolischen
(5-theilig· ungeraden) und der geraden (daktylischen) gemeinsam
sein. Denn von den Verhältnissen, welche sich bei 10 ergeben,

---

*) Bereits G. Hermann vermuthete, dass hier ein sehr wichtiger Theil
der Aristoxeneischen Rhythmik verloren gegangen sei, und Böckh ruft aus:
quae utinam ne infelici periissent casu! Allein wir haben diesen Verlust nicht
allzusehr zu bedauern: das Erhaltene giebt die sicheren Normen an die
Hand, mit denen wir die übrigen μεγέθη restituiren und die abgebrochene
Reihe bis zu dem Endpuncte fortführen können, der uns aus Aristides, Marcianus Capella, Fragm. Parisin. und Psellus bekannt ist. Ein Fehltritt ist
hier geradezu unmöglich, weil uns der Gang, den wir zu nehmen haben,
genau vorgezeichnet ist.

sind 1 : 9, 2 : 8, 3 : 7 nicht errhythmisch, dagegen wird 4 : 6 (hemiolisch) der paeonischen, 5 : 5 (isorrhythmisch) der daktylischen Taktart angehören.

§ 39. Das 11-zeitige Megethos hat keine errhythmische Diairesis. Denn von den Verhältnissen, welche sich bei 11 ergeben, nämlich 1 : 10, 2 : 9, 3 : 8, 4 : 7, 5 : 6, ist keines ein errhythmisches.

8) 12-zeitiger Takt.

§ 40. An achter Stelle stehen daher die Takte von 12-zeitigem Megethos. Bei der Zahl zwölf werden sich ergeben die Verhältnisse 1 : 11, 2 : 10, 3 : 9, 4 : 8 (diplasisch), 5 : 7, 6 : 6 (isorrhythmisch). Von diesen gehört das diplasische 4 : 8 der iambischen (3-theilig-ungeraden), das isorrhythmische 6 : 6 der daktylischen (geraden) Taktart an.

§ 41. Das 13-zeitige Megethos kann keinen Takt (der continuirlichen Rhythmopoeie) bilden, denn von den bei der Zahl 13 möglichen Verhältnissen 1 : 12, 2 : 11, 3 : 10, 4 : 9, 5 : 8, 6 : 7 ist keines ein errhythmisches.

§ 42. Das 14-zeitige Megethos bildet keinen (für die continuirliche Rhythmopoeie) brauchbaren Takt, denn von den für die Zahl 14 sich ergebenden Verhältnissen 1 : 13, 2 : 12, 3 : 11, 4 : 10, 5 : 9, 6 : 8, 7 : 7 bildet zwar das letztere 7 : 7 ein errhythmisches, nämlich ein daktylisches, aber die 7-zeitigen Megethe, welche die Bestandtheile eines solchen 14-zeitigen daktylischen Taktes bilden würden, sind für die continuirliche Rhythmopoeie nicht errhythmisch.

Bei der Gliederung 6 : 8 bildet das 14-zeitige Megethos den grössten epitritischen Takt, welcher zwar nicht in continuirlicher Rhythmopoeie, aber isolirt unter anderen Takten vorkommt.

9) 15-zeitiger Takt.

§ 43. An neunter Stelle stehen die Takte von 15-zeitigem Megethos. Bei der Zahl 15 lassen sich folgende Verhältnisse nehmen: 1 : 14, 2 : 13, 3 : 12, 4 : 11, 5 : 10 (diplasisch), 6 : 9 (hemiolisch). Ausser den beiden letzten sind die Verhältnisse unrhythmisch. Das 15-zeitige Megethos wird also zwei Taktarten gemeinsam sein, der iambischen (3-theilig-ungeraden) und der paeonischen (5-theilig-ungeraden).

10) 16-zeitiger Takt.

§ 44. An zehnter Stelle stehen die Takte von 16-zeitigem Megethos. Bei 16 sind alle übrigen Verhältnisse, nämlich 1 : 15,

2 : 14, 3 : 13, 4 : 12, 5 : 11, 6 : 10, 7 : 9 nicht errhythmisch, wohl
aber 8 : 8, nämlich ein isorrhythmisches. Der 16-zeitige Takt
wird also der geraden (daktylischen) Taktart angehören. Es ist
aber das grösste Megethos dieser Taktart, da wir nicht im
Stande sind, in diesem Rhythmengeschlechte grössere Megethe
als das 16-zeitige noch als Takte zu empfinden (nach Aristides
p. 35 Meib.).

§ 45. Das 17-zeitige Megethos hat keine errhythmische
Diairesis, denn von allen Verhältnissen, welche für die Zahl 17
existiren, nämlich 1 : 16, 2 : 15, 3 : 14, 4 : 13, 5 : 12, 6 : 11,
7 : 10, 8 : 9, ist keines ein errhythmisches.

11) 18-zeitiger Takt.

§ 46. An eilfter Stelle stehen die Takte von 18-zeitigem
Megethos. Bei 18 sind die Verhältnisse 1 : 17, 2 : 16, 3 : 15,
4 : 14, 5 : 13, 6 : 12 (diplasisch), 7 : 11, 8 : 10, 9 : 9 (isorrhythmisch) möglich. Das isorrhythmische 9 : 9 würde einen geraden
Takt ergeben, doch würde dieser das grösste Megethos der geraden Taktart (das 16-zeitige), welches durch die Fähigkeit
unseres Auffassungsvermögens gegeben ist (§ 44), überschreiten
und kann daher der 18-zeitige gerade Takt nicht vorkommen.
Bei dem diplasischen Verhältnisse 6 : 12 ist das 18-zeitige Megethos ein 3-theilig-ungerader (iambischer) Takt, und zwar ist er
der grösste dieser Taktart, weil unser Empfindungsvermögen
nur bis zu diesem 18-zeitigen Megethos einen Takt des diplasischen Megethos vernimmt. (Nach Aristides p. 35 Meib.)

§ 47. Das 19-zeitige Megethos hat bei den sich hier
ergebenden Verhältnissen 1 : 18, 2 : 17, 3 : 16, 4 : 15, 5 : 14,
6 : 13, 7 : 12, 8 : 11, 9 : 10 keine einzige errhythmische Diairesis.

12) 20-zeitiger Takt.

§ 48. An die zwölfte Stelle wird daher das 20-zeitige
Megethos zu stellen sein. Unter allen sich hier ergebenden
Verhältnissen 1 : 19, 2 : 18, 3 : 17, 4 : 16, 5 : 15, 6 : 14, 7 : 13,
8 : 12 (hemiolisch), 9 : 11, 10 : 10 (isorrhythmisch) ist bloss
das hemiolische 8 : 12 ein (für die continuirliche Rhythmopoeie)
brauchbares, da ja das isorrhythmische 10 : 10 als Taktmegethos den grössten daktylischen Takt überschreiten würde (vergleiche § 44).

§ 49. Das 21-zeitige Megethos lässt die Verhältnisse 1 : 20,
2 : 19, 3 : 18, 4 : 17, 5 : 16, 6 : 15, 7 : 14 (diplasisch), 8 : 13,

9 : 12, 10 : 11 zu, aber bei dem diplasischen Verhältnisse 7 : 14
überschreitet das Megethos den grössten Takt des 3 - theilig.
ungeraden (iambischen) Rhythmengeschlechtes, also ist es schon
aus diesem Grunde als Takt unbrauchbar.

§ 50. Das 22-zeitige Megethos würde zwar ein isorrhythmisches Verhältniss 11 : 11 zulassen, aber es überschreitet die
dem grössten geraden Takte gestattete Grenze und ist schon
deshalb für die Rhythmopoeie unbrauchbar.

§ 51. Das 23-zeitige Megethos ergiebt nur arrhythmische
Verhältnisse.

§ 52. Das 24-zeitige Megethos ergiebt zwar das diplasische
Verhältniss 8 : 16 und das isorrhythmische Verhältniss 12 : 12,
doch würden beide Taktmegethe dieser Art den grössten Umfang
der iambischen und der daktylischen Taktart überschreiten.

13) 25-zeitiger Takt.

§ 53. An dreizehnter und letzter Stelle stehen daher die
Takte des 25-zeitigen Megethos, denn bei der Zahl 25 ergiebt
sich das hemiolische Verhältniss 10 : 15. Die Takte dieses Megethos sind die grössten der paeonischen Taktart: nur bis zum
25 - zeitigen Takte kann unsere Aisthesis den hemiolischen
Rhythmus erfassen. (Nach Aristid. a. a. O.)

Julius Caesar*) resumirt: „Ausgeschlossen sind also von der
Verbindung zu rhythmischen Füssen oder aus gleichen Füssen
bestehenden Kola die Megethe von (7), 11, 13, 17, 19, 21, 22,
23, 24, sowie von mehr als 25 Chronoi protoi.

„Ferner ergiebt sich, dass jede Dipodie und Tetrapodie dem
daktylischen, jede Tripodie und Hexapodie dem iambischen, jede
Pentapodie dem hemiolischen oder paeonischen Geschlechte zu-
fällt, sowie dass Daktylen und Anapaesten höchstens bis zu fünf,
Trochaeen und Iamben höchstens bis zu sechs, Paeonen und
Bacchien höchstens bis zu fünf Versfüssen (mit Ausschluss der
vier Versfüsse) in einem Kolon verbunden werden können.

„Es bleiben nun aber die Fragen übrig, ob alle innerhalb
der gegebenen Grenzen liegenden Verbindungen auch wirklich
zulässig waren, und nicht vielleicht noch andere Beschränkungen
des Gebrauchs innerhalb jener Möglichkeiten eintreten, — und

----

*) Die Grundzüge der griech. Rhythmik nach Aristides S. 121f.

ob die Grenzen der Ausdehnung der Geschlechter durch ein
Princip bestimmt waren, und durch welches etwa. Auf die erste
Frage finden wir in unseren rhythmischen Quellen keine directe
Antwort. Die andere beantworten sie · unbestimmt dahin, dass
grössere Zahlen nicht als rhythmische Einheiten aufgefasst
werden können. . . .*) Nach Rossbach's griech. Rhythmik sind
nun aber innerhalb jener Grenzen alle Grössen zulässig, welche
das Verhältniss der Rhythmengeschlechter beobachten. Sollte nun
aber nicht auch die Wiederholung desselben Grundfusses an eine
in seiner eigenen Natur liegende Grenze gebunden sein? Nach
Analogie des obigen bietet sich mit Wahrscheinlichkeit das Gesetz dar, dass nur so viel gleiche Füsse zu einem Kolon verbunden werden, als Chronoi protoi den Versfuss ausmachen, also
vier Daktylen, fünf Paeonen und drei iambische Dipodien. Ausgeschlossen würde hierdurch die Fortsetzung der Daktylen und
Iamben bis zur Pentapodie, welche nach dem obigen Gesetz,
wenn es keine weiteren Einschränkungen erlitte, statthaft wäre . .
Die Behauptung in Rossbach's griech. Rhythmik § 84, dass ein
Fehltritt in der Wiederherstellung der Aristoxenischen Scala der
rhythmischen Megethe geradezu unmöglich sei, ist zu kühn, da
Ausnahmen von der durch die Anfangs- und Endpuncte der
Reihenbildung und durch die ausgesprochenen Principien be-
dingten Regel immer noch denkbar sind, deren Angabe ihre
Stelle in der leider abgebrochenen Aufzählung der einzelnen
Megethe bei Aristoxenus gehabt haben wird. Man wende nicht
ein, dass metrische Pentapodien sowohl aus Daktylen wie aus
Iamben häufig vorkommen. Es ist eben die Frage, ob diese
dem Rhythmus nach als Einzelreihen anzusehen sind, oder als
eine solche Verbindung der Tripodie und Dipodie, dass auch jene
ihre Dreigliederung bewahrt."

Mit einem Worte, Caesar nimmt keinen Anstand, ein Kolon
aus fünf Paeonen als einen einheitlichen πούς gelten zu lassen,
aber ein Kolon von fünf Anapaesten — so meint Caesar —
werde besser in zwei Kola, ein tripodisches und ein dipodisches
Kolon zerfällt. Dies werde Aristoxenus in der uns nicht mehr
erhaltenen Partie von dem Taktmegethos gesagt haben.

Beide Pentapodien, eine anapaestische und eine paeonische,
beide zwischen je zwei trochaeischen Tetrametern, finden wir in
den Acharnern v. 285 und v. 295:

---

*) Aristides S. 127.

Ἡράκλεις, τουτὶ τί ἐστι; τὴν χύτραν συντρίψετε.
Σὲ μὲν οὖν καταλεύσομεν, ὦ μιαρὰ κεφαλή.
Ἀντὶ ποίας αἰτίας, ὠχαρνέων γεραίτατοι;
Ἀντὶ δ’ ὧν ἐσπεισάμην ἀκοῦσατ’, ἀλλ’ ἀκούσατε.
Σοῦ γ’ ἀκούσωμεν; ἀπολεῖ· κατά σε χώσομεν τοῖς λίθοις.
Μηδαμῶς, πρὶν ἄν γ’ ἀκούσητ’· ἀλλ’ ἀνάσχεσθ’, ὠγαθοί.

Der aus fünf Paeonen bestehende Vers soll, wie Caesar will, ein
einheitliches Kolon sein, den aus fünf Anapaesten bestehenden
Vers will er in zwei Kola zerlegen, eine anapaestische Tripodie
und eine anapaestische Dipodie. In der Rhythmik unserer modernen Musik kommen anapaestische oder daktylische Pentapodien nicht selten vor In der „Zauberflöte" singt der Mohr
zwei daktylische Pentapodien hinter einander

Die daktylischen Pentapodien Mozarts bilden nicht zwei pentapodische Takte; annähernd ist es vielmehr so, wie es Caesar von
den daktylischen Pentapodien der Griechen versichert: eine jede
Pentapodie ist unter mehrere Takte vertheilt. Dasselbe finden
wir auch in der Mozart'schen Instrumentalmusik, im Adagio der
Clavier - Fantasia tritt uns zuerst eine daktylische Pentapodie
mit folgender katalektischer Tripodie in rhythmischer Repetition
entgegen

Der von Mozart vorgezeichnete Takt ist der tetrapodische **C**-Takt.
Das pentapodische Kolon umfasst jedesmal einen vollen tetrapodischen Takt und vom darauffolgenden Takte noch das erste

Viertel. So sind die fünf Versfüsse der daktylischen Pentapodie
auf zwei Takte vertheilt.

Es wird in unserer classischen Musik wohl überhaupt niemals vorkommen, dass ein pentapodisches Kolon einen Takt für
sich allein einnimmt: immer wird eine Vertheilung der Pentapodie auf mehrere Takte vorliegen, ähnlich wie dies Caesar von
der daktylischen Pentapodie der Griechen versichert.

Dagegen macht Caesar für die paeonische Pentapodie geltend, dass sie ein einheitliches Kolon, nicht in mehrere Kola zu
trennen sei. Den paeonischen Rhythmus können wir uns in unserer modernen Musik recht gut vorstellig machen. So lässt
sich die zweite F-Dur-Fuge des Wohlt. Clav. aus ihrem trochaeischen Rhythmus sehr leicht in den paeonischen Rhythmus
umformen, wie sich weiterhin zeigen wird. Aber eine paeonische
Pentapodie! Ein solches Kolon ist etwas unserem rhythmischen
Gefühle möglichst fern liegendes. Da die paeonische Pentapodie
als die äusserste Grenze des paeonischen Rhythmengeschlechtes
in den aus Aristoxenus fliessenden Excerpten des Psellus, des
Aristides und des Fragmentum Parisinum bezeugt ist, so wird
sie ohne Weiteres von Caesar als ein praktisch zulässiger Takt
acceptirt, während die in der Aristoxenischen Taktscala nicht
direkt überlieferte daktylische und trochaeische Pentapodie in
der Praxis nicht als einheitliches Kolon gebraucht, sondern in
eine Tripodie und in eine Dipodie zu theilen sei. Wer sich
diese Sache musikalisch zurecht legen soll, der wird fünf trochaeische und fünf anapaestische Versfüsse (einfache Takte) noch
immer leichter zu einem einheitlichen Kolon vereint denken
können, als fünf paeonische Versfüsse.

Ein Kolon aus fünf Paeonen wurde, sagt Caesar, nicht gleich
dem aus fünf Daktylen bestehenden, nach mehreren Takten, sondern
als ein einziger Takt gemessen! Schwerlich ist von den Alten eine
aus fünf Daktylen oder aus fünf Trochaeen bestehendes Kolon
anders als das aus fünf Paeonen gebildete, nämlich κατὰ μονοποδίαν gemessen worden (vgl. unten). genau wie die daktylische
Pentapodie der Gluck'schen Iphigenia auf Taurica, Arie No. 17*).

Kein Va - ter - land blieb euch   kein   ret - ten - der Freund

*) Ebendaselbst im Chor No. 18 mehrere trochaeische Pentapodien.

Ausser Caesar hat auch Bernhard Brill*) gegen unsere Restitution der Aristoxenischen Taktscala polemisirt. Zwar nimmt
er das Resultat unserer Restitution ohne irgend eine Aenderung
an, erklärt es aber für willkürlich, dass wir den Aristoxenus die
bis zum ὀκτάσημον μέγεϑος eingehaltene Methode der Darstellung, wonach er jedes Megethos in zwei dem λόγος ποδικὸς
entsprechende Abschnitte zerlegt, auch für die übrigen μεγέϑη
bis zur jedesmaligen Grenze des betreffenden γένος ῥυϑμικὸν
haben einhalten lassen. Die Methode der Deduction, welche
Aristoxenus beim 2-, 3-, 4-, 5-, 6-, 7-, 8-zeitigen Megethos
anwendet, ist zwar anscheinend äusserlich und schablonenmässig,
aber in ihrer Art vollkommen gut und höchst instructiv, ganz
im Geiste der analytischen Methode des Aristoteles. Wenn Aristoxenus consequent war, so hat er diese Methode auch bei den
übrigen μεγέϑη beibehalten; war er unconsequent, nicht. Ich
traue dem grossen Vater der Rhythmik diese Consequenz zu.
Brill nicht. Weshalb nicht? Wohl aus keinem anderen Grunde,
als weil er die Meinung des Herrn Lehrs theilt, „bei Aristoxenus
sei die rhythmische Wissenschaft noch in ihrer Kindheit be-
fangen." Einem Anfänger in den Kinderschuhen mag Brill keine
Consequenz zutrauen**).

§ 31.

Verschiedene Diairesis gleich grosser Takte.

Aristoxenus statuirt im Ganzen 13 verschiedene Taktgrössen
oder Megethe continuirlicher Rhythmopoeie, verschieden nach
der Anzahl der in einem Takte enthaltenen Chronoi protoi. Vom
6-zeitigen Takte heisst es § 34: Τέταρτοι δέ εἰσι κατὰ τὸ μέγεϑος οἱ ἐν ἑξασήμῳ μεγέϑει· ἔστι δὲ τὸ μέγεϑος τοῦτο δύο
γενῶν κοινόν, τοῦ τε ἰαμβικοῦ καὶ τοῦ δακτυλικοῦ. Es handelt
sich hier um ein und dasselbe Taktmegethos von genau der
nämlichen Anzahl von Chronoi protoi, welches zwei verschiedenen Taktarten gemein ist. Unser ⅜-Takt besteht aus 6 Achtel-
noten, unser ¾-Takt ebenfalls, aber die Achtel sind in dem einen
Takte nach einem anderen rhythmischen Verhältnisse als in dem
anderen Takte gegliedert. Hierauf bezieht sich die von Aristo-

---

*) Aristoxenus' rhythmische und metrische Messungen, S. 37.
**) Aristoxenus übersetzt und erläutert S. 64.

xenus aufgestellte διαφορὰ τῶν ποδῶν κατὰ διαίρεσιν, für welche
er § 27 folgende Definition giebt:

Διαιρέσει δὲ διαφέρουσιν ἀλλήλων ὅταν τὸ αὐτὸ μέγεθος εἰς ἄνισα μέρη διαιρεθῇ*),
ἤτοι κατὰ ἀμφότερα, κατά τε τὸν ἀριθμὸν καὶ κατὰ τὰ
μεγέθη, ἢ κατὰ θάτερα.

Das Wort μέρη ist zu fassen wie in der zunächst vorausgehenden
Stelle der Aristoxenischen Stoicheia § 18 οἱ μεγάλοι πόδες πλειόνων δέονται σημείων, ὅπως εἰς πλείω μέρη διαιρεθὲν τὸ τοῦ
ὅλου ποδὸς μέγεθος εὐσυνοπτότερον γίνηται. Dort bedeutet es
soviel wie σημεῖον, wie ἄρσις oder βάσις, und so ist es auch
hier zu fassen, wobei wir natürlich keinen der aus mehreren
Versfüssen combinirten μεγάλοι πόδες, auch den πεντεκαιεικοσάσημος nicht, unbeachtet lassen dürfen.

„Durch Diairesis werden sich (zwei) Takte unterscheiden,
    wenn ein und dasselbe Takt-Megethos in ungleiche
    Takttheile zerfällt."

„Und zwar sind die Takttheile entweder ungleich sowohl
    durch die Zahl der Takttheile wie auch durch die
    Grösse der Takttheile oder ⟨nur⟩ durch den einen bei-
    der Faktoren."

Die Takte zerfallen nach Aristoxenus in 2 oder 3 oder 4
Takttheile. Es sind also 2 dem Megethos nach gleiche Takte gemeint, von denen z. B. der eine in 2, der andere in 3, — oder der
eine in 3, der andere in 4, — oder der eine in 2, der andere
in 4 Takttheile zerfällt. Ist die Zahl der Takttheile zweier gleich
grosser Takte ungleich, so folgt, dass alsdann auch die Grössen
der Takttheile ungleich sein müssen: hat der eine Takt *m* Takttheile von der Grösse *x*, so muss der andere Takt *n* Takttheile
von der Grösse *y* haben — denn wenn der andere Takt *n* Takttheile wiederum von der Grösse *x* hätte, so könnte er in seinem
Megethos dem ersten Takte nicht gleich sein, wie es doch die
Voraussetzung des Aristoxenus ist (τὸ αὐτὸ μέγεθος).

Wir durchmustern nun die μεγέθη, welche δύο γενῶν κοινά
sind, d. i. einer mehrfachen Diairesis fähig sind. Dabei legen
wir die beiden von Aristoxenus in˙ seiner Definition statuirten

---

*) Bei Aristides. p. 34 Meib.: πέμπτη δέ ἐστιν ἡ κατὰ διαίρεσιν ποιὰν
ὅτε ποικίλως διαιρουμένων τῶν συνθέτων ποικίλους τοὺς ἁπλοῦς γίνεσθαι
συμβαίνει.

Alternativen zu Grunde: ἤτοι κατὰ ἀμφότερα, κατά τε τὸν ἀριθμὸν καὶ κατὰ τὰ μεγέθη, ἢ κατὰ θάτερα nach der oben gegebenen Erklärung. Mit der zweiten Alternative beginnen wir,
deren Sinn folgender ist: τὸ αὐτὸ μέγεθος εἰς ἄνισα κατὰ τὰ
μεγέθη μέρη διαιρεῖται. Dies ist

[1] Ἑξάσημον μέγεθος, δυοῖν ποδῶν κοινόν

a) τοῦ μὲν ἐν διπλασίῳ λόγῳ ποδός

μέρος μέρος
⌐_ _ ⌐∪ ∪   2 μέρη ἄνισα, τὸ μὲν τετράσημον, τὸ δὲ
♩♩♩ ♩♩   δίσημον,

b) τοῦ δὲ ἐν ἴσῳ λόγῳ ποδός

μ.   μ.
⌐_∪ ⌐_∪   2 μέρη τρίσημα.
♩♩♩ ♩♩♩

Die erste Alternative der Aristoxenischen Definition ist: τὸ
αὐτὸ μέγεθος τὸ τῶν ποδῶν διαιρεῖται εἰς μέρη κατά τε τὰ μέ-
γεθη καὶ κατὰ τὸν ἀριθμὸν ἄνισα. Dahin gehören folgende
μεγέθη:

[2] Δεκάσημον μέγεθος δύο ποδῶν κοινόν

a) τοῦ μὲν ἐν ἴσῳ λόγῳ δεκασήμου

μέρος   μέρος
⌐_ _∪ _ _ ⌐_ _∪ _ _ 2 μέρη πεντάσημα,

b) τοῦ δὲ ἐν ἡμιολίῳ λόγῳ δεκασήμου

μ. μ.   μ. μ.
♩♩ ♩♩ ♩♩♩♩ ♩♩   4 μέρη, τρία μὲν δίσημα, ἓν δὲ
                 τετράσημον.

Dieser πούς δεκάσημος ἡμιόλιος oder παιωνικὸς ist der bei den
Alten sogenannte παίων ἐπιβατός, welchen die Aristoxenischen
Symmikta sympotika bei Plutarch de mus. c. 33 als einen der
Rhythmen des alten Olympus anführen, Aristides p. 38. 39 M. beschreibt ihn: παίων ἐπιβατὸς ἐκ μακρᾶς θέσεως καὶ μακρᾶς ἄρσεως καὶ δύο μακρῶν θέσεων καὶ μακρᾶς ἄρσεως ... Εἴρηται δὲ
ἐπιβατός, ἐπειδὴ τετράσι χρώμενος μέρεσιν ἐκ δυοῖν ἄρσεων καὶ
δυοῖν διαφόρων γίνεται. „Er heisst ἐπιβατὸς d. i. ein Paeon,
bei welchem das Takttreten zur Anwendung kommen muss, weil
er 4 Takttheile hat, 2 ἄρσεις und 2 verschiedene θέσεις":

θέσ. ἄρσ. θέσ. ἄρσ.

Die beiden ϑέσεις des Epibatos sind verschieden, denn die eine besteht aus einer einzigen, die zweite aus zwei Längen. Wir dürfen voraussetzen, dass die Längen in Doppelkürzen aufgelöst werden konnten. Auch die christlich-moderne Musik kennt diesen Takt, freilich mit einer anderen als der von Aristides angegebenen Accentuation. So das Volkslied:

Hier würde die Accentuation des Paeon epibatos statt des von Aristides angegebenen folgende sein

ᾱρσ. ϑέσ. ᾱρσ. ϑέσ.

Ein anderer Paeon epibatos bei Boieldieu Weisse Dame Cavatine No. 11, als ⁵⁄₄-Takt, der in einen ³⁄₄- und ²⁄₄-Takt getheilt ist. In der That ist der Paeon epibatos eine Zusammensetzung des 3-zeitigen ionischen und des 4-zeitigen daktylischen Taktes, der ionische mit einer 4-zeitigen Thesis und 2-zeitigen Arsis, der daktylische mit einer 2-zeitigen Thesis und 2-zeitigen Arsis, zusammen mit 4 Takttheilen (τετράσι μέρεσιν), wie es Aristides vom Paeon epibatos angiebt*).

---

*) Weil Baumgart die richtige Auffassung H. Weil's gegen die veraltete Boeckh'sche aufgegeben hat (vgl. S. 115), ist er gezwungen S. XXV seiner Schrift zu behaupten: „Die 4 μέρη des Aristides sind unserer Meinung nach 4 μέρη τῆς λέξεως oder wenn man will, 4 φθόγγοι. Der παίων ἐπιβατός hatte, wo er in der Poesie vorkam, nur 4 Sylben."

ῤῥ ῥ ῀ῤ ῤῥ

Auf jede Sylbe fiel ein Accent, ein schwerer oder leichter in der von Aristides zuerst angegebenen Form, beim Dirigiren möglicher Weise auch nur ein Nieder- oder Aufschlag, und so gebraucht der Versfuss nicht mehr als vier Accente oder Schläge. Es erklärt sich nun ohne Weiteres, was Ari-

[3] *Δωδεκάσημον μέγεθος τριῶν ποδῶν κοινὸν*
δύο μὲν ἐν ἴσῳ λόγῳ ποδῶν

a)   2 μέρη ἑξάσημα,

b)   4 μέρη τρίσημα,

ἑνὸς δὲ ἐν διπλασίῳ λόγῳ ποδός

c)   3 μέρη τετράσημα.

[4] *Πεντεκαιδεκάσημον μέγεθος δύο ποδῶν κοινόν*
a) *τοῦ μὲν ἐν διπλασίῳ λόγῳ ποδῶν*

        3 μέρη πεντάσημα,

b) *τοῦ δὲ ἐν ἡμιολίῳ λόγῳ ποδῶν*

        5 μέρη τρίσημα.

[5] *Ὀκτωκαιδεκάσημον μέγεθος δυοῖν ποδῶν κοινόν, ἑκατέρου*
δ' αὐτῶν ἐν διπλασίῳ λόγῳ

a)   3 μέρη ἑξάσημα,

b)   6 μέρη τρίσημα.

§ 32.

Takte der Praxis und theoretische Takte.

Zufolge der in der vorstehenden Lehre von der Takt-Diairesis sich aussprechenden Theorie des Aristoxenus hat ein jeder

stides mit seinen zwei verschiedenen Thesen will, auch was die διπλῆ
θέσις besagt. Die verschiedenen Thesen sind die beiden Thesen von ungleicher Dauer; die doppelte Thesis ist die 4-zeitige; denn diese ist es,
auf welcher allein die von Aristides angegebene „erschütternde Wirkung"
des Rhythmus beruhen kann ... Wahrscheinlich sind meistens nur vier
Schläge gegeben worden (!), aber die Praxis konnte unter Umständen recht
wohl auch fünf für zweckmässig halten. Darüber hatte bloss der Dirigent
zu entscheiden."

zusammengesetzte Takt so viele Takttheile als er Versfüsse hat: die Dipodie 2, die Tripodie 3, die Tetrapodie 4, die Pentapodie 5, die Hexapodie 6 Takttheile.

In der Praxis des Dirigirens aber hielt man es in der griechischen Musik nicht anders als in der modernen: niemals markirte man bei einem Takte mehr als vier Chronoi podikoi*).

Nur bei den dipodischen, tripodischen und tetrapodischen Takten kam auf jeden der in ihm enthaltenen Versfüsse ein Semeion podikon, entweder ein Niederschlag oder ein Aufschlag, je nachdem der monopodische Takttheil als κάτω oder als ἄνω χρόνος zu accentuiren war.

Weshalb dem pentapodischen Takte keine 5, dem hexapodischen Takte keine 6 Semeia podika gegeben werden, davon verspricht Aristoxenus den Grund im weiteren Fortgange seiner Rhythmik anzugeben*). Die betreffende Stelle ist in der Handschrift nicht mehr erhalten. Der Grund jenes Verfahrens beim Taktiren kann aber schwerlich ein anderer als folgender gewesen sein.

Auch unsere heutigen Dirigenten geben einem Takte vier Hauptbewegungen, durch welche zwei schwere und zwei leichte Takttheile markirt werden sollen, nur bei einem langsamen Tempo: bei raschem Tempo vermeiden sie es, dem Takte vier Haupt-Taktschläge zu geben. Sollte man nun einen pentapodischen oder hexapodischen Takt mit fünf oder sechs Hauptbewegungen markiren, — dies scheint Aristoxenus' Meinung —, so würden diese Taktschläge so complicirt werden, dass es den ausführenden Musikern allzuschwer sein möchte, den Zeichen des Dirigenten zu folgen: sie würden durch sie leichter in Verwirrung gebracht werden können, als dass sie durch dieselben im richtigen Takte gehalten würden, und das Taktiren von Seiten des Dirigenten würde so seinen Zweck verfehlen.

Der Theorie nach ist auch eine Pentapodie, ist auch eine Hexapodie ein einheitlicher Takt, in welchem ganz ähnlich wie in der Tetrapodie und Tripodie die den einzelnen Versfüssen zukommenden rhythmischen Accente nicht unter sich von gleicher Stärke sind, sondern vielmehr in einem entweder zunehmenden oder abnehmenden Verhältniss der Schwere stehen. Aber der

---

*) Aristox. § 19: Διὰ τί δὲ οὐ γίνεται πλείω σημεῖα τῶν τεττάρων ... ὕστερον δειχθήσεται.

Dirigent unterlässt es aus Nützlichkeitsrücksichten beim pentapodischen und hexapodischen Takte, nach Analogie des tetrapodischen und tripodischen Taktes die Pentapodie und die Hexapodie als Takteinheit zu bezeichnen: beim pentapodischen Takt
markirt er jeden der fünf Versfüsse desselben als monopodischen
Takt, — bei einer Hexapodie markirt er eine jede ihrer drei
Dipodien als dipodischen Takt, vgl. unten.

§ 33.
Uebersicht der für continuirliche Rhythmopoeie nach Aristoxenus gestatteten Takte.

Stellen wir die *καὶ συνεχῆ ῥυθμοποιίαν ἐπιδεχόμενοι πόδες*
durch Versfüsse und Kola der Metrik dar, so sind es folgende,
welche nach Aristoxenus als zulässig bezeichnet werden müssen:

Kola aus *πόδες τρίσημοι*

| trochaeische | } Monopodie | { –⏑ |
| iambische | | ⏑– |

| trochaeische | } Dipodie | { –⏑ –⏑ |
| iambische | | ⏑– ⏑– |

| trochaeische | } Tripodie | { –⏑ –⏑ –⏑ |
| iambische | | ⏑– ⏑– ⏑– |

| trochaeische | } Tetrapodie | { –⏑ –⏑ –⏑ –⏑ |
| iambische | | ⏑– ⏑– ⏑– ⏑– |

| trochaeische | } Pentapodie | { –⏑ –⏑ –⏑ –⏑ –⏑ |
| iambische | | ⏑– ⏑– ⏑– ⏑– ⏑– |

| trochaeische | } Hexapodie | { –⏑ –⏑ –⏑ –⏑ –⏑ –⏑ |
| iambische | | ⏑– ⏑– ⏑– ⏑– ⏑– ⏑– |

Kola aus *πόδες τετράσημοι*

| daktylische | } Monopodie | { –⏔ |
| anapaestische | | ⏔– |

| daktylische | } Dipodie | { –⏔ –⏔ |
| anapaestische | | ⏔– ⏔– |

| daktylische | } Tripodie | { –⏔ –⏔ –⏔ |
| anapaestische | | ⏔– ⏔– ⏔– |

| daktylische | } Tetrapodie | { –⏔ –⏔ –⏔ –⏔ |
| anapaestische | | ⏔– ⏔– ⏔– ⏔– |

| daktylische | } Pentapodie | { –⏔ –⏔ –⏔ –⏔ –⏔ |
| anapaestische | | ⏔– ⏔– ⏔– ⏔– ⏔– |

Kola aus πόδες πεντάσημοι

paeonische Monopodie

paeonische Dipodie

paeonische Tripodie

paeonische Tetrapodie bildet keinen πούς,

paeonische Pentapodie

Kola aus πόδες ἑξάσημοι

ionische Monopodie

ionische Dipodie

ionische Tripodie

Paeon epibatus.

- - - - -

Andere Kola, als die hier angegebenen, können nach Aristoxenus nicht continuirlich auf einander folgen. Das führt für die griechische Metrik unmittelbar zu folgenden Ergebnissen.

1.

Die katalektischen Kola haben eine vom gewöhnlichen Sylbenmass abweichende rhythmische Messung.

Jedes nach Aristoxenus in continuirlicher Rhythmopoeie zuzulassendes Kolon ist ein akatalektisches d. i. es besteht aus einer geraden oder ungeraden Anzahl (aber keiner Bruchzahl) von Versfüssen. Das eine Bruchzahl von Versfüssen enthaltende Kolon ist ein katalektisches, es fehlt der Takttheil eines Versfusses. Die vollständige (akatalektische) trochaeische Tetrapodie hat 4 Versfüsse, die unvollständige 3½

akatalektisch - ᴗ - ᴗ - ᴗ - ᴗ

katalektisch - ᴗ - ᴗ - ᴗ -

jene hat der Sylbenzahl nach ein 12-zeitiges, diese ein 11-zeitiges Megethos, ein 11-zeitiges Megethos aber ist nach Aristoxenus von der continuirlichen Rhythmopoeie ausgeschlossen. Dennoch kommen unleugbar die katalektischen Tetrapodien des trochaeischen

Rhythmus häufig genug continuirlich auf einander folgend vor.
Aeschyl. Eumenid. 997 ff.:

> Χαίρετ' ἀστικὸς λεὼς
> ἴκταρ ἥμενοι Διὸς,
> παρθένου φίλας φίλοι
> σωφρονοῦντες ἐν χρόνῳ.
> Παλλάδος δ' ὑπὸ πτεροῖς
> ὄντας ἄζεται πατήρ.

Eurip. Phoeniss. 239 ff.:

> Νῦν δέ μοι πρὸ τειχέων
> θούριος μολὼν Ἄρης
> αἷμα δάϊον φλέγει
> τᾷδ', ὃ μὴ τύχοι, πόλει·
> κοινὰ γὰρ φίλων ἄχη·
> κοινὰ δ', εἴ τι πείσεται
> ἑπτάπυργος ἅδε γᾶ.

Agamemn. 1010 ff.:

> Καὶ τὸ μὲν πρὸ χρημάτων κτησίων ὄκνος βαλὼν
> σφενδόνας ἀπ' εὐμέτρου,
> οὐκ ἔδυ πρόπας δόμος πημονᾶς γέμων ἄγαν
> οὐδ' ἐπόντισε σκάφος.

Hätte hier jede Länge das 2-zeitige, jede Kürze das 1-zeitige
Mass, dann wäre das Megethos des katalektischen Kolon offenbar
kein errhythmisches.   Die Ueberlieferungen der Metriker geben
uns einen Anhaltspunkt.   Bei Hephaestion Cap. 3 heisst es:
Ἀκατάληκτα καλεῖται μέτρα, ὅσα τὸν τελευταῖον πόδα ὁλόκληρον ἔχει.
Καταληκτικὰ δέ, ὅσα μεμειωμένον ἔχει τὸν τελευταῖον πόδα.

In der Rhythmik des Aristides p. 41 heisst es von den ῥυθμοί
(mit diesem Ausdruck bezeichnet Aristides dasselbe, was sonst
κῶλα genannt wird):
Καὶ τοὺς μὲν ὁλοκλήρους, τοὺς δὲ ἀπὸ λειμμάτων ἢ προσθέσεων.
Die ersteren sind die bei Hephaestion sogenannten ἀκατάληκτα, ὅσα τὸν τελευταῖον πόδα ὁλόκληρον ἔχει.   Die zweiten
die καταληκτικά, ὅσα μεμειωμένον ἔχει τὸ τελευταῖον πόδα.

Von diesen Kola der zweiten Art heisst es bei Aristides weiter:
ἐν οἷς καὶ τοὺς κενοὺς χρόνους παραλαμβάνουσι.
Κενὸς μὲν οὖν ἐστι χρόνος ἄνευ φθόγγου πρὸς ἀναπλήρωσιν
τοῦ ῥυθμοῦ.
Λεῖμμα δὲ ἐν ῥυθμῷ χρόνος κενὸς ἐλάχιστος,
πρόσθεσις δὲ χρόνος μακρὸς ἐλαχίστου διπλασίων.

Dazu sind die Angaben aus dem zweiten Buche des Aristides
p. 97 herbeizuziehen:

> *Καὶ οἱ μὲν ὁλοκλήρους τοὺς πόδας ἐν ταῖς περιόδοις ἔχοντες*
> *εὐφυέστεροι . . . καὶ οἱ μὲν βραχεῖς τοὺς κενοὺς ἔχοντες ἀφελέ-*
> *στεροι καὶ μίκροπρεπεῖς, οἱ δὲ ἐπιμήκεις μεγαλοπρεπέστεροι.*

Die Angaben der Quellen lehren uns also folgendes:
Die katalektischen Kola haben zur Ausfüllung des den Sylben
fehlenden Schlusses eine Pause, entweder eine 1-zeitige, genannt
Leimma, oder eine 2-zeitige, genannt Prosthesis. Aus dem Anonymus de mus. § 1 = 83 wissen wir, dass es ausser der 1-
und 2-zeitigen auch noch 3 und 4-zeitige Pausen gab. Wenn
Aristides sagt: *οἱ δὲ ἐπιμήκεις (τοὺς κενοὺς ἔχοντές εἰσι) μεγα-*
λοπρεπέστεροι, so scheint er diese längeren Pausen im Sinne zu
haben. Die 1-zeitige Pause macht nach ihm den Eindruck der
Geringfügigkeit, die grossen Pausen dagegen einen bedeutenden,
grossartigen Eindruck.

Hiermit würde das katalektische Kolon den Umfang des entsprechenden akatalektischen Kolons haben, indem die dem Metrum
fehlende *τελευταία συλλαβή* ihre rhythmische *ἀναπλήρωσις* durch
eine Pause des Auslautes findet: durch ein 1-zeitiges Leimma
in dem Verse

Καὶ τὸ μὴ πρὸ χρημάτων | κτησίων ὄκνος βαλών ||

‿ ∪ ‿ ∪ ‿ ∪ ‿ Λ | ‿ ∪ ‿ ∪ ‿ ∪ ‿ Λ ||,

durch eine 2-zeitige Prosthesis im Auslaute einer jeden daktylischen Tripodie des elegischen Verses

‿ ∪ ∪ ‿ ∪ ∪ ‿ Ā | ‿ ∪ ∪ ‿ ∪ ∪ ‿ Ā ||.

Das letztere wird ausdrücklich durch Quintil. 9, 4, 48 und Augustin. de musica 4, 14 bestätigt.

Blicken wir auf die notirten Hymnen des Dionysius und
Mesomedes (vgl. § 20), so finden wir in der That unter den Notenzeichen für die katalektischen Kola des iambischen und anapaestischen Metrums im katalektischen Ausgange das Pausenzeichen

Λ

angewendet. Es kann aber dort, wie schon Bellermann bemerkt
hat, dieses Zeichen nicht die Bedeutung einer 1-zeitigen Pause
haben, sondern vielmehr, dass die vorausgehende Sylbe um einen
1-zeitigen Sylbenwerth verlängert werden soll. Im Allgemeinen
darf festgehalten werden, dass zwischen den Sylben ein und des-

selben Wortes keine Pause eintreten kann, sondern dass dieselbe
nur nach der Schlusssylbe eines Wortes verstattet ist. Wenn
man also bei der Notirung eines melischen Verses ein Pausenzeichen anwandte, so ergab sich jedesmal von selber, ob damit eine
rhythmische Pause, oder eine Verlängerung der gesungenen Sylbe,
wie Pseudo-Euklides p. 22 sagt, eine τονή zu verstehen war: im
ersteren Falle fand ein Wortende statt, im zweiten Wortbrechung.*)
Ein anderes Indicium, ob eine Pause, ob eine τονή in der
Intention des Dichter-Componisten liege, ergab sich aus dem
ethischen Charakter der Dichtung: 1-zeitige Pausen, da sie den
Eindruck der Unbedeutendheit machen, müssen von einer Dichtung, welche den Charakter des Grossartigen hat, fern gehalten
werden, vielmehr wird an Stelle des Leimma eine τονή eintreten.

2.
Der Dochmius hat eine vom gewöhnlichen Sylbenmasse abweichende rhythmische Messung.

Betreffs der einzelnen Metra zeigt die Tradition der Metriker
kein Verständniss des von der gewöhnlichen 1- und 2-zeitigen
Sylbenmessung abweichenden rhythmischen Masses. Sie giebt
dem anapaestischen Tetrametron einen 30-zeitigen Umfang, un-
geachtet das zweite Kolon desselben ein katalektisches ist und,
wie wir aus den Hymnen des Mesomedes wissen, die vorletzte
Sylbe nicht 2-zeitig ist, sondern durch τονή verlängert wird. Das
wahre rhythmische Megethos des anapaestischen Tetrametrons ist
das 32-zeitige. Das einzige Beispiel, wo die Theorie der Metriker
eine Pause von bestimmtem Zeitmasse statuirt, ist der Paeon,
dem Heliodorus mit Rücksicht auf die ihm folgende ἀνάπαυσις
denselben Umfang wie dem 6-zeitigen Ditrochaeus giebt. So
weit wir im Stande sind, die bezügliche Stelle Heliodors schol.
Hephaest. p. 197 W. zu beurtheilen, müssen wir sagen, dass derselbe die Sache unrichtig aufgefasst hat.
In dem metrischen Scholion zu Aeschylus Septem 103, 128
wird der Dochmius ein ῥυθμὸς ὀκτάσημος genannt. Man hat dieser
Stelle viel Gewicht beilegen zu müssen geglaubt, um so mehr
als auch im Schol. Hephaest. p. 185 und Etym. Magn. p. 285
dieselbe Auffassung wiederkehrt und zugleich von einer Eintheilung in ῥυθμοί ὀρθοί und δόχμιοι geredet wird.

*) So ist es in der modernen Musik. Ausnahmen in meinen Elementen
des musik. Rhythmus 1872. S. 125 ff.

Schol. Hephaest.

*Οἱ μέντοι μετρικοὶ τὸ πᾶν μέτρον
ὡς μίαν συζυγίαν λαμβάνοντες δοχ-
μιακὸν ὀνομάζουσι διὰ τὴν τοιαύτην
αἰτίαν.* οἱ προειρημένοι ῥυθμοὶ, ἴαμβος παίων ἐπίτριτος ὀρθοὶ καλοῦνται,
ἐν ἰσότητι γὰρ κεῖνται, καθ᾽ ὃ ἕκαστος
τῶν ἀριθμῶν μονάδι πλεονεκτεῖται,
ἢ γὰρ μονάς ἐστι πρὸς δυάδα,
ἢ δυὰς πρὸς τριάδα,
ἢ τριὰς πρὸς τετράδα,
τουτέστι μακρὸς χρόνος πρὸς βραχείας
ὡς ἐν τῷ δακτύλῳ
τυχὸν, μονὰς πρὸς δυάδα·
ἐν δὲ τῷ δοχμίῳ ἐπίτριτός ἐστι καὶ
συλλαβή, εὑρίσκεται οὖν ἡ διαίρεσις
τριὰς πρὸς πεντάδα οὐκέτι ὀρθή.
οὗτος οὖν ὁ ῥυθμὸς οὐκ ἠδύνατο
ὄρθιος καλεῖσθαι, ἐπεὶ μονάδι πλεονεκτεῖται.
ἐκλήθη οὖν δόχμιος, ἐν ᾧ τὸ τῆς
ἀνισότητος μεῖζον ἢ κατὰ τὴν εὐθεῖαν
κρίνεται.

ἐνταῦθα οὖν δόχμιον ῥυθμὸν φησὶν
ἴαμβον καὶ παίωνα πρῶτον, τουτέστιν
ἐκ βραχείας καὶ μακρᾶς καὶ μακρᾶς
καὶ τριῶν βραχειῶν, τινὲς γὰρ οὕτω
μετροῦσι.

Etym. Magn.

*Πολλὰ ῥυθμῶν ὀνόματα καὶ ἄλλα,
ἀτὰρ δὴ καὶ ταῦτα, ἴαμβος, ἰαμβικὸς,
δάκτυλος, δακτυλικὸς, παίων, ἐπίτριτος.* οὗτοι μὲν οὖν ὀρθοί εἰσιν ῥυθμοὶ, ἐν ἰσότητι γὰρ κεῖνται

ἢ γὰρ μονὰς πρὸς δυάδα,
ἢ δυὰς πρὸς τριάδα,
ἢ τριὰς πρὸς τριάδα·

ἡ τριὰς πλεονεκτεῖται μονάδος·
ἐν τῷ δοχμιακῷ τριάς ἐστι πρὸς πεντάδα καὶ δυὰς ἡ πλεονεκτοῦσα.
οὗτος οὖν ὁ ῥυθμὸς οὐκ ἠδύνατο
καλεῖσθαι ὀρθός.

ἐκλήθη τοίνυν δοχμιακὸς ἐν ᾧ τὸ τῆς
ἀνισότητος μεῖζον κατὰ τὴν εὐθεῖαν
κρίνεται, καὶ τὸ μέτρον οὖν δοχμια-
κὸν ὡς ἐμπιπτόντων ἐν αὐτῷ τῶν
ὀκτὼ χρόνων.

Aus diesen beiden Stellen ist nun der ursprüngliche Text
folgendermassen herzustellen:

*Οἱ προειρημένοι ῥυθμοί, ἴαμβος, παίων, ἐπίτριτος, ὀρθοὶ
καλοῦνται, ἐν ἰσότητι γὰρ κεῖνται, καθ᾽ ὃ ἕκαστος τῶν ἀριθμῶν
μονάδι πλεονεκτεῖται, ἢ γὰρ μονάς ἐστι πρὸς δυάδα, ἢ δυὰς
πρὸς τριάδα, ἢ τριὰς πρὸς τετράδα. ἐν δὲ τῷ δοχμίῳ τριάς ἐστι
πρὸς πεντάδα καὶ δυὰς ἡ πλεονεκτοῦσα. οὗτος οὖν ὁ ῥυθμὸς
οὐκ ἠδύνατο καλεῖσθαι ὀρθός, ἐπεὶ οὐ μονάδι πλεονεκτεῖται.
ἐκλήθη τοίνυν· δόχμιος, ἐν ᾧ τὸ τῆς ἀνισότητος μεῖζον ἢ κατὰ
τὴν εὐθεῖαν κρίνεται.*

Diese Eintheilung beruht auf Folgendem. Die Rhythmen,
in welchen die beiden χρόνοι ποδικοί nur um eine μονάς differiren, der diplasische, hemiolische und epitritische, 1 + 2, 2 + 3,
3 + 4, nähern sich der *ἰσότης* (ungenau ist gesagt *ἐν ἰσότητι*

12*

κεῖνται), κατὰ τὴν εὐθεῖαν κρίνονται und heissen deshalb ὀρθοί. Das Verhältniss der beiden χρόνοι ποδικοί ist hier überall der von den Mathematikern sogenannte λόγος ἐπιμόριος, $\frac{x+1}{x}$ (vgl. Nicomach. arithm. 1, 19. 20) und deshalb kommt für diese Takte auch der Name πόδες ἐν λόγῳ ἐπιμορίῳ vor Aristid. p. 97 Porphyr. ad Ptol. 241, freilich so, dass hier der ποὺς διπλάσιος, weil dessen λόγος ποδικός auch durch das Verhältniss $\frac{2\,x}{x}$ ausgedrückt werden kann, nicht als ἐπιμόριος angesehen wird.

Die Rhythmen dagegen, in welchen die beiden χρόνοι um mehr als eine μονάς differiren und also in dem von den Mathematikern sogenannten λόγος ἐπιμερής $\frac{x+1+n}{x}$ stehen, heissen die ungeraden, schrägen, δόχμιοι. Dahin gehört der δόχμιος ὀκτάσημος ◡ _ _ ◡ _, der von den Rhythmikern so zerfällt wird

$$\frac{\overset{\smile}{}-\!\mid\!-\overset{\smile}{}-}{3\mid 5}$$

und dessen λόγος ποδικός also in 3:5 besteht, — dahin müssen wir auch den ποὺς τριπλάσιος mit dem λόγος ποδικός 1:3 rechnen (nach derselben Norm, wonach der ποὺς διπλάσιος mit dem λόγος ποδικός 1:2 zu den ὀρθοί gerechnet wird). Die Definition ἐκλήθη τοίνυν δόχμιος, ἐν ᾧ τὸ τῆς ἀνισότητος μεῖζον ἢ κατὰ τὴν εὐθεῖαν κρίνεται giebt zugleich die Erklärung von Aristides' Worten p. 39: δόχμιοι δὲ ἐκαλοῦντο διὰ τὸ ποικίλον καὶ ἀνόμοιον καὶ μὴ κατ᾽ εὐθὺ θεωρεῖσθαι τῆς ῥυθμοποιίας. Der Ausdruck κατ᾽ εὐθὺ τῆς ῥυθμοποιίας θεωρεῖσθαι ist dasselbe wie κατὰ τὴν εὐθεῖαν κρίνεται. Was unter der zweiten Art des Dochmius in der Stelle des Aristides zu verstehn sei, vermag ich nicht zu sagen, vielleicht liegt hier ein Fehler der Handschrift vor. — Wohin gehört nun nach dieser Auffassung der ποὺς ἴσος? Sicherlich zu denen, welche ἐν ἰσότητι κεῖνται, also zu den ὀρθοί, auch wenn er in den beiden von dieser Eintheilung handelnden Stellen nicht genannt ist. Somit ergiebt sich folgende Classification der Rhythmengeschlechter:

A. Ῥυθμοὶ ὀρθοί.

Ῥυθμὸς ἴσος
Ῥυθμοὶ ἐπιμόριοι
   ῥυθμ. διπλάσιος
   ῥυθμ. ἡμιόλιος
   ῥυθμ. ἐπίτριτος, nicht συνεχῶς zu gebrauchen.

B. ῾Ρυϑμοὶ δόχμιοι.

(῾Ρυϑμοὶ ἐπιμερεῖς)

ῥυϑμ. δόχμιος ὀκτάσημος

ῥυϑμ. τριπλάσιος, nicht συνεχῶς zu gebrauchen.

Ob diese Eintheilung schon dem Aristoxenus bekannt war lässt sich jetzt nicht mehr ermitteln. Aristides p. 39 rechnet die δόχμιοι zu den ῥυϑμοὶ σύνϑετοι, aber die von ihm gegebene Definition oder vielmehr Namenserklärung setzt bereits die Grundlage jener Eintheilung voraus.

Diese Tradition über den ῥυϑμὸς δόχμιος und die damit in Zusammenhang stehende Classification in ῥυϑμοὶ ὀρϑοί und δόχμιοι macht den Eindruck, als ob sie gut und alt sei, namentlich wenn man sie mit der bei Hephaestion p. 33 vorkommenden Angabe vergleicht, dass der Dochmius ein antispastisches πενϑημιμιμερές sei, eine Auffassung, die erst, nachdem Heliodor das antispastische Metron unter die πρωτότυπα μέτρα versetzt hatte, aufkommen konnte. Und doch hat die Messung des Dochmius als eines ῥυϑμὸς ὀκτάσημος, der aus einem 3-zeitigen Iambus und einem 5-zeitigen Paeon oder auch aus einem 5-zeitigen Bacchius und einem 3-zeitigen Iambus bestehe,

$$\overbrace{\cup\, \_\, |\, \_\, \cup\, \_}^{8} \quad \text{oder} \quad \overbrace{\cup\, \_\, \_\, |\, \cup\, \_}^{8}*)$$

mit Aristoxenus nichts gemein: Ich habe früher kein Bedenken getragen dieser Ueberlieferung zu folgen und demnach in dem Dochmius einen taktwechselnden Rhythmus erblickt, in welchem fortwährend aus dem 5-zeitigen in den 3-zeitigen Takt übergegangen wird. Aber es widerspricht dieser Auffassung die Lehre des Aristoxenus, welche für uns die absolut massgebende Autorität in rhythmischen Dingen sein muss. Derselbe stellt in seinen rhythmischen Fragmenten § 30 ff. eine Scala aller derjenigen Einzeltakte und Kola auf, welche eine fortlaufende

---

*) Quintil. 9, 4, 47: inter paeones est et dochmius, qui fit ex bacchio et iambo, vel ex iambo et cretico. Die von Quintilian angegebene Zerlegung in $\cup\, \_\, \_\, |\, \cup\, \_$ ist jedenfalls der Zerlegung in $\cup\, \_\, |\, \_\, \cup\, \_$ des Aristides vorzuziehen, denn nur die erste dieser beiden Zusammensetzungen erklärt die Anwendung der irrationalen Sylben

$$\overline{\cup}\, \_\, \_\, |\, \overline{\cup}\, \_,$$

nicht aber die zweite $\overline{\cup}\, \_\, |\, \_\, \overline{\cup}\, \_.$

Denn wie kämen die Griechen dazu, in einem Creticus die inlautende Sylbe irrational zu gebrauchen?

Rhythmopoeie zulassen (d. i. in einer rhythmischen Composition
mehrmals continuirlich hinter einander wiederholt werden können).
Hier heisst es, dass die 8 - zeitigen rhythmischen Megethe die
daktylische Gliederung 4 $\stackrel{+}{+}$ 4 haben, denn jede andere
Gliederung, welche bei einem 8 - zeitigen Megethos vorkommen
könne (nämlich 1 + 7, 2 + 6, 3 + 5 oder umgekehrt 5 + 3,
6 + 2, 7 + 1) sei arrhythmisch. Der weitere Fortgang der
Stelle „οἱ ἐν ὀκτασήμῳ μεγέθει· ἔσονται δ᾽ οὗτοι δακτυλικοὶ τῷ
γένει, ἐπειδήπερ" ist uns zwar nicht erhalten, aber das Vorhandene
lässt nicht den mindesten Zweifel, dass die hier gegebene Restitution völlig richtig und dass mithin ein 8 - zeitiges in 3 + 5
oder 5 + 3 gegliedertes Megethos nach Aristoxenus in der
fortlaufenden Rhythmopoeie nicht vorkommt. Der Dochmius
∪ _ _ ∪ _ ist nun aber ein Mass, welches für fortlaufende Rhythmopoeie von Aeschylus und den übrigen Tragikern mit grosser
Vorliebe verwandt und zu langen Hypermetra continuirlich hinter
einander wiederholt wird: da Aristoxenus mit der Aeschyleischen Compositionsmanier wohl bekannt ist (Plut. Mus. 20. 21),
so müssen wir nothwendig annehmen, dass die Dochmien auf
der griechischen Bühne nach einem anderen Rhythmus als demjenigen vorgetragen wurden, welchen ihnen jene späteren Berichterstatter (Quintilian u. s. w.) vindiciren. Die Dochmien sind
häufig genug mit baccheischen Dimetern gemischt und können,
wenn wir uns an Aristoxenus halten, schwerlich etwas anderes
als katalektische baccheische Dimeter gewesen sein:

   ∪ _́ _, ∪ _́ _ Dimetron akatalekton
   ∪ _́ _, ∪ _́ ∧ Dimetron katalektikon (Dochmius)

Am Ende eines Dochmius haben wir daher eine einzeitige Pause
oder Dehnung zur Dreizeitigkeit anzunehmen, je nachdem Wortbrechung vorliegt oder nicht:

μέγα βροτοῖσι φέγ-γος ᾿Ασκληπιοῦ
∪ ∪̆ ∪ _ ∪ _́ | ∪̆ _ _ ∪ _́ ∧.

Ist die letzte Länge in eine Doppelkürze ohne folgende Caesur aufgelöst, so ist dies ebenso zu beurtheilen, wie wenn bei Pindar oder Euripides eine Auflösung am Schlusse des Glykoneions u. s. w. vorkommt.

3.

Der Epitritos Hephaestions ist kein 7 - zeitiger, sondern ein 6½ - zeitiger.

Hephaestion erklärt den unter die Trochaeen und die Iamben
eingemischten Epitrit

   _ ∪ _ _ und _ _ ∪ _

für einen ἑπτάσημος. Aristoxenus erklärt den ἑπτάσημος πούς
für einen in continuirlicher Rhythmopoeie unzulässigen Takt,
es könne derselbe nicht συνεχῶς gebraucht werden.*)

Jener Epitrit Hephaestions ist aber gerade ein Versfuss,
der mit Vorliebe wiederholt wird und der συνεχὴς ῥυϑμοποιία
vor allem genehm ist. Er wird siebenmal wiederholt Hippo-
lytus 752:

κλεινὰς Ἀϑήνας, Μουννύχου δ᾽ ἀκταῖσιν ἐκδήσαντο πλεκτὰς
πεισμάτων ἄρχας ἐπ᾽ ἀπείρου τε γᾶς ἔβασαν,

Sophocl. Trach. 101 sechsmal:

ἢ ποντίας αὐλῶνος ἢ δισσαῖσιν ἀπείροις κλιταῖς εἴτ᾽ ὦ
κρατιστεύων κατ᾽ ὄμμα.

Auch bei Pindar ist sechs- und fünfmalige Wiederholung
sehr gewöhnlich. Ebenso in der Komödie. Equit. 293 ff. 12 mal.
Man hat grosse Noth, so viele, unmittelbar auf einander folgende
Iamben und Trochaeen zu finden. Wie sollte es da nun kommen,
dass Iambus und Trochaeus zur συνεχὴς ῥυϑμοποιία gerechnet
werden, der Epitrit aber nicht? Auch wenn man συνεχὴς ῥυϑμοποιία im Sinne der fortlaufenden Wiederholung desselben Verses
und desselben Kolons fassen wollte (wozu aber die Berechtigung
fehlt), so findet ebenfalls auf den metrischen Epitriten der Satz
keine Anwendung, dass er von der συνεχὴς ῥυϑμοποιία ausgeschlossen sei; denn er ist ja in den stichisch gebrauchten Tri-
metern und Tetrametern des iambischen und trochaeischen Metrums
mindestens ebenso häufig als die iambische oder trochaeische Dipodie. Wir wiederholen also: der Epitrit Hephaestions kann
συνεχῶς gebraucht werden, der πούς ἐπίτριτος des Aristoxenus
aber nicht, folglich können beide nicht identisch sein.

Es wird ferner von allen Rhythmikern, die von πούς ἐπίτριτος
reden, ausdrücklich gesagt, dass er selten vorkam. Dieser Satz gilt
aber keineswegs von dem Versfusse _ ◡ _ _. Ausser dem Daktylus,
Spondeus und Anapaest ist kein Fuss häufiger als er. Er waltet vor
im iambischen Trimeter, im iambischen und trochaeischen Tetrameter und in den aperioristischen Systemen beider Metra. Er
waltet ferner vor bei Pindar, dessen Rhythmopoeie dem Aristo-

---

*) Aristox. § 35: Τὸ δὲ ἑπτάσημον μέγεϑος οὐκ ἔχει διαίρεσιν ποδικήν·
τριῶν γὰρ λαμβανομένων λόγων ἐν τοῖς ἑπτὰ οὐδείς ἐστιν ἔρρυϑμος· ὧν εἷς
μὲν ἐστιν ὁ τοῦ ἐπιτρίτου, δεύτερος δὲ ὁ τῶν πέντε πρὸς τὰ δύο, τρίτος δὲ
ὁ τοῦ ἑξαπλασίου.

xenus wohl bekannt ist und von ihm als Muster hingestellt
wird: in der Hälfte der Epinikien bildet er das vorherrschende
Metrum, und wie wir aus den Fragmenten ersehen, war er in den
übrigen Dichtungsarten Pindars, den Hymnen, Threnen, Enkomien,
Skolien, Dithyramben mit gleicher oder noch mit grösserer Vorliebe
gebraucht. Hieraus folgt wiederum, dass der „nur selten vor-
kommende" $\pi o \dot{v} \varsigma\ \dot{\epsilon} \pi \dot{\iota} \tau \varrho \iota \tau o \varsigma$ der Rhythmiker nicht mit dem Epitrit
Hephaestions identisch ist. Denn wie hätte Aristoxenus einen
Fuss selten nennen können, der so ausserordentlich häufig ist?

Hiermit ist die Richtigkeit des Boeckh'schen Satzes bewiesen,
dass der unter die Trochaeen und Iamben eingemischte Spondeus
nach Aristoxenus als irrationaler Versfuss aufgefasst werden
muss (von 3½ Chronoi protoi): Hephaestions Epitrit bildet also
kein 7-zeitiges, sondern ein 6½-zeitiges Megethos.

4.

Kein Kolon darf das von Aristoxenus statuirte Megethos überschreiten;
längere Verse zerfallen in mehrere Kola.

Als Grundgesetz haben wir festzuhalten: dass kein tro-
chaeisches und iambisches Kolon die Grösse der Hexapodie, kein daktylisches und anapaestisches die Grösse
der Pentapodie übersteigt (s. oben S. 145 ff.). Ein Vers von
grösserem Umfang ist daher kein einheitliches Kolon, sondern
in mehrere einzelne Kola zu zerlegen, von denen jedes eine Haupt-
thesis hat und die sich völlig coordinirt stehen. Mit dieser Forderung der Rhythmik stimmt der metrische Bau der ungemischten
Verse überein.

So der trochaeische Tetrameter, der aus zwei selbstständigen
$\pi \acute{o} \delta \varepsilon \varsigma\ \delta \omega \delta \varepsilon \varkappa \acute{a} \sigma \eta \mu o \iota\ \dot{\epsilon} \nu\ \gamma \acute{\varepsilon} \nu \varepsilon \iota\ \ddot{\iota} \sigma \omega$ besteht,

$$\angle \cup \angle \cup \angle \cup \angle \cup \mid \angle \cup \angle \cup \angle \cup \angle.$$

Durch die Caesur sind beide auch metrisch von einander gesondert, die Rhythmik verlangt jedoch, dass beide Glieder unabhängig
von einander und völlig gleichberechtigt einander gegenüber-
treten; eine höhere rhythmische Einheit beider Glieder, etwa
durch grössere Hervorhebung der ersten Thesis, findet durchaus
nicht statt, denn dann würde ein $\pi o \dot{v} \varsigma\ \tau \varepsilon \sigma \sigma \alpha \varrho \varepsilon \sigma \varkappa \alpha \iota \varepsilon \iota \varkappa o \sigma \acute{a} \sigma \eta \mu o \varsigma$
$\ddot{\iota} \sigma o \varsigma$ entstehen. Ebenso besteht der iambische Tetrameter

$$\cup \angle \cup \angle \cup \angle \cup \angle \mid \cup \angle \cup \angle \cup \angle \cup \bar{\Lambda}$$

aus zwei selbstständigen $\pi \acute{o} \delta \varepsilon \varsigma\ \delta \omega \delta \varepsilon \varkappa \acute{a} \sigma \eta \mu o \iota,$ womit der metrische
Bau wiederum übereinstimmt.

Auch der daktylische Hexameter bildet keine rhythmische Einheit, sondern muss in zwei selbstständige Tripodien zerlegt werden. Aristoteles*), der Lehrer unseres Aristoxenus, theilt ein 17-sylbiges Hexametron folgendermassen:

$$\text{—}\,\cup\,\cup\,\text{—}\,\cup\,\cup\,\text{—}\,\cup\,|\,\cup\,\text{—}\,\cup\,\cup\,\text{—}\,\cup\,\cup\,\text{—}\,\_$$
$$\qquad\quad \mathring{a}\varrho\iota\sigma\tau\varepsilon\varrho\acute{o}\nu \qquad\quad \delta\varepsilon\xi\iota\acute{o}\nu,$$

statuirt also ein daktylisches und darauf folgend ein anapaestisches Kolon. Bei einem Hexametron mit der Penthemimeres-Caesur würde dies noch schärfer hervortreten

$$\text{—}\,\cup\,\cup\,\text{—}\,\omega\,\text{—}\,|\,\cup\,\cup\,\text{—}\,\cup\,\cup\,\text{—}\,\cup\,\cup\,\text{—}\,\_$$
$$\qquad\text{daktylisch} \qquad\qquad \text{anapaestisch.}$$

Dieselbe Zerlegung in μεγέθη ist nun auch für die längeren Verse der melischen Poesie geboten, auch wenn sie nicht mit einer Caesur zusammentrifft. Alle daktylischen Hexapodien, alle daktylischen und trochaeischen Heptapodien, Octapodien, Dekapodien müssen mindestens zwei selbstständige Kola bilden.

Agamemn. 1010 ff. schreiben wir mit Uebergehung der vorausgehenden Verse:

Καὶ τὸ μὲν πρὸ χρημάτων κτησίων ὄκνος βαλὼν
σφενδόνας ἀπ᾽ εὐμέτρου,
οὐκ ἔδυ πρόπας δόμος πημονᾶς γέμων ἄγαν
οὐδ᾽ ἐπόντισε σκάφος.
πολλά τοι δόσις ἐκ Διὸς ἀμφιλαφής τε καὶ ἐξ ἀλόκων ἐπετειᾶν
νῆστιν ὤλεσεν νόσον.

Von diesen Versen sind nur die drei kürzeren eingliedrige Metra. Die drei übrigen, zwei trochaeische und eine daktylische Octapodie, müssen in je zwei tetrapodische Kola zerlegt werden, die sich der rhythmischen Messung nach ebenso selbstständig zu einander verhalten, wie zu den einzeln stehenden Tetrapodien:

$$\text{—}\,\cup\,\text{—}\,\cup\,\text{—}\,\cup\,\text{—}\,\wedge\,|\,\text{—}\,\cup\,\text{—}\,\cup\,\text{—}\,\cup\,\text{—}\,\wedge$$
$$\text{—}\,\cup\,\text{—}\,\cup\,\text{—}\,\cup\,\text{—}\,\wedge\,|$$
$$\text{—}\,\cup\,\cup\,\text{—}\,\cup\,\cup\,\text{—}\,\cup\,\cup\,\text{—}\,\cup\,\cup\,|\,\text{—}\,\cup\,\cup\,\text{—}\,\cup\,\cup\,\text{—}\,\cup\,\cup\,\text{—}\,\text{—}$$
$$\text{—}\,\cup\,\text{—}\,\cup\,\text{—}\,\cup\,\text{—}\,\wedge.$$

Nur in den trochaeischen Reihen dieser Strophe fällt das Ende der rhythmischen Reihe mit dem Wortende zusammen, das Ende der ersten daktylischen Reihe fällt in die Mitte des Wortes ἀμφιλαφής: wollen wir nach rhythmischen Gliedern abtheilen, so müssen wir schreiben:

---

*) Metaph. 13, 6 (ed. Berol. II p. 1093).

πολλά τοι δόσις ἐκ Διὸς ἀμφιλα-
φής τε καὶ ἐξ ἀλόκων ἐπετειᾶν.

Pers. 863 ff. erscheinen zwei daktylische Heptapodien neben einer trochaeischen Tetrapodie und Tripodie. Nur die letzten beiden sind errhythmische μεγέθη, die beiden Heptapodien müssen je in zwei μεγέθη zerlegt werden, in eine Tetrapodie und Tripodie, denn die Heptapodie als einheitliches Kolon ist aus der Rhythmik ausgeschlossen.

Ὄσσας δ᾽ εἷλε πόλεις πόρον
οὐ διαβὰς Ἅλυος ποταμοῖο,
οὐδ᾽ ἀφ᾽ ἑστίας συθεὶς
οἷαι Στρυμονίου πελάγους Ἀχε-
λωΐδες εἰσὶ πάροικοι
Θρηκίων ἐπαύλων

⏌ – ⏌ ⏑ ⏑ ⏌ ⏑ ⏑
⏌ ⏑ ⏑ ⏌ ⏑ ⏑ ⏌ ⏑ ⏑ ⏌ ⏑
⏌ ⏑ ⏌ ⏑   ⏌ ⏑ ⏌ ∧
⏌ – ⏌ ⏑ ⏑ ⏌ ⏑ ⏑ ⏌ ⏑ ⏑
⏌ ⏑ ⏑ ⏌ ⏑ ⏑ ⏌ –
⏌ ⏑   ⏌ ⏑   ⏌ ◡.

Die ganze Strophe besteht aus Tripodien und Tetrapodien: denn da sie der Melik angehört, so können hier nur die Gesetze der Rhythmik über die Abtheilung entscheiden, diese aber lassen keine Heptapodie und Octapodie als rhythmische Reihe zu und verlangen die Diairesis in errhythmische μεγέθη, einerlei ob das Ende der rhythmischen Reihe mit dem Wortende zusammentrifft oder nicht.

Ebenso kann auch die Hexapodie in der folgenden Strophe Pers. 885 *ἠδὲ Πάρος, Νάξος, Μύκονος, Τήνῳ τε συνάπτουσ᾽* nicht als rhythmische Einheit gelten. Man muss sie entweder als einen daktylischen Hexameter ansehen und in zwei Tripodien, oder — wie es hier die Composition der Strophe zu verlangen scheint — in eine Tetrapodie und eine Dipodie zerlegen und die letztere mit der folgenden Tripodie *Ἄνδρος ἀγχιγείτων* zu einer Pentapodie verbinden, die dem Schlusskolon der Strophe α′ dieses Chorliedes: *ἰσόθεος Δαρεῖος ἆρχε χώρας* metrisch gleich ist.

νᾶσοί θ᾽ αἳ κατὰ πρῶν᾽ ἅλιον περίκλυστοι,
τᾷδε γᾷ προσήμεναι,
οἷα Λέσβος, ἐλαιόφυτός τε Σάμος, Χίος,
ἠδὲ Πάρος, Νάξος, Μύκονος, Τή-
νῳ τε συνάπτουσ᾽ Ἄνδρος ἀγχιγείτων

$$\text{–} \cup \cup \text{–} \cup \cup \text{–} \cup \cup \text{–} \_$$
$$\text{–} \cup \text{–} \cup \text{–} \cup \text{–}$$
$$\text{–} \_ \text{–} \cup \cup \text{–} \cup \cup \text{–} \cup \cup \text{–} \cup \cup$$
$$\text{–} \cup \cup \text{–} \_ \text{–} \cup \cup \text{–} \_$$
$$\text{–} \cup \cup \text{–} \_ \text{–} \cup \text{–} \cup \text{–} \_ .$$

An welcher Stelle, nach welchem Fusse eines längeren Verses die Diairesis in Kola stattfindet, darüber geben die bisher betrachteten Gesetze der Rhythmik keinen Aufschluss: Die Rhythmik giebt nur das allgemeine Gesetz, dass jede trochaeische (iambische) Reihe, die länger ist als eine Hexapodie, und jede daktylische (anapaestische) Reihe, die länger ist als eine Pentapodie, kein einheitliches Kolon bildet und deshalb in die errhythmischen μεγέϑη zerlegt werden muss, einerlei ob hierdurch Wortbrechung entsteht oder nicht.

Die paeonischen Reihen haben nach der Lehre der Rhythmiker eine vierfache Grösse: Monopodien, Dipodien, Tripodien und Pentapodien. Dies haben wir oben nachgewiesen: Boeckh's Alternative, de metr. Pind. 60, können wir nicht gelten lassen. Auffallend könnte es erscheinen, dass die kretische Tetrapodie kein rhythmisches Megethos ist, aber es ist dies ein feststehender Satz der Rhythmik, der ohne Zweifel auf technischer Tradition beruht und den umzustossen wir nicht befugt sind. Eine kretische Tetrapodie nämlich als rhythmische Einheit gefasst

$$\text{–} \cup \text{–} \text{–} \cup \text{–} \text{–} \cup \text{–} \text{–} \cup \_ .$$

wäre ein μέγεϑος εἰκοσάσημον ἐν γένει ἴσῳ, und dies würde die grösste Ausdehnung, die das γένος ἴσον einnehmen kann, das ἑκκαιδεκάσημον, um vier Chronoi protoi überschreiten. Könnte die paeonische Tetrapodie ein einziges Kolon bilden, so wäre die Grenze des γένος ἴσον nicht das μέγεϑος ἐκκαιδεκάσημον, sondern das εἰκοσάσημον, was Aristides mit ausdrücklichen Worten als unmöglich bezeichnet. Die paeonische Tetrapodie muss daher stets in zwei rhythmische Glieder zerlegt werden. Das paeonische Metrum ist aus dem trochaeischen hervorgegangen, die paeonische Monopodie aus der trochaeischen Dipodie, die paeonische Dipodie aus der trochaeischen Tetrapodie, die paeonische Tripodie aus der trochaeischen Hexapodie. Eine paeonische Tetrapodie existirt deshalb nicht, weil die trochaeische Octapodie, aus welcher sie hervorgegangen sein müsste, als Kolon nicht vorkommt.

Aristoph. Pax 346:

> Εἰ γὰρ ἐκγένοιτ᾽ ἰδεῖν ταύτην με τὴν ἡμέραν.
> πολλὰ γὰρ ἀνεσχόμην
> πράγματά τε καὶ στιβάδας, ἃς ἔλαχε Φορμίων·
> κοὐκέτ᾽ ἄν μ᾽ εὕροις δικαστὴν δριμὺν οὐδὲ δύσκολον,
> 5 οὐδὲ τοὺς τρόπους γε δήπου σκληρόν, ὥσπερ καὶ πρὸ τοῦ,
> ἀλλ᾽ ἀπαλὸν ἄν μ᾽ ἴδοις
> καὶ πολὺ νεώτερον, κἀπαλλαγέντα πραγμάτων

```
_ ∪ _∪ _ ∪ _ _ | _ ∪ _ _ ∪ _
_ ∪ ∽ _ ∪ _
_ ∪ ∽ _ ∪ ∽ | _ ∪ ∽_ ∪ _
_ ∪ _ _ _ ∪ _ _ | _ ∪ _ ∪ _ ∪ _
_ ∪ _∪ _ ∪ _ _ | _ ∪ _ _ _ ∪ _
_ ∪ ∽ _ ∪ _
_ ∪ ∽ _ ∪ _ _ | _ ∪ _ ∪ _ ∪ _.
```

Wie v. 4 oder 5 nicht eine einzige Reihe bildet, sondern in zwei Dimeter zerlegt werden muss, so darf auch der ganz analoge v. 3 nicht als Eine rhythmische Einheit angesehen werden, sondern muss ebenfalls in zwei Dimeter zerfallen, wovon ein jeder mit v. 2 und 6 übereinkommt. Jenes Gesetz der Rhythmik über die Unstatthaftigkeit der kretischen Tetrapodie stimmt mit den erhaltenen Ueberresten der Melik völlig überein.

Anders die kretische Pentapodie, die niemals einer trochaeischen Dekapodie analog steht, sondern als eine freie sich nicht an die trochaeischen Reihen anlehnende Formation anzusehen ist. So steht Acharn. 284 zwischen zwei trochaeischen Tetrametern des Dikaiopolis eine anapaestische Pentapodie des Chores in der Mitte, worauf drei kretische Tetrapodien folgen. Diese Versgruppe wird im zweiten Theile der Strophe wiederholt, nur dass hier zwischen den zwei Tetrametern des Dikaiopolis keine anapaestische, sondern eine kretische Pentapodie in der Mitte steht.

> Δ. Ἡράκλεις, τουτὶ τί ἐστι; τὴν χύτραν συντρίψετε.
> Χ. σὲ μὲν οὖν καταλεύσομεν, ὦ μιαρὰ κεφαλή.
> Δ. ἀντὶ ποίας αἰτίας, ὦχαρνέων γεραίτατοι;
> Χ. τοῦτ᾽ ἐρωτᾷς; ἀναίσχυντος εἶ καὶ βδελυρός,
> 5 ὦ προδότα τῆς πατρίδος, ὅστις ἡμῶν μόνος
> σπεισάμενος εἶτα δύνασαι πρὸς ἔμ᾽ ἀποβλέπειν.

Δ. ἀντὶ δ' ὧν ἐσπεισάμην ἀκούσατ', ἀλλ' ἀκούσατε.

X. σοῦ γ' ἀκούσωμεν; ἀπολεῖ· κατά σε χώσομεν τοῖς λίθοις.

Δ. μηδαμῶς, πρὶν ἄν γ' ἀκούσῃτ'· ἀλλ' ἀνάσχεσθ', ὦγαθοί.

10 X. οὐκ ἀνασχήσομαι· μηδὲ λέγε μοι σὺ λόγον·
ὡς μεμίσηκά σε Κλέωνος ἔτι μᾶλλον, ὃν
κατατεμῶ τοῖσιν ἱππεῦσι καττύματα

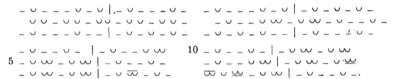

Wie aus dem aufgeregten Inhalte der beiden Pentapodien hervorgeht, sind sie beide im raschesten, bewegtesten Tempo gehalten; die schnelle ἀγωγή, die überhaupt bei den Paeonen hervortritt, ist in der Pentapodie zum höchsten Grade gesteigert. Nur so war es möglich, ein Megethos von 25 Moren als einen einzigen Rhythmus mit einem einzigen Hauptaccent vorzutragen. Die Gleichmässigkeit zwischen den beiden Theilen der Strophe lässt keinen Zweifel darüber, dass die paeonische Pentapodie der anapaestischen gleich steht und dass sie mit den folgenden Dipodien nichts gemein hat, die vielmehr den trochaeischen Dimetern analog sind.

Immerhin aber ist das Auftreten der paeonischen Pentapodie als eines einheitlichen Kolon in griechischen Rhythmen („πούς μέγιστος παιωνικὸς πεντεκαιεικοσάσημος" sagte das Alterthum) eine höchst befremdliche Thatsache; es ist uns unerfindlich, weshalb Julius Caesar an der paeonischen Pentapodie weniger Anstoss nimmt, als an der daktylischen und trochaeischen, denen wir doch in unserer modernen Musik nicht gar so selten begegnen.

Doch dürfen wir die Angabe des Aristoxenus, dass die paeonische Pentapodie „das grösste Megethos des zusammengesetzten Taktes" sei, um so weniger in Zweifel ziehen, als wir in der angegebenen Stelle der Aristophaneischen Acharner dies Kolon thatsächlich vor uns haben.

Auch von einer anderen auffallenden Angabe des Aristoxenus werden wir annehmen müssen, dass sie auf den praktischen Gebrauch der Dichter-Componisten zurückgeht. Das aus sechs 3-zeitigen Versfüssen bestehende Kolon gilt nach Aristoxenus für zulässig (πούς ὀκτωκαιδεκάσημος τοῦ λόγου διπλασίου), ein aus sechs 4-zeitigen Versfüssen bestehendes Kolon wird aus-

geschlossen (es würde ein πούς τεσσαρεςκαιεικοσάσημος ἐν λόγῳ
ἴσῳ sein). Die moderne Musik hat sowohl Hexapodien aus
3-zeitigen, wie aus 4-zeitigen Versfüssen:

Hexapodien aus 3-zeitigen Versfüssen Figaro No. 28

Hexapodie aus 4-zeitigen Versfüssen Bach Matthaeus-Passion

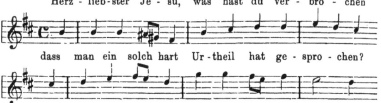

Aber wir sind berechtigt zu sagen, dass die Aussagen des
Aristoxenus überall auf den praktischen Gebrauch der alten
Dichter-Componisten basirt sind und müssen dies auch betreffs
der von ihm in Abrede gestellten daktylischen Hexapodie annehmen. In der That giebt es unter den ungemischten Metren
wohl keinen einzigen Fall, dass wir sechs 4-zeitige Versfüsse zu
einem einheitlichen Kolon verbinden müssten. Wie es hierin in
den gemischten Metren stand, wird unten bei der Lehre vom
Schema der Takte zu erörtern sein.

Unsere gesammte moderne Musik, soweit sie eine streng
rhythmische ist und sich nicht in Recitativen bewegt, hält für
die 3- und 4-zeitigen Versfüsse mit Ausnahme der Hexapodie
streng die von Aristoxenus gegebenen Bestimmungen über das
Megethos der Kola ein. Im Recitativ aber werden bei uns modernen auch Kola von mehr als sechs Versfüssen gebildet:

Matthaeus-Passion p. 16 Peters

In derselben Matthaeus - Passion kommen auch Recitative mit
noch längeren Kola: 9-füssigen, 10-füssigen u. s. w. vor. Unsere
streng rhythmische Musik ist eben eine solche, welche für die
Kola das von Aristoxenus angegebene Megethos einhält. Wir
wollen hier nicht darauf eingehen, was im übrigen die Eigenthümlichkeit unseres Recitatives ist. Alle nicht recitativische
Musik, sowohl die eigentliche Arie wie namentlich der Chor,
befolgt genau die Aristoxenischen Grössenbestimmungen der Kola.
Nur wo die Arie (Cantilene) einen recitativischen Charakter erhält, wird die Aristoxenische Grössenbestimmung überschritten.
Auch da, wo sich in der Musik der Charakter des Zerfahrenen,
des Mass- und Haltlosen ausdrücken soll, kommen die sonst nur
dem Recitative eigenen Ueberschreitungen des 6-füssigen Kolons
vor. Weber lässt im Freischütz No. 4 den im Gemüthe zer-
rissenen Kaspar 8-füssige und 7-füssige Kola singen

Nach Aristoxenus' Darstellung sind dergleichen 7- und
8-füssige und längere Kola, wie im Freischütz und wie die

vorher aus der Matthaeus-Passion aufgeführten, in der griechischen Melopoeie unmöglich. Also in der griechischen Musik nur
strenger Rhythmus, keine Recitative. Wenn man früher annahm
(Ambros), die griechische Musik sei recitativartig, so widerspricht
das der Darstellung des Aristoxenus ganz und gar. Der Rhythmus der alten griechischen Musik war vielmehr überall ein streng
gebundener.

§ 34.
Die für continuirliche Rhythmopoeie ungeeigneten Takte.

Welche Takte es sind, die eine continuirliche Rhythmopoeie
verstatten, hat sich trotz der Abgerissenheit der bezüglichen
Aristoxenischen Stelle wieder ausfindig machen lassen. Eine
Besprechung der Takte, welche nicht continuirlich wiederholt
werden können, fehlt uns in dem rhythmischen Fragmente.
Selbst der Terminus, womit Aristoxenus die nicht continuirliche
Rhythmopoeie bezeichnet hat, ist uns nicht überliefert. Im Noth-
falle würden wir das Wort ἀσυνεχὴς ῥυθμοποιία gebrauchen
dürfen. Aristoxenus meint Takte, welche isolirt unter andere
Takte eingemischt werden können. Bei Aristides und Hephae-
stion sind solche Takte als σπάνιοι, σπανιώτεροι bezeichnet.
Dahin gehört nun vor allen

der πούς δίσημος.

Dass Aristoxenus sagt: τὸ δίσημον μέγεθος παντελῶς ἂν ἔχοι
πυκνὴν τὴν ποδικὴν σημασίαν, müssen wir dem Zusammenhange
nach natürlich nicht anders als so verstehen: ein 2-zeitiger Takt
würde den einen der beiden Chronoi protoi zum starken, den
anderen zum schwachen Takttheile haben (vgl. Bacchius p. 24)

$$\overset{\smile}{}\ \overset{\smile}{},$$

denn als „Takt" müsste auch der Pyrrhichius mindestens zwei
Semeia podika haben, einen Niederschlag und einen Aufschlag.
Wollte man ihn, meint Aristoxenus, in continuirlicher Rhythmopoeie wiederholen, so würden die Taktschläge allzuhäufig fallen,
jede kurze Sylbe würde einen Taktschlag erhalten müssen. Mit
keinem Worte sagt Aristoxenus, dass ein Pyrrhichius als Takt
überhaupt nicht vorkomme, vielmehr ist die Nachricht des Aristides: Τὸ μὲν οὖν ἴσον ἄρχεται μὲν ἀπὸ δισήμου und des Fragmentum Parisinum § 11: Ἔστι δὲ ὅτε καὶ ἐν δισήμῳ γίνεται
δακτυλικὸς πούς und ebenso auch des Bacchius p. 24 Τῶν οὖν

ἁπλῶν (ποδῶν) ποῖος ἄρχεται; πρῶτος ἡγεμών. σύγκειται δὲ
ἐκ δύο ἐλαχίστων χρόνων, ἄρχεται δὲ ἀπὸ ἄρσεως, ἐν ᾗ ἔχει ἕνα
τὸν ἐλάχιστον χρόνον, ὁμοίως καὶ ἐν τῇ θέσει, ὑπόδειγμα δὲ
αὐτοῦ λέγομεν „λόγος" in letzter Instanz, wenn auch durch
Vermittelung eines Umarbeiters, auf Aristoxenus zurückzuführen.
Wenn freilich bei den Metrikern ein μέτρον πυρριχιακόν aufgestellt worden ist (vgl. Aristides Rhythm. p. 37 M.: προκελευσματικὸς ὁ καὶ πυρρίχιος ἀπὸ τοῦ κἂν ταῖς πυρρίχαις κἂν τοῖς
ἀγῶσιν αὐτοῖς χρῆσθαι), so ist das freilich durchaus gegen die
Aristoxenische Doctrin. Hephaestion statuirt den Pyrrhichios in
den δακτυλικὰ Αἰολικὰ καλούμενα. Von diesen sagt er: „τὸν μὲν
πρῶτον ἔχει πόδα πάντων ἕνα τῶν δισυλλάβων ἀδιάφορον, ἤτοι
σπονδεῖον ἢ ἴαμβον ἢ τροχαῖον ἢ πυρρίχιον":

„κέλομαί τινα τὸν χαρίεντα Μένωνα καλέσσαι"

◡◡ ⏤◡ ⏤◡◡ ⏤◡◡ ⏤◡◡ ⏤ ⏤

Hier muss der ποὺς δίσημος natürlich stets ein isolirter Versfuss
sein, heterogenen Versfüssen zugemischt. In dieser Weise werden
nicht bloss die Metriker, sondern auch die Rhythmiker den von
ihnen statuirten ποὺς δίσημος gefasst haben.

Ausserdem gehören der ἀσυνεχὴς ῥυθμοποιία noch

der ποὺς ἐπίτριτος

an. Michael Psellus § 9 sagt darüber: „γίνεται δέ ποτε ποὺς
καὶ ἐν ... λόγῳ ἐπιτρίτῳ", Aristides lehrt genauer p. 35: Τὸ δὲ
ἐπίτριτον ἄρχεται μὲν ἀπὸ ἑπτασήμου, γίνεται δὲ ἕως τεσσαρες-
καιδεκασήμου. σπάνιος δὲ ἡ χρῆσις αὐτοῦ.

Dass die Rhythmiker unter dem 7-zeitigen Epitrit nicht
den Versfuss verstanden haben, welchen Hephaestion im trochaeischen oder iambischen Metrum als 7-zeitigen Epitrit bezeichnet, hat sich bereits oben § 33, 3 ergeben. Denn zum Wesen
des von den Rhythmikern statuirten 7-zeitigen Epitrits gehörte,
dass er nicht mehrmals hinter einander wiederholt werden kann,
während jener Epitrit Hephaestions häufig genug ohne Unterbrechung wiederholt wird; er war kein 7-zeitiger, sondern ein
irrationaler 6½-zeitiger Versfuss.

Dagegen ist ein rationales 7-zeitiges Megethos der Epitrit,
welchen Hephaestion c. 12 als zweite Hälfte des ἰωνικὸν ἀπ'
ἐλάσσονος ἀνακλώμενον statuirt. Auf einen τρίτος παίων πεντάσημος folgt ein δεύτερος ἐπίτριτος ἑπτάσημος

◡◡ ⏤◡ | ⏤◡ ⏤ ⏤

„ὥστε τὴν πρὸ τῆς τροχαϊκῆς (βάσεως) ἀεὶ γίνεσθαι πεντάσημον,
τοῦτ᾽ ἔστι τρίτην παιωνικήν, καὶ τὴν τροχαϊκήν, ὁπόταν προ-
τάττοιτο τῆς ἰωνικῆς ἑπτάσημον τροχαικήν, τὸ καλούμενον δεύτερον ἐπίτριτον. Zwei πόδες dieser Art nannte man zusammen
ἰωνικὸν δίμετρον ἀνακλώμενον κατὰ τὸν ἀνακλώμενον χαρακτῆρα:

παρὰ δ᾽ ηὗτε | Πυθόμανδρον
κατέδυν ἔ|ρωτα φεύγων

∪ ∪ _ ∪   _ ∪ _ _
παίων   ἐπίτριτος
πεντάσημος ἑπτάσημος.

Den ἐπίτριτος πούς schliesst Aristoxenus von der συνεχὴς ῥυθμοποιία aus. Als Bestandtheil des ἀνακλώμενον steht der πούς
ἐπίτριτος, ἑπτάσημος nicht in der συνεχὴς ῥυθμοποιία, sondern
stets als isolirter Takt unter anderen, nämlich in unmittelbarer
Nachbarschaft eines παίων πεντάσημος, er kann niemals eine
continua rhythmopoeia bilden und sollten auch noch so viele
ἀνακλώμενα auf einander folgen. Es steht also nichts entgegen,
dass dieser Epitrit des Anaklomenon ein wirklicher πούς ἐπίτριτος ἑπτάσημος ist. Wir dürfen nicht zweifeln, dass Hephaestion hier die alte rhythmische Tradition überliefert, und dass
auch Aristoxenus das ἀνακλώμενον nicht anders gemessen hat.*)
    Unter dem 14-zeitigen Epitrit des Aristides kann man
natürlich nicht eine Verdoppelung des 7-zeitigen Epitriten verstehen

_ ∪ _ _ _ ∪ _ _ .

Ein solches aus zwei Epitriten zusammengesetztes Kolon würde
zwar ein 14-zeitiges Megethos sein. Aber erstens würde dies
Kolon eine Gliederung von 7 : 7 haben, also nicht sowohl dem
epitritischen Taktverhältnisse 3 : 4, als vielmehr dem isorrhythmischen Logos angehören, mithin, als einheitlicher zusammengesetzter πούς gefasst, nicht unter die epitritische, sondern die
daktylische (gerade) Taktart gehören. Und zweitens würden
alsdann zwei 7-zeitige Megethe in continuirlicher Rhythmopoeie
mit einander verbunden, was nach Aristoxenus § 35 nicht möglich ist.
    Mit dem 14-zeitigen Epitrit hat es die nämliche Bewandtniss
wie mit dem 7-zeitigen, welcher mit einem 5-zeitigen Paeon

---

*) Aristoxenus übersetzt und erläutert S. 71.

verbunden (nach S. 194) in der Anaklasis des ionischen Rhythmus vorkommt. Auch den 14-zeitigen Epitritus haben wir in den ionischen Rhythmopoeien zu suchen. Das ionische Dimetron kann mit Bezug auf den Anlaut eine dreifache Form haben:

a. $\llcorner \_ \cup \cup \llcorner \_ \cup \cup$ 'Ιωνικὸν ἀπὸ μείζονος.
b. $\cup \cup \llcorner \_ \cup \cup \llcorner \_$ 'Ιωνικὸν ἀπ' ἐλάσσονος.
c. $\_ \cup \cup \llcorner \_ \cup \cup \llcorner \_$ Χοριαμβικόν.

Die Form a. beginnt mit dem starken Takttheil (Ionicum a maiore), die Form b. hat vor dem starken Takttheile eine 2-zeitige Anakrusis (Ionicum a minore); die Form c. lautet mit einer 4-zeitigen Anakrusis (in der Sylbenform des Daktylus) an: sie ist ein choriambisches Kolon, welches den rhythmischen Accent nicht auf der ersten, sondern auf der zweiten Länge hat. In der ionischen Strophe Oed. Rex 483—497 Dind. geben die beiden ersten Verse für diese rhythmische Bildung ein Beispiel:

Δεινὰ μὲν οὖν, δεινὰ ταράσσει | σοφὸς οἰωνοθέτας
οὔτε δοκοῦντ' οὔτ' ἀποφάσκονθ' · | ὅτι λέξω δ' ἀπορῶ

$\_ \cup \cup \llcorner \_ \cup \cup \llcorner \_ | \cup \cup \llcorner \_ \cup \cup \llcorner$
$\_ \cup \cup \llcorner \_ \cup \cup \llcorner \_ | \cup \cup \llcorner \_ \cup \cup \llcorner$
14-zeitig   10-zeitig.

Die Arie in Mozarts Don Juan No. 8 ist im ionischen Rhythmus gehalten. Die über den Notenzeilen stehenden Ziffern 1, 2, 3, 4, 5, 6 u. s. w. bezeichnen die Anzahl der in einem jeden Kolon enthaltenen Chronoi disemoi, deren jeder Ionicus drei hat. Mit dem ionischen Dimetron und Trimetron wechselt der 10-zeitige Paeon epibatus, der 14-zeitige Epitrit und ein 8-zeitiger Triplasios.

Ionisches Dimetron.

O flieh   den Bö - se - wicht

Ionisches Dimetron.

Ver - achte was   er spricht;

Ionisches Dimetron.

sein rän - ke - vol - les Herz

Ionisches Dimetron.

treibt nur   mit Schwüren   Scherz.

Paeon epibatus.

8 zeitiger Triplasios.

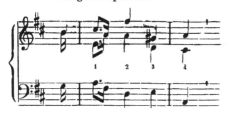

14 - zeitiger Epitrit.

10 - zeitiger Epibatus.

Ionisches Dimetron.

Ionisches Dimetron.

als sol - - - che Freu - den.

14 - zeitiger Epitrit.

O   flie - he, o   flie - he,

Ionisches Dimetron.

ach   hör nicht, hör ihn nicht.

Ionisches Dimetron.

Ver - - - achte was   er spricht!

Ionisches Dimetron.

Sein rän - ke - vol les Herz

Ionisches Dimetron.

treibt nur mit Schwüren Scherz,

Ionisches Dimetron.

sein rän · - ke - volles Herz,

Ionisches Trimetron.

ja es treibt

Ionisches Monometron.

mit Schwü-ren   Scherz.

In den rhythmischen Prolambanomena Psellus § 9 wird neben dem Epitrit auch

der *πούς τριπλάσιος*

genannt: *γίνεται δέ ποτε πούς καὶ ἐν τριπλασίῳ λόγῳ, γίνεται καὶ ἐν ἐπιτρίτῳ.* Auch die Stelle des Musikers Dionysius über die zwischen Rhythmengeschlechtern und Consonanzen bestehende Analogie setzt den Gebrauch eines *πούς τριπλάσιος* voraus. Von den Takten der continuirlichen Rhythmopoeie ist der *πούς τετρά-σημος* bei triplasischer Gliederung ausgeschlossen nach Aristoxenus § 32: „*ὁ μὲν τοῦ τριπλασίου οὐκ ἔρρυθμός ἐστιν*". Bei Hephaestion c. 3 wird aufgeführt „*πούς τετράχρονος ἐκ βραχείας καὶ μακρᾶς καὶ βραχείας, ὁ ἀμφίβραχυς ∪ _ ∪*". Nach Amphibrachen liesse sich z. B. das Archilocheische Kolon bei Hephaestion 15 messen

Ἐρασμονίδη Χαρίλαε

∪ _ ∪, ∪ _ ∪, ∪ _ ∪.

Aber selbst Hephaestion mag für diese *συνεχὴς ῥυθμοποιία* den amphibrachischen Versfuss nicht als Mass anwenden. Dagegen würden Metra wie Prometheus 397

Στένω σε τὰς οὐ- | λομένας τύχας Προμηθεῦ

und Soph. Electra 1058

Τί τοὺς ἄνωθεν | φρονιμωτάτους οἰωνούς

∪ _ ∪, _ _ | ∪ ∪ _ ∪, _ ∪ _ _

im Anfange mit einem *πούς τετράσημος τριπλάσιος*, auf welchen unmittelbar ein *πούς τετράσημος δακτυλικός* folgt, anlauten.

Ausser dem 4-zeitigen Triplasios würde sich für die nicht continuirliche Rhythmopoeie auch noch ein 8-zeitiger Triplasios denken lassen, der um eine Länge verkürzte Paeon epibatus:

⌐ _ _ ⌐ _ _   ionisches Dimetron
⌐ _ _ ⌐ _   Paeon epibatos
⌐ _ _ ⌐   Triplasios oktasemos.

In der antiken Rhythmopoeie weiss ich diesen Triplasios nicht zu belegen. Ein modernes Beispiel desselben würde das in der vorher angeführten ionischen Don Juan-Arie auf den Paeon epibatus folgende rhythmische Glied sein (S. 197).

Es ist nicht unbeachtet zu lassen, dass die aus der συνεχὴς ῥυθμοποιία ausgeschlossenen Rhythmengeschlechter, das epitritische und das triplasische, in ionischen Rhythmopoeien als Einmischungen unter heterogene Versfüsse ihre Stelle haben. Auch der 10-zeitige Paeon epibatus, der aber auch in continuirlicher Rhythmopoeie gebraucht werden kann, gehört der ionischen Rhythmopoeie (als katalektische ionische Dipodie) an.

Auch noch andere Megethe,

als die des epitritischen und triplasischen Rhythmengeschlechtes, sind für den isolirten Gebrauch möglich. Für die συνεχὴς ῥυθμοποιία sind sie unmöglich, für die ἀσυνεχὴς ῥυθμοποιία sind sie möglich. Denn was hier das eine Kolon an rhythmischer Grösse zu wenig hat, hat das folgende Kolon an rhythmischer Grösse zu viel oder umgekehrt. Wenigstens scheint man Metra wie Aves 1755

Ἔπεσθε νῦν γάμοισιν, ὦ | φῦλα πάντα συννόμων

niemals anders gemessen zu haben als

$$\underbrace{\cup \_ \cup \_ \cup \_ \cup \_}_{\text{13-zeitig}} \Big| \underbrace{\_ \cup \_ \cup \_ \cup \_}_{\text{11-zeitig.}}$$

Von den beiden Kola würde ein jedes für συνεχὴς ῥυθμοποιία unmöglich sein; indem sich in der ἀσυνεχὴς ῥυθμοποιία das eine an das andere schliesst, wird das legitime rhythmische Megethos, welches einem Metron aus zwei iambischen Tetrapodien zukommt, compensirt werden. So besteht auch der heroische Vers (der Caesur zufolge) aus einer katalektischen daktylischen und einer hyperkatalektischen anapaestischen Tripodie

$$\underbrace{\_ \cup \cup \_ \cup \cup \_}_{\text{10-zeitig}} \Big| \underbrace{\cup \cup \_ \cup \cup \_ \cup \cup \_ \_}_{\text{14-zeitig.}}$$

oder

$$\underbrace{\_ \cup \cup \_ \cup \cup \_ \cup}_{\text{11-zeitig}} \Big| \underbrace{\cup \_ \cup \cup \_ \cup \cup \_ \_}_{\text{13-zeitig.}}$$

Die Compensationstheorie macht die unrhythmischen Megethe der ἀσυνεχὴς ῥυθμοποιία zu errhythmischen.

Viertes Capitel.

Specielle Taktlehre.

§ 35.

Unzusammengesetzte Takte.

Aristoxenus sagt § 26:

Οἱ δ' ἀσύνθετοι τῶν συνθέτων (sc. *πόδες*) *διαφέρουσι τῷ μὴ διαιρεῖσθαι εἰς πόδας, τῶν συνθέτων διαιρουμένων.*

„Die unzusammengesetzten (einfachen) Takte unterscheiden sich dadurch von den zusammengesetzten, dass sie nicht in Takte zerfallen, während dies bei den zusammengesetzten der Fall ist." Aristides gebraucht *ποὺς ἁπλοῦς* statt des Aristoxenischen *ποὺς ἀσύνθετος.* Seine Definition ist: *Συνθέσει ᾗ τοὺς μὲν ἁπλοῦς εἶναι συμβέβηκεν ὡς τοὺς δισήμους, τοὺς δὲ συνθέτους ὡς τοὺς δωδεκασήμους. ἁπλοῖ μὲν γάρ εἰσιν οἱ εἰς χρόνους διαιρούμενοι, σύνθετοι δὲ οἱ καὶ εἰς πόδας ἀναλυόμενοι.* Der einfache Takt, sagt Aristides, erleidet eine Diairesis in Chronoi (podikoi), der zusammengesetzte Takt aber wird auch in Takte aufgelöst.

Wenn es heisst, dass Takte wiederum in Takte zerfallen oder nicht zerfallen, so müssen auch diese als Bestandtheile grösserer dienenden kleineren Takte ebenfalls solche Takte sein, welche in der Scala der Megethe als *πόδες* anerkannt werden.

Welche Takte unserer Scala sind es nun, deren Bestandtheile nicht wiederum in Takten bestehen und als solche unzusammengesetzte oder einfache Takte heissen? Dies sind zunächst der *τρίσημος ἰαμβικός* und der *τετράσημος δακτυλικός*, denn die Abschnitte, in welche sie, wie wir oben gesehen haben, sich zerlegen lassen, ·sind das *μέγεθος δίσημον* und *μονόσημον*, von denen keines einen *ποὺς* bilden kann

$$- \mid \smile \qquad - \mid \smile \smile .$$

Zerlegt man die darauf folgenden Taktgrössen, den *πεντάσημος ἡμιόλιος* und den *ἑξάσημος ἰαμβικός*

$$- \smile \mid - \qquad - - \mid \smile \smile ,$$

so bildet zwar jedesmal der eine der beiden Abschnitte einen *ποὺς* (nämlich - ᴗ oder ᴗ - einen *τρίσημος ἰαμβικός*, - - einen *τετράσημος δακτυλικός*), nicht aber der andere, denn dieser ist ein

μέγεθος δίσημον (- oder ‿ ‿), welches nach Aristoxenus für συνε-
χῆς ῥυϑμοποιία keinen Takt bilden kann.*) Da es nun bei Aristoxenus heisst, die zusammengesetzten, aber nicht die einfachen
Takte zerfallen in „πόδες" und da unter πόδες jedenfalls mindestens zwei πόδες zu verstehen sind, so kann auch - ‿ - und - - ‿ ‿,
von denen keiner in mehrere πόδες zerfällt, nicht zu den zusammengesetzten, sondern nur zu den unzusammengesetzten Takten gehören.

Alle übrigen Takte aber ausser diesen vieren lassen sich in
zwei oder mehrere kleinere zerlegen und sind mithin keine unzusammengesetzten, sondern zusammengesetzte Takte.

§ 36.
Die Versfüsse nach der Theorie der Metriker im Allgemeinen.

Zu einer Geschichte der antiken Litteratur über die Theorie der
Metrik giebt die erste und zweite Auflage der Rossbach-Westphal'-
schen Metrik die nöthigen Gesichtspuncte. Wer jener Darstellung
aufmerksam gefolgt ist, der wird die Ueberzeugung gewonnen haben,
dass uns von zwei metrischen Systemen des Alterthumes eine annähernd genaue Kunde überkommen ist. Erstens von dem Systeme
der ἐννέα μέτρα πρωτότυπα, welches nachweislich erst von
Heliodor aufgestellt und uns bei dem Untergange des Heliodorischen Werkes am vollständigsten in dem Hephaestioneischen
ἐγχειρίδιον περὶ μέτρων, einem Auszuge aus einem der umfassenderen Werke Hephaestions über die Metrik vorliegt. Aus diesen

---

*) Läge uns die Ausführung dieses Abschnittes der Aristoxenischen Rhyth-
mik vor, dann würden wir dort vermuthlich lesen können, dass zwischen
den Versfüssen

- ‿ und - ‿ ‿

einerseits und den Versfüssen

- ‿ - und - - ‿ ‿

andererseits als einfachen Takten erster und zweiter Ordnung zu scheiden ist. Der
5-zeitige und 6-zeitige Versfuss enthalten nämlich jener den 3-zeitigen, dieser
den 4-zeitigen Versfuss als anlautenden Bestandtheil in sich, darauf folgt als
auslautender Bestandtheil eine 2-zeitige Länge oder Doppelkürze, welche
zufolge der Aristoxenischen Megethos-Scala zwar keinen ganzen πούς, aber
doch den Theil eines πούς bildet, den Schlusstheil eines πούς τρίσημος und
die Hälfte eines πούς τετράσημος. Die Theorie der Metriker macht zwischen
Versfüssen erster Ordnung und zwischen Versfüssen zweiter Ordnung den
hier angedeuteten Unterschied: „πόδες τῆς πρώτης ἀντιπαϑείας und πόδες
τῆς δευτέρας ἀντιπαϑείας". Vgl. unten S. 216. Es ist wahrscheinlich, dass
schon Aristoxenus eine analoge Classification aufgestellt hatte.

grösseren Werken Hephaestions (dem frühesten von 48 Büchern, dann einem späteren von 11 und endlich von 3 Büchern), sind die Scholien zu unserem Hephaestioneischen Encheiridion geflossen, deren Grundlage von Longinos herstammt. Mit ihrer Hülfe erweitert sich das kleine für die erste Unterweisung der Anfänger bestimmte „Handbüchlein" zu einer umfassenderen Darstellung, welche so ziemlich über das vollständige System der $\dot\epsilon\nu\nu\acute\epsilon\alpha$ $\mu\acute\epsilon\tau\rho\alpha$ $\pi\rho\omega\tau\acute{o}\tau\upsilon\pi\alpha$ Aufschluss giebt und wohl keinen wichtigen Punct desselben im Dunkeln lässt. Kürzer als die des Hephaestioneischen Encheiridions ist die Darstellung der $\dot\epsilon\nu\nu\acute\epsilon\alpha$ $\mu\acute\epsilon\tau\rho\alpha$ $\pi\rho\omega\tau\acute{o}\tau\upsilon\pi\alpha$ bei Aristides Quintilian, welche, auch wenn sie von Hephaestion in einzelnen Puncten abweicht, ebenfalls den Heliodor zur Voraussetzung hat.

Das zweite uns überkommene System ist das der $\mu\acute\epsilon\tau\rho\alpha$ $\dot\alpha\rho\chi\acute\epsilon\gamma o\nu\alpha$ und $\pi\alpha\rho\alpha\gamma\omega\gamma\acute\alpha$, der „ursprünglichen und der abgeleiteten Metra". Hier wird die Metrik nicht wie bei Hephaestion und Aristides nach den verschiedenen Arten und Unterarten ($\gamma\acute\epsilon\nu\eta$ und $\epsilon\ddot{\iota}\delta\eta$) der Metra behandelt, sondern so, dass zwei Verse, das daktylische Hexametron und das iambische Trimetron, als die ursprünglichen Verse angesehen werden, aus denen durch Verkürzungen oder Sylben-Zusätze alle übrigen Verse hervorgegangen seien. Die Anordnung dieses zweiten Systemes ist wenig wissenschaftlich und steht hierin hinter dem ersten zurück. Aber dennoch ist dies zweite insofern das ältere, als es noch nichts von Heliodors Neuerung weiss, welcher zuerst die Antispasten zu einem $\mu\acute\epsilon\tau\rho o\nu$ $\pi\rho\omega\tau\acute{o}\tau\upsilon\pi o\nu$ erhoben hat. In griechischer Bearbeitung liegt uns die Theorie der $\mu\acute\epsilon\tau\rho\alpha$ $\dot\alpha\rho\chi\acute\epsilon\gamma o\nu\alpha$ und $\pi\alpha\rho\alpha\gamma\omega\gamma\acute\alpha$ nicht vor. Der älteste Vertreter derselben ist uns Marcus Terentius Varro. Wie der alexandrinische Grammatiker heisst, dessen metrisches Lehrbuch dem Varro vorlag, lässt sich nicht ermitteln; derselbe lebte nach der Zeit des alexandrinischen Dichters Sotades, da die von Varro mehrfach erwähnten Ionica metra erst nach dem Auftreten des Sotades diesen Namen erhalten haben können. In der früheren Kaiserzeit war Caesius Bassus ein Anhänger der Varronischen Metrik in seiner „ars ad Neronem", die ebenfalls, bis auf wenige Ueberbleibsel verloren gegangen ist. Die vollständigste Darstellung des Systemes der $\mu\acute\epsilon\tau\rho\alpha$ $\dot\alpha\rho\chi\acute\epsilon\gamma o\nu\alpha$ und $\pi\alpha\rho\alpha\gamma\omega\gamma\acute\alpha$ giebt Terentianus Maurus in der dritten seiner metrischen Schriften (denn dessen drei libelli sind nicht, wie Lachmann annahm, die drei Theile eines einheitlichen Werkes, sondern drei selbstständige Schriften: über die Buchstaben, über die Sylben und über die Verse). Zwei Doppelgänger des Terentianus Maurus besitzen wir in den metrischen Darstellungen des Atilius Fortunatianus und des Diomedes.

Die umfangreichste Darstellung der Metrik aus dem Alterthume sind die „Marii Victorini artis grammaticae libri quatuor". Zuerst wurde es von Theodor Bergks scharfsichtigem Auge bemerkt, dass in einer von Gaisford benutzten Pariser Handschrift innerhalb des die Horatianischen Oden behandelnden vierten Buches sich die Worte befinden: „Aelii Festi Aphthonii V. P. de metris omnibus explicit liber IIII feliciter." Bergk nimmt hiernach für das ganze Werk statt des Marius Victorinus den Verfassernamen Aelius Festus Aphthonius in Anspruch. Da indess die Grammatici Latini Heinrich Keils, obwohl dieser der Bergk'schen Entdeckung zustimmt, den Namen des Marius Victorinus beibehalten, so möge dies auch in dieser Umarbeitung der Rossbach-Westphal'schen Metrik geschehen. Die Darstellung des Marius Victorinus — oder wenn man will des Aelius Festus Aphthonius — vereint nun die Theorie der ἐννέα μέτρα πρωτότυπα mit der Theorie der μέτρα ἀρχέγονα und παραγωγά, die πρωτότυπα nach Heliodor behandelnd, „insistens Heliodori vestigiis, qui inter Graecos huiusce artis antistes aut primus aut solus est", Mar. Vict. p. 127. In den beiden ersten Auflagen der Rossbach-Westphal'schen Metrik ist nachgewiesen, dass dieser Theil der „ars grammatica" sich aufs engste an die Metrik des Juba anschliesst. Im zweiten Buche stellt der Autor die μέτρα πρωτότυπα ὁμοιοειδῆ, im zweiten und dritten Capitel des dritten Buches die μέτρα κατ' ἀντιπάθειαν μικτά und ἀσυνάρτητα dar, fast nach derselben Anordnung wie bei Hephaestion und bei Aristides. Hiermit wäre die Metrik eigentlich abgeschlossen. Aber es tritt noch ein zweiter Theil hinzu, in welchem die Theorie der Metra noch einmal, aber nach einem anderen Systeme vorgetragen wird, nämlich nach der von Varro und Caesius Bassus befolgten Theorie der metra derivata. Lib. III cap. 1 soll die allgemeine Uebersicht dieser Theorie geben, lib. III, 4 ff. stellt die aus dem daktylischen Hexameter und iambischen Trimeter hervorgegangenen derivata dar; lib. IV cap. 1 soll nach der Ueberschrift des Autors diejenigen Metra, welche durch concinnatio und permixtio jener beiden Grundformen entstanden sind, zum Inhalte haben; IV, 2

enthält einen sehr inhaltlosen Panegyricus auf die metrica und
musica ars; IV, 3 fügt eine Uebersicht der Metra des Horaz
hinzu. In allen diesen Partien ist der Autor fast nichts als
Abschreiber, der niemals Bedenken trägt, den Wortlaut des
Originales beizubehalten, und von dem, was er schreibt, soweit es
nicht ganz trivial ist, keine Kenntniss hat. Es geht aus seiner Darstellung hervor, dass er von den im zweiten und dritten Capitel des
dritten Buches behandelten μικτά und ἀσυνάρτητα gar keinen Begriff
hat, dass die Ueberschriften seines dritten und vierten Buches ganz
ohne Bewusstsein hingeschrieben sein müssen und dass er selbst
über das Verhältniss, in welchem die beiden Haupttheile seines
Buches zu einander stehen, völlig im Unklaren geblieben ist. Es
ist kaum anders zu denken, als dass er die ganze Anordnung
bereits in einem früheren Werke vorfand und dass er derselben
ohne Nachdenken gefolgt ist.

Die Darstellung, welche ich in dem die allgemeine Metrik
behandelnden Theil der Rossbach-Westphal'schen Metrik gegeben
habe, wird klar gestellt haben, dass das zweite, dritte und vierte
Buch des Marius Victorinus nicht viel mehr als eine gedanken-
lose Compilation aus zwei ursprünglich verschiedenen Quellen ist.

Es ist anzunehmen, dass es sich mit dem ersten Buche des
Marius Victorinus nicht anders verhält. Wenn uns aber für
die drei letzten Bücher die Doppelgänger unseres Autors theil-
weise noch vorliegen, oder aber wenigstens die Quellen, aus
denen er geschöpft, mit Sicherheit sich sondern lassen, so ist
dies für das erste Buch nicht in gleichem Masse der Fall.
Ausser den Capiteln „de litteris", „de orthographia", „de syllabis", „de enunciatione litterarum", „de syllabarum natura et con-
nexione" sind es besonders die Abschnitte „de mensura longarum
et brevium syllabarum", „de arsi et thesi", „de rhythmo", „de
pedibus" und weiterhin „de epiploce", welche für die Rhythmik von
Interesse sind. Verschiedentlich wird hier Aristoxenus citirt
Doch wird es wohl keine Frage sein können, dass der Autor
nicht aus Aristoxenus selber berichtet, sondern aus einem älteren lateinischen Metriker, der in der Einleitung seiner Schrift,
sei es mittelbar, sei es unmittelbar, aus der Aristoxenischen
Rhythmik referirte. Das hatte Heliodors Metrik, das hatten die
umfangreicheren metrischen Schriften des Hephaestion nachweislich ebenso gemacht, und gewiss wird Juba, eine Hauptquelle
des Marius Victorinus, „Juba noster, qui inter metricos autori-

tatem primae eruditionis obtinuit, insistens Heliodori vestigiis,
qui inter Graecos huiusce artis antistes aut primus aut solus est",
seine Ars nicht ohne eine rhythmische Einleitung begonnen haben.
Der § 24 dieses Buches S. 106 stellt die verschiedenen im ersten
Buche des Marius Victorinus vorkommenden Angaben über Arsis
und Thesis zusammen. Nothwendig muſs angenommen werden,
dass in der im Abschnitte „de Rhythmo" gegebenen Darstellung,
in welcher eine uns noch im Originale vorliegende Stelle aus der
Aristoxenischen Rhythmik unter ausdrücklicher Berufung auf
„Aristoxenus" angeführt wird:
„Hae sunt tres partitiones quae continuam rhythmopoeiam faciunt",
vgl. Aristox. Rhythm. § 30:
„Τῶν δὲ ποδῶν (τῶν) καὶ συνεχῆ ῥυθμοποιίαν ἐπιδεχομένων
τρία γένη ἐστί",
auch die Termini technici Arsis und Thesis im Aristoxenischen
Sinne zu fassen sind. Sind nicht auch sonst noch die Anklänge
an unser Aristoxenisches Original klar genug? So der Schluss-
satz des Marius:
„Nam coitus temporum communis est rhythmo et arrhythmiae",
zu vergleichen mit Aristox. § 8:
„Τὸ δὲ ῥυθμιζόμενόν ἐστι μὲν κοινόν πως ἀρρυθμίας τε καὶ
ῥυθμοῦ".
Sind nicht auch die Worte, mit denen unser Capitel de Rhythmo
schliesst:
„Ut intellegamus et in ipsa concursione temporum non fortuitam,
sed certam esse disciplinam",
sichtlich genug dasselbe wie die Aristoxenischen Worte:
„ὥστε εἶναι φανερὸν ὅτι οὐδέποτε εὑρεθήσεται ἡ ῥυθμικὴ
ἐπιστήμη τῇ τῆς ἀπειρίας ἰδέᾳ προσχρωμένη"?
Ich bin weit entfernt zu meinen, dass es unser Autor oder der von
ihm excerpirte lateinische Metriker gewesen sei, der den Aristoxenus vor sich gehabt und dessen Sätze lateinisch vertirt habe,
wohl aber bin ich überzeugt, dass das Capitel „de rhythmo" in
letzter Instanz von keinem anderen als einem solchen stammen kann,
welcher mit der rhythmischen Doctrin des Aristoxenus aus dessen
eigenen Schriften, sowohl den rhythmischen Stoicheia, als auch der
von Porphyrius benutzten Abhandlung „περὶ τοῦ πρώτου χρόνου"
aufs genaueste vertraut war. Wer kennt die Zwischenhände,
welche von Aristoxenus bis Aelius Aphthonius führen? Der ältere

Bestandtheil des Capitels de rhythmo beginnt p. 42, 6 Keil: „Rhythmorum autem tres esse differentias volunt in dactylo iambo et paeone, quae fiunt per arsin et thesin, nam dactylus aequa temporum divisione taxatur, ut et anapaestus: uterque enim pes quattuor temporum est.‟ Dass hiermit ein griechisches Original übersetzt ist, ist klar. Doch ist es nicht Aristoxenus selber, den man hier ins Lateinische übertragen. Schon die frühere Kaiserzeit weiss von Ἀριστοξένιοι; der unter Nero lebende Musiker Klaudios Didymos (vgl. Suidas s. v. Δίδυμος ὁ τοῦ Ἡρακλείδου) hatte, wie Porphyrius ad Ptol. p. 209. 210. 109 berichtet, eine Schrift περὶ τῆς διαφορᾶς τῶν Ἀριστοξενίων τε καὶ Πυθαγορείων geschrieben.*)

Durch eine solche von einem Aristoxeneer herrührende Schrift scheinen die Aristoxenischen Bestandtheile in der Rhythmik des Aristides vermittelt zu sein. Eine derartige Schrift eines Aristoxeneers würde es ebenfalls sein, auf welche der vorher bezeichnete Abschnitt im Capitel de rhythmo zurückgeht.**)

Das Fragment des vermuthlich in der vorneronischen Zeit lebenden Aristoxeneers, welches sich in lateinischer Uebersetzung bei Marius Victorinus im Abschnitte de rhythmo erhalten hat, ist folgendes:

§ 1. Rhythmorum autem tres esse differentias volunt in dactylo iambo et paeone, quae fiunt per arsin et thesin.

§ 2. Nam dactylus aequa temporum divisione taxatur, ut et anapaestus: uterque enim pes quattuor temporum est, nam ut longa prima dactyli duabus brevibus insequentibus par [sibi] et aequalis est, ita et in anapaesto fit, ut initium fini simile inveniatur, et dicunt in arsi et thesi aequalem rationem esse, id est ἴσον λόγον.

Idem fiet in dipodia facta coniugatione binum pedum per

---

*) Ebenso berichtet Porphyrius von einer musikalischen Schriftstellerin Ptolemais aus Kyrene, die unter dem Titel Πυθαγορικὴ τῆς μουσικῆς στοιχείωσις ein ähnliches Werk in Frage und Antwort verfasste.

**) Die Worte des Marius Victor. p. 42, 11 Keil: „et dicunt in arsi et thesi aequalem rationem esse, id est ἴσον λόγον. idem fiet in dipodia facta coniugatione binum pedum per choriambum et antispastum, quia quantum in sublatione habet, tantundem in positione, et idem apud Graecos ἴσος ῥυθμός, id est aequalis, dicitur‟ berühren sich mit Aristides p. 37: Σύνθετοι δὲ οἱ κατὰ συζυγίαν βακχεῖοι δύο, ὧν ὁ μὲν πρότερον ἔχει τὸν ἴαμβον, δεύτερον δὲ τὸν τροχαῖον· ὁ δὲ ἐναντίως.

choriambum et antispastum, quia quantum in sublatione habet, tantundem in positione, et idem apud Graecos ἴσος ῥυθμός, id est aequalis, dicitur.

§ 3. Secundus autem rhythmus in iambo dupli ratione subsistit, in qua et trochaica et utraque ionica. monosemos [unius] enim [temporis] arsis ad disemon thesin comparatur. etenim iambus a brevi syllaba incipit, quae est unius temporis, et in longam desinit, quae est temporum duum; trochaeus autem contra.

Eadem et in ionicis metris dupli ratio versatur: nam ionicus ἀπὸ μείζονος a duabus longis incipit et in duas desinit breves; ionicus autem ἀπὸ ἐλάσσονος a brevibus incipiens in longas desinit. erit itaque in his disemos arsis ad tetrasemon thesin, quia unam partem in sublatione habent, duas in positione, seu contra. ergo iambica et trochaica metra, quae in dupli ratione sunt posita, facta coniugatione binum pedum ad legem ⟨ae⟩qua⟨lis, non⟩ dupli vocabuntur*).

§ 4. Tertius autem rhythmus, qui paeonicus a musicis dicitur, hemiolia ratione subsistit, quae est sescupli ratio. hemiolium enim dicunt numerum, qui tantundem habeat quantum alius et dimidium amplius, ut si compares tres et duo: nam in tribus et duo et eorum dimidium continetur. quod cum evenit, trisemos arsis ad disemon thesin accipitur, id est tres partes in sublatione habens, duas in positione, seu contra. quam rationem maxime incurrunt paeonici versus et bacchii, ita pedibus per metra gradientibus, ut paeonicus servetur rhythmus.

§ 5. Hae sunt tres partitiones, quae continuam rhythmopoeiam faciunt. Aristoxenus autem ait non omni modo inter se composita tempora rhythmum facere. Nam coitus temporum communis est rhythmo et arrhythmiae. unde si apte congruant spatia, rhythmum faciunt, si contra, arrhythmiam, ut intellegamus et in ipsa concursione temporum non fortuitam, sed certam esse disciplinam.

Das griechische Original dieser rhythmischen Sätze ist uns

*) So ist die falsche handschriftliche Ueberlieferung „ad legem quadrupli vocabuntur" zu emendiren.

zwar nur in lateinischer Uebersetzung erhalten, nicht im Urtext,
dennoch bereichert es unseren rhythmischen Wortschatz um das
sicherlich von Aristoxenus gebildete Wort μονόσημος, welches
uns anderweitig nirgends erhalten ist.

Der Uebersetzung einer von einem Aristoxeneer der vorneronischen Zeit herrührenden Auseinandersetzung über die
Principien des Rhythmus geht bei Marius Victorinus (in demselben Capitel de rhythmo) folgende allgemeinere Bemerkung
voraus:

> „Differt autem Rhythmus a metro, quod metrum in verbis, rhythmus
> in modulatione ac motu corporis sit; et quod metrum pedum sit quaedam
> compositio, rhythmus autem temporum inter se ordo quidam; et quod metrum
> certo numero syllabarum vel pedum finitum sit, rhythmus autem nunquam
> numero circumscribatur. nam ut volet, protrahit tempora, ita ut breve
> tempus plerumque longum efficiat, longum contrahat.“

Zu diesen Eingangssätzen unseres Capitels de rhythmo hat
sich das griechische Original erhalten in den Prolegomena der
Scholien zu Hephaestions Encheiridion No. 6 p. 48:

> „Διαφέρει δὲ μέτρον ῥυθμοῦ .... ῇ τὸ μὲν μέτρον πεπηγότας ἔχει
> τοὺς χρόνους .... ὁ δὲ ῥυθμὸς ὡς βούλεται ἕλκει τοὺς χρόνους, πολλάκις
> γοῦν καὶ τὸν βραχὺν χρόνον ποεῖ μακρόν.“

Ausserdem giebt es noch einen anderen griechischen Doppelgänger in dem Fragmentum Ambrosianum 266, 21 ed. Nauck,
welchen Keils Ausgabe citirt, auch noch einen andern lateinischen Doppelgänger Diomedes p. 468 Keil.

Schon S. 106. 107 ist erwähnt worden, dass das Fragmentum
Ambrosianum, ebenso wie Diomedes und Terentianus Maurus, die
Fundgrube für die der guten rhythmischen Ueberlieferung durchaus
widersprechende Auffassung ist, dass jeder anlautende Takttheil als
ἄρσις, jeder zweite Takttheil eines Versfusses als θέσις bezeichnet wird. Offenbar war jene lateinische Bearbeitung des Systemes
der μέτρα ἀρχέγονα und der μέτρα παραγωγά, welche, wenn auch
nicht Juba, so doch ein anderer Metriker mit dem Systeme der
ἐννέα μέτρα πρωτότυπα vereinigte, die Quelle, aus welcher diese
wunderliche Auffassung von ἄρσις und θέσις dem Marius
Victorinus zugeflossen ist.

Ob wohl Aphthonius (Victorinus) eine Ahnung davon gehabt
haben mag, dass diese Auffassung von ἄρσις und θέσις der richtigen
Darstellung der beiden Takttheile, welche Aristoxenus und die Ari-

stoxeneer gegeben haben, widerspricht? Schwerlich. Wir dürfen,
ohne der verdienstlichen Sammlumg des Victorinus oder Aphthonius zu nahe zu treten, die Vermuthung aussprechen, es sei
demselben nicht zum Bewusstsein gekommen, dass die Wörter
ἄρσις und θέσις in den Capiteln „de mensura longarum et brevium syllabarum", „de arsi et thesi", „de pedibus" in einer
anderen Bedeutung verstanden sein wollen, als in dem Capitel
„de rhythmo". Hatte er doch keine Untersuchung darüber an-
gestellt, dass seiner Quelle die rhythmischen Erörterungen „de
rhythmo" aus einer ganz anderen Darstellung als das übrige
zugegangen war, in letzter Instanz aus der Schrift — zwar nicht
des Aristoxenus selber, wohl aber — eines der alten Aristoxeneer,
deren es schon zur Zeit des Claudius Didymus, Neros Zeitgenossen,
und früher gegeben hat. Diese Untersuchungen sind uns Epigo-
nen des neunzehnten Jahrhunderts übrig geblieben, die wir dem
Marius Victorinus für die Ueberlieferung des reichen Materiales
zu grossem Danke verpflichtet sind, den wir am besten dadurch
bethätigen, dass wir dem Ueberlieferten nicht bloss die Segnungen
der äusseren, sondern auch der inneren Kritik zu Gute kommen
lassen. Was die letztere seit der Mitte dieses Jahrhunderts geleistet, dem gegenüber wird die wahre Philologie nicht widerstreben dürfen. Schon in den Fragmenten und Lehrsätzen der
griechischen Rhythmiker 1861 wurde die exceptionelle Stellung des
Capitels „de rhythmo" gebührend betont und die ganze Beziehung
des Marius Victorinus zu seinen Quellen ist seitdem in den
später erschienenen Bänden der Rossbach-Westphal'schen Metrik
behandelt worden. Es würde wahrlich Zeit sein, dass Julius
Caesar in seiner gleich nach dem Erscheinen der Fragmente der
Rhythmiker begonnenen Opposition gegen die „neueren Bearbeiter der griechischen Rhythmik", deren Verdienste er angeblich
„durchaus nicht beeinträchtigen will"*), behutsamer werde und
den Solonischen Ausspruch, er altere, sich stets belehren
lassend, den er von sich gebraucht**), endlich einmal anfange
zur Wahrheit zu machen. Das neueste Marburger Universitäts-
Programm zeigt noch nichts davon, dass von dem Verse

$$\gamma\eta\varrho\acute{\alpha}\sigma\varkappa\omega\ \delta^{\prime}\ \alpha\grave{\iota}\epsilon\grave{\iota}\ \pi\circ\lambda\lambda\grave{\alpha}\ \delta\iota\delta\alpha\sigma\varkappa\acute{o}\mu\epsilon\nu\circ\varsigma,$$

---

*) Julius Caesar, die Grundzüge der griech. Rhythmik S. IX.
**) Indices lectionum quae in Academia Marburgensi per semestre hi-
bernum 1884 habendae proponuntur. Adnotata de Aristoxeni elementis
rhythmicis praemisit Julius Caesar p. IV.

den August Boeckh freilich von sich gebrauchen konnte, auch
Julius Caesar den Schluss auf sich beziehen darf.

Die von Julius Caesar so hartnäckig festgehaltene Schluss-
folgerung:

> weil bei Marius Victorinus im Capitel „de arsi et thesi" das
> Wort Arsis die gegen Aristoxenus verstossende Bedeutung des
> anlautenden Takttheiles hat, so mufs Mar. Vict. auch im Ca-
> pitel „de rhythmo" die Termini Arsis und Thesis in dieser
> nichtaristoxenischen Bedeutung gefasst haben,

ist keine Logik, kein λόγος, sondern ἀλογία, zu Deutsch: Ge-
dankenlosigkeit oder Unverstand.

§ 37.

Die Classification der Versfüsse bei den Metrikern.

Gegenüber der Auffassung des Aristoxenus und der sich an
ihn anschliessenden Rhythmiker, welche die πόδες nach dem
gleichen, doppelten und anderthalbfachen Taktverhältnisse sondern, statuiren die Metriker vier verschiedene Arten der πόδες:
die τρίσημοι, die τετράσημοι, die πεντάσημοι und die ἑξάσημοι,
indem sie die von Aristoxenus § 34 als Einheit zusammengefass-
ten πόδες des doppelten Taktverhältnisses nach ihrem verschiedenen
μέγεθος in die 3-zeitigen und 6-zeitigen sondern. Für eine jede
der vier Classen von πόδες gebrauchen die Metriker den Terminus technicus ἐπιπλοκή. Es scheint, dass es Hephaestion für un-
nöthig gehalten hat, in seinem für die Anfänger bestimmten
metrischen Encheiridion, zu welchem er seine umfangreicheren
metrischen Schriften in mehrmaliger Umarbeitung nach und nach
verkürzt hat, die ἐπιπλοκή zu behandeln; in den grösseren Werken
wird er dies nicht unterlassen haben, und eben dorther scheint
entlehnt zu sein, was die Scholien zum Encheiridion über die
ἐπιπλοκή berichten, besonders Schol. Hephaest. p. 136 ff. Aus
Marius Victorinus p. 94 K. wissen wir bestimmt, dass auch bei
Heliodor die Lehre von der ἐπιπλοκή behandelt war. Aus Juba,
welcher dem Heliodor folgend ebenfalls die ἐπιπλοκή besprochen
hatte, scheint das „de Epiploce i. e. metrorum amplexione"
handelnde Capitel des Marius Victorinus p. 63 Keil entlehnt zu
sein. Die Scholien zu Hephaestion p. 136 geben die Definition

'*Επιπλοκή έστι τοῦ μέτρου τὸ ἀνώτατον γένος, ἐξ ἧς τὰ μέτρα γίνεται.* Die Epiploke beruht auf der Anschauung, dass die gleich grossen durch die verschiedene Aufeinanderfolge der Thesis und Arsis von einander verschiedenen Versfüsse zu einer engeren Einheit zusammen zu fassen sind. Aristoxenus sagt von solchen *πόδες*, sie seien durch *ἀντίθεσις* verschieden. Der Ausdruck *ἀντίθετοι πόδες* findet sich bei Aristides p. 50 M. Im Schol. Hephaest. p. 155 heisst es von dem trochaeischen und iambischen Metrum: „*ἀντιπαθῆ δὲ λέγεται ταῦτα τὰ μέτρα ἀλλήλοις.*" Denn was bei Aristoxenus *ἀντίθεσις* heisst, dafür haben die Metriker den Namen *ἀντιπάθεια*.

Das metrische System der *ἐπιπλοκαί* und *ἀντιπάθεια*, wie es sich bei Heliodor und Hephaestion gestaltet hat, ist folgendes:

Es giebt eine vierfache *ἐπιπλοκή*, eine *τρίσημος, τετράσημος, ἑξάσημος* und *πεντάσημος*, je nachdem 3-zeitige, 4-zeitige, 6-zeitige, 5-zeitige in der Antithesis oder Antipatheia stehende Versfüsse zu einer einheitlichen Classe zusammengefasst werden.

Die *ἐπιπλοκαί* sind die *ἀνώτατα γένη τῶν ποδῶν*, sind die obersten Classen. Eine jede derselben zerfällt in verschiedene *εἴδη*, in die durch die Anthithesis oder Antipatheia sich ergebenden Unterarten der gleichgrossen Versfüsse. Je nach der Zahl der in einem *γένος* enthaltenen *εἴδη* wird die *ἐπιπλοκή* als eine *δυαδική, τριαδική, τετραδική* bezeichnet, d. h. als ein *γένος* von zwei, von drei, von vier *εἴδη*.

A.

'*Επιπλοκὴ τρίσημος δυαδική* d. i. *γένος τῶν τρισήμων ποδῶν*, Classe der 3-zeitigen Versfüsse, welche nach der Antipatheia in zwei *εἴδη* zerfallen:

α' _ ∪ *τροχαῖος*,
β' ∪ _ *ίαμβος*.

B.

'*Επιπλοκὴ τετράσημος δυαδική* d. i. *γένος τῶν τετρασήμων ποδῶν*, Classe der 4-zeitigen Versfüsse, welche nach der Antipatheia in zwei *εἴδη* zerfallen:

α' _ ∪ ∪ *δάκτυλος*,
β' ∪ ∪ _ *ἀνάπαιστος*.

Γ.

Ἐπιπλοκὴ ἑξάσημος τετραδική d. i. γένος τῶν ἑξασήμων ποδῶν, Classe der 6-zeitigen Versfüsse, für welche von Heliodor vier εἴδη statuirt werden*):

α΄ _ _ ᴗ ᴗ ἰωνικὸς ἀπὸ μείζονος,

β΄ ᴗ ᴗ _ _ ἰωνικὸς ἀπ᾽ ἐλάσσονος,

γ΄ _ ᴗ ᴗ _ χορίαμβος,

δ΄ ᴗ _ _ ᴗ ἀντίσπαστος.

Ehe Heliodor das antispastische Metrum in die Zahl der prototypa aufgenommen hatte, konnte die hexasemos Epiploke keine τετραδική sein, sondern war bis dahin eine τριαδική: das γένος τῶν ἑξασήμων ποδῶν, die Classe der 6-zeitigen Versfüsse, wird nach der Theorie der vorheliodorischen Metriker nur drei εἴδη umfasst haben:

α΄ _ _ ᴗ ᴗ ἰωνικὸς ἀπὸ μείζονος,

β΄ ᴗ ᴗ _ _ ἰωνικὸς ἀπ᾽ ἐλάσσονος,

γ΄ _ ᴗ ᴗ _ χορίαμβος.

Δ.

Ἐπιπλοκὴ πεντάσημος.

Nach der Ueberlieferung der Alten hat das paeonische Metrum keine ἐπιπλοκή. Diese Auffassung scheint aber ebenfalls erst der Heliodorischen Zeit anzugehören. Hephaestions Encheiridion im Cap. 13 sagt darüber: „Τὸ δὲ παιωνικὸν εἴδη μὲν ἔχει τρία, τό τε κρητικὸν καὶ τὸ βακχειακὸν καὶ τὸ πα-

---

*) Marius Victorinus de metro ionico ap elassonos p. 93 Keil: „At Juba noster, qui inter metricos auctoritatem primae eruditionis obtinuit, insistens Heliodori vestigiis, qui inter Graecos huiusce artis antistes aut primus aut solus est, negat hoc vitium, ut quidam adserunt, rhythmicum fore, sed magis metrica ratione contingere, quod per ἐπιπλοκάς id est metrorum inter se amplexiones ut supra docuimus plerumque evenit. nam τετραδικὴ ἐπιπλοκή et δυαδική . . . huic versui, qui ionicus anaclomenos vocatur, diversitatem varietatemque fecerunt. etenim antispastica et choriambica et utraque ionica metra de quadrua amplexione subsistunt . . . unde accidit ut . . .“

Ferner Marius „de metro antispastico“ p. 87 Keil: „Scio quosdam super antispasti specie recipienda inter novem prototypa dubitasse . . . Quid ergo super hoc in dubium primos auctores deduxerit, plenius referam. coniugatio antispasti, ut Juba noster atque alii Graecorum opinionem secuti referunt, non semper ita perseverat, ut in principio pedis iambus collocetur . . .“

λιμβακχειακόν, ὃ καὶ ἀνεπιτήδειόν ἐστι πρὸς μελοποιίαν, τὸ δὲ κρητικὸν ἐπιτήδειον." Ueber das Genos der 5-zeitigen Versfüsse sind wir von allen Metren am wenigsten unterrichtet und namentlich über die Technik der hier vorkommenden antithetischen Formen. Uns ist daher auch die Notiz, dass das paeonische Metrum keine Epiploke habe, räthselhaft. Wie die aus Heliodor und Hephaestion schöpfenden metrischen Berichte die Epiploke darstellen, verdient dieselbe freilich die Missachtung, mit der sie von den Neueren angesehen wird. Der Schol. Heph. p. 137, 6 sagt: „*Ὠνομά-σθησαν δὲ ἐπιπλοκαί, ἐπειδὴ τὰ ἐκ μιᾶς ἐπιπλοκῆς εἴδη ἀπ᾽ ἀλλήλων εἰς ἄλληλα τὰ εἴδη μεταπίπτει*". Aus dem einen *εἴδος* entstehe das andere durch Prosthesis oder durch Aphairesis, durch Hinzufügung oder Hinwegnahme anlautender Sylben. Die Prosthesis (oder besser wohl Prothesis) beruht gewiss auf alter metrischer Tradition: sie ist genau dasselbe wie wenn nach Gottfried Hermann aus dem Trochaeus durch Hinzufügung einer Anakrusis-Sylbe der Iambus entsteht. Das anakrusische Eidos ist mit dem prothetischen Eidos identisch. Dass aber das Hephaestioneische Scholion, ebenso auch Marius Victorinus p. 63 Keil, die Lehre aufstellt, aus dem iambischen Metron entstehe durch Prothesis das trochaeische, erscheint als die Neuerung einer Zeit, in welcher das klare Bewusstsein vom Verhältnisse der metrischen Formen zu einander bereits sich getrübt hatte. Dass der Ursprung der Lehre von der Epiploke in die früheste Zeit der metrischen Tradition bei den Alexandrinern zurückgeht, welche noch nah an die Aristoxenische Zeit hinanreichte, beweisen die Ausdrücke „*τρίσημος ἐπιπλοκή, τετράσημος ἐπιπλοκή, ἑξάσημος ἐπιπλοκή*" anstatt der sonst bei den Metrikern üblichen Terminologie *πούς τρίχρονος, τετράχρονος* u. s. w.

Ueber den Kategorien der verschiedenen Epiplokai stehen als umfassendere Kategorie die *πρώτη ἀντιπάθεια* und die *δευτέρα ἀντιπάθεια*. Dies sind gleichfalls alte Classificationen. Das Hephaestioneische Encheiridion wendet im Capitel „*περὶ ἀσυναρτήτων*" p. 53. 54 den Terminus *κατὰ τὴν πρώτην ἀντιπάθειαν* an, ohne denselben vorher zu erklären. Der Scholiast p. 208, 3 W. fügt die Erklärung hinzu:

„*Πρώτη ἀντιπάθεια, ἡ ἐκ τῶν δισυλλάβων τῶν ἐναντίων σύνθεσις πρὸς τοὺς δισυλλάβους ἢ ἐκ τρισυλλάβων, τοῦτ᾽ ἔστι τῶν ἁπλῶν, ὅταν ἐξ ἀντιστροφῆς παραλαμβάνωνται, οἷον εἰ ἀντὶ*

⟨τοῦ⟩ ἀπὸ βραχείας ἀρχῆς ἰάμβου ὁ ἀπὸ μακρᾶς τροχαῖος παραλη-
φθείη· καὶ ἀντὶ ⟨τοῦ⟩ ἀπὸ μακρᾶς ἀρχῆς δακτύλου ⟨ὁ ἀπὸ⟩ δύο
βραχειῶν ⟨ἀνάπαιστος· καὶ ἀντὶ ⟨τοῦ ἀπὸ μακρᾶς ἀρχομένου καὶ
ἑξῆς βραχεῖαν καὶ μακρὰν ἔχοντος κρητικοῦ⟩ ὁ ἀπὸ βραχείας
ἀρχόμενος βάκχειος καὶ ἑξῆς ἔχων δύο μακρὰς παραληφθείη.

Ἔστι δὲ ⟨ἡ β′⟩ ἀντιπάθεια ἡ ἐν τοῖς συνθέτοις ἐναντίωσις,
λέγω ἐν τοῖς τετρασυλλάβοις, οἷόν ἐστι τοῦ ἀντισπάστου ⟨καὶ τοῦ
χοριάμβου⟩.“
In kürzerer und älterer Fassung lautet das Scholion
(p. 208, 17 W.):
„Πρώτην ἀντιπάθειαν λέγει τὴν ἐν τοῖς ἁπλοῖς ποσί τοῦτ'
ἔστι τοῖς δισυλλάβοις καὶ τρισυλλάβοις ἐναντιότητα.
Δευτέραν δὲ ἀντιπάθειαν τὴν ἐν τοῖς συνθέτοις, λέγω δὴ
τὴν ἐν τοῖς τετρασυλλάβοις.“

Aus diesen beiden Scholien zum Hephaestioneischen Encheiridion lernen wir zunächst die Termini technici ἐναντιότης und
ἐναντίωσις als gleichbedeutend mit ἀντιπάθεια, dem Aristoxenischen „ἀντίθεσις“, und πόδες ἐναντίοι als gleichbedeutend mit
πόδες ἀντιπαθοῦντες (πόδες ἀντίθετοι bei Aristides) kennen.
Wichtiger aber ist der dort aufgestellte Unterschied zwischen
πόδες ἁπλοῖ und πόδες σύνθετοι. Jenes, sagt das Scholion, seien·
die zwei- und dreisylbigen, dieses die fünf- und sechssylbigen. Gemeint sind mit den ἁπλοῖ πόδες die πόδες τρίσημοι und τετράσημοι, unter den πόδες σύνθετοι sind die πόδες πεντάσημοι und
ἑξάσημοι verstanden.

Diese einfachen und zusammengesetzten πόδες im Sinne der
Metriker sind etwas anderes als die ἀσύνθετοι und σύνθετοι
πόδες in unserem rhythmischen Fragmente des Aristoxenus,
wonach die σύνθετοι πόδες in mehrere (einfache) Takte zerlegt
werden, was bei den ἀσύνθετοι nicht der Fall sei. Nur diejenigen πόδες des Aristoxenus, welche mindestens ein 6-zeitiges
Megethos haben, lassen sich in mehrere Takte zerlegen, der 5-
zeitige und der ungerade 6-zeitige, d. i. der Paeon und der Ionicus,
aber nicht. Gerade diese beiden Versfüsse aber sind nach den
Metrikern die „σύνθετοι πόδες“. Der 5-zeitige Paeon zerlegt
sich nach ihnen in den 3-zeitigen Trochaeus und den 2-zeitigen
Pyrrhichius, der 6-zeitige Ionicus in den 4-zeitigen Spondeus
und den 2-zeitigen Pyrrhichius

Paeon   ‿‿ | ‿‿
Ionicus ‿‿ | ‿‿

In die Sprache des Aristoxenus übersetzt, der den πούς
δίσημος für die continuirliche Rhythmopoeie nicht anerkennt,
müsste jener Satz der Metriker von den einfachen und zusammengesetzten πόδες etwa so lauten:

Der τρίσημος (Trochaeus) und τετράσημος (Daktylus, Spondeus) sind πόδες, welche schlechthin nicht in kleinere πόδες zerlegbar sind; der πεντάσημος (Paeon) enthält einen ganzen τρίσημος
und dazu den starken Takttheil eines τρίσημος; der πούς ἑξάσημος
(Ionicus) enthält einen ganzen τετράσημος und den starken Takttheil eines τετράσημος.

Der πούς πεντάσημος ἡμιόλιος ist eine um einen 1-zeitigen schwachen Takttheil verkürzte trochaeische Dipodie:

volle trochaeische Dipodie

_ ᴗ, _ ᴗ (Ditrochaeus),

verkürzte trochaeische Dipodie

_ ᴗ, _ (Paeon).

Der πούς ἑξάσημος ἴσος ist eine um einen 2-zeitigen
schwachen Takttheil verkürzte daktylische Dipodie:

volle daktylische Dipodie

_ _, _ _ (Dispondeus),

verkürzte daktylische Dipodie

_ _, _ (Molossus, Ionicus).

Hiernach würden der 5-zeitige und 6-zeitige Versfuss den
3-zeitigen und 4-zeitigen zu ihrer Voraussetzung haben; jene
(der Trochaeus und der Daktylus) wären die primären, diese
(der Paeon und der Ionicus) wären die secundären Versfüsse.

Dass in unserer modernen musikalischen Rhythmik in der
That auf diese Weise der 6-zeitige Ionicus durch rhythmische
Verkürzung aus einem 8-zeitigen Dispondeus hervorgegangen ist,
zeigt die Kunst der Fuge von J. S. Bach, wo aus dem daktylischen Thema der Fuge No. 1 das ionische Thema der Fuge
No. 12 auf die angegebene Weise hergeleitet ist:

Daktylische Fuge Nr. 1 Comes:

Ionische Fuge*) Nr. 12 Comes·

Unter Beibehaltung der Bach'schen Taktstriche lassen sich
die beiden Fugenthemata durch folgende melischen Zeichen darstellen (statt des Zeichens der 4-zeitigen Länge ⌣ ist hier der Anschaulichkeit wegen das Zeichen ⌣̠ gewählt):

Daktyl.: ⌣̠ | ⌣̠ ⌣̠ | ⌣̠   ⌣̠ | ⌣̠ ◡ ◡ ◡ ◡ | ⌣̠

Ionisch: ⌣̠ | - ⌣̠ | -   ⌣̠ | - ◡ ◡ ◡ ◡   -

Das ionische Thema enthält zwei Kola, ein jedes aus zwei
ionischen Versfüssen bestehend. Die Versfüsse des ersten denke
man sich als zwei Molossi, in denen die beiden ersten Längen
zu einem 4-zeitigen Chronos contrahirt sind; im zweiten Kolon
ist der erste Versfuss ein regelrechter Molossos, der zweite Versfuss hat die erste und die zweite Länge je in eine Doppelkürze
aufgelöst. Diese ionischen Kola nun hat Bach aus den daktylischen in der Weise entwickelt, dass er die vier Längen der
daktylischen Dipodie zu einem Molossus abgekürzt hat: die zwei
Spondeen

⌣̠ ⌣̠

sind katalektisch geworden, ohne dafs, wie es im daktylischen
Rhythmus der Fall ist, die in der Katalexis fehlende Sylbe durch
Pause oder durch Tonē completirt ist

⌣̠ ⌣:

der katalektische Dispondeus ist zum Molossus geworden.
Im höchsten Grade interessant ist es bei dieser von Bach
vorgenommenen Umwandlung des daktylischen in ein ionisches
Thema, dass die aus den. daktylischen entwickelten ionischen
Kola genau die rhythmische Accentuation der daktylischen be-

---

*) Bach selber, welcher in der daktylischen Fuge (notirt im Alla-
breve-Takte) den Chronos protos durch die Achtelnote darstellt, drückt
denselben in der ionischen Fuge durch die Viertelnote aus, denn er
schreibt die Fugé im ¾-Takte. Um das Verhältniss zwischen daktylischem
und ionischem Takte leichter erkennen zu lassen, habe ich den Chronos
protos in beiden Fugen auf gleiche Benennung (Achtelnote) gebracht.

halten.   Hier war der Taktstrich an das Ende des ersten Chronos
tetrasemos gesetzt, an der nämlichen Stelle hat den Taktstrich
auch das ionische Kolon.   So kommt es denn, dass in dem
letzteren von den drei Längen des Molossus die dritte durch den
rhythmischen Accent (den Taktstrich) markirt wird.   Analog
dem entsprechenden Daktylikon hat nach dem Molossus der zweite
Accent (auf der dritten vor dem Taktstriche stehenden Länge)
die Function des Hauptaccentes, der erste auf der anlautenden
Länge stehende Accent ist Nebenaccent.   Es trifft sich also,
dass Gottfried Hermanns anscheinend so befremdliche Behauptung, der Ionicus habe zwei rhythmische Accente, durch nichts
geringeres als die Bach'sche Musik eine Bestätigung erhalten
sollte.   Das Vorhandensein zweier rhythmischer Accente von
verschiedener Stärke auf dem 6-zeitigen Versfusse festhaltend
(den stärkeren Ictus durch ', den schwächeren durch `` bezeich-
nend), drücken wir die antithetischen Formen des 6-zeitigen
Versfusses durch folgende Schemata aus:

$$\overset{\prime}{-} \cup \cup \overset{}{\angle} \overset{\prime}{-} \cup \cup \overset{}{\angle} \qquad χοριαμβικόν$$
$$\cup \cup \overset{}{\angle} \overset{\prime}{-} \cup \cup \overset{}{\angle} \overset{\prime}{-} \qquad ἰωνικὸν ἀπ' ἐλάσσονος$$
$$\overset{}{\angle} \overset{\prime}{-} \cup \cup \overset{}{\angle} \overset{\prime}{-} \cup \cup \; ἰωνικὸν ἀπὸ μείζονος.$$

Die alten Metriker unterscheiden ein χοριαμβικὸν καθαρόν
und χ. μικτόν und ebenso auch ein ἰωνικὸν καθαρόν und ἰ. μικτόν.
Die 6-zeitigen Versfüsse haben wir unter den χοριαμβικά und
ἰωνικὰ καθαρά zu suchen.   Die χοριαμβικὰ καθαρά sind in der
griechischen Poesie nicht häufig.   Ein Sophokleisches Beispiel
ist Oedipus R. 483:

1. Δεινὰ μὲν οὖν, δεινὰ τεράζει σοφὸς οἰωνοθέτας
2. οὔτε δοκοῦντ' οὔτ' ἀπὸ (δόξης)· ὅ τι λέξω δ'ἀπορῶ.
3. πέτομαι δ' ἐλπίσιν εἴτ' ἐνθάδ' ὁρῶν εἴτ' ὀπίσω.
4. τί γὰρ ἢ Λαβδακίδαις
5. ἢ τῷ Πολύβου νεῖκος ἔκειτ'; οὔτε πάροιθέν
6. ποτ' ἔγωγ' οὔτε τὰ νῦν πω.

Vgl. Die Cantica der Sophokleischen Tragödien nach ihrem
rhythmischen Bau besprochen von Hugo Gleditsch.   Zweite
Auflage. Wien 1883. S. 76 ff.   Ich erlaube mir zu dem metrischen
Schema, welches der Verfasser der ausgezeichneten Arbeit von
den vorstehenden Versen gegeben hat, zu den Hauptaccenten
der choriambischen und ionischen Versfüsse auch noch die Neben-
accente hinzuzufügen:

1. ‒ ⏑⏑ ⏑ ‒ ⏑⏑ ⏑ ‒ | ⏑⏑ ⏑ ‒ ⏑⏑ ⏑

2. ‒ ⏑⏑ ⏑ ‒ ⏑⏑ ⏑ ‒ | ⏑⏑ ⏑ ‒ ⏑⏑ ⏑

3. ⏑⏑ ⏑ ‒ ⏑⏑ ⏑ ‒ | ⏑⏑ ⏑ ‒ ⏑⏑ ⏑

4. ⏑⏑ ⏑ ‒ ⏑⏑ ⏑

5.   ⏑ ‒ ⏑⏑ ⏑ ‒ ⏑⏑ | ⏑ ‒ ⏑⏑ ⏑ ‒

6. ⏑⏑ ⏑ ‒ ⏑⏑ ⏑ ‒.

In Vers 1 und 2 sind die Versfüsse echte 6-zeitige Choriamben, im Vers 3 und 4 folgen gleich grosse Ionici a minore, im Vers 5 sind die Ionici a majore vertreten, so dass diese Sophokleische Strophe die sämmtlichen drei εἴδη des ποὺς ἑξάσημος im Wechsel mit einander enthält. Um eine bequeme Nomenclatur zu haben, mag man immerhin die Strophe eine ionische nennen. Auch in Rhythmopoeien moderner Meister wird an Stelle des 12-zeitigen Dimetron ionikon der 10-zeitige Paeon epibatos angewandt, wovon die oben abgedruckte ionische Arie aus Don Juan Nr. 8 den Nachweis gibt. Ebensowenig wie dort bei Mozart wird es auch in dem Sophokleischen Ionikon auffallen können, dass das Kolon des Verses 4 ein 10-zeitiges Megethos ist; wir dürfen dasselbe als Paeon epibatos auffassen, und Hugo Gleditsch wird es mir gern gestatten, dafs ich hier von dem von ihm aufgestellten Schema abweiche. Das Melos des Sophokleischen Ionikon ist für uns auf ewige Zeit verloren, das Melos der analogen Rhythmopoeie Mozarts muss uns das Verlorene ersetzen. Aus dem Mozart'schen Beispiele geht zugleich hervor, wie die Sophokleischen Verse 1 und 2 im Sinne des Aristoxenus als 14-zeitige Epitriten je mit einem 10-zeitigen Paeon epibatos verbunden aufgefasst werden müssen.

Nach demselben Principe, welches J. S. Bach hier dargelegt hat, lässt sich eine trochaeische Fuge (wohltemperirtes Clavier 2, 11) ohne weiteres in eine Fuge des paeonischen Rhythmus umwandeln.

Trochaeische Fuge:

Paeonische Fuge:

Schon in der ersten Auflage der griechischen Rhythmik (1854) war die Vermuthung ausgesprochen, dass der paeonische Versfuss seinem Wesen nach in einer rhythmischen Verkürzung der trochaeischen Dipodie bestehe. Die vorstehende F-Dur-Fuge des Wohlt. Clav. erhebt diese Vermuthung zur Evidenz. Auch andere Musikstücke des ditrochaeischen Taktes lassen sich in derselben Weise wie die ditrochaeische F-Dur-Fuge des Wohlt. Clav. in den paeonischen Rhythmus umformen, der uns Modernen dann eben so fasslich und natürlich als der trochaeische Rhythmus sein wird.

Wirkliche paeonische Versfüsse, notirt als ⅝-Takte, bildet Händel in der Oper Orlando (Ausgabe der deutschen Händelgesellschaft S. 65). Dort erscheint folgendes kleine Andante in Orlandos Arie „Ah! stigie larve"

Già solco l'onde,   già sol-co   l'onde nere

ecco di Pluto le af - fumicate soglie,   e l'arso letto!

Eine kurze Recitativstelle mit drei und dann wieder einem ⅝-Takte gibt von paeonischer Rhythmopoeie noch keine Anschauung. Da lassen sich die acht 5-zeitigen Versfüsse, die uns im Anonymus de musica § 101 überliefert sind, schon eher ein paeonisches Melos nennen. Statt der Ueberschrift Ὀκτάσημος muss hier Δεκάσημος als richtige Lesart hergestellt werden. Das ganze besteht aus vier 2-füssigen Kola, welche je einen πούς δεκάσημος bilden.

Der Librarius, von welchem das fehlerhafte Ὀκτάσημος her-
rührt, glaubte, dass mit der Ueberschrift die Zahl der Noten-
buchstaben angegeben sein sollte. Dieselbe beträgt für jedes
Kolon acht, daher schrieb er Ὀκτάσημος.

Dass der grosse J. S. Bach, als Rhythmopoios ebenso
genial wie als Melopoios, in seiner Kunst der Fuge aus einer
daktylischen Dipodie durch Verkürzung den ionischen Versfuss
ableitet, zeigt deutlich, dass es seine Berechtigung hat, wenn
die griechische Ueberlieferung in dem 6-zeitigen Ionicus eine
Zusammensetzung des Daktylus (Spondeus) mit der 2-zeitigen
Länge erblickt. Bach zeigt durch ein praktisches Beispiel, dass
dieser Auffassung des ionischen Versfusses eine richtige Thatsache zu Grunde liegt; sie ist gewichtig genug, um uns zur Annahme zu bringen, dass auch Aristoxenus im weiteren Fortgange seiner rhythmischen Elemente dieses interessante Verhältniss
des 4-zeitigen zum 6-zeitigen Takte nicht unberührt gelassen haben
wird. Aus diesem uns nicht mehr erhaltenen Fortgange der Aristoxenischen Rhythmik mag es zu den Metrikern gelangt sein.

§ 38.

Uebersicht der Versfüsse nach Genos, Eidos und Schema.

Der Terminus „γένος und σχῆμα" ist den Metrikern und dem
Aristoxenus gemeinsam, der Terminus „εἶδος" ist den Metrikern
eigen; in der zweiten Harmonik erklärt Aristoxenus § 110:
„διαφέρει δ’ ἡμῖν οὐδὲν εἶδος λέγειν ἢ σχῆμα, φέρομεν γὰρ ἀμφότερα τὰ ὀνόματα ταῦτα ἐπὶ τὸ αὐτό." In seiner Rhythmik
aber gebraucht er das Wort εἶδος gar nicht; vielmehr hat er

für das, was die Metriker die verschiedenen εἴδη desselben γένος nennen, den Ausdruck διαφορὰ κατ᾽ ἀντίθεσιν. Die von Aristoxenus § 28 gegebene Definition der διαφορα κατὰ σχῆμα ist unten näher zu besprechen. Bezüglich der ἀσύνθετοι πόδες heisst σχῆμα bei Aristoxenus selbstverständlich dasselbe, wie bei den Metrikern, von denen namentlich der Scholiast zu Hephaestion das Wort σχῆμα häufig gebraucht. Schemata des Versfusses sind die verschiedenen Formen, in welchen derselbe durch die unzusammengesetzten Zeiten im Sinne der ῥυθμοποιίας χρῆσις (Aristox. § 19, s. oben S. 85) dargestellt werden kann.

Der Chronos protos stellt sich zunächst durch eine kurze Sylbe, der Chronos disemos durch eine lange Sylbe dar. Dies ist das zunächst liegende Schema, in welchem der Versfuss „ποὺς μετρικός" oder „ποὺς κύριος" von den Metrikern genannt wird. Die anderen Schemata ergeben sich durch συναίρεσις oder ἕνωσις (contractio) zweier Kürzen zur Länge oder durch διαίρεσις oder λύσις (solutio) einer Länge in zwei Kürzen. Es kann auch συναίρεσις und λύσις in ein und demselben Versfusse zugleich eintreten.

Von den Sylben eines Versfusses entspricht je eine oder zwei oder drei oder vier dem Umfange eines Chronos podikos, deren der Versfuss als „einfacher Takt" nicht mehr als zwei haben kann. Nach einem vom Anonymus de mus. § 104 bezeugten Falle können die Sylben oder Instrumentaltöne eines 3-zeitigen Versfusses den Chronoi Rhythmopoiias idioi entsprechen. Dass die beiden Chronoi podikoi eines Versfusses zusammen durch eine einzige mehr als 2-zeitige Sylbe ausgedrückt werden können, der ganze Versfuss mithin ein einsylbiger sein kann, davon geben die Hymnen des Dionysius und Mesomedes die Belege.

A.
Primäre Versfüsse.
(Πόδες τῆς πρώτης ἀντιπαθείας.)

Dass jeder derselben nur aus zwei Chronoi podikoi besteht, das erhellt aus Aristoxenus § 29.

I. Rhythmengeschlecht der 3-zeitigen Versfüsse.
(Γένος τῶν τρισήμων ποδῶν.)

α'. εἶδος τῶν ἀπὸ θέσεως τρισήμων
πόδες ῥητοί

    –́ ◡ τροχαῖος,

    ◡́ ◡ ◡ τροχαῖος λυθείς, τρίβραχυς,

πόδες ἄλογοι

◡͜ _ ἴαμβος διὰ χρόνων ῥυϑμοποιίας ἰδίων,

⌐ _ χορεῖος ἄλογος,

◡͜ ◡ ᷄ χορεῖος ἄλογος τροχαιοειδής;

β΄. ε ἶ δ ο ς τ ῶ ν ἀ π᾽ ἄ ρ σ ε ω ς τ ρ ι σ ή μ ω ν
πόδες ῥητοί

◡ ⌐ ἴαμβος,

◡ ◡͜ ◡ ἴαμβος λυϑείς, τρίβραχυς ἀπ᾽ ἄρσεως,

πόδες ἄλογοι

_ ⌐ ὄρϑιος ἄλογος,

᷄ ◡͜ ᷄ χορεῖος ἄλογος ἰαμβοειδής.

II. Rhythmengeschlecht der 4-zeitigen Versfüsse.

(Γένος τῶν τετρασήμων ποδῶν.)

α΄. ε ἶ δ ο ς τ ῶ ν ἀ π ὸ ϑ έ σ ε ω ς τ ε τ ρ α σ ή μ ω ν
πόδες ῥητοί

⌐ ◡ ◡ δάκτυλος,

⌐ _ σπονδεῖος,

◡͜ ◡ _ ἀνάπαιστος ἀπὸ ϑέσεως,

◡͜ ◡ ◡ ◡ προκελευσματικὸς ἀπὸ ϑέσεως,

ποὺς ἄλογος

⌐ ◡ ᷄ δάκτυλος ἄλογος;

β΄. ε ἶ δ ο ς τ ῶ ν ἀ π᾽ ἄ ρ σ ε ω ς τ ε τ ρ α σ ή μ ω ν

◡ ◡ ⌐ ἀνάπαιστος,

_ ⌐ σπονδεῖος ἀπ᾽ ἄρσεως,

_ ◡͜ ◡ δάκτυλος ἀπ᾽ ἄρσεως,

◡ ◡ ◡͜ ◡ προκελευσματικὸς ἀπ᾽ ἄρσεως.

B.
Secundäre Versfüsse.
(Πόδες τῆς δευτέρας ἀντιπαϑείας.)

In dem bei Marius Victorinus im Capitel de Rhythmo erhaltenen Fragmente eines der alten Aristoxeneer wird überliefert, dass auch jeder der in diese Kategorie gehörenden Versfüsse in zwei Chronoi podikoi zerfällt.

I. Rhythmengeschlecht der 5-zeitigen Versfüsse.
(Γένος τῶν πεντασήμων ποδῶν.)

α΄. ε ἶ δ ο ς τ ῶ ν ἀ π ὸ ϑ έ σ ε ω ς π ε ν τ α σ ή μ ω ν

⌐ ◡ _ κρητικός,

⌐ ◡ ◡ ◡ παίων πρῶτος,

◡͜ ◡ _ ◡ παίων τρίτος

◡͜ ◡ ◡ _ παίων τέταρτος,

◡͜ ◡ ◡ ◡ ◡ πεντάβραχυς;

β'. εἶδος τῶν ἀπ' ἄρσεως πεντασήμων

‒ ∪ ∟ κρητικός,

‒ ∪ ∪̓ ∪ παίων πρῶτος,

∪ ‒ ∪̓ ∪ παίων δεύτερος,

∪ ∪ ∪ ∟ παίων τέταρτος,

∪ ∪ ∪ ∪̓ ∪ πεντάβραχυς.

Ein ferneres εἶδος παιωνικόν ist nach Hephaest. p. 40 das

γ. εἶδος ἀπ' ἄρσεως βακχειακόν.

Der betreffende Versfuss dieses εἶδος hat folgende Schemata ἀπ' ἄρσεως:

πούς ῥητός

∪ ∟ ‒ βακχεῖος

∪ ∟ ∪̓ ∪ παίων δεύτερος

∪ ∪̓ ∪ ‒ παίων τρίτος

∪ ∪̓ ∪ ∪ ∪ πεντασύλλαβος

πούς ἄλογος

‒ ∟ ‒ βακχεῖος ἄλογος.

Jeder der Versfüsse des εἶδος α' uud β' lässt eine doppelte Accentuation zu, der rhythmische Ictus steht entweder auf dem ersten oder auf dem vierten der fünf Chronoi protoi. Diese zweite Accentuationsform bietet auch die nach J. S. Bach aus der trochaeischen Fuge entwickelte paeonische Fuge S. 218 dar. Für das Alterthum sind beide paeonische εἴδη bezeugt durch die obige Stelle eines Aristoxeneers bei Marius Victorinus:

Tertius autem rhythmus, qui paeonicus a musicis dicitur, hemiolia ratione subsistit, quae est sescupli ratio. hemiolium enim dicunt numerum, qui tantundem habeat quantum alius et dimidium amplius, ut si compares tres et duo: nam in tribus et duo et eorum dimidium continetur. quod cum evenit, trisemos arsis ad disemon thesin accipitur, i. e. tres partes in sublatione habent, duas in positione

$$\underset{\smallsmile\smallsmile\smallsmile}{ἄρσις} \quad \underset{\smallsmile\smallsmile}{θέσις}$$

seu contra

$$\underset{\smallsmile\smallsmile\smallsmile}{θέσις} \quad \underset{\smallsmile\smallsmile}{ἄρσις.}$$

Quam rationem maxime incurrunt paeonici versus et bacchii ita pedibus per metra grandientibus ut paeonicus servetur rhythmus.

Die metrische Ueberlieferung: „das paeonische Metrum hat keine Epiploke" wird schwerlich etwas anders bedeuten als „die beiden Gegensätze der ἀντιπάθεια finden bei gleicher metrischer Form statt".

II. Rhythmengeschlecht der 6-zeitigen Versfüsse.

(Γένος τῶν ἑξασήμων ποδῶν.)

α'. εἶδος τῶν ἀπὸ θέσεως ποδῶν

∟ ‒ ∪ ∪ ἰωνικὸς ἀπὸ μείζονος,

∟ ‒ ‒ μολοσσὸς (ἀπὸ μείζονος);

β'. εἶδος τῶν ἀπ' ἄρσεως δισήμου ποδῶν

∪ ∪ ∟ ‒ ἰωνικὸς ἀπ' ἐλάσσονος,

‒ ∟ ‒ μολοσσὸς (ἀπ' ἐλάσσονος);

γ. εἶδος τῶν ἀπ' ἄρσεως τετρασήμου ποδῶν

‒ ∪ ∪ ∟ χορίαμβος.

226 IV. Specielle Taktlehre.

Der Antispast als viertes εἶδος πρωτότυπον der 6-zeitigen Versfüsse
ist für die ältere metrische Theorie auszuschliessen.

Bei Mar. Vict. p. 42 Keil ist uns das Fragment eines alten Aristoxeneers
überliefert, in welchem es von den 6-zeitigen Versfüssen heisst: in ionicis
metris dupli ratio versatur, nam ionicus ἀπὸ μείζονος incipit a duabus
longis et in duas desinit breves, ionicus autem ἀπ᾽ ἐλάσσονος a brevibus
incipiens in longas desinit. Erit itaque in his disemos arsis ad tetrasemon
thesin, quia unam partem in sublatione habent, duas in positione

seu contra

$$\begin{array}{cc} \text{ἄρσις} & \text{θέσις} \\ \cup\ \cup & -\ - \\ \text{θέσις} & \text{ἄρσις.} \\ -\ - & \cup\ \cup^*) \end{array}$$

§ 39.
Das Ethos der Versfüsse nach Aristides.

Es ist unerlässlich, die ganze Darstellung, welche Aristides
im zweiten Buche p. 97 ff. von dem Ethos der Rhythmen gibt,
hier abdrucken zu lassen, obwohl auch noch anderes als die
Versfüsse behandelt wird. Zur grösseren Bequemlichkeit seien die
Worte des Aristides nach Paragraphen gesondert.

§ 1. Τῶν δὲ ῥυθμῶν ἡσυχαίτεροι μὲν οἱ ἀπὸ θέσεων
προκαταστέλλοντες τὴν διάνοιαν· οἱ δὲ ἀπὸ ἄρσεων τῇ φωνῇ
τὴν κροῦσιν ἐπιφέροντες τεταραγμένοι.

§ 2. Καὶ οἱ μὲν ὁλοκλήρους τοὺς πόδας ἐν ταῖς περιόδοις
ἔχοντες εὐφυέστεροι καὶ ..... οἱ δὲ βραχεῖς τοὺς κενοὺς
ἔχοντες, ἀφελέστεροι καὶ μικροπρεπεῖς, οἱ δὲ ἐπιμήκεις μεγα-
λοπρεπέστεροι.

§ 3. Καὶ οἱ μὲν ἐν ἴσῳ λόγῳ τεταγμένοι δι᾽ ὁμαλότητα χαριέ-
στεροι· οἱ δ᾽ ἐν ἐπιμορίῳ διὰ τοὐναντίον κεκινημένοι· μέσοι δὲ
οἱ ἐν τῷ διπλασίονι, ἀνωμαλίας μὲν διὰ τὴν ἀνισότητα μετειληφότες, ὁμαλότητος δὲ διὰ τὸ τῶν ῥυθμῶν ἀκέραιον καὶ τοῦ
λόγου τὸ ἀπηρτισμένον.

*) Trotz des Bannfluches, welchen der Verfasser des letzten Mar-
burger Universitätsprogrammes gleich einem anderen Conrad von Marburg
über diese schon in meinem Aristoxenus dargelegte Auffassung ausgesprochen
hat, kann ich nicht widerrufen, wenn ich mich nicht an dem heiligen Geiste
der Wahrheit versündigen will.

§ 4. Τῶν δ' ἐν ἴσῳ λόγῳ οἱ μὲν διὰ βραχειῶν γινόμενοι μόνων, τάχιστοι καὶ θερμότεροι ⟨οἱ δὲ διὰ μακρῶν μόνων βραδύτεροι⟩ καὶ κατεσταλμένοι· οἱ δὲ ἀναμίξ, ἐπίκοινοι· εἰ δὲ διὰ μηκίστων χρόνων συμβαίνῃ γίνεσθαι τοὺς πόδας, πλείων ἡ κατάστασις ἐμφαίνοιτ' ἂν τῆς διανοίας. Διὰ τοῦτο τοὺς μὲν βραχεῖς ἐν ταῖς πυρρίχαις χρησίμους ὁρῶμεν· τοὺς δ' ἀναμίξ ἐν ταῖς μέσαις ὀρχήσεσι· τοὺς δὲ μηκίστους ἐν τοῖς ἱεροῖς ὕμνοις, οἷς ἐχρῶντο παρεκτεταμένοις, τήν τε περὶ ταῦτα διατριβὴν μίαν καὶ φιλοχωρίαν ἐνδεικνύμενοι, τήν τε αὐτῶν διάνοιαν ἰσότητι καὶ μήκει τῶν χρόνων ἐς κοσμιότητα καθιστάντες, ὡς ταύτην οὖσαν ὑγίειαν ψυχῆς. τοιγάρτοι κἂν ταῖς τῶν σφυγμῶν κινήσεσιν οἱ διὰ τοιούτων χρόνων τὰς συστολὰς ταῖς διαστολαῖς ἀνταποδιδόντες, ὑγιεινότατοι.

§ 5. Τοὺς δ' ἐν ἡμιολίῳ λόγῳ θεωρουμένους ἐνθουσιαστικωτέρους εἶναι συμβέβηκεν, ὡς ἔφην. Τούτων δ' ὁ ἐπιβατὸς κεκίνηται μᾶλλον, συνταράττων μὲν τῇ διπλῇ θέσει τὴν ψυχήν, ἐς ὕψος δὲ τῷ μεγέθει τῆς ἄρσεως τὴν διάνοιαν ἐξεγείρων.

§ 6. Τῶν δὲ ἐν διπλασίονι γινομένων σχέσει οἱ μὲν ἁπλοῖ τροχαῖοι καὶ ἴαμβοι τάχος τε ἐπιφαίνουσι καί εἰσι θερμοὶ καὶ ὀρχηστικοί· οἱ δὲ ὄρθιοι καὶ σημαντοὶ διὰ τὸ πλεονάζειν τοῖς μακροτάτοις ἤχοις προάγουσιν ἐς ἀξίωμα. Καὶ οἱ μὲν ἁπλοῖ τῶν ῥυθμῶν τοιοίδε.

§ 7. Οἵ γε μὴν σύνθετοι παθητικώτεροί τέ εἰσι τῷ κατὰ τὸ πλεῖστον τοὺς ἐξ ὧν σύγκεινται ῥυθμοὺς ἐν ἀνισότητι θεωρεῖσθαι, καὶ πολὺ τὸ ταραχῶδες ἐπιφαίνοντες τῷ μηδὲ τὸν ἀριθμὸν ἐξ οὗ συνεστᾶσι τὰς αὐτὰς ἑκάστοτε διατηρεῖν τάξεις, ἀλλ' ὁτὲ μὲν ἀπὸ μακρᾶς ἄρχεσθαι, λήγειν δ' εἰς βραχεῖαν ἢ ἐναντίως, καὶ ὁτὲ μὲν ἀπὸ θέσεως, ὁτὲ δὲ ἑτέρως τὴν ἐπιβολὴν τῆς περιόδου ποιεῖσθαι. Πεπόνθασι δὲ μᾶλλον οἱ διὰ πλειόνων ἢ δυοῖν συνεστῶτες ῥυθμῶν, πλείων γὰρ ἐν αὐτοῖς ἡ ἀνωμαλία. Διὸ καὶ τὰς τοῦ σώματος κινήσεις ποικίλας ἐπιφέροντες οὐκ ἐς ὀλίγην ταραχὴν τὴν διάνοιαν ἐξάγουσιν.

§ 8. Πάλιν οἱ μὲν ἐφ' ἑνὸς γένους μένοντες ἧττον κινοῦσιν, οἱ δὲ μεταβάλλοντες εἰς ἕτερα βιαίως ἀνθέλκουσι τὴν ψυχὴν ἑκάστῃ διαφορᾷ, παρέπεσθαί τε καὶ ὁμοιοῦσθαι τῇ ποικιλίᾳ καταναγκάζοντες. Διὸ κἂν ταῖς κινήσεσι τῶν ἀρτηριῶν αἱ τὸ μὲν εἶδος ταὐτὸ τηροῖσαι, περὶ δὲ τοὺς χρόνους μικρὰν ποιούμεναι διαφοράν, ταραχώδεις μέν, οὐ μὴν κινδυνώδεις· αἱ δὲ ἤτοι λίαν παραλλάττουσαι τοῖς χρόνοις ἢ καὶ τὰ γένη μεταβάλλουσαι φοβεραί τέ εἰσι καὶ ὀλέθριοι.

ἔν γε μὴν ταῖς πορείαις τοὺς μὲν εὐμήκη τε καὶ ἴσα κατὰ τὸν σπονδεῖον βαίνοντας, κοσμίους τε τὸ ἦθος καὶ ἀνδρείους ἄν τις εὕροι· τοὺς δὲ εὐμήκη μέν, ἄνισα δέ, κατὰ τοὺς τροχαίους ἢ παίωνας, θερμοτέρους τοῦ δέοντος· τοὺς δὲ ἴσα μέν, μικρὰ δὲ λίαν κατὰ τὸν πυρρίχιον, ταπεινοὺς καὶ ἀγενεῖς· τοὺς δὲ βραχὺ καὶ ἄνισον καὶ ἐγγὺς ἀλογίας ῥυθμῶν, παντάπασιν ἐκλελυμένους· τούς γε μὴν τούτοις ἅπασιν ἀτάκτως χρωμένους, οὐδὲ τὴν διάνοιαν καθεστῶτας, παραφόρους δὲ κατανοήσεις.

§ 9. Ἔτι τῶν ῥυθμῶν οἱ μὲν ταχυτέρας ποιούμενοι τὰς ἀγωγὰς θερμοί τέ εἰσι καὶ δραστήριοι· οἱ δὲ βραδείας καὶ ἀναβεβλημένας ἀνειμένοι τε καὶ ἡσυχαστικοί.

§ 10. Ἔτι δὲ οἱ μὲν στρογγύλοι καὶ ἐπίτροχοι σφοδροί τε καὶ συνεστραμμένοι καὶ εἰς τὰς πράξεις παρακλητικοί· οἱ δὲ περίπλεῳ τῶν φθόγγων τὴν σύνθεσιν ἔχοντες ὕπτιοί τέ εἰσι καὶ πλαδαρώτεροι. οἱ δὲ μέσοι κεκραμένοι τε ἐξ ἀμφοῖν καὶ σύμμετροι τὴν κατάστασιν.

Die Bezeichnung des πούς durch das Wort ῥυθμός, welche dem Aristides geläufig, dem Aristoxenus noch fremd ist, zeigt sich uns zuerst bei dem älteren Dionysius von Halikarnass. Es sind drei der sieben von Aristoxenus aufgestellten und auch von Aristides recipirten διαφοραὶ ποδῶν, nach denen die vorliegende Erörterung des Aristides das Ethos der Versfüsse behandelt: 1. die διαφορὰ κατ' ἀντίθησιν, 2. die διαφορὰ κατὰ γένος, 3. die διαφορὰ κατὰ σχῆμα. Ausserdem wird noch 4. die διαφορὰ τῶν ῥητῶν καὶ τῶν ἀλόγων berührt.

1. Die διαφορὰ κατ' ἀντίθησιν

wird in § 1 der Aristideischen Darstellung besprochen. Wir freuen uns, hier mit Julius Cäsar übereinstimmen zu können, welcher S. 260 sagt: „Aristides erklärt die mit den θέσεις beginnenden Rhythmen für sanfter, indem sie die Seele beruhigen, die mit den ἄρσεις beginnenden für aufgeregt, indem sie der Stimme Eindringlichkeit (κροῦσις) verleihen".

2. Die διαφορὰ κατὰ γένος

wird ihrem Ethos nach im § 3 der Aristideischen Darstellung
behandelt. Auch hier wird zwischen Caesar und mir keine Abweichung bestehen. Julius Cäsar S. 261 gibt folgende Erklärung:
„Die dem gleichen Geschlecht angehörigen Rhythmen sind wegen
ihrer Gleichmässigkeit anmuthiger, die im λόγος ἐπιμόριος (2 : 3
oder auch 3 : 4) erregt; in der Mitte zwischen beiden stehen die
Rhythmen des doppelten Geschlechts, indem sie an der Ungleich-
mässigkeit wegen des ungleichen Verhältnisses Theil haben, an
der Gleichmässigkeit aber wegen der Einfachheit der Verhältniss-
zahlen und des Aufgehens des Verhältnisses. Unter dem ἀκέραιον τῶν ἀριθμῶν — denn so, nicht ῥυθμῶν, ist nothwendig
zu lesen — ist entweder das ἀσύνθετον der Grundzahlen 1 und
2 zu verstehen, die nur durch die Einheit gemessen werden
können, oder die Zahlen heissen im Verhältniss zu einander insofern ungemischt, als die eine die andere ganz in sich enthält,
ohne dass ein Theil übrig bleibt (ἀριθμὸς πολλαπλάσιος); im
letzten Fall würden die beiden verbundenen Ausdrücke denselben
Sinn haben, da auch τοῦ λόγου τὸ ἀπηρτισμένον das völlige
Aufgehen der einen Verhältnisszahl in der anderen bezeichnet.“

Zu Anfange des § 5 erscheint hierzu noch der Nachtrag:
Τοὺς δ᾽ ἐν ἡμιολίῳ λόγῳ θεωρουμένους ἐνθουσιαστικωτέρους εἶναι
συμβέβηκεν, ὡς ἔφην. Ist etwa im § 3 eine auf das hemiolische
Rhythmengeschlecht bezügliche Bemerkung des Aristides ausgefallen? Cäsar S. 263 glaubt der Annahme eines Ausfalles
entrathen zu können: „Die Füsse des hemiolischen Geschlechts
werden als ἐνθουσιαστικώτεροι bezeichnet, wie Aristides oben
schon die hierher gehörigen (οἱ ἐν ἐπιμορίῳ λόγῳ) κεκινημένοι
genannt hatte.“

3. Die διαφορὰ κατὰ σχῆμα

wird ihrem Ethos nach von Aristides zunächst in § 4, 5, 6 nach
den verschiedenen Rhythmengeschlechtern behandelt. Für das
daktylische Rhythmengeschlecht werden die Proceleusmatici, Spondeen, Daktylen und Anapäste und die 8-zeitigen Doppelspondeen
nach ihrem Einflusse auf die Seele des Hörenden mit folgender
Worten charakterisirt:

„Die aus lauter Kürzen bestehenden sind eilig und leiden-
schaftlich“ d. i. die Proceleusmatici,

„⟨die nur aus Längen bestehenden sind langsam⟩ und ruhig"
d. i. die Spondeen,

„die aus beiden gemischten haben an beiderlei Eigenschaften
Theil" d. i. die Daktylen und Anapäste.

Dann wird noch der gedehnten (8·zeitigen) Spondeen gedacht.
Julius Cäsar S. 262 interpretirt diesen § 4: „Unter den dem
gleichen Geschlecht angehörigen Füssen werden unterschieden die
nur aus Kürzen bestehenden, die aus Längen und Kürzen gemischten, und die aus längsten Zeiten gebildeten. Aristides hat
hier, wie das Folgende zeigt, mehr den Rhythmus des Tanzes
als den der Lexis im Auge. Desshalb kann er als eine besondere
Gattung die aus lauter Kürzen bestehenden Füsse hervorheben.
Es handelt sich hier um selbständige Füsse, nicht um die Zu-
lassung von Auflösungen und Zusammenziehungen im daktylischen
und anapästischen Masse. Desshalb wird der einfache Spondeus
gar nicht erwähnt, weil er nur als Stellvertreter jener beiden
Füsse galt, selbständige Spondeen aber nur im achtzeitigen Masse
mit μηχίστοις χρόνοις gebraucht werden. Dass das Epitheton
κατεσταλμένον nicht auf die aus lauter Kürzen bestehenden raschen
und hitzigen Rhythmen passt, ist schon in der kritischen Note
bemerkt worden; die aus Kürzen und Längen gemischten sind
ἐπίκοινοι (= μέσοι, wie bei den Rhetoren κοινὸς) καὶ κατεσταλμένοι, ruhig."

Die kritische Note, auf die Cäsar verweist, ist die Anmerkung
zur S. 59 seines Textes, welchen Cäsar so, wie ihn Meiboms
Ausgabe gibt, gelassen hat:

„τῶν δ' ἐν ἴσῳ λόγῳ οἱ μὲν διὰ βραχειῶν γινόμενοι μόνων
τάχιστοι καὶ θερμότεροι καὶ κατεσταλμένοι, οἱ δ' ἀναμὶξ ἐπίκοινοι".

Dazu macht Cäsar die Anmerkung: „Nach θερμότεροι muss
eine Corruptel angenommen werden; denn κατεσταλμένοι enthält
einen den vorhergehenden Adjectiven geradezu entgegengesetzten
Begriff, und kann also nicht mit jenen auf die nur aus Kürzen
bestehenden Füsse bezogen werden. Entweder ist die Erwähnung
der nur aus Längen bestehenden Füsse ausgefallen, und darauf
κατεσταλμένοι zu beziehen, oder, da auch im Folgenden nur die
aus kurzen, aus gemischten, und aus den längsten Zeiten bestehenden Füsse genannt werden, einfache Spondeen also gar nicht
berücksichtigt zu sein scheinen, ist καὶ κατεσταλμένοι mit ἐπί-

κοινοι zu verbinden, wofür auch das gleich folgende *πλείων ἡ κατάστασις* spricht."

Cäsar erwähnt nicht mit einem einzigen Worte, dass in meinen Elementen und Lehrsätzen der griechischen Rhythmiker vom Jahre 1860 in der betreffenden Stelle die von ihm für bedenklich erklärten Worten *καὶ κατεσταλμένοι* zu

⟨*οἱ δὲ διὰ μακρῶν μόνων βραδύτεροι*⟩ *καὶ κατεσταλμένοι*

ergänzt waren. So sehr Cäsar sonst gegen die Fragmente und Lehrsätze der griechischen Rhythmiker polemisirt, die in Rede stehende Ergänzung lässt er gänzlich unbeachtet. Dass sie dem Sinne nach entschieden das Richtige getroffen hat, daran halte ich trotz Cäsar fest, und muss dies um so mehr thun, als Albert Jahns gewissenhafte und unparteiische Ausgabe des Aristides (Berolini 1882) die fragliche Stelle in folgender Fassung gibt:

οἱ δὲ διὰ μακρῶν μόνων βραδεῖς καὶ κατεσταλμένοι.

Wenn ich statt des von Jahn bevorzugten *βραδεῖς* den Comparativ *βραδύτεροι* gewählt hatte, so veranlasste mich hierzu die Rücksicht auf die Concinnität *οἱ μὲν διὰ βραχειῶν γινόμενοι μόνων τάχιστοι καὶ θερμότεροι*, *οἱ δὲ διὰ μακρῶν μόνων βραδύτεροι καὶ κατεσταλμένοι.*

Cäsars Alternative: „Entweder ist die Erwähnung der nur aus Längen bestehenden Füsse ausgefallen ... oder ist *καὶ κατεσταλμένοι* mit *ἐπίκοινοι* zu verbinden" kann ich nicht gelten lassen, da die Ergänzung der ausgefallenen Worte („die Erwähnung der nur aus Längen bestehenden Füsse") einfach genug ist. Weshalb sollte Aristides der einfachen Spondeen nicht gedacht haben? Cäsar sagt S. 262: „Deshalb wird der einfache Spondeus garnicht erwähnt, weil er nur als Stellvertreter des Anapästes und des Daktylus galt." Als ob nicht auch der Proceleusmaticus nichts anderes, als Stellvertreter des Anapäst (und des Daktylus) wäre? Cäsar sagt zwar a. O.. „Aristides hat hier mehr den Rhythmus des Tanzes als den der Lexis im Auge. Deshalb kann er als besondere Gattung die aus lauter Kürzen bestehenden Füsse hervorheben ..., deshalb wird der einfache Spondeus garnicht erwähnt, weil er nur als Stellvertreter jener beiden Füsse gilt." Dem ist zu entgegnen: Nicht Aristides selber liess den einfachen Spondeus unerwähnt: der Librarius war es, der die betreffenden Worte des Aristides übersah, die gesunde

Kritik entdeckt die Lücke und sucht sie, wenigstens dem Sinne nach, zu ergänzen.

Kürzer werden die Versfüsse des hemiolischen und diplasischen Geschlechts behandelt. Ueber den dem paeonischen Rhythmengeschlechte gewidmeten § 5 heisst es bei Julius Cäsar S. 283: „Die Füsse des hemiolischen Geschlechts werden als ἐνθουσιαστικώτεροι bezeichnet, wie Aristides oben schon die hierher gehörigen (οἱ ἐν ἐπιμορίῳ λόγῳ) κεκινημένοι genannt hatte.“ Aristides selber versichert, er habe dies von den Paeonen bereits gesagt: τοῖς δ᾽ ἐν ἡμιολίῳ λόγῳ θεωρουμένοις ἐνθουσιαστικωτέροις εἶναι συμβέβηκεν, ὡς ἔφην. Suchen wir in dem handschriftlich Ueberlieferten nach einem derartigen Satze des Aristides, so könnten das höchstens die Worte sein, auf welche Cäsar hinweist: „οἱ δ᾽ ἐν ἐπιμορίῳ διὰ τοὐναντίον κεκινημένοι“. Ob dies der Satz ist, auf welchen Aristides mit dem Ausdrucke ὡς ἔφην verweist, oder ob an dieser Stelle das Ethos des λόγος ἡμιόλιος noch weiter ausgeführt war, in der Handschrift aber nur lückenhaft überliefert ist, wer mag das entscheiden?

Den vom λόγος διπλασίων handelnden § 6 erläutert Cäsar S. 263: „Im doppelten Geschlecht endlich zeigen die einfachen Trochäen und Iamben Raschheit, und sind hitziger und zum Tanze geeignet, also von ähnlichem Charakter, wie die aus Kürzen bestehenden Füsse des gleichen Geschlechts. Namentlich gilt der rasche Gang als Eigenthümlichkeit des Trochäus, den schon Aristoteles Poet. 3 als ὀρχηστικώτερος in Vergleich mit dem Iambus bezeichnet.“

Auch der § 10, die στρογγύλοι und περίπλεῳ ῥυθμοί besprechend, scheint in die Kategorie der Taktschemata zu gehören, wenn anders die oben S. 97 gegebene Erklärung der χρόνοι στρογγύλοι und περίπλεῳ richtig ist. Cäsar sagt S. 269: „Man könnte geneigt sein, unter στρογγύλοι die in Kürzen statt der Längen, also in raschem Anschluss der Theile an einander sich fortbewegenden Füsse zu verstehen, unter περίπλεῳ die durch Zusammenziehung der Kürzen schwerfälliger, unter μέσοι die die rechte Mitte des Wechsels von Längen und Kürzen haltenden. Doch lässt sich die Stellung, welche Aristides oben bei der Erörterung der Zeiten diesen Begriffen angewiesen hat, mit einer solchen Auffassung schwerlich vereinigen.“ Ob Cäsar auch jetzt noch (nach der obigen auf S. 97 gegebenen Erörterung der Aristideischen στρογγύλοι und περίπλεῳ) dieser Ansicht ist?

Ebenfalls der διαφορὰ κατὰ σχῆμα gehört der Inhalt des
§ 2 an. Cäsar erläutert denselben S. 260: „Die Rhythmen,
welche die Füsse vollständig bis zum Schluss der Periode führen,
sind durch ihre Gleichmässigkeit wohlgebildeter, eleganter; die
mit leeren Zeiten, wenn diese kurz sind, einfacher und kleinlich,
wenn sie lang sind, prächtiger. Die Annahme einer Lücke an
dieser Stelle scheint kaum nöthig, wenn οἱ δὲ die ursprüngliche
Lesart ist, da die unvollständigen Rhythmen nicht im Allgemeinen,
sondern nur in ihren Arten zu charakterisiren waren; die Lesart
καὶ οἱ μὲν würde allerdings, wenn sie besser beglaubigt wäre
als jene, auf den Ausfall eines allgemeinen Satzes hinweisen. Ist
aber wirklich etwas zu ergänzen, so ist Boeckhs (de metr. P.
p. 76) οἱ δὲ κενοὺς παραλαμβάνοντες χρόνους τοὐναντίον der
Meibom'schen Vermuthung οἱ δὲ καταληκτικοὺς τοὐναντίον vor-
zuziehn, weil der Ausdruck καταληκτικός vielmehr der Metrik
als der Rhythmik angehört. Die Pausen erhöhen das Nach-
drückliche, Volltönige des Rhythmus in demselben Masse, wie sie
sich von der glatten, ohne Unterbrechung hinfliessenden Form
entfernen, also wächst diese Wirkung mit ihrer Ausdehnung."

4. Die διαφορὰ τῶν ῥητῶν καὶ ἀλόγων

wird in § 8 berührt. „Die auf einem Rhythmengeschlechte be-
harrenden Versfüsse bringen eine geringere Bewegung hervor,
die in andere Rhythmengeschlechter übergehenden ziehen die Seele
bei jeder Veränderung in Mitleidenschaft, zwingen dieselbe zu
folgen und sich der Mannigfaltigkeit anzuschliessen. Deshalb
sind auch unter den Bewegungen der Arterien diejenigen, welche
dasselbe Eidos festhalten, aber in Bezug auf die Zeiten einen
kleinen Unterschied machen, unruhevoll, freilich nicht gefährlich.
Die aber, welche in den Zeiträumen starke Aenderung machen
oder gar in andere γένη übergehen, die bringen Gefahr und Ver-
derben." Cäsar S. 267: „Das Rhythmengeschlecht wird nicht verändert, wenn ein παραλλάττειν der μεγέθη um ein ἄλογον μέγεθος
stattfindet. Obwohl Aristides hier nicht ausdrücklich von den
ἀλόγοις gesprochen hat, so beweist doch die Anwendung, welche
er von seiner Darstellung macht, dass kleine, die rationale Grösse
nicht erreichende Abweichungen in den Zeiten, die auf die irrationale ... Messung zu beziehen sind, durch den Begriff der Gleichheit des γένος oder εἶδος nicht ausgeschlossen werden. Diese
sind, sagt er, zwar beunruhigend, aber nicht gefährlich, während

die aus der Einheit des Geschlechts heraustretenden furchterweckend und unheilbringend sind, und diese Charakteristik der Pulsschläge soll auch auf die Rhythmen vollständig passen." Ich füge hinzu, dass Aristides das Wort γένος genau im Sinne von 3-zeitiger, 4-zeitiger, 5-zeitiger, 6-zeitiger Versfuss in Uebereinstimmung mit Aristoxenus und Hephästion gebraucht. Das Wort εἶδος dagegen, welches auch bei Aristoxenus nicht im Sinne der Metriker vorkommt, hat bei Aristides nicht die Hephästioneische, sondern eine allgemeinere Bedeutung.

Was die irrationalen Versfüsse im Einzelnen anbetrifft, so kennt Aristides zunächst den ἰαμβοειδής und τροχαιοειδής d. i. die Auflösung des irrationalen Iambus ◡ ∟ und des irrationalen Trochäus ∟ ◡; vgl. oben S. 133. Dass er ausser diesen aber auch noch andere irrationale Versfüsse statuirt, erhellt aus p. 35 Meib.: „Ἔστι δὲ καὶ ἄλλα γένη ἅπερ ἄλογα καλεῖται": — nicht Ein γένος ἄλογον, sondern mehrere γένη! Dies findet in der Stelle p. 42 Meib. seine Bestätigung:

Μεταβολὴ δέ ἐστι ῥυθμικὴ ῥυθμῶν ἀλλοίωσις ἢ ἀγωγῆς. γίνονται δὲ μεταβολαὶ κατὰ τρόπους δώδεκα(?)

κατ᾽ ἀγωγήν,
κατὰ λόγον ποδικόν,

    ὅταν ἐξ ἑνὸς εἰς ἕνα μεταβαίνῃ λόγον,
    ἢ ὅταν ἐξ ἑνὸς εἰς πλείους,
    ἢ ὅταν ἐξ ἀσυνθέτου εἰς μικτόν,
    ἢ ἐκ μικτοῦ εἰς μικτόν,
    ἢ ἐκ ῥητοῦ εἰς ἄλογον,
    ἢ ἐξ ἀλόγου εἰς ἄλογον,
    ἢ ἐκ τῶν ἀντιθέσει διαφερόντων εἰς ἀλλήλους.

In dieser Stelle, welche in den Handschriften so überliefert ist, dass die fünftletzte Zeile irrthümlich zur letzten gemacht ist, statuirt Aristides ausdrücklich, dass eine μεταβολὴ ἐξ ἀλόγου εἰς ἄλογον vorkomme. Wo findet sich der Uebergang von einem irrationalen in einen irrationalen Versfuss? oder mit anderen Worten, wo stehen zwei irrationale Versfüsse in unmittelbarer Nachbarschaft? (— denn etwas anderes kann hier Aristides unmöglich im Sinne haben). Bei diesem Falle der μεταβολή müssen wir, wie es scheint, nothwendig an den Dochmius der Form

◡ _ _ ◡ _

denken, der nach der auch von Fabius Quintilianus vertretenen
Theorie der Metriker (vgl. oben § 33, 2) in einen Bacchius und
einen Iambus aufzulösen ist:

$$\cup\ \_\ \_\ \mid\ \cup\ \_$$
Bacchius Iambus.

So würde ein irrationaler Bacchius und ein irrationaler
Iambus in unmittelbarer Nachbarschaft stehen, mithin eine Metabole von einem irrationalen Versfusse in einen irrationalen Versfuss stattfinden.

Bezeichnen wir den irrationalen Iambus und irrationalen
Trochäus als ἰαμβοειδής und τροχαιοειδής, so dürfen wir, diese
bei Aristides überlieferte Nomenclatur weiter ausdehnend, auch
von einem πούς βαχχειοειδής sprechen, und die von Aristides
theils direct, theils indirect überlieferten irrationalen Versfüsse
würden alsdann folgende sein:

$$\angle\ \cup \quad 3\tfrac{1}{2}\text{-zeitiger } τροχαιοειδής$$
$$\cup\ \angle \quad 3\tfrac{1}{2}\text{-zeitiger } ἰαμβοειδής$$
$$\cup\ \angle\ \_ \quad 5\tfrac{1}{2}\text{-zeitiger } βαχχειοειδής.$$

Dazu kommt in Gemässheit der Archilocheischen Verse (Hephästion p. 50 W.)

Οὐκ ἔθ' ὁμῶς θάλλεις ἁπαλὸν χρόα, κάρφεται γὰρ ἤδη.
Καὶ βήσσας ὀρέων δυσπαιπάλους οἶος ἦν ἐπ' ἥβης.

$$\angle\ \cup\ \cup\ \angle\ \cup\ \cup\ \angle\ \cup\ \cup\ \angle\ \cup\ \overline{\cup}\ \angle\ \cup\ \angle\ \cup\ \angle\ \_$$

ein inlautender Daktylus, dessen Schlusssylbe eine συλλαβὴ ἀδιάφορος ist, also analog der schliessenden συλλαβὴ ἀδιάφορος des
χορεῖος ἄλογος als irrationale Sylbe aufzufassen sein dürfte. Die
Reihe der oben angegebenen drei irrationalen Versfüsse, des
τροχαιοειδής, ἰαμβοειδής, βαχχειοειδής lässt sich hiernach durch
einen vierten erweitern, dies ist der

$$\_\ \cup\ \cup \quad 4\tfrac{1}{2}\text{-zeitige } δαχτυλοειδής.$$

Aristides erstes Buch über das Ethos der Rhythmen.

In dem ersten Buche des Aristides handeln zwei Stellen über
das Ethos des Rhythmus im Allgemeinen, die eine am Anfange
der Darstellung des Rhythmus p. 31 Meib., die andere am
Schlusse derselben p. 43.

Die zweite p. 43 lautet:

Τινὲς δὲ τῶν παλαιῶν τὸν μὲν ῥυθμον ἄρρεν ἀπεκάλουν,
τὸ δὲ μέλος θῆλυ· τὸ μὲν γὰρ μέλος ἀνενέργητόν τέ ἐστι καὶ

*ἀσχημάτιστον, ὕλης ἐπέχον λόγον διὰ τὴν πρὸς τοὐναντίον ἐπι-
τηδειότητα· ὁ δὲ ῥυθμὸς πλάττει τε αὐτὸ καὶ κινεῖ τεταγμένως,
ποιοῦντος λόγον ἐπέχων πρὸς το ποιούμενον.*

„Den Rhythmus nannten die Alten das männliche, das Melos
das weibliche Princip der Musik. Das Melos ohne Rhythmus ist
ohne Energie und Form; es verhält sich zum Rhythmus wie die
ungeformte Materie zum formenden Geiste. Der Rhythmus ist
das die Materie der Tonalität Gestaltende, er bringt die Masse
in geordnete Bewegung, er ist das Thätige und Handelnde gegenüber dem zu behandelnden Gegenstande der Töne und Accorde
des Melos.“

Aristides beruft sich auf die „*παλαιοί*“; dass er damit den
Aristoxenus bezeichnet, dürfte wohl aus den folgenden Worten
hervorgehen, denn sie enthalten dieselbe Anschauung wie im
Anfange des zweiten Buches der Aristoxenischen Rhythmik § 3.
4. 5 und sind wahrscheinlich fast verbotenus aus dem ersten
Buche des Aristoxenus excerpirt.

Die erste Stelle Aristides § 31 Meib. lautet:

*Καθόλου γὰρ τῶν φθόγγων διὰ τὴν (ἀν)ομοιότητα τῆς
κινήσεως ἀνέμφατον τὴν τοῦ μέλους ποιουμένων πλοκὴν καὶ εἰς
πλάνην ἀγόντων τὴν διάνοιαν, τὰ τοῦ ῥυθμοῦ μέρη τὴν δύναμιν
τῆς μελῳδίας ἐναργῆ καθίστησι, παρὰ μέρος μὲν, τεταγμένως
δὲ κινοῦντα τὴν διάνοιαν.*

„Ohne den Rhythmus bringen die Töne bei der glatten
Unterschiedslosigkeit der Bewegung den Zusammenhang des Melos
in nachdruckslose Unkenntlichkeit und führen die Seele in die
unbestimmte Irre. Dagegen kommt durch die Gliederung des
Rhythmus die Materie zu ihrer klaren Geltung und die Seele zu
geordneter Bewegung.“

Endlich enthalten die kleinen Abschnitte über die *ἀγωγή*
und die *ῥυθμοποιία* p. 42. 43 Meib. eine kleine Notiz über das
Ethos:

*Ἀγωγὴ δέ ἐστι ῥυθμικὴ χρόνων τάχος ἢ βραδυτής, οἷον
ὅταν τῶν λόγων σῳζομένων, οὓς αἱ θέσεις ποιοῦνται πρὸς τὰς
ἄρσεις, διαφόρως ἑκάστου χρόνου τὰ μεγέθη προφερώμεθα.
Ἀρίστη δὲ ἀγωγὴ ῥυθμικῆς ἐμφάσεως ἡ κατὰ μέσον τῶν θέσεων
καὶ τῶν ἄρσεων ποσὴ διάστασις .....*

Cäsar verlangt (mit Tyrwhitt) *ἀρίστη δὲ ἀγωγῆς ῥυθμικῆς
ἔμφασις* und übersetzt den Satz: „Die beste Art die rhythmische

Agoge zur Darstellung zu bringen, ist der irgendwie grosse Abstand, den man zwischen den Arsen und Thesen lässt." Diese Interpretation Cäsars ist mir noch dunkeler als das bezügliche Original. Ueber die Rhythmopoeie heisst es bei Aristides p. 43 Meib.:

Ἀρίστη δὲ ῥυθμοποιία ἡ τῆς ἀρετῆς ἀποτελεστική, κακίστη δὲ τῆς κακίας. πῶς δὲ γίνεται τούτων ἑκάτερον ἐν τῷ παιδευτικῷ λελέξεται.

Damit verweist Aristides auf eine spätere Partie seines Werkes. Falls er die oben mitgetheilte Stelle des zweiten Buches im Sinne hat, ist das Citat insofern ungenau, als dort wenigstens von der κακίστη ῥυθμοποιία ἀποτελεστικὴ κακίας nicht gesprochen wird.

Platos Republik über das Ethos der Rhythmen.

Schon in der besten Zeit der musischen Kunst unterschied man eine ῥυθμοποιία ἀρετῆς und eine ῥυθμοποιία κακίας ἀποτελεστική. Von demjenigen, was Damon, das Haupt einer Athenischen Musikschule darüber lehrte, wird uns in dem Gespräche zwischen Sokrates und Glaukon, welches uns Plato in seiner Republik 3, 399. 400 vorführt, einiges mitgetheilt:

„Sokrates. Auf die Harmonien folgt für uns die Beachtung der Rhythmen, indem wir nicht der Mannigfaltigkeit derselben noch den verschiedentlichen Arten der βάσεις nachjagen, sondern indem wir erwägen, welches die Rhythmen eines wohlgeordneten und mannhaften Lebens sind; dieselben erkennend haben wir Takt (πόδα) und Melos dem Begriffe eines solchen Lebens unterzuordnen, nicht umgekehrt den rhythmischen und melischen Formen den Begriff. Was für Rhythmen dies sind, das anzugeben kommt wie vorher die Angabe der Harmonien dir zu."*)

„Glaukon. Ich kann es nicht. Denn dass es drei Rhythmusarten gibt, aus welchen die βάσεις zusammengesetzt werden [die isorrhythmische, diplasische und hemiolische], wie es bei den Klängen vier Arten sind, aus welchen sämmtliche Harmonien sich

---

*) Friedrich Carl Wolff übersetzt diese Stelle: „Hier müssen wir nun nicht vielfachen und mannigfaltigen Takten nachjagen, sondern die Rhythmen des wohlgeordneten und mannhaften Lebens beobachten, und nach dieser Beobachtung, dem Gehalt der Worte den Fuss und die Melodie nachzufolgen zwingen, nicht die Rede dem Fusse und der Melodie."

ergeben [die Doristi, Phrygisti, Lydisti, Lokristi]*), das habe ich
erfasst und kann es wohl sagen; aber wie sich in gewissen Rhythmen
gewisse Lebensweisen darstellen, dies zu sagen vermag ich nicht."
„Sokrates. So wollen wir uns mit Damon darüber berathen,
welches die βάσεις der Unfreiheit und Unmännlichkeit, der Frechheit, der Raserei und anderer Schlechtigkeit und welche Rhythmen diesen entgegengesetzt sind. Ich glaube, dass er·von einem zusammengesetzten Enoplios, einem Daktylos**) und einem Heroon
sprach, ich weiss nicht wie dieselben anordnend und das Ano
und Kato nach Lang und Kurz einander gleichstellend, auch von
einem Iambus und Trochaeus, so mein ich, sprach er und fügte
Längen und Kürzen aneinander. Und von diesen mein ich lobte

---

*) Schleiermachers Anmerkung gedenkt hier des grossen Alterthum-
forschers August Boeckh mit den Worten, die Stelle sei so dunkel, dass „unser
Damon" Aufklärung geben müsse. Boeckh würde der oben gegebenen
Interpretation der τέτταρα εἴδη ὅθεν αἱ πᾶσαι ἁρμονίαι wohl zustimmen.
Drei dieser εἴδη liegen klar zu Tage, die δωριστί, φρυγιστί, λυδιστί. Das
vierte Eidos wird schwerlich ein anderes als die λοκριστί sein, obwohl dieselbe von Plato unter den ἁρμονίαι nicht namentlich aufgeführt wird.
**) Wie hier die Platonische Republik den Sokrates vom Enoplios,
Daktylos und Heroon sprechen lässt, so lässt Aristophanes in den Wolken
v. 651 den Sokrates dem Strepsiades eine Lehrstunde über Rhythmik er-
theilen und dem widerwilligen Schüler auf die Frage τί δέ μ' ὠφελήσουσ'
οἱ ῥυθμοὶ πρὸς τἄλφιτα; die Antwort geben

πρῶτον μὲν εἶναι κομψὸν ἐν συνουσίᾳ,
ἐπαΐονθ' ὁποῖός ἐστι τῶν ῥυθμῶν
κατ' ἐνόπλιον, χὠποῖος αὖ κατὰ δάκτυλον.

Dass Sokrates bei Aristophanes dieselben Rhythmen wie bei Plato nennt,
den Enoplios und den Daktylos (bei Aristophanes κατ' ἐνόπλιον und κατὰ
δάκτυλον), kann unmöglich auf Zufall beruhen, die eine Darstellung muss
durch die andere veranlasst sein. Wir wissen, wie hoch Aristophanes von
Plato geschätzt wurde. Dass Sokrates in den Wolken so arg verspottet,
dass ihm von Aristophanes ein entschiedenes Unrecht zugefügt war, musste
von Plato so weit es anging berichtigt werden. Daher nimmt dieser Gelegenheit in der Republik, wo er den Sokrates über die musikalische Jugend-
erziehung sprechen lässt, diesen über die Rhythmen sagen zu lassen, was
der wirkliche Sokrates darüber gesagt haben würde. Nach Platos Darstellung war es nicht Sache des Sokrates, über den κατ' ἐνόπλιον und den
κατὰ δάκτυλον Unterweisung zu geben: Sokrates kann sich nur ganz dunkel
erinnern, was er den Musiker Damon darüber hat sagen hören; um etwas
Genaueres über die Rhythmen und ihre ethische Bedeutung zu erfahren,
müsse man sich an Damon wenden. Es sind diese Stellen über den Rhythmus in den Aristophaneischen Wolken und der Platonischen Republik ein
sicherer Fingerzeig, dass jene früher, diese später geschrieben sind.

und tadelte er die ἀγωγαί des Taktes nicht minder wie die
Rhythmen selber oder beides, denn ich kann es nicht sagen.
Doch sei dies wie ich sagte bis auf Damon verschoben."
Die Urtheile, welche Plato dem Sokrates über das Ethos
der Tonarten und Rhythmen der griechischen Musik in den Mund
legt, sind nach unserer modernen Anschauung im höchsten Grade
einseitig, denn die Bedeutung, welche die Musik für die Erziehung
der Jünglinge oder vielmehr der Knaben in dem platonischen
Idealstaate hat, wird zum ausschliesslichen Kriterium der ethischen
Bedeutung für die Tonarten und Rhythmen gemacht. Nach
diesem Gesichtspunkte verdammt Plato z. B. die mixolydische
Harmonie als θρηνώδης, jene berühmte Tonart, welche Sappho
erfunden und welche Aristoxenus der Tragödie für durchaus angemessen erklärt. Wenn ich das Wesen der mixolydischen Harmonie richtig verstehe, so ist dieselbe genau mit der Tonart
identisch, in welcher z. B. das schwäbische Volkslied: „Es zog ein
Knab ins ferne Land" in E. Meiers schwäbischen Volksliedern
S. 414 gehalten ist. Würden wir das musikalische Urtheil Platos
zu dem unsrigen machen, so müssten wir auch Volkslieder wie
„So viel Stern am Himmel stehen", „Muss i denn, muss i denn
zum Städtle hinaus", „Do gang' i an's Brünnele, trink aber net"
als zu sentimental unserer Jugend vorenthalten. In demselben
Sinne ist das Urtheil Platos über die „Unfreiheit und Unmännlichkeit, Frechheit, Raserei und sonstige Schlechtigkeit" gewisser
Rhythmen aufzufassen. Wahrscheinlich denkt Plato hierbei an
ionische und dochmische Rhythmen, die doch beide in der
griechischen Theatermusik eine unentbehrliche Stelle haben. Der
dochmische Rhythmus ist der modernen Musik unbekannt, des
ionischen Rhythmus kann aber keine Beethoven'sche, Haydn'sche,
Mozart'sche Symphonie oder Sonate entrathen: der ionische
ist einer der gewöhnlichsten Rhythmen unseres Adagio. Eine
gewisse Sentimentalität, ein ἦθος θρηνώδης liegt freilich in
diesem ionischen Adagio, aber dies ἦθος bildet in der modernen
Musik etwas Unentbehrliches, was kein moderner Aesthetiker
sich entgehen lassen möchte.

§ 40.
Die grösseren ῥυθμοί ἁπλοῖ des Aristides.
1. Τροχαῖος σημαντός und ὄρθιος.

Der τροχαῖος σημαντός und ὄρθιος wird von Aristides § 37
unter den ῥυθμοὶ ἁπλοῖ des γένος ἰαμβικόν unmittelbar nach dem

einfachen Trochaeus und Iambus aufgeführt: ὄρϑιος ἐκ τετρασήμου ἄρσεως καὶ ὀκτασήμου ϑέσεως· τροχαῖος σημαντὸς ὁ ἐξ ὀκτασήμου ϑέσεως καὶ τετρασήμου ἄρσεως ... p. 38 Ἐκλήϑη ... ὁ δὲ ὄρϑιος διὰ το σεμνὸν τῆς ὑποκρίσεως καὶ βάσεως, σημαντὸς δὲ ὅτι βραδὺς ὢν τοῖς χρόνοις ἐπιτεχνητοῖς χρῆται σημασίαις, παρακολουϑήσεως ἕνεκα διπλασιάζων τὰς ϑέσεις. An einer anderen Stelle § 98 fasst Aristides ihre ethische Bedeutung zusammen: οἱ δὲ ὄρϑιοι καὶ σημαντοὶ διὰ τὸ πλεονάζειν τοῖς μακροτάτοις ἤχοις προάγουσιν ἐξ ἀξίωμα, während die einfachen Trochaeen und Iamben als feurige und für den Tanz geeignete Rhythmen (ϑερμοὶ καὶ ὀρχηστικοί) bezeichnet werden.*)

Hieraus erhellt der enge Zusammenhang des Semantus und Orthius, die sich wie Trochaeus und Iambus nur κατ' ἀντίϑεσιν, d. h. durch die Stellung von Arsis und Thesis unterscheiden. Bei einem jeden Fusse enthält die Arsis 8, die Thesis 4 Chronoi protoi. Die specielle Gestalt, in welcher man sich bisher diese Rhythmen gedacht hat, ist folgende:

1) Meibom**) stellt als Messung auf

τρ. σημαντὸς ́͞ - - -, ́ -
ὄρϑιος   ́ -, ́͞ - - -.

Beide Füsse sind hiernach, wie wir hinzufügen, spondeische Tripodien, der eine mit dem Hauptictus auf der ersten, mit dem Nebenictus auf der fünften Länge, der andere mit dem Nebenictus auf der ersten, dem Hauptictus auf der dritten Silbe. So ist in der That das von Aristides angegebene μέγεϑος und Verhältniss der χρόνοι ποδικοί gewahrt, aber alle übrigen Momente, das πλεονάζειν τοῖς μακροτάτοις ἤχοις, die χρόνοι ἐπιτεχνητοί sind unberücksichtigt.

---

*) Aristid. p. 38. 98. Mart. Capella 195: Orthius, qui ex tetrasemi elatione, id est arsi, et octasemi positione constabit, ita ut duodecim tempora hic pes recepisse videatur. Atque habet propinquitatem aliquam cum iambico pede, quatuor enim primis temporibus ad iambum consonat, reliquis octo temporibus adiunctis. Dehinc trochaeus, qui semanticus dicitur, id est qui e contrario octo primis positionibus constet, reliquis in elationem quatuor brevibus artetur. p. 196: Orthius propter honestatem positionis est nominatus, semanticus sane, quia cum sit tardior tempore, significationem ipsam productae et remanentis cessationis effingit.

**) Notae in Aristid. p. 267.

2) Boeckh*) stellt die Messung auf

$$\text{τρ. σημαντός} \quad \underline{''8} \quad \underline{'4}$$
$$\text{ὄρϑιος} \quad \underline{'4} \quad \underline{''8}.$$

In dieser Auffassung Boeckh's sind die übrigen Angaben des Aristides, die ἐπιτεχνητοί, die μακρότατοι ἦχοι zur Geltung gelangt. Nur eines ist unberücksichtigt geblieben. Nach Aristides hat nämlich der Semantus eine mehrsylbige Thesis**) und diese kann deshalb nicht aus einer einzigen 8-zeitigen Sylbe bestehen, deren Vorkommen ohnehin unbezeugt ist. Deshalb muss die Thesis aus zwei 4-zeitigen Längen bestehen und es ergiebt sich hiermit

3) die richtige Messung

$$\text{τρ. σημαντός} \quad \underline{''4} \quad \underline{4} \quad \underline{'4}$$
$$\text{ὄρϑιος} \quad \underline{'4} \quad \underline{''4} \quad \underline{4}.$$

Jeder Fuss besteht aus drei 4-zeitigen χρόνοι, deren Vorkommen in der Rhythmik ausdrücklich bezeugt wird und für welche die alte Musik ein eignes Zeichen ⌣ besass. Zwei τετράσημοι gehen auf die Thesis, einer auf die Arsis, der ganze Fuss besteht mithin aus 12 Chronoi, die im Verhältniss von 8 : 4 = 2 : 1, also diplasisch gegliedert sind. Die χρόνοι τετράσημοι sind ἐπιτεχνητοί, d. h. durch das Kunstmittel der τονή über das Mass der natürlichen metrischen Länge ausgedehnt. Die Worte διπλασιάζων τὰς ϑέσεις besagen: der Semantus hat eine zweifache Thesis. Die ἦχοι μακρότατοι sind die 4-zeitigen Längen.

Das Metrum dieser Füsse stellt sich demnach äusserlich als ein spondeisches dar, wohl nur selten mit Auflösung. Aber dem Rhythmus nach wird jede Länge durch τονή zu einer 4-zeitigen ausgedehnt und je drei Längen werden zu einem rhythmischen Ganzen, etwa unserem Dreizweiteltakte, vereint. Macht die Thesis

---

*) De metr. Pind. 23. Aehnlich scheint Forkel Gesch. d. Musik 1, S. 383 diese Füsse verstanden zu haben: „Rhythmen, worin die Arsis (im Sinne der Alten) die Dauer von zwei langen Sylben hat." Von der Dauer der ϑέσις, worauf hier Alles ankommt, bemerkt er Nichts.

**) Σημαντὸς ... διπλασιάζων τὰς ϑέσεις. Von einem διπλασιάζειν τὰς ἄρσεις ist hier aber nicht die Rede und somit auch von keiner mehrsylbigen Arsis, wie gegen Feussner de antiquor. metror. 10 zu bemerken ist.

den Anfang, so ist dieser Rhythmus dem trochaeischen, geht
eine 4-zeitige Länge als Anakrusis voraus, dem iambischen
Masse analog:

τροχαῖοι

ἴαμβοι

τροχαῖοι σημαντοί

ὄρθιοι

Beide Rhythmen sind nichts als gedehnte Molossen. Trägt
ein gedehnter Molossus auf der ersten Länge den Ictus, so ist
er ein Trochaeus semantus, hat er ihn auf der zweiten, so ist
er ein Orthius*). Der Molossus ist nicht etwa ein Fuss, der
lediglich die Contraction des Ionicus oder Choriamb bedeuten
soll, er wurde auch zu fortlaufender Rhythmopoeie gebraucht;
denn wie wir aus einem Scholion zu Hephaestion sehen, diente
er als Mass religiöser Gesänge, besonders in den heiligen Tem-
pelliedern zu Dodona, wovon er auch seinen Namen erhielt**).
Was Dionysius von dem Character des Molossus sagt***), stimmt
völlig mit der von Aristides gegebenen Beschreibung des Semantus und Orthius überein; auch das von Dionysius angeführte
Beispiel des molossischen Masses

ὦ Ζηνὸς καὶ Λήδας κάλλιστοι σωτῆρες

---

*) Mar. Victor. 41,9 K: Molossi ratio duplex, nam idem valent duo
contra quatuor sicut quatuor adversus duo, ut modo sublatio unam longam
habeat, positio duas, nunc positio unam, sublatio duas longas, überein-
stimmend mit Mar. Vict. p. 42 K. „de rhythmo".

**) Schol. Hephaest. p. 133 W.: Ἐκλήθη ἀπὸ Μολοσσοῦ τοῦ Πύρρου καὶ
Ἀνδρομάχης, ᾠδὰς ἐν τοιούτῳ μέτρῳ εἰπόντος ἐν τῷ ἱερῷ Δωδώνης ... ἢ
διὰ τὸ μέγιστος εἶναι πάντων μολοσσὸς καλεῖται, τοὺς γὰρ μηκίστους οἱ
παλαιοὶ μολοσσοὺς ἐκάλουν.

***) Dionys. de comp. verb. 17 p. 107 R.: Ὁ δ᾽ ἐξ ἁπασῶν μακρῶν,
Μολοττὸν δ᾽ αὐτὸν οἱ μετρικοὶ καλοῦσιν, ὑψηλός τε καὶ ἀξιωματικός ἐστι
καὶ διαβεβηκὼς ὡς ἐπὶ πολύ.

ist nichts anderes als ein Fragment eines nach Orthioi oder
Semantoi gemessenen Hymnus auf die Dioskuren.
Wie wir bereits oben bemerkten, hatte der Trochaeus semantus und Orthius seine hauptsächliche, vielleicht seine einzige
Stelle in der Nomen- und Hymnenpoesie. Als ihr Erfinder galt
Terpander, an den sich überhaupt die Entwicklung dieser Poesie
anlehnte. Terpander soll, so sagt Plutarch*), die Weise der
ὄρθιος μελῳδία nach orthischen Rhythmen und nach Analogie
des Orthius auch den Trochaeus semantus erfunden haben. Und
in der That hat sich Terpander, wie wir aus seinen Fragmenten
sehen, der reinen Spondeen zu Hymnen bedient, deren Inhalt mit
der von Aristides gegebenen Charakteristik jener Rhythmik sehr
wohl übereinstimmt. Offenbar bedeuten die beiden nach den
Rhythmen genannten Nomen des Terpander, welche Pollux erwähnt**), der νόμος ὄρθιος und τροχαῖος, nichts anderes als
jene ὄρθιοι δωδεκάσημοι und τροχαῖοι σημαντοί, die hier nicht
etwa als bloss isolirt vorkommende Füsse, sondern in fortlaufender Rhythmopoeie gebraucht waren und ganze Verse bildeten.
Wahrscheinlich herrscht dieses Mass in dem erhaltenen Fragmente des Terpandrischen Hymnus auf Zeus, der in der dorischen Tonart gesetzt war***).

Ζεῦ πάντων ἀρχά, πάντων ἁγήτωρ
Ζεῦ, σοὶ πέμπω ταύταν ὕμνων ἀρχάν.

Der 12-zeitige τροχαῖος σημαντός oder ὄρθιος kann niemals mit
einem zweiten Trochaeus semantus oder ὄρθιος zu einem πούς
vereinigt werden, weil eine solche Verbindung ein μέγεθος τεσσα-
ρεσκαιεικοσάσημον ἐν λόγῳ ἴσῳ ausmachen und also nach S. 163
die für dies Rhythmengeschlecht bestehende grösste Ausdehnung
von 16 Chronoi protoi um ein Bedeutendes überschreiten würde;
er bildet daher stets für sich ein Kolon.
Aristides sagt p. 38: „σημαντός wird er genannt, weil seine

---

*) Plut. de music. 28.
**) Pollux 4, 9. Suid. s. h. v.: Ὄρθιον νόμον καὶ τροχαῖον· τοὺς δύο
νόμους ἀπὸ τῶν ῥυθμῶν ὠνόμασε Τέρπανδρος, ἀνατεταμένοι δ᾿ ἦσαν καὶ
εὔτονοι. Ἀνατεταμένοι kann hier nur vom Rhythmus verstanden werden
und ist mit dem technischen Namen παρεκτεταμένοι gleichbedeutend. Anders der ὄρθιος der Späteren.
***) Clem. Alex. strom. 6, 784. O. Müller, Gesch. der griech. Litt., misst
diese Verse als Molossen, Ritschl Rhein. Mus. 1842 p. 277 als Paroemiaci,
Bergk poet. lyric. 631 als Paeones epibatoi.

χρόνοι bei dem langsamen Tempo zu künstlichen Mitteln der
Taktbezeichnung dienen, denn die θέσεις (Niederschläge) werden
verdoppelt (nämlich vom taktirenden ἡγεμών), damit der Sänger
leichter im Takte folgen kann."*)   Also:

τροχ. σημαντός   ὄρθιος

θέσ. θέσ. ἄρσ.   ἄρσ. θέσ. θέσ.

Dies stimmt mit dem, was Aristoxenus im Allgemeinen über die
Semasie der grösseren diplasischen Takte berichtet, vgl. S. 268.
Um so auffallender ist es nun, wenn Aristides in der jener Stelle
vorausgehenden Definition der beiden Takte p. 37 sagt: „ὄρθιος
ὁ ἐκ τετρασήμου ἄρσεως καὶ ὀκτασήμου θέσεως, τροχαῖος σημαντὸς
ὁ ἐξ ὀκτασήμου θέσεως καὶ τετρασήμου ἄρσεως", während er zufolge seines Ausdruckes „διπλασιάζων τὰς θέσεις" und zufolge des
Aristoxenischen Gesetzes (S. 268), dass der grössere πούς διπλάσιος 1 ἄρσις und 2 θέσεις hat, sich folgendermassen hätte ausdrücken müssen: τροχαῖος σημαντὸς ὁ ἐκ διπλῆς τετρασήμου θέσεως καὶ τετρασήμου ἄρσεως.   Dürfen wir vielleicht annehmen,
dass für diesen gedehnten Fuss auch noch eine zweite Taktir-
methode üblich war, wonach auf beide θέσεις nur ein einziger
Niederschlag kam? Wahrscheinlicher ist aber jene Inconsequenz
nichts anderes als eine Ungenauigkeit des Ausdruckes, wie wir
sie dem Aristides hingehen lassen müssen.
    Aristides zählt beide Rhythmen zu den ἁπλοῖ. Es kann dies
nicht Ansicht des Aristoxenus sein, der beide vielmehr gleich der
daktylischen Tripodie ⌣⌣⌣⌣⌣⌣⌣‒ zu den σύνθετοι πόδες rechnen
muss, da von dieser der σημαντός nur dadurch verschieden ist,
dass die χρόνοι ποδικοὶ der daktylischen Tripodie σύνθετοι κατὰ
ῥυθμοποιίας χρῆσιν sind, die des ὄρθιος und σημαντός aber ἀσύνθετοι κατὰ ῥυθμοποιίας χρῆσιν. Vgl. § 19.
    Diese Beschaffenheit der χρόνοι hat Aristides im Auge, wenn er
die πόδες, in denen sie enthalten sind, ἁπλοῖ d. i. ἀσύνθετοι nennt.
Ebenso ist es ein Versehen des Aristides oder seiner Quelle, wenn
er beim ὄρθιος und σημαντός das eine Mal von einer ὀκτάσημος
θέσις spricht, das andre Mal den Takt einen πούς διπλασιάζων

---

*) Diese Erklärung der sich auf die σημασία des Trochaeus semantus
beziehenden Worte des Aristides hat Weil a. a. O. gegeben und erst mit
ihr ist die Frage nach der Natur der in Rede stehenden gedehnten Rhythmen zu ihrem völligen Abschlusse gelangt.

τὰς ϑέσεις nennt. Das zweite ist ohne Zweifel das Richtige, schon weil er nur auf diese Weise ein Takt von 3 χρόνοι ποδικοί ist, die er doch als tripodischer Takt haben muss.

In meiner Geschichte der alten und mittelalterlichen Musik ist ausgeführt, dass Terpander, welcher als ποιητής des ältesten in τροχαῖοι σημαντοί gehaltenen Nomos gilt, auf diese seine rhythmische Neuerung unmittelbar durch die tripodisch-daktylischen Kola des heroischen Metrons geführt worden ist, indem der Trochaeus semantus gleichsam der Cantus firmus zu dem die figurirten Begleitungstöne bildenden τρίμετρον δακτυλικόν gewesen sei, oder umgekehrt. Aus der alten Ueberlieferung können wir das freilich nicht nachweisen, wohl aber durch ein Beispiel aus Bach klar machen. Chromatische Fuge D-moll I, 4, 1 Peters:

Die untere Stimme hat in jedem zweiten tripodischen Kolon der 4 Zeilen die Form ⌣ ⌣ ⌣ auszuführen; die obere Stimme führt in

jedem ersten tripodischen Kolon der Zeile und in dem zweiten
Kolon der vierten Zeile das 9-sylbige Schema der daktylischen
oder vielmehr anapaestischen Tripodie aus.

Die Form ‿ ‿ ‿ kommt den Sylben nach genau mit dem
Trochaeus semantus und dem Orthios der Alten überein, unter-
scheidet sich von beiden aber in der Accentuation, denn der
Orthios hat folgende χρόνοι ποδικοί

$$\text{ἄνω} \quad \text{κάτω} \quad \text{κάτω}$$

(d. i. die zweite der von Aristoxenus § 17 angegebenen Accentua-
tionsformen des tripodischen Kolons, vgl. S. 268), der Trochaeus
semantus dagegen die folgende:

$$\text{κάτω} \quad \text{κάτω} \quad \text{ἄνω}.$$

Das letztere ist eine dritte Accentuationsform des tripodischen
Taktes, eine antithetische Form, die wir den beiden von Aristoxenus aufgeführten Formen mit Sicherheit hinzufügen dürfen, da
sie durch Aristides beglaubigt wird.

2. Σπονδεῖος μείζων oder διπλοῦς.

Aristides sagt p. 36: ἁπλοῦς σπονδεῖος ἐκ μακρᾶς θέσεως καὶ
μακρᾶς ἄρσεως· σπονδεῖος μείζων ὁ καὶ διπλοῦς ἐκ τετρασήμου
θέσεως καὶ τετρασήμου ἄρσεως, Marcianus Capella: Simplex vero
spondeus erit, qui ex producta tam arsi quam thesi iungitur.
Maior vero, qui quaternariam non solum elationem sed etiam
positionem videtur admittere*). Meibom**) versteht hierunter

$$\text{‖ – ‿ –}$$

den Dispondeus der Metriker, Boeckh***) einen einzigen Spondeus
mit 4-zeitigen Längen   ‖ 4 ‿ 4 .

Boeckh's Einwand gegen Meibom, dass der Fuss ein ἁπλοῦς
genannt werde und deshalb nicht aus vier Sylben bestehen
könne, muss zwar als unrichtig abgelehnt werden, aber damit
ist Boeckh's Auffassung des Fusses noch nicht widerlegt†). Vielmehr passt sie ebenso gut wie die Meibom'sche zu den Worten
des Aristides, und es kann keine Frage sein, dass ein Fuss aus

---

*) Aristid. 38. Martian. 193.
**) Meibom not. in Aristid. p. 269.
***) Boeckh de metr. 23.
†) Wie dies Feussner meint de metror. et melor. discrim. p. 9.

zwei 4-zeitigen Sylben ebenso gut wie ein πούς aus vier 2-zeitigen Sylben in der antiken Rhythmik vorkommen kann. Aber nur einen von diesen beiden Füssen kann Aristides unter dem σπονδεῖος διπλοῦς verstanden haben: welchen von beiden? das hat er im zweiten Buche*) deutlich bezeichnet. Hier heisst es nämlich von dem ethischen Charakter des γένος ἴσον: εἰ δὲ διὰ μηκίστων χρόνων συμβαίη γίνεσθαι τοὺς πόδας, πλείων ἡ κατάστασις ἐμφαίνοιτ' ἂν τῆς διανοίας. διὰ τοῦτο ὁρῶμεν ... τοὺς μηκίστους ἐν τοῖς ἱεροῖς ὕμνοις, οἷς ἐχρῶντο παρεκτεταμένοις, τήν τε περὶ ταῦτα διατριβὴν μίαν καὶ φιλοχωρίαν ἐνδεικνύμενοι, τήν τε αὐτῶν διάνοιαν ἰσότητι καὶ μήκει τῶν χρόνων ἐς κοσμιότητα καθιστάντες. Dass Aristides mit diesen πόδες ἴσοι διὰ μηκίστων χρόνων παρεκτεταμένων dieselben meint, welche er im ersten Buche als σπονδεῖοι διπλοῖ oder μείζονες bezeichnet, ergiebt sich aus dem Parallelismus beider Stellen:

Erstes Buch.	Zweites Buch.
ἁπλοῖ, Beschreibung	ἁπλοῖ, ethischer Charakter
I. γένος ἴσον	I. πόδες ἐν γένει ἴσῳ
1. προκελευσματικός, ἀνάπαιστος ἀπὸ μείζονος, ἀπ' ἐλάσσονος, ἁπλοῦς σπονδεῖος	1. οἱ μὲν διὰ βραχειῶν γινόμενοι μόνων, οἱ δ' ἀναμίξ
2. σπονδεῖος μείζων	2. διὰ μηκίστων χρόνων, οἷς ἐχρῶντο παρεκτεταμένοις
II. γένος ἰαμβικὸν, διπλάσιον	II. ἐν διπλασίονι σχέσει
1. ἴαμβος, τροχαῖος	1. ἁπλοῖ τροχαῖοι καὶ ἴαμβοι
2. ὄρθιος, τροχαῖος σημαντός	2. ὄρθιοι καὶ σημαντοί
III. γένος παιωνικόν	III. ἐν γένει ἡμιολίῳ
1. παίων διάγυιος	1. παίων
2. παίων ἐπιβατός.	2. παίων ἐπιβατός.

Die Bestandtheile des σπονδεῖος διπλοῦς bilden also χρόνοι μήκιστοι παρεκτεταμένοι, die über die gewöhnliche metrische Länge hinausgedehnt sind, und demnach wird Boeckh's Messung

$$\overset{''}{\underset{4}{—}} \quad \overset{'}{\underset{4}{—}} ,$$

bei welcher jeder χρόνος ein παρεκτεταμένος τετράσημος ist, durch Aristides' eignes Zeugniss bestätigt. Ihre Stelle hatten diese Füsse in der Hymnenpoesie (ἐν ἱεροῖς ὕμνοις) und stehen also

---

*) Aristid. p. 97. 98.

auch im Gebrauch den σημαντοί und ὄρθιοι analog: jene entsprechen unserem Zweizweitel-, diese dem Dreizweiteltakt. Wie
der Dreizweiteltakt, so konnte auch der Zweizweiteltakt mit einer
Anakrusis beginnen, wodurch eine dem ὄρθιος entsprechende Form
des σπονδεῖος διπλοῦς entsteht, analog dem anapaestisch gemessenen σπονδεῖος ἁπλοῦς:

Ein aus Längen bestehender Hymnus konnte sowohl in
σπονδεῖοι διπλοῖ als in σημαντοί oder ὄρθιοι gemessen werden,
je nachdem der μελοποιός und ῥυθμοποιός die χρόνοι zu Takten
verband; jene eigneten sich, wie aus Aristides hervorgeht, mehr
für eine einfach ruhige, diese für eine erhabene Stimmung. Die
Spondeen, welche uns als das Mass der Hymnen- und Nomen-
poesie genannt werden, wie in dem νόμος Πύθιος, sind als σπονδεῖοι διπλοῖ aufzufassen*).

Man könnte fragen, weshalb die einzelne Länge im Spon-
deios diplus und in den Orthioi und Semantoi als 4-zeitig gefasst wurde und nicht vielmehr als χρόνος δίσημος mit langsamer
ἀγωγή? Der Grund liegt darin, dass diese Zeiten σύνθετοι κατα
ῥυθμοποιίας χρῆσιν waren, indem auf die 4-zeitige Länge des
Gesanges ein daktylischer Fufs der Begleitung kam.

3. Παίων ἐπιβατός.

Die Hauptstelle über den Paeon epibatus ist bei Aristides**):
Ἐν δὲ τῷ παιωνικῷ γένει ἀσύνθετοι μὲν γίνονται πόδες δύο,

---

*) Poll. 216. 213, 17: αὔλημα ἐνόπλιον, πυῤῥιχιαστικὸν καὶ σπονδεῖον,
τροχαῖον. 214: σπονδεῖον μέλος ἐπιβώμιον. 215: πρὸς ὕμνους οἱ σπονδεια-
κοὶ αὐλοί.

**) Aristid. 38. 39. Mart. Capell. 196 M.

παιὼν διάγνιος ἐκ μακρᾶς θέσεως καὶ βραχείας καὶ μακρᾶς
ἄρσεως, παιὼν ἐπιβατὸς ἐκ μακρᾶς θέσεως καὶ μακρᾶς ἄρσεως
καὶ δύο μακρῶν θέσεων καὶ μακρᾶς ἄρσεως. διάγνιος μὲν οὖν
εἴρηται οἷον δίγνιος, δύο γὰρ χρῆται σημείοις, ἐπιβατὸς δὲ,
ἐπειδὴ τέσσαρσι χρώμενος μέρεσιν, ἐκ δυοῖν ἄρσεων καὶ δυοῖν
διαφόρων θέσεων γίνεται. Hiernach ist der Paeon epibatus ein
Fuss von fünf 2-zeitigen Längen

‾ ‾ ‾ ‾ ‾

identisch mit dem μέγεθος δεκάσημον ἡμιόλιον in der Scala des
Aristoxenus. Auch Marius Victorinus*) gedenkt dieses Rhythmus, doch ohne den Namen zu nennen: Incipiunt autem et por-
riguntur tempora in pentasyllabis a quinque usque ad decem,
i. e. a pentasemo ad decasemum χρονικῇ παραυξήσει, ut sit
pentasemus Philopolemus, e quinque brevibus

α α α α α,

decasemus autem e quinque longis, ut Atroxiclides, cuius canon
per quinque signabitur

β β β β β.

Der ἐπιβατός ist nichts als der διάγνιος, dessen einzelne
χρόνοι πρῶτοι zu δίσημοι ausgedehnt sind, ein διάγνιος in lang-
samerer Agoge und dem entsprechend in anderer metrischer
Form.

Nach Aristides sind die χρόνοι ποδικοί folgendermassen
geordnet

‾ ‾ ‾ ‾ ‾⏜ ‾

θέσ. ἄρσ. θέσ. ἄρσ.

und demgemäss spricht er von vier Theilen, woraus der Epibatus bestehe, zwei Arsen und zwei verschiedenen Thesen, d. h.
einer einsylbigen und einer zweisylbigen. Hierin ist in der That
die wahre rhythmische Messung enthalten. Arsensylben, d. h. ohne
Ictus, sind die zweite und die fünfte Länge, die übrigen Sylben
tragen einen Ictus.

---

*) Mar. Victor. 49 K.

Von dem ethischen Charakter sagt Aristides*): *τοὺς δὲ ἐν ἡμιολίῳ λόγῳ ϑεωρουμένους ἐνϑουσιαστικωτέρους εἶναι συμβέβηκεν, ὡς ἔφην. τούτων δ' ὁ ἐπιβατὸς κεκίνηται μᾶλλον, συνταράττων μὲν τῇ διπλῇ ϑέσει τὴν ψυχήν, ἐς ὕψος δὲ τῷ μεγέϑει τῆς ἄρσεως τὴν διάνοιαν ἐξεγείρων*: der Epibatos erregt und erhebt, ist enthusiastisch und majestätisch zugleich, und ist hierdurch scharf von dem Spondeus diplus, Semantus und Orthius geschieden, die ruhig und erhaben, aber nicht erregt sind. Mit der Schilderung des Aristides stimmt, was wir von seinem Gebrauche wissen. Zuerst wandte ihn Archilochos an, ohne Zweifel für die Cultuslieder auf Dionysos und Demeter, die einen entsprechenden Charakter hatten**). Ferner gebrauchte ihn Olympos zur enharmonischen Phrygischen Tonart, wahrscheinlich in ähnlichen Compositionen, wie in den auf die Cybele gesungenen *μητρῷα***).

Nach Baumgart (über die Betonung der rhythmischen Reihen bei den Griechen 1869 S. XIV) gibt Aristides drei verschiedene Beschreibungen des Päon epibatos. Nach der ersten — das sind Baumgarts Worte —

παίων ἐπιβατὸς ἐκ μακρᾶς ϑέσεως καὶ μακρᾶς ἄρσεως καὶ δύο μακρῶν ϑέσεων καὶ μακρᾶς ἄρσεως

wäre er so gestaltet:

ϑέσ. ἄρσ. ϑέσ. ϑέσ. ἄρσ.

– – – – –

Nach der zweiten Beschreibung

ἐπιβατὸς δὲ ἐπειδὴ τέσσαρσι χρώμενος μέρεσιν ἐκ δυοῖν ἄρσεων καὶ δυοῖν διαφόρων ϑέσεων γίνεται

hat er nicht drei ϑέσεις, wie man zunächst glauben könnte, sondern zwei „verschiedene". Bei Aristides findet sich auch sonst die Ungenauigkeit, dafs er z. B. den Daktylos „*ἐκ μακρᾶς ϑέσεως καὶ δύο βραχειῶν ἄρσεων*" bestehen läfst, obwohl derselbe nur Eine Thesis und Eine Arsis hat, den Anapäst „*ἐκ δύο*

---

*) Aristid. 98.
**) Plut. de music. 28.
***) Plut. ibid. 33.

βραχειῶν ἄρσεων καὶ μακρᾶς ϑέσεως" statt „*ἐκ δύο βραχειῶν ἐπὶ ἄρσεως καὶ μακρᾶς ἐπὶ ϑέσεως.* Hiernach ist auch die
erste Beschreibung, welche Aristides vom Epibatos giebt, zu
verstehen, weil er in der zweiten Beschreibung den Rhythmus
vier *μέρη* enthalten lässt. Also die erste Stelle ergiebt anstatt
des von Baumgart angenommenen vielmehr folgendes Schema

ϑέσ. ἄρσ. ϑέσις ἄρσ.

‒ ‒ ‒ ‒

In der ersten Stelle hat Aristides ungenauer, in der zweiten genauer sich ausgedrückt. Worin die *δύο διάφοροι ϑέσεις* bestehen,
von denen die zweite Stelle redet, ergibt das vorstehende Schema:
eine *μακρὰ ἐπὶ ϑέσεως* und *δύο μακραὶ ἐπὶ ϑέσεως*.

Baumgart sagte weiter: „Nach der dritten erschüttert er die
Seele durch die doppelte Thesis und erweckt durch die Grösse
der Arsis den Sinn für die Erhabenheit. Zuletzt wird hier Aristides vor lauter Gefühl so unklar im Ausdrucke, dass man denken könnte, der Fuss habe nur eine grosse Arsis und eine
doppelte Thesis." Unklar ist es freilich, wie Aristides die Worte,
mit denen er den ethischen Eindruck des Epibatos beschreibt,
verstanden wissen will. Aber wer möchte aus diesen Worten
mit Baumgart so unberechtigte Folgerungen ziehen?

Der durch vier Längen ausgedrückte Päon epibatos wird
vom Standpunkte des Aristoxenus aus ein 10-zeitiger *ποὺς σύνϑετος* genannt werden müssen, welcher aus zwei Versfüssen zusammengesetzt ist: einem 4-zeitigen Versfusse in der Form des
Spondeus, und einem 6-zeitigen Versfusse in der Form des
Molossus. Nach Aristides hat der Epibatos vier *μέρη*, d. h. der
4-zeitige Spondeus hat eine 2-zeitige *ϑέσις* und eine 2-zeitige
ἄρσις; der 6-zeitige Molossos hat eine 4-zeitige *ϑέσις* und eine
2-zeitige *ἄρσις*. Von den beiden zum Päon epibatos combinirten
Versfüssen behält ein jeder die beiden Chronoi podikoi, welche
ihm als einfachem Versfusse zukommen, und eben darin beruht
der Unterschied des Päon epibatos von jeder anderen Combination zweier Versfüsse, in der ein jeder Versfuss als *χρόνος
ποδικός* entweder Eine Thesis oder Eine Arsis ist.

§ 41.

Die monopodischen und dipodischen Basen nach der Doctrin der Metriker.

In dem aus einer ungeraden Anzahl von Versfüssen bestehenden Kolon bildet der einzelne Versfuss, in dem aus einer
geraden Anzahl von Versfüssen bestehenden Kolon bildet die
Dipodie eine rhythmische Masseinheit.

Bei den Metrikern wird eine solche Masseinheit als βάσις
bezeichnet. Sie unterscheiden βάσεις μονοποδικαί und βάσεις
διποδικαί. Bei Marius Victorinus p. 53 K wird überliefert: „per
monopodiam sola dactylica, per dipodiam vero caetera scandi
moris est." Damit stimmt unser Hephästioneisches Encheiridion.

Aber in dieser Allgemeinheit ausgesprochen ist die Regel
nicht richtig. Die Metriker selber lassen es an berichtigenden
Ergänzungen nicht fehlen. Von den daktylischen Metren sagen
sie, dass die den Umfang des Hexameters überschreitenden nicht
nach Monopodien, sondern nach Dipodien gemessen werden,
schol. Heph. p. 174 ἐὰν ὑπερβῇ τὸ δακτυλικὸν τὸ ἑξάμετρον,
κἀκεῖνο βαίνεται κατὰ διποδίαν. Aristid. metr. p. 52 Meib. βαί-
νουσι δέ τινες αὐτοὶ καὶ κατὰ συζυγίαν ποιοῦντες τετράμετρα
καταληκτικά. Ferner kommt es auch vor, dass anapästische Metra
umgekehrt nicht nach Dipodien, sondern nach Monopodien gemessen werden, Mar. Vict. 75 K: percutitur vero versus anapaesticus
praecipue per dipodiam, interdum et per singulos pedes. Von demselben μέτρον ἀναπαιστικόν sagt Aristid. metr. p. 52: ὅτε μέν
ἐστιν ἁπλοῦν (d. h. bis zum 24-zeitigen μέγεθος) καθ᾽ ἕνα πόδα
γίνεται· ὅτε δὲ σύνθετον (d. h. das 24-zeitige μέγεθος über-
schreitend) ... κατὰ συζυγίαν ἢ διποδίαν.*)

Hiernach werden also laut dem Berichte der Metriker die Daktylen und Anapästen bald monopodisch, bald dipodisch, die Trochäen und Iamben dipodisch, die Päonen und Ionici monopodisch
gemessen. Für die Daktylen findet die Messung nach monopo-

---

*) Nach dem von Aristides in der Metrik festgehaltenen Unterschiede
ist κατὰ συζυγίαν die sechs- oder fünfsylbige anapästische Dipodie

⏑ ⏑ ‒ ⏑ ⏑ ‒ oder ‒ ‒ ⏑ ⏑ ‒ oder ⏑ ⏑ ‒ ‒ ,

κατα διποδίαν die viersylbige (contrahirte) anapästische Dipodie

‒ ‒ , ‒ ‒ .

dischen Basen bei den aus einer ungeraden Anzahl von Vers-
füssen bestehenden Kola (daktylischen Tripodien, daktylischen
Pentapodien) statt, wogegen die aus einer geraden Anzahl von
Versfüssen bestehenden Kola (daktylische Tetrapodien, Dipodien,
Hexapodien) nach dipodischen Basen gemessen werden. Für die
anapästischen Kola gilt dieselbe Norm.

Dass die metrische Theorie der Griechen für die trochäischen
und iambischen Metra lediglich die Messung nach dipodischen
Basen statuirt, ist in der Weise zu interpretiren: ein Kolon aus
drei trochäischen oder drei iambischen Versfüssen wird nach der
metrischen Theorie der Griechen als brachykatalektisches Dimetron, dem am Ende ein ganzer Versfuss fehlt, aufgefasst. In der
That sind die bei den alten Dichtern vorkommenden Tripodien
des iambischen und trochäischen Metrums ihrem rhythmischen
Werthe nach meist nicht als Tripodien, sondern als unvollständige
Tetrapodien aufzufassen.

Ionische und päonische Metra aber sind ausnahmslos nach
monopodischen Basen zu messen, ohne dass die Ueberlieferung
der Metriker hier irgend einer Modification bedürfte.

Die antike Theorie bezüglich der monopodischen und dipodischen Basen ist in der zweiten Auflage der griechischen Rhythmik und Harmonik vom J. 1867 S. 672 ausführlich dargestellt.
Die in § 42 ff. gegebene Anwendung dieser Lehre auf die
rhythmische Messung der Aristoxenischen πόδες σύνθετοι habe
ich zuerst in meiner Uebersetzung und Erläuterung des Aristoxenus
1883, S. 78 ff. vorgetragen. Dem dort Gesagten seien in dem Folgenden erläuternde Beispiele aus unserer Vocalmusik hinzugefügt.

Von der monopodischen Basis redet Scholion Hephaest.
p. 162 λέγεται δὲ τὸ ἡρωϊκὸν ἑξάμετρον ἀπὸ τοῦ ἀριθμοῦ τῶν
βάσεων.

Die dipodische Basis definirt Schol. Hephaest. p. 124: Βάσις
δέ ἐστι τὸ ἐκ δύο ποδῶν συνεστηκός, τοῦ μὲν ἄρσει, τοῦ δὲ
θέσει παραλαμβανομένου. Ἢ οὕτως· βάσις ἐστὶν ἢ ἐκ ποδὸς καὶ
καταλήξεως τουτέστι μιᾶς συλλαβῆς ποδὶ ἰσουμένης. So auch
Bacchius introd. mus. p. 22 Meib: Βάσις δὲ τί ἐστι; Σύνταξις
δύο ποδῶν ἢ ποδὸς καὶ καταλήξεως. Κατάληξις δὲ τί ἐστιν; Ἡ
παντὸς ἐλλείποντος μέτρου τελευταία συλλαβή. Daher wird βάσις
gleichbedeutend mit διποδία oder συζυγία gebraucht, selten von
Hephaestion, in unserem Encheiridion p. 36: Τὰ μὲν γὰρ ἐκ δύο
ἰωνικῶν καὶ τροχαϊκῆς βάσεως.

Bei dem κατὰ διποδίαν gemessenen tetrametrum trochaicum
werden also die dipodischen βάσεις mit ihren zwei Bestandtheilen,
der an erster Stelle genannten ἄρσις und der an zweiter Stelle
genannten θέσις, folgende sein:

$$ἄρσ.\,θέσ.\,ἄρσ.\,θέσ.\quad ἄρσ.\,θέσ.\,ἄρσ.\,θέσ.$$

$$\underbrace{βάσις\quad βάσις}_{δίμετρον}\qquad \underbrace{βάσις\quad βάσις}_{δίμετρον}$$

§ 42.
Tetrapodische und dipodische Kola des daktylischen und trochäischen Rhythmus.

Die tetrapodischen Kola sind es vorwiegend, welche Aristoxenus § 57 im Auge gehabt haben muss, wenn er sagt*):

Οἱ δὲ (τῶν ποδῶν) τετράσι πεφύκασι σημείοις χρῆσθαι,
δύο ἄρσεσι καὶ δύο βάσεσι.

Denn zufolge der bei den Metrikern erhaltenen Ueberlieferung
über die percussio der βάσεις haben sie folgende Accentuation

$$ἄρσ.\quad θέσ.\quad ἄρσ.\quad θέσ.$$

$$\underset{βάσις}{διποδικὴ}\qquad \underset{βάσις.}{διποδικὴ}$$

Ἄρσις, θέσις, ἄρσις, θέσις — das sind die δύο ἄρσεις und
δύο βάσεις, welche Aristoxenus den aus vier σημεῖα oder χρόνοι
ποδικοί bestehenden μεγάλοι πόδες zuertheilt, nur dass Aristoxenus nicht ἄρσις, θέσις, ἄρσις, θέσις, sondern ἄρσις, βάσις,
ἄρσις, βάσις sagen würde. Diese eigenthümliche Aristoxenische
Terminologie betreffs des Wortes βάσις wird uns durch die hier
verwerthete Ueberlieferung der Metriker in die Erinnerung ge-
rufen. Denn auch bei ihnen kommt das Wort βάσις vor, nur in
einem anderen Sinne. Wie nämlich bei den Metrikern das Wort
„χώρα" oder „sedes" als Ausdruck für den einzelnen Versfuss
das Gebiet oder den Umfang eines einzelnen Accentes mit
Inbegriff der zum Accent gehörenden unbetonten Sylben be-

---

*) Aristox. Rh. S. 90 meiner Uebersetzung.

zeichnet, so ist „βάσις διποδική" der Terminus für das Gebiet eines Hauptaccentes mit dem dazu gehörenden Nebenaccent, welches das Megethos einer Dipodie hat. So ist der Aristoxenische Terminus zwar nicht bei Aristides, denn dieser sagt ϑέσις statt βάσις, wohl aber in der Terminologie der Metriker festgehalten, in einiger Modification der Bedeutung, aber unter Bewahrung des rhythmischen Grundbegriffes: des durch einen Niedertritt des Fusses zu markirenden Megethos, auf welches der rhythmische Accent kommt.

Aus den Angaben des Aristoxenus über die Takte mit drei σημεῖα und des Aristides über die μέρη des Semantos und Orthios ersehen wir, dass es auch für die σύνϑετοι πόδες so gut eine διαφορὰ κατ᾽ ἀντίϑεσιν giebt wie für die ἀσύνϑετοι.

So schliessen wir, dass die für den aus vier σημεῖα bestehenden Takt überlieferte Reihenfolge: „δύο ἄρσεσι καὶ δύο βάσεσι" nicht die einzige ist, sondern dass auch die ἀντίϑεσις: „δύο βάσεσι καὶ δύο ἄρσεσι" vorkommen konnte, nämlich

ϑέσ. ἄρσ. ϑέσ. ἄρσ.

‶ ◡ ⏌ ◡ ‶ ◡ ⏌ ◡

βάσις διπ. βάσις διπ.

Eine solche Anordnung der Accente hat Bentley im Sinne, wenn er accentuirt:

Ád te advenio spém salutem, | cónsilium, auxilium éxpetens ‖

wobei nur die Hauptaccente durch ′ markirt sind, aber die ausgeführte Accentuation folgende sein soll:

Ád te advénio spém salútem, | cónsilium, aúxilium ″expeténs ‖

Gerade diese den Anfang der Dipodie markirende Accentuation ist nicht überliefert, sondern nur die das Ende der Dipodie durch den Hauptictus auszeichnende, nicht bloss in der Hauptstelle des Aristoxenus, sondern auch in der Ueberlieferung der Metriker (vgl. unten), nach welcher die Accentuation die folgende sein würde:

Ád te advénio spém salútem | cónsilium, aúxilium éxpeténs ‖

Aber weder die eine noch die andere Accentuation darf die Recitationspoesie durchgehend anwenden, vielmehr muss auch für die lateinische Recitation derselbe Wechsel wie für die deutsche als möglich statuirt werden:

Seíd umschlűngen, Míllióńen, | diésen Kűss der gánzen Wélt!

Brűder, über'm Stérnenzélt, | múss ein mílder Váter wóhnen ‖
Will man sich continuirlich an ein Accentuations-Schema binden,
so wird das metrische Recitiren zu einem langweiligen und pedan-
tischen Scandiren. Geschmackvolles Verslesen ist dasselbe, wie
geschmackvolles Prosalesen: man folge stets der durch die logische
Bedeutung der Wörter und Sätze gehobenen Accentuation, in der
Poesie wie in der Prosa; es ist durchaus nicht unkünstlerisch,
wenn über dem Inhalte des declamirten Gedichtes der Rhythmus
bei den Zuhörern unbemerkt bleibt, obwohl der grössere Künstler
immer derjenige ist, welcher den Zuhörer ausser am Inhalte
gleichzeitig auch an der rhythmischen Form Genuss empfinden
zu lassen im Stande ist. Dazu gehört aber selbstverständlich,
dass das Accentuiren kein schablonenmässiges ist.

In dem Melos dagegen, wo immer die Töne vor dem Wort-
inhalte prävaliren werden, wo selbst Schiller's Poesie sich unter-
ordnet, wenn die angeführten Verse nach Beethoven's Composition (in der neunten Symphonie) vorgetragen werden, da ist die
Accentuation der auf einander folgenden Kola eine gleichmässige,
weil der Melopoios für die Töne eine gleichmässige Vertheilung
der Ictus einhält. Hier wird durchgehend (wenigstens für einen
grösseren Complex von tetrapodischen Kola) entweder die das
Ende der Dipodie markirende Accentuation

$$\overset{\text{\textasciiacute}}{\alpha}\varrho\sigma\iota\varsigma,\ \overset{\text{\textasciiacute}}{\vartheta}\acute{\epsilon}\sigma\iota\varsigma,\ \overset{\text{\textasciiacute}}{\alpha}\varrho\sigma\iota\varsigma,\ \vartheta\acute{\epsilon}\sigma\iota\varsigma$$

oder die den Anfang hervorhebende Accentuation

$$\vartheta\acute{\epsilon}\sigma\iota\varsigma,\ \overset{\text{\textasciiacute}}{\alpha}\varrho\sigma\iota\varsigma,\ \vartheta\acute{\epsilon}\sigma\iota\varsigma,\ \overset{\text{\textasciiacute}}{\alpha}\varrho\sigma\iota\varsigma$$

durchgeführt werden. Die zweite Art für Compositionen von
ruhigem Charakter, für μέλη des ἦθος ἡσυχαστικόν, die erste
Accentuationsart für den Charakter der Bewegung und grösserer
Erregtheit, für μέλη des τρόπος διασταλτικός.
    Wir haben nämlich das, was die alten Theoretiker über das dia-
staltische, systaltische und hesychastische Ethos der Rhythmopoeie
d. i. den erregten, sentimentalen (gedrückten) und ruhigen Charakter
der rhythmischen Composition überliefern, mit der verschiedenen
Stelle, welche die Thesis innerhalb des rhythmischen Kolons einnimmt, in Zusammenhang zu bringen. Erklärt doch Aristides in
seinem Abschnitte vom Ethos der Rhythmen, dass die mit einer Thesis beginnenden die ruhigen, die mit der Arsis anlautenden die er-

regten sind. Nach der Aussage desselben Aristides, sind die drei Ethe der Rhythmopoeïe mit denen der Melopoeïe identisch, p. 30. 43. Bei Pseudo-Euklid p. 21 M. sind die letzteren folgendermassen beschrieben:

Pseudo-Euklid. p. 21 M. Ἔστι δὲ διασταλτικὸν μὲν ἦθος μελοποιίας, δι' οὗ σημαίνεται μεγαλοπρέπεια καὶ δίαρμα ψυχῆς ἀνδρῶδες καὶ πράξεις ἡρωικαὶ καὶ πάθη τούτοις οἰκεῖα. χρῆται δὲ τούτους μάλιστα ἡ τραγῳδία καὶ τῶν λοιπῶν δὲ ὅσα τούτου ἔχεται τοῦ χαρακτῆρος.
Συσταλτικὸν δὲ δι' οὗ συνάγεται ἡ ψυχὴ εἰς ταπεινότητα καὶ ἄνανδρον διάθεσιν. ἁρμόσει δὲ τὸ τοιοῦτον κατάστημα τοῖς ἐρωτικοῖς πάθεσι καὶ θρήνοις καὶ οἴκτοις καὶ τοῖς παραπλησίοις.
Ἡσυχαστικὸν δὲ ἦθός ἐστι μελοποιίας ᾧ παρέπεται ἠρεμότης ψυχῆς καὶ κατάστημα ἐλευθέριόν τι καὶ εἰρηνικόν. ἁρμόσουσι δ' αὐτῷ ὕμνοι, παιᾶνες, ἐγκώμια, συμβουλαὶ καὶ τὰ τούτοις ὅμοια.

„Das diastaltische d. i. erregte Ethos, in welchem sich Hoheit, Glanz und Adel, männliche Erhebung der Seele, heldenmüthige Thatkraft und Affecte der Art darstellen. Besonders in den Chor-Gesängen der Tragödie.*)

„Das systaltische d. i. gedrückte, beengte Ethos, welches das Gemüth in eine niedrige, weichliche und weibische Stimmung bringt. Es wird dieses Ethos für erotische Affecte, für Klagen und Jammer und Aehnliches geeignet sein.

„Das hesychastische d. i. ruhige Ethos, durch welches Seelenfrieden, ein freier und friedlicher Zustand des Gemüthes bewirkt wird. Dem werden angemessen sein die Hymnen, Paeane, Enkomien, Trostlieder und Aehnliches."

Im systaltischen Ethos liegt wie im diastaltischen Erregtheit, aber keine Erregtheit edler Art, sondern diejenige, welche wir Sentimentalität nennen. Die systaltische Musik schwankt zwischen dem ruhigen Charakter der hesychastischen und dem erregten Charakter der diastaltischen Musik.

Hat der tetrapodische Takt die Thesis an erster und dritter Stelle, dann ist er ein hesychastischer Takt; hat er die Thesis an zweiter und vierter Stelle, dann gehört er dem diastaltischen Ethos an. In der modernen Musik ist es genau ebenso, wie sich aus den nachher (s. 263 ff.) herbei zu ziehenden Beispielen der Vocalmusik ergeben wird.

---

*) Aristox. S. 89 meiner Uebersetzung.

Uebertragen wir zunächst der Anschaulichkeit wegen die Aristoxenischen χρόνοι ποδικοί auf entsprechende Abschnitte moderner Instrumentalmusik, Bach wohlt. Clav. 1, 2 C moll-Fuge:

Den stärksten der in der anapaestischen Tetrapodie enthaltenen zwei Hauptaccente hat Bach durch den unmittelbar auf ihn folgenden Taktstrich markirt; alles Andere, was in dem Kolon enthalten ist, steht vor dem Taktstriche. Diese Taktbezeichnung hat der bei weitem grösste Theil seiner anapaestischen Instrumentalfugen: sie alle sollen mit dem Ausdrucke „innerer Erregtheit", wie Spitta sagt, vorgetragen werden. In seinen Allemanden, die er vorwiegend in einem ruhigen Charakter hält, wählt Bach fast durchgehends die von Aristoxenus nicht ausdrücklich angegebene Accentuations-Ordnung des hesychastischen Tropos:

θέσις, ἄρσις, θέσις, ἄρσις

und setzt dem entsprechend den Taktstrich des' tetrapodischen Taktes vor die Hebung des ersten Versfusses. Ein Beispiel sei die allemandenmässige Bearbeitung des thüringischen Volksliedes: „Ich bín so láng nicht beí dir gewést". I 7, 30 Peters.

Bach engl. Suite 3 Giga enthält das Beispiel eines als hesychastischer $\frac{12}{8}$-Takt geschriebenen iambischen Dimetrons (I 8, 3 Peters)

Eine melische Parallele für die Recitations-Accentuation des Schiller'schen

Freúde schöner Götterfúnken,

wo der dritte Versfuss den stärksten .der beiden Hauptaccente hat, bietet die Bach'sche Fuge wohlt. Clav. 1, 3 (nach einem Thüringischen Tanz-Thema):

θέσ. ἄρσ. θέσ. ἄρσ. θέσ. ἄρσ. θέσ. ἄρσ.
βάσις διπ. βάσ. διπ. βάσ. διπ. βάσ. διπ.

Wenn die vorstehenden anapaestischen und iambischen Tetrapodien Bach's antike μέλη wären und für Griechen taktirt werden müssten, dann würden, wie Aristoxenus für nothwendig hält, nicht bloss die χρόνοι ποδικοί, sondern auch die χρόνοι ῥυθμοποιίας ἴδιοι markirt werden müssen, sonst hätten die ausführenden Musiker und Sänger kein Zeichen zu gemeinsamem Anfange des Kolons. Wie trafen ohne ein darauf bezügliches Zeichen von Seiten des ἡγεμών Sänger und Spieler den gleichzeitigen Anfang? So fragt mit Recht Baumgart a. a. O. zu VI. Ohne ein solches „sehen wir dazu keine Möglichkeit, am wenigsten, wenn der Haupt-Ictus, wie es ja sein konnte (in unserem letzten Notenbeispiel) in die Mitte der Reihe auf die dritte Länge fiel." Mochte das Tempo ein langsames oder ein rasches sein, so mussten bei anlautender anapaestischer und iambischer Anakrusis zu den vier χρόνοι ποδικοί, den vier Hauptbewegungen des Dirigenten (wie sie Berlioz nennt) noch die doppelte Anzahl von χρόνοι ῥυθμοποιίας ἴδιοι angegeben werden („acht kleine ergänzende Bewegungen, an denen sich nicht der Oberarm, sondern bloss der Unterarm betheiligt und nur das Handgelenk den Taktirstab in Bewegung setzt". Berlioz, s. unten S. 271).

Χρόνοι ποδικόι   I   II   III   IV

Χρ. ῥυθμοποιίας   1   2   3   4 5   6 7   8

Hier wird vom ἡγεμών ausgeführt, was Aristoxenus ap. Psell. § 10 verlangt: „Πᾶς δὲ ὁ διαιρούμενος (ποὺς) εἰς πλείω ἀριθμὸν

καὶ εἰς ἐλάττω διαιρεῖται", was wir nicht mit Feussner zu übersetzen brauchen „ein jeder in eine grössere Zahl von Theilen
zerlegte Takt wird auch in eine kleine Anzahl zerlegt", sondern
wie es dem Wortlaute nach einfacher und natürlicher ist: „Ein
jeder Takt, welcher (vom ἡγεμών) in Theile zerfällt wird, wird
in eine grössere Zahl (von χρόνοι ῥυϑμοποιίας ἴδιοι) und gleichzeitig in eine kleinere Zahl (von χρόνοι ποδικοί) zerfällt". Auf
welche Weise die antiken Dirigenten die ποδικοί und die ῥυϑμοποιίας ἴδιοι χρόνοι von einander unterschieden haben, ist uns
nicht überliefert, auch nicht, ob sie die einen mit Treten des
Fusses, die anderen durch Arm- und Handbewegungen markirt
haben. Wir dürfen aber überzeugt sein, dass die Griechen hier
ebenso deutliche Taktirweisen wie die modernen angewandt haben.
Die Modernen halten nach H. Berlioz*) folgendes Verfahren ein:
Arm von oben nach unten (erste ϑέσις, Haupt-ϑέσις).
Arm nach links (erste ἄρσις).
Arm von links nach rechts (zweite ϑέσις, Neben-ϑέσις).
Arm von rechts nach oben (zweite ἄρσις).
Jede dieser Armbewegungen fällt auf die Hebung des als χρόνος
ποδικός aufgefassten Versfusses. Um die zu der Hebung gehörenden Senkungen zu bezeichnen, wird nach jeder mit dem
ganzen Arme ausgeführten Bewegung noch eine Bewegung ausgeführt, an welcher sich bloss das den Taktirstab führende Handgelenk
betheiligt. Die Hauptaccente unterscheidet der Dirigent durch weiteres und höheres Ausholen des Armes von den Nebenaccenten.
Darin unterschied sich jedenfalls das antike Taktiren von
dem modernen, dass das letztere die mit dem Arm weit aus-
holende Bewegung stets nach dem Taktstriche eintreten lässt,
also keine Rücksicht auf Anfang und Ende des Kolons nimmt;
dass dagegen die antike Weise stets auch das letztere sorgsam
berücksichtigte.
Dass die Componisten nach tetrapodischen Takten schreiben,
ist in unserer Musik fast veraltet. Es geschieht zwar noch immer,
aber während bei Bach und Händel die tetrapodisch-daktyli-
schen Takte die bei weitem überaus häufigeren sind, findet sich
tetrapodisch-daktylischer Takt z. B. in Beethovens Claviersonaten
nicht mehr als zwei Mal: Op. 13 Grave (**C**); Op. 27, 1 Andante (**C**); Op. 43 Adagio (¾).

---

*) In der auf S. 271 citirten Schrift.

Beethoven drückt das tetrapodisch-daktylische Kolon gewöhnlich durch zwei dipodische Takte aus, deren zwei auf das tetrapodische Kolon kommen, und bezeichnet es je nach der Achtel-
und der Sechszehntel-Schreibung des Chronos protos als 𝄴-
(eigentlich 𝄵-) oder als ²⁄₄-Takt. Auch bei Bach und Händel
sind die dipodischen Takte, namentlich der 𝄵-Takt, häufig genug
angewandt.

Der dipodisch-daktylische 𝄵- und ²⁄₄-Takt ist bei den Alten
der ὀκτάσημος δακτυλικὸς πούς, der analoge dipodisch-trochaeische
Takt ⁶⁄₈ und ₁₆⁶ ist dort der ἑξάσημος ἰαμβικός. Da es für daktylischen und trochaeischen Rhythmus in der antiken ebenso wenig
wie in der modernen Musik Rhythmopoeien aus lauter dipodischen
Kola und auch nicht Rhythmopoeien von vorwiegend dipodischen
Kola giebt, so können die dipodischen Takte der Alten kaum eine
andere Function gehabt haben als die entsprechenden Takte der
modernen Musik, nämlich als halbirte tetrapodische Kola: je zwei
dieser Takte bildeten immer ein tetrapodisches Kolon. Diese
Bedeutung scheint in der That der ἑξάσημος πούς in dem Musikbeispiele Anonym. § 97 zu haben, so gering auch der melische
Werth dieses kleinen Stückes ist.

Durch die übereinstimmenden Notenzeichen aller Handschriften ist der Rhythmus durchaus gesichert. Der als einzelner

ποὺς ἑξάσημος gefassten βάσις ἰαμβική ist durch die στιγμή über
dem zweiten Fusse der iambischen Dipodie dieselbe Accentuation
gegeben, wie sie von den Metrikern für die διποδικὴ βάσις überliefert wird:

ἄρσις, θέσις.

Welcher Unterschied nun bestand zwischen einer als einheitlicher ποὺς δωδεκάσημος taktirten Tetrapodie und einer als zwei
πόδες ἑξάσημοι taktirten Tetrapodie? Darüber wissen wir gar
nichts. Auch bei den Neueren beruht der Unterschied, ob man
eine trochaeische Tetrapodie als einheitlichen $\frac{12}{8}$-Takt oder aber
als zwei $\frac{6}{8}$-Takte schreibt, auf Gründen, die das Wesen des Rhythmus nicht berühren, für das Ohr ist es kein Unterschied, vgl.
die Bach'sche Fuge des musikalischen Opfers, deren tetrapodisches Thema von Bach bei dreistimmiger Bearbeitung in dipodischen Takten, bei sechsstimmiger Bearbeitung in tetrapodischen
Takten geschrieben ist. (Bach I 12, 1. 2 Peters.)

Genug, das griechische Alterthum hatte für tetrapodische
Kola dieselben Taktirweisen wie die moderne Musik: man schrieb
Takte von dem Umfange des ganzen Kolons oder Takte von dem
Umfange des halben Kolons.

Noch eine dritte Art, die tetrapodischen Kola zu taktiren,
war der beiderseitigen Rhythmik, der modernen und der alten
gemeinsam. Man schrieb sie nämlich nicht bloss als tetrapodische
Takte oder als Combinationen von zwei dipodischen Takten, sondern stellte sie auch noch drittens durch vier monopodische Takte
dar, indem man jeden der vier Versfüsse einen ἀσύνθετος πούς
bilden liess. Wir besitzen auch hierfür ein antikes Instrumental-
beispiel bei dem Anonymus § 100 mit der Ueberschrift „Τετράσημος". Hier wäre nun ein. Fall, wo das tetrapodische Kolon
nach μονοποδικαὶ βάσεις gemessen ist, jeder Versfuss bildet
eine βάσις τετράσημος.

Die folgenden Beispiele Bachscher und Händelscher Vocalmusik mögen am modernen tetrapodischen Takte des daktylischen
Rhythmus zugleich die antiken Chronoi podikoi (durch die hinzugefügten römischen Zahlen I, II, III, IV und die antiken
Chronoi Rhythmopoiias idioi) durch die deutschen Zahlen 1, 2,
3, 4, 5, 6, 7, 8 erläutern, wobei man das im § 26 dieses
Buches zur Erklärung der Chronoi Rhythmopoiias idioi Gesagte
vergleiche.

Zuerst stehe hier aus Bachs Pfingstcantate ein Beispiel des daktylisch-tetrapodischen Taktes.

(des 16-zeitigen Taktes Aristox.) im hesychastischen Ethos. Durch eine Anakrusis erscheinen die 4-zeitigen Einzeltakte als Anapäste, der Chronos podikos I hat den Hauptictus

In Bachs Cantate „Ich hatte viel Bekümmerniss" gewährt die Sopranstimme des Chores Nr. 2 das Beispiel eines dem hesychastischen Ethos angehörenden 16-zeitigen Taktes, in welchem der Chronos podikos III den stärksten Ictus hat. Auch hier hat der Einzeltakt bei der anlautenden Anakrusis die Form des Anapästes.

In derselben Bach'schen Cantate „Ich hatte viel Bekümmerniss" ist die Arie No. 5 im 16-zeitigen Takte des diastaltischen
Ethos geschrieben. Von den vier daktylischen Versfüssen hat
der letzte, der Chronos podikos No. IV, den Hauptictus.

Als Beispiele des

trochäisch-tetrapodischen Taktes,

welchen Aristoxenus als 12-zeitigen Takt viertheiliger Gliederung bezeichnet, diene die Arie No. 18 aus Händels Messias, wo die anlautende Anakrusis das tetrapodische Kolon zu einem iambischen macht. Das Ethos ist das hesychastische, auf dem ersten Versfusse ruht der stärkste Ictus.

Wie in der vorstehenden Composition Händels schon der
Inhalt des Worttextes die hesychastische Taktform zu bedingen
scheint, so stimmt der Wortinhalt in der Arie No. 8 der Bach-
schen Cantate „Ich hatte viel Bekümmerniss" zu der diastaltischen Taktform des tetrapodisch-12-zeitigen Taktes: die anlautende Anakrusis fehlt, die Versfüsse sind also Trochäen im engeren und eigentlichen Sinne. Auf dem letzten Versfusse der
trochäischen Tetrapodie, dem Chronos podikos No. 4 ruht der
rhythmische Hauptaccent.

§ 43.

**Tripodische Kola aus daktylischen (und trochäischen)
Versfüssen.**

In unserer modernen Melik sind tripodische Kola der συνεχὴς ῥυϑμοποιία sehr selten. Ein daktylisches Beispiel der Vocal-

musik ist Glucks Iphig. Tauric. Nr. 1.*) Hier ist das tripodisch-daktylische Kolon in drei monopodischen Takten geschrieben.

Das ist eine Strophe ganz ähnlich der Horatischen

Díffugére nivés, | redeúnt iam grámina cámpis |
árboribúsque comaé, ‖

nur dass bei Gluck dem tripodischen Kolon nicht ein, sondern zwei

---

*) Von der in trochäischen Tripodien gehaltenen συνεχὴς ῥυϑμοποιία moderner Musik ist wohl das bekannteste Beispiel im Scherzo der 9. Symphonie Beethovens enthalten (mit Beethovens Zuschrift „ritmo di tre battute"), analog dem tripodisch-daktylischem Beispiele aus der Iphigenia Taurica nach unzusammengesetzten trochäischen Versfüssen (¾-Takten) geschrieben.

Andere Beispiele liefert Bachs Wohlt. Clav. 2, 7 Es-Dur Präludium $\frac{9}{8}$; 1, 19 A-Dur-Fuge $\frac{6}{8}$; Bachs Inventio No. 10 G-Dur $\frac{9}{8}$; Symphonia No. 6 E-Dur $\frac{3}{8}$; Partita No. 4 D-Dur-Giga $\frac{9}{16}$. Immerhin sind moderne Compositionen im trochäisch-tripodischen Rhythmus bei weitem nicht so häufig wie die trochäisch-tetrapodischen. Aber ihr Vorkommen in der modernen Musik ist vollkommen gesichert.

metra dikola vorangehen, und dass jedes tripodische Kolon durch
Anakrusis erweitert, also ein anapästisches Prosodiakon ist.
Gluck lässt jeden der πόδες τετράσημοι einen einzelnen Takt
bilden. Das ist genau dieselbe Messung dieser Verse, welche
die alten Metriker für das daktylische Hexametron angeben, wonach dasselbe aus zwei Kola mit der Messung κατὰ πόδα, nach
monopodischen βάσεις besteht.

κῶλον   κῶλον

‿‿‿‿‿‿‿‿‿‿‿‿‿‿‿‿‿‿ _

βάσις βάσις βάσις βάσις βάσις βάσις.

Wird nach monopodischen Takten gemessen, so bleibt die durch
die stärkeren und schwächeren θέσεις oder κάτω χρόνοι bedingte
Accentuation unbezeichnet. Auch die Metriker lassen sie bei
ihrer Messung κατὰ πόδα unberücksiehtigt.

Aristoxenus dagegen fasst mit Rücksicht auf die Accentuation das tripodische Kolon als einen einzigen ποὺς σύνθετος.
Hat er bei den πόδες, denen er vier χρόνοι ποδικοί vindicirt,
die tetrapodischen Kola; bei den πόδες mit zwei χρόνοι ποδικοί
die dipodischen Takte im Auge, so ist nicht anders zu denken,
als dass unter den πόδες, denen er drei χρόνοι ποδικοί gibt,
die tripodischen Kola zu verstehen sind. Die accentuelle Beschaffenheit der χρόνοι ποδικοί bestimmt er folgendermassen
§ 17:

οἱ δὲ ἐκ τριῶν, δύο μὲν τῶν ἄνω, ἑνὸς δὲ τοῦ κάτω
ἢ ἐξ ἑνὸς μὲν τοῦ ἄνω, δύο δὲ τῶν κάτω.

Das sind zwei tripodische Kola, die sich durch verschiedene Reihenfolge der χρόνοι ποδικοί unterscheiden. Das erste Kolon:

ἄνω χρόνος, ἄνω χρόνος, κάτω χρόνος;
(ἄρσις)   (ἄρσις)   (βάσις)

das zweite Kolon

ἄνω χρόνος, κάτω χρόνος, κάτω χρόνος.
(ἄρσις)   (βάσις)   (βάσις)

Wenn Bachs Instrumentalmusik nach tripodischen Kola ge-
gegliedert ist, so ist sie nach tripodischen ¾- oder ⅜-Takten
geschrieben und zwar stets mit einer Accentuation, die der
ersten der von Aristoxenus angegebenen zwei Formen entspricht,
z. B. wohlt. Clav. 1, B dur-Fuge:

Von der umgekehrten Accentuation des tripodischen $\frac{3}{4}$- oder $\frac{3}{2}$-Taktes

κάτω ἄνω ἄνω

weiss ich weder bei Bach noch sonst ein Beispiel. Continuirliche daktylische Tripodien scheinen bei den Modernen niemals für das hesychastische, stets nur für das diastaltische Ethos vorzukommen. Das griechische Alterthum muss auch daktylische Tripodien im hesychastischen Ethos gekannt haben. Da diesem Ethos die Hymnen angehören, so müssen auch die daktylischen Hexameter im Hymnus auf die Muse hesychastischen Rhythmus haben. Die besten Codices des Hymnus haben die rhythmische Zuschrift „δωδεκάσημος“, es beruht also auf der Ueberlieferung, dass die tetrapodischen Kola des Dionysischen Melos als 12-zeitige Takte gemessen werden sollten.

Die zweite der oben gedachten Aristoxenischen σημεῖα-Ordnungen für den tripodischen Takt

ἄνω χρόνος   κάτω χρόνος   κάτω χρόνος
(ἄρσις)   (βάσις)   (βάσις)

ist die einzige, welche in der zweiten Aristoxenischen Stelle über die Zahl der χρόνοι ποδικοί § 56 (ap. Psell. 12) genannt wird:

οἱ δὲ τρισίν, ἄρσει καὶ διπλῇ βάσει.

Wir fühlen uns durchaus nicht berechtigt, mit Cäsar und Bartels die eine der beiden Semeia-Ordnungen zu streichen. Das Fragment der Aristoxenischen Rhythmik ist bereits so defect, dass wir Alles, was uns geblieben ist, zu Rathe halten müssen: wir dürfen von dem glücklich Erhaltenen nichts streichen, so lange eine Erklärung nicht unmöglich ist.*)

---

*) Von den beiden Alternativen, welche Aristoxenus von den aus

Während für die erste Auffassung: ἄνω, ἄνω, κάτω das wohlt. Clavier die Beispiele gibt, findet sich die zweite Auffassung durch Aristides bezeugt. Dieser redet nämlich von zwei tripodischen Rhythmen, in denen jeder 4-zeitige Takt durch eine einzige gedehnte Länge ausgedrückt ist, dem ὄρθιος und dem τροχαῖος σημαντός, von denen er p. 64 sagt: „διὰ τὸ πλεονάζειν τοῖς μακροτάτοις ἤχοις προάγουσιν ἐς ἀξίωμα" und die er p. 37 beschreibt:

ὄρθιος ὁ ἐκ τετρασήμου ἄρσεως καὶ ὀκτασήμου θέσεως

$$\text{also} \quad \underset{\text{ἄρσ.}}{\underline{\ }} \ \underset{\text{θέσ.}}{\underline{\ \prime}} \ \underline{\ \prime}$$

τροχαῖος σημαντὸς ὁ ἐξ ὀκτασήμου θέσεως καὶ τετρασήμου ἄρσεως

$$\text{also:} \quad \underset{\text{θέσ.}}{\underline{\ \prime}} \ \underline{\ \prime} \ \underset{\text{ἄρσ.}}{\underline{\ }}$$

Schliesslich ein Beispiel áus Bachs Vocalmusik (H-Moll-Messe No. 11) um an einem daktylisch-tripodischen Takte der modernen Musik die Chronoi podikoi und die Chronoi rhythmopoiias idioi nachzuweisen, welche dem Aristoxenischen δωδεκάσημος ἐν λόγῳ διπλασίῳ „dem 12-zeitigen Takte der ungeraden Taktart" zukommen. Dem Rhythmus, freilich nicht der Rhythmopoeie nach, gehört dieser 12-zeitige Takt Bachs genau in die Kategorie derjenigen, welchen nach Aristides der Name Orthios zukommt.

---

drei Chronoi podikoi bestehenden Takten gelten lässt, fällt der 12-zeitige Orthios unter die erste Alternative: „zwei ἄνω, ein κάτω", der 12-zeitige Trochaeus semantus unter die zweite „ein ἄνω, zwei κάτω". Will Julius Cäsar noch immer nicht von seiner Meinung abgehen, dass die eine der von Aristoxenus über die drei Semeia gemachten Angaben zu streichen sei? Von den beiden 12-zeitigen Rhythmen, welche Aristides beschreibt, bezeugt der eine die eine, der andere die andere der beiden von Aristoxenus statuirten Alternativen. Jüngst hat Cäsar im Marburger Lections-Index mich sehr getadelt, dass meine Uebersetzung und Erläuterung des Aristoxenus Cäsars Tilgungsversuch verschmäht hat, dem doch längst Bartels' Aristoxenus-Ausgabe zugestimmt habe. Cäsars Conjectur ist zwar nicht geistreich, aber sie ist billig und dabei schlecht, wie jede Conjectur, welche falsch ist.

Die zweite dieser beiden daktylischen, oder vielmehr anapästischen Tripodien bildet ein hyperkatalektisches Kolon — es
hat daher statt der normalmässigen sechs Chronoi Rythmopoeias
idioi deren sieben! Ueber derartige Kola ist bereits oben § 34
gesagt worden, wie sie sich der συνεχὴς ῥυϑμοποιία unterordnen.

§ 44.
Pentapodische und hexapodische Kola.*)

Die moderne Musik kennt [nach Berlioz**)] zwei-, drei-, vier-
theilige Takte mit der betreffenden Zahl von Haupttaktschlägen;
dass Takte von mehr als vier Theilen geschrieben werden, findet
man höchstens versuchsweise; eingelebt haben sich solche Takte
nicht und werden es auch wohl nie können. Unsere klassischen
Meister hätten kaum Veranlassung gehabt sie zu schreiben; denn
obwohl bei ihnen auch pentapodische und hexapodische Kola gar

---

*) Aristoxenus S. 99 meiner Uebersetzung.
**) Hector Berlioz Instrumentationslehre deutsch von Alfred Dörffel
1864: „Der Orchesterdirigent" S. 259 ff.

nicht so selten sind wie man gewöhnlich denkt, so wenden sie
dieselben doch hauptsächlich nur isolirt unter andern Kola an,
nicht fortlaufend für grössere rhythmische Partien.

Bei den Griechen sind pentapodische und hexapodische Kola
häufig genug, auch in fortlaufender Rhythmopoeie, nicht nur das
hexapodische τρίμετρον ἰαμβικόν, sondern auch der Alcaeische,
Sapphische, Phalaecische Vers, welche schwerlich ein anderes als
pentapodisches Megethos haben können. Aber dennoch ist es, als
ob die rhythmische Praxis der Alten in Allem mit der modernen
übereinstimmen sollte, denn Aristoxenus lehrt: „Es gibt Takte von
zwei, drei, vier χρόνοι ποδικοί, aber mehr als vier χρόνοι haben
die Takte nicht. „Διὰ δὲ τί οὐ γίνεται πλείω σημεῖα τῶν τεττάρων,
ὕστερον δειχθήσεται." Uns fehlt die Stelle, auf welche er verweist.

Vom modernen Standpunkte würde die Antwort etwa folgende sein:

Schon das Taktiren nach Takten von vier Hauptbewegungen
ist einschliesslich der zu jeder Hauptbewegung hinzukommenden
Nebenbewegungen des Handgelenkes complicirt genug, weshalb es
der Dirigent nur bei langsamem Tempo durchführt. Takte von
mehr als vier Taktschlägen vermöchte der Dirigirende nur so
auszuführen, dass die Ausführenden wenig Nutzen davon hätten;
sie würden verwirrt werden, die rhythmische Bedeutung der Taktir-
stab-Bewegungen nur schwer verstehen und das Taktiren seinen
Zweck verfehlen. Deshalb schreiben Gluck und Mozart, wenn
mehrere pentapodische oder hexapodische Kola auf einander folgen, lieber nach monopodischen und dipodischen Takten (Iphi-
genie Taur. No. 18, Figaro Arie No. 28), von denen je fünf oder
drei auf ein Kolon kommen.

Viel anders wird auch Aristoxenus die von ihm aufgeworfene
Frage „διὰ τί οὐ γίνεται πλείω σημεῖα τῶν τεττάρων;" nicht be-
antwortet haben. Er wird gesagt haben, dass es deshalb nicht
der Fall sei, weil das Markiren von πλείω σημεῖα von Seiten des
Taktirenden für die παρακολούθησις (das Folgen Seitens der
Ausführenden) keinen Nutzen habe; weil es die Ausführung nicht
nur nicht erleichtern würde, sondern unter Umständen erschweren
und in Verwirrung bringen könne. Theoretisch wird das Vorkommen von Takten aus 5 und 6 Versfüssen von Aristoxenus anerkannt, denn er nennt den 18-zeitigen als den grössten iambischen,
den 25-zeitigen als den grössten paeonischen Takt, augenscheinlich fasst er diese 6-füssigen ἰαμβικά und 5-füssigen παιωνικά

deshalb als *πόδες*, weil er in ihnen dieselbe Solidarität des Accentuationsverhältnisses wie in den tripodischen und tetrapodischen empfindet. Er gehört nun einmal, wie Baumgart a. a. O. p. XXXVI sagt, „zu den Feinhörern, welche die Accentuation des Kolons genau empfinden". Auch Aristoxenus hat die 5 oder 6 Versfüsse jener Kola in ihrer rhythmischen Bedeutung als *χρόνοι ποδικοί* empfunden, worauf seine Definition der *διαφορὰ κατὰ διαίρεσιν* hinzudeuten scheint. Aber praktisch wird das Markiren dieser 5 oder 6 *χρόνοι ποδικοί* als der Theile eines Taktes nicht ausgeführt wegen der grossen Schwierigkeit, die dasselbe der *παρακολούθησις* bereitet hätte.

Das iambische Trimetrum.

Das iambische oder trochaeische Trimetrum, obwohl dasselbe nach Aristoxenus ein *ποὺς ὀκτωκαιδεκάσημος ἰαμβικός* ist, gilt in der Praxis des Taktirens nicht als ein Takt, sondern als eine Folge von drei dipodischen Takten. Suchen wir uns diesen Unterschied klar zu machen. Werden dipodische Takte taktirt, so hat jede Dipodie ihren Hauptaccent und ihren Nebenaccent. Werden aber mehrere Dipodien zu einem grösseren Takte vereint, so wird von den Hauptaccenten, welche die Dipodien haben, der eine zum stärkeren Hauptaccente, der andere zum schwächern Hauptaccente. Würde nun das ganze Trimetron als Ein Takt taktirt, so würde der verschiedene Grad der Stärke, welchen die verschiedenen Hauptaccente im Verhältniss zu einander haben, durch den Taktirenden angezeigt. Wird der ganze Trimeter als eine Folge von drei dipodischen Takten taktirt, so geschieht dies nicht: es kann dann bloss der Unterschied zwischen Hauptaccent und Nebenaccent innerhalb jedes einzelnen dipodischen Taktes angezeigt werden. Die verschiedene Gradation der Hauptaccente ist stets vorhanden (wenn anders der Trimeter ein *ποὺς* ist), mag er nun als ein *ποὺς* oder als eine Folge von drei *πόδες* taktirt werden; aber nur im ersteren Falle, nicht im zweiten, würde das Taktiren jene Gradation berücksichtigen. Beim tetrapodischen Kolon kommt in unserer Musik genau dasselbe vor. Man taktirt es als tetrapodischen Takt, — dann hat es z. B. bei diastaltischem Tropos den Taktstrich vor der Hebung des vierten Fusses; oder man taktirt es als eine Folge von 2 dipodischen Takten, — dann hat es den Taktstrich vor der Hebung des zweiten und vor der Hebung des vierten Fusses. So hat Bach ein und dasselbe Thema (I, 12, 1 u. 2

Peters) das eine Mal in tetrapodischen Takten (mit einem Taktstrich für jede Tetrapodie), das andere Mal in dipodischen Takten (zwei Taktstriche für jede Tetrapodie) bearbeitet, aber die Accentuation ist das eine Mal dieselbe wie das andere. Analog haben wir es uns zu denken, wenn das iambische Trimetron aus drei βάσεις διποδικαί besteht, von denen jede als ein πούς gefasst wird. Nach der antiken Ueberlieferung wurde das iambische Trimetron nach folgendem Rhythmus gelesen:

$$\overline{\cup} \, \_ \, \cup \, \llcorner \qquad \overline{\cup} \, \_ \, \cup \, \llcorner \qquad \overline{\cup} \, \_ \, \cup \, \llcorner$$

$$\underbrace{\ddot{\alpha}\varrho\sigma. \; \vartheta\acute{\epsilon}\sigma.} \quad \ddot{\alpha}\varrho\sigma. \; \vartheta\acute{\epsilon}\sigma. \quad \ddot{\alpha}\varrho\sigma. \; \vartheta\acute{\epsilon}\sigma.$$

$$\beta\acute{\alpha}\sigma. \; \delta\iota\pi. \quad \beta\acute{\alpha}\sigma. \; \delta\iota\pi. \quad \beta\acute{\alpha}\sigma. \; \delta\iota\pi.$$

gerade in der umgekehrten Accentuation, welche Bentley annahm. Denn es heisst bei

Iuba bei Priscian p. 1321 P: Der Trimeter nimmt an der zweiten, vierten und sechsten Stelle nur solche Füsse an, die mit der Kürze anfangen, quia in his locis feriuntur per coniugationem pedes trimetrorum [libb. pedestrium metrorum], weil an den genannten Stellen, der zweiten, vierten und sechsten, die Versfüsse der Trimeter den Ictus haben. Wenn man also bisher annahm, der Trimeter werde an der ersten, dritten und fünften Stelle betont, so lehrt Iuba, „qui inter metricos auctoritatem primae eruditionis obtinuit, incidens Heliodori vestigiis, qui inter Graecos huiusce artis antistes aut solus est", gerade das Gegentheil: der Vers soll nach ihm (und Heliodor) an der zweiten, vierten und sechsten Stelle den Ictus haben.

Caesius Bassus bei Rufin p. 2707 P: „Da der Iambus auch Füsse des daktylischen Geschlechts annimmt, so hört er auf als iambischer Vers zu erscheinen, wenn man ihn nicht durch die Percussion in der Weise gliedert, dass man beim Taktiren den Fusstritt auf den Iambus kommen lässt. Demgemäss nehmen jene Percussionsstellen keinen andern Versfuss an, als den Iambus und den ihm gleichen Tribrachys."

Asmonius bei Priscian p. 1321 P: „Da der Trimeter 3 Ictus hat, so ist es nothwendig, dass er die Verlängerung der Kürze (moram adiecti temporis) an den Stellen zulässt, auf welche kein ictus percussionis kommt." „Im ersten, dritten und fünften Fuss hebt der Vers an (hat die Dipodie den καθηγούμενος χρόνος), im zweiten, vierten und sechsten hat er den Ictus."

Terentianus Maurus v. 2249: „Weil der Vers bloss an un

§ 44. Pentapodische und hexapodische Kola.

gerader Stelle den Spondeus annimmt, so müssen wir den Iambus der zweiten Stelle anweisen (vgl. 2261 et caeteris qui sunt secundo compares) und müssen hierher beim Scandiren den gewohnten Ictus verlegen (adsuetam moram = adsuetum ictum), welchen die magistri artis durch den Schall des Fingers oder durch den Tritt des Fusses zu unterscheiden pflegen." Also der Lehrer, der die Schüler in den Horatianischen Metren unterwies und bis an die Epoden gekommen war

Ibis Liburnis inter alta navium,

sagte seinen Schülern, dass sie die Silben bur, al, um in

Libúrnis álta naviúm

stärker aussprechen sollten und, auf dass sie hierin nicht fehlten, trat er bei diesen Sylben mit dem Fusse oder gab ein Zeichen mit der Hand. Da müssen wir uns doch belehren lassen.

Atilius Fortunatianus p.2692P: „In den anlautenden Stellen oder sublationes, welche ungleiche Stellen genannt werden, kommen alle 5 Füsse vor (Iambus, Spondeus u. s. w.); in den auslautenden Stellen oder depositiones, welche gleiche Stellen heissen, nur solche Füsse, die mit einer kurzen Sylbe anfangen." Sublatio und depositio ist hier im alten Sinne, nicht im spätern gebraucht. Die geraden Stellen sind die θέσεις, also die Ictusstellen, die ungeraden die ἄρσεις. Also auch die Worte des Atilius Fortunatianus bezeugen wiederum, wohin die Alten im Trimeter den Ictus verlegten. Wir machen darauf aufmerksam, dass hier θέσεις und ἄρσεις im streng technischen Sinne der S. 254 von den Einzelfüssen des ganzen πούς gesagt ist.

Von anderen hierher zu zählenden Stellen ist Anonym. de mus. § 97 auf S. 261 besprochen.

In der That, es gibt in der gesammten Rhythmik und Metrik nicht einen einzigen Punkt, bei dem wir über die Art und Weise, wie die Alten ihre Verse lasen, so sorgfältig und genau unterrichtet sind, wie über die Recitation des Trimeters. Die Zeugnisse sind zahlreich genug. Auch Bentley im schediasma de metris Terentianis geht von Zeugnissen der Alten aus und lehrt ihnen folgend ganz richtig: ictus percussio dicitur, quia tibicen, dum rhythmum et tempus moderabatur, ter in trimetro, quater in tetrametro solum pede feriebat. Nachdem er in den

18*

auf jenen Satz folgenden Worten die Definition gegeben, dass
ἄρσις der starke, ϑέσις der schwache Takttheil sei, fährt er fort:
Hos ictus sive ἄρσεις magno discentium commodo nos primi in
hac editione per accentus acutos expressimus, tres in trimetris:

poéta cum primum ánimum ad scribendum áppulit.

Horum autem accentuum ductu, si vox in illis syllabis acuatur
et par temporis mensura quae ditrochaei vel ἐπιτρίτου
δευτέρου spatio semper finitur, inter singulos accentus
servetur, versus universos eodem modo lector efferet, quo olim
ab actore in scena ad tibiam pronuntiabantur. Quare ego iam
ab adolescentia … aliam mihi scansionis rationem institui, per
διποδίαν scilicet τροχαϊκήν, hoc modo:

po|éta dederit | quaé sunt adole|scéntium.

Er trägt kein Bedenken, den Trimeter in der von ihm angegebenen Weise zu accentuiren. Dies letztere war freilich sehr
übereilt, und es hat späterhin Apel, wenn er eine dem modernen
Rhythmus entnommene Messung den antiken Metren aufzwängt,
nicht ärger gefehlt als Bentley, wenn dieser sagt, dass der Leser,
der die drei ihm angegebenen Icten und die Taktgleichheit der
Dipodien innehält, den antiken Trimeter grade so vorträgt, wie
ehedem der antike Schauspieler auf der Bühne. Bentley hätte
nicht die erste, sondern die zweite Hälfte der iambischen Dipodie
durch den Ictus hervorheben müssen. Und wie Bentley haben
auch unsere späteren Metriker jene allerdings beim ersten Durch-
lesen wohl nicht sogleich zu verstehenden Stellen unbeachtet
gelassen. G. Hermann hat sich ganz einfach mit Bentleys Versicherung, vom Trimeter sei die erste Sylbe abzusondern und
der Ictus auf die folgende „Arsis" zu setzen, beruhigt, ohne den
Gründen hierfür nachzufragen. Und es ist die Macht der süssen
Gewohnheit, dass wir uns leider Alle, ohne nachzufragen, in
gleicher Weise beruhigten und die wiederholte Hinweisung
Gepperts auf die alte überlieferte Messung des Trimeters*)
unbeachtet liessen und völlig damit einverstanden waren, wenn

*) Zum Beispiel in der zweiten Auflage seiner Bearbeitung des Tri-
nummus S. 132, wo in der Anmerkung folgende Stellen der Alten citirt
sind: Terent. Maur. p. 2433 secundo iambum non necesse … qui docent
artem, solent. Augustin. de mus. 5, 24. Asmon. ap. Priscian. de metr.
Terent. § 6. Iuba ibid., und ausserdem auf die erste Ausgabe des Trinum-
mus und die Schrift über den cod. Ambros. p. 87 hingewiesen ist.

diese alte überlieferte Messung von Ritschl als „eine funkel-
nagelneue Theorie" abgewiesen wurde.

Die pentapodischen Kola.

Sie werden nach monopodischen Takten taktirt, die trochaeischen nach τρίσημοι, die daktylischen nach τετράσημοι, die paeonischen nach πεντάσημοι πόδες. Man fasste sie zwar als einheit-
liche πόδες σύνθετοι auf, wie die paeonische Pentapodie als πούς
πεντεκαιεικοσάσημος (Aristox.), aber es gibt keine πόδες, denen
man in der Praxis mehr als vier χρόνοι ποδικοί gibt. Nach der
Angabe der alten Metriker wird eine paeonische Pentapodie κατὰ
πόδα zu messen sein. Die moderne Musik (Gluck, Iphig. Taur.
Chor. No. 18) macht es nicht anders, wenn solche κῶλα, was
selten genug ist, continuirlich auf einander folgen (als isolirte
Kola, die unter anderen Kola eingeschoben sind, kommen sie
bei den Modernen häufiger vor als man denkt — hier nimmt
man in der Setzung des Taktstriches auf die fremden Elemente
keine Rücksicht).

Schlusscapitel.
Das rhythmische Schema.

§ 45.
Marius Victorinus über die σχήματα ποδικά.

Die Lehre des Aristoxenus über den Taktunterschied κατὰ
σχῆμα würde, wenn sie handschriftlich auf uns gekommen wäre,
diejenige Partie seiner Rhythmik sein, welche auf unsere Fragen
nach der rhythmischen Sylben-Messung in den metrischen Metren
die endgültige Antwort geben würde. Leider gibt das handschriftlich erhaltene Fragment über die διαφορὰ τῶν ποδῶν κατὰ
σχῆμα fast nichts als bloss die Definition, die nach Aristoxenischer
Weise so kurz wie möglich gehalten ist. Lange Zeit hindurch
war es mir nicht vergönnt, die richtige Interpretation derselben
zu finden. Noch in der zweiten Auflage der Metrik glaubte ich
die διαφορὰ κατὰ σχῆμα als eine Unterart der διαφορὰ κατὰ
διαίρεσιν fassen zu müssen. Erst im letzten Winter meines
Aufenthaltes in Moskau gelang es mir, das richtige Verständniss
zu gewinnen. Das Resultat habe ich in meiner Uebersetzung

und Erklärung der Aristoxenischen Rhythmik veröffentlicht. Es wird ausreichend sein, wenn ich an dieser Stelle einen Auszug des dort Gesagten bringe. Vorher aber wird eine Besprechung dessen nothwendig sein, was Marius Victorinus über die ποδικὰ σχήματα als angebliche Lehre des Aristoxenus überliefert.

Bei Marius Victorinus p. 2514 P heisst es:
Dactylicum hexametrum constat e spondeo, trochaeo et eodem dactylo. habet autem pedes sex, quos Aristoxenus musicus χώρας vocat. recipit autem pedales figuras tres: has Graeci dicunt ποδικὰ σχήματα. nam aut in sex partes dividitur per monopodiam, aut in tres per dipodiam dirimitur et fit trimetrus *), aut in duas per κῶλα duo, quibus omnis versus constat, dirimitur. Also

1.
dividitur in 6 partes per monopodiam
μον.   μον.   μον.   μον.   μον.   μον.
_ ∪ ∪ | _ ∪ ∪ | _ ∪ ∪ | _ ∪ ∪ | _ ∪ ∪ | _ _ |

2.
dividitur in 3 partes per dipodiam
διποδία   διποδία   διποδία
_ ∪ ∪ _ ∪ ∪ | _ ∪ ∪ _ ∪ ∪ | _ ∪ ∪ _ _ |

3.
dirimitur in 2 partes per κῶλα duo.
κῶλον   κῶλον
_ ∪ ∪ _ ∪ ∪ _ ∪ ∪ | _ ∪ ∪ _ ∪ ∪ _ _ |

Die erste und die dritte Theilung des daktylischen Hexametrons ist uns sofort verständlich. Die erste theilt die χρόνοι ποδικοί ab, die einzelnen Versfüsse. Die dritte fasst je drei solcher χρόνοι ποδικοί zu κῶλα zusammen: der ganze Vers besteht aus 2 tripodischen Kola von je 4-zeitigen Versfüssen (jedes Kolon ein πούς σύνθετος δωδεκάσημος ἐν λόγῳ διπλασίῳ)

	κῶλον			κῶλον		2 κῶλα
⌋ ∪ ∪	⌋ ∪ ∪	⌋ ∪ ∪	⌋ ∪ ∪	⌋ ∪ ∪	⌋ _	
μον.	μον.	μον.	μον.	μον.	μον.	6 μονοποδίαι.

So lange man für die melische Rhythmik das Vorkommen 3-zeitiger, angeblich kyklischer, Daktylen annehmen zu müssen glaubte, erklärte man den zweiten Fall dividitur in 3 partes per dipodiam

διποδία   διποδία   διποδία
⌋ ∪ ∪ ⌋ ∪ ∪ | ⌋ ∪ ∪ ⌋ ∪ ∪ | ⌋ ∪ ∪ ⌋ _

in der Weise, dass man sagte: der aus sechs 3-zeitigen Daktylen bestehende kyklische Hexameter bildet genau in der Weise des aus

*) Die Form „trimetrus" verräth, dass Caesius Bassus die Quelle dieser Stelle ist. Auch die Stelle „de rhythmo" wird aus Caesius Bassus entlehnt sein.

sechs 3-zeitigen Trochaeen oder Iamben bestehenden Trimeters einen
einzigen 18-zeitigen Takt, der in drei Dipodien eingetheilt wird.
Da aber Aristoxenus solche Daktylen von 3 Chronoi protoi nicht
anerkennt, die kyklischen Versfüsse vielmehr dem Recitations-
Rhythmus angehören, so darf von dieser Auffassung des daktylischen Hexameters als eines „Trimetrus" nicht die Rede sein.
Die Theilung des daktylischen Hexametrons „in tres partes per
dipodiam" kann nur dann einen Sinn haben, wenn man annimmt,
der Vers zerfällt in zwei ungleich grosse Kola oder πόδες σύνθετοι: einen dipodischen und einen tetrapodischen Takt. Dann
ist freilich die Diairesis in χρόνοι ποδικοί für die beiden Kola
eine ungleiche: das dipodische hat 2 monopodische Chronoi, das
tetrapodische 4 monopodische Chronoi podikoi.

$$ \_\,\cup\,\cup\,\_\,\cup\,\cup\,\_\,\cup\,\cup\,\_\,\cup\,\cup\ \Big|\ \_\,\cup\,\cup\,\_\,\_ $$

μ.	μ.	μ.	μ.	μ.	μ.
	tetrapodisches Kolon			dipodisches Kolon.	

Dieser zweite Fall der von Marius Victorinus angegebenen
drei Eintheilungen des daktylischen Hexametrons kann nicht von
Aristoxenus stammen. Der erste Satz des Marianischen Berichtes
bis „quas Aristoxenus musicus χώρας vocat", geht, wie er hier
ausgesprochen ist, auf Aristoxenus zurück. Was darauf folgt,
die Angabe über die ποδικὰ σχήματα, ist zwar auch aus einem
griechischen Original übersetzt, aber aus der Arbeit eines
Rhythmikers, die den Aristoxenus berücksichtigt, doch in unserem Falle nicht allzugewissenhaft benutzt hatte. Wir werden
schwerlich irren, dass wir es hier mit demselben Aristoxeneer der
vorneronischen Zeit zu thun haben, welchem die Auseinandersetzung „de Rhythmo" bei Marius Victorinus entnommen ist.
Dass das daktylische Hexametron sich entweder in 6 Monopodien („monopodische Basen") oder in drei Dipodien oder in
zwei Kola (von je drei Versfüssen) zerlegt, kann als eine echt
rhythmische Anschauung gelten. Aber man denke, dass Aristoxenus
gesagt habe: τὸ ἑξάμετρον δακτυλικὸν διαιρεῖται ἢ εἰς ἓξ μέρη
κατὰ μονοποδίαν, ἢ εἰς τρία μέρη κατὰ διποδίαν ἢ εἰς δύο κατὰ
κῶλον μέρη! Das würde etwa eine Angabe über die διαίρεσις
εἰς μέρη sein. Wird das Hexametron κατὰ μονοποδίαν zerlegt,
dann zerfällt ein jeder der 6 πόδες in 2 μέρη (eine θέσις und eine
ἄρσις); wird das Hexametron κατὰ διποδίαν zerlegt, dann zerfällt
jede Dipodie in 2 μέρη, von denen der eine Daktylus die Thesis,

der andere die Arsis bildet; zerfällt der Vers in 2 Kola, dann
hat jedes Kolon 3 μέρη κατὰ μονοποδίαν. Was wir bei Marius
Victorinus über die σχήματα ποδικά des daktylischen Hexametrons
lesen, kann unmöglich aus Aristoxenus übersetzt sein, der unter
σχήματα ποδικὰ nachweislich etwas ganz anderes verstanden hat.

§ 46.

Das Aristoxenische σχῆμα ποδικόν.

Aristox. Rh. § 28, S. 33 meiner Uebersetzung.

Was Aristoxenus in seinem Abschnitte über die ποδικὰ σχήματα gesagt hat, davon wissen wir so viel aus seinem eigenen
Citate Rhythmik § 12, dass darin dargestellt war, auf welche
Weise der Chronos protos aufzufassen sei. „Ὃν δὲ τρόπον λήψεται
τοῦτον (i. e. τὸν χρόνον πρῶτον) ἡ αἴσθησις, φανερὸν ἔσται ἐπὶ
τῶν ποδικῶν σχημάτων.“ Ausser diesem und gelegentlichen
anderen Citaten besitzen wir von Aristoxenus über die σχήματα
ποδῶν zunächst nichts als die Definition Rhyth. § 28:
„Σχήματι δὲ διαφέρουσιν ἀλλήλων, ὅταν τὰ αὐτὰ μέρη τοῦ
αὐτοῦ μεγέθους μὴ ὡσαύτως ᾖ“. Diese offenbar am Ende unvollständige Definition lautet in den rhythmischen Prolambanomena
des Michael Psellus: „Σχήματι δὲ ὅταν τὰ αὐτὰ μέρη τοῦ αὐτοῦ
μεγέθους μὴ ὡσαύτως ᾖ τεταγμένα“. Man hat hiernach bei Aristoxenus das Wort τεταγμένα ergänzen wollen. M. Schmidt
widerspricht. Mit Recht. Denn wenn die διαφορὰ ποδῶν κατὰ
σχῆμα von Aristoxenus mit den bei Psellus vorkommenden Worten
μὴ ὡσαύτως ᾖ τεταγμένα definirt würde, so käme die διαφορὰ
κατὰ σχῆμα mit der διαφορὰ κατ' ἀντίθεσιν auf dasselbe hinaus,
von der sie doch augenscheinlich etwas verschiedenes sein soll.
M. Schmidt schreibt: „μὴ ὡσαύτως [τεθ]ῇ“. Eine Verbalform
auf ϑῇ erfordert die durchgängige Analogie, welche zwischen
der Definition der διαφορὰ κατὰ διαίρεσιν und διαφορὰ κατὰ
σχῆμα besteht; die Analogie wird noch grösser, wenn wir als
ausgefallenes Verbum auf ϑῇ das Wort σχηματισϑῇ restituiren.

Διαιρέσει δὲ διαφέρουσιν ἀλ-   Σχήματι δὲ διαφέρουσιν ἀλλήλων ὅταν τὸ αὐτὸ μέγεθος   λήλων ὅταν τὰ αὐτὰ μέρη τοῦ
εἰς ἄνισα μέρη διαιρεϑῇ.   αὐτοῦ μεγέθους μὴ ὡσαύτως
                                                  σχηματισϑῇ.

Διαιρέσει διαφέρουσιν ὅταν ... διαιρεϑῇ.
Σχήματι διαφέρουσιν ὅταν ... σχηατισϑῇ.
„Theilungs-Unterschied ist es, wenn anders getheilt wird; Form-Unterschied, wenn anders geformt wird." Das scheint zwar eine etwas äusserliche Definition zu sein, von der Art des juristischen „Servus est qui servit". Aber wir müssen bedenken, dass vor Aristoxenus die Namen *κατὰ διαίρεσιν* und *κατὰ σχῆμα διαφορά* noch nicht üblich waren, dass er zuerst diese Neuerung in der rhythmischen Terminologie gemacht hat. Und da ist der Sinn doch nur folgender: Wenn gleich grosse Takte verschieden getheilt sind, so nenne ich das Theilungs-Verschiedenheit der Takte; wenn gleich grosse und gleich getheilte Takte in ihren Theilen anders geformt sind, so nenne ich das Form-Verschiedenheit der Takte.

Alle übrigen Unterschiede der *πόδες*, so viele ihrer existiren, sind in den Aristoxenischen *διαφοραί* berücksichtigt: *κατὰ γένος* (der geraden und der ungeraden Taktart), *κατὰ μέγεϑος* (z. B. Trochaeen und Ionici in der ungeraden Taktart), *κατ' ἀντίϑεσιν* (*ἰωνικοὶ ἀπὸ μείζονος* und *ἰωνικοὶ ἀπ' ἐλάσσονος*) u. s. w. Nur der eine Unterschied, dass bei gleichem *γένος*, *μέγεϑος* und *εἶδος* zwei *πόδες* eine verschiedene Sylbenform haben können, wie z. B. der eine *ἰωνικὸς ἀπὸ μείζονος* die Form ⏌–⏑⏑, der andere ⏌– –, dieser Unterschied würde von Aristoxenus übersehen worden sein, wenn nicht seine „*διαφορὰ κατὰ σχῆμα ποδός*" eben von dem verschiedenen Sylbenschema des Versfusses zu verstehen wäre.

Es handelt sich bei dem *σχῆμα* stets um die Art und Weise, wie bestimmte rhythmische Zeitgrössen durch die *μέρη τοῦ ῥυϑμιζομένου* ausgedrückt werden. *Καλῶς δ' εἰπεῖν τοιοῦτον νοητέον τὸ ῥυϑμιζόμενον, οἷον δύνασϑαι μετατίϑεσϑαι εἰς χρόνων μεγέϑη παντοδαπὰ καὶ εἰς ξυνϑέσεις παντοδαπάς* Rh. § 8. Besteht das *ῥυϑμιζόμενον* in den Sylben der *λέξις*, so kann es vorkommen, dass dasselbe *χρόνου μέγεϑος ὑπὸ μιᾶς συλλαβῆς καταληφϑῇ* oder dass es *ὑπὸ πλειόνων ξυλλαβῶν καταληφϑῇ*; im ersteren Falle nennen wir den *χρόνος πρὸς τὴν ῥυϑμοποιίας χρῆσιν βλέποντες ἀσύνϑετος*, im zweiten Falle *σύνϑετος* Aristox. § 13 ff. Die *διαφορὰ σχήματος ποδῶν* besteht also darin, dass in einem *πούς* der nämliche *χρόνος ῥυϑμικός* in der Sylbenzusammenstellung ein *ἀσύνϑετος* oder ein *συνϑετος* im Sinne der *χρῆσις ῥυϑμοποιίας* sein kann, wozu nach Aristid. p. 40 auch noch *χρόνοι κενοί* oder Pausen hinzukommen können.

§ 46 b.

Die σχήματα des zusammengesetzten Taktes nach der Doctrin des Aristoxenus.

Wird also das σχῆμα τοῦ ἀσυνϑέτου ποδός, das Schema des einfachen Versfusses, durch das, was die Metriker συναίρεσις und λύσις der Sylben nennen, bewirkt (vgl. S. 223), so wird natürlich auch das σχῆμα des πούς σύνϑετος oder des Kolons durch Sylben-Auflösung und Sylben-Contraction verändert. Speciell aber ist es beim σύνϑετος πούς zweierlei, wodurch die διαφορὰ σχήματος hervorgebracht wird. Nämlich

1. das κῶλον ist entweder ein ὁλόκληρον oder es findet in demselben eine κατάληξις statt, entweder im Auslaute, wodurch es zum καταληκτικόν oder βραχυκατάληκτον wird, oder im Inlaute, wodurch das κῶλον zum προκατάληκτον und δικατάληκτον wird;

2. das κῶλον ist entweder ein καϑαρόν oder ein μικτόν, das erstere enthält nur Versfüsse desselben γένος, in dem anderen hat eine μῖξις heterogener Versfüsse statt gefunden.

Die διαφορὰ κατὰ σχῆμα wird also auf der Katalexis und auf der μῖξις der πόδες beruhen.

Katalexis.

Dass die katalektischen Kola in ihrem rhythmischen Mege-thos den entsprechenden akatalektischen gleich stehen und durch welche Mittel der Rhythmopoeie dieser Umfang erreicht wird, ist bereits oben § 33, 1 angegeben. Neben der nur eine Arsis oder Thesis am Schlusse des Kolons umfassenden κατάληξις gibt es auch eine βραχυκατάληξις, worüber Hephaestion c. 3 lehrt: Βραχυκατάληκτα δὲ καλεῖται ὅσα ἀπὸ διποδίας ἐπὶ τέλους ὅλῳ ποδὶ μεμείωται. Die metrische Form

$$\_ \cup \_ \cup \_ \cup$$

erscheint zunächst als eine trochaeische Tripodie, aus drei voll-ständigen trochaeischen Versfüssen bestehend. Dies rhyth-mische Mass von 9 Chronoi protoi (πούς σύνϑετος ἐννεάσημος) wird der trochaeischen Tripodie in der That zukommen. Aber hat dieselbe die rhythmische Geltung des brachykatalektischen Dimetrons, so fehlt ihr am Ende ein ganzer Versfuss, sie hat also den

Rhythmus einer trochaeischen Tetrapodie von 12 Chronoi protoi, mag nun am Schlusse eine das Megethos eines Trochaeus umfassende Pause, mag eine τονή der Schlusssylben anzunehmen sein. Gemäss der metrischen Form

$$\_ \cup \_ \cup \_ \cup$$

muss auch die um eine Sylbe kürzere Form

$$\_ \cup \_ \cup \_$$

als brachykatalektisches Dimetron gelten können, wobei das 12-zeitige Megethos des akatalektischen Dimetrons durch eine Schlusspause erreicht wird, welche das Megethos eines vollständigen Trochaeus nebst der Arsis eines Trochaeus umfasst.

Dikatalexis.

Die Katalexis (und Brachykatalexis) trifft am häufigsten den Auslaut des Kolons, resp. des letzten Kolons einer Periode oder eines μέτρον. Es kann aber auch im Inlaute eines μέτρον eine Katalexis (oder Brachykatalexis) stattfinden. Solche μέτρα heissen bei Hephaestion „ἀσυνάρτητα". Dieselben werden bedingt durch die Prokatalexis (Katalexis im anlautenden Theile) und durch Dikatalexis (Katalexis zugleich im anlautenden und auslautenden Theile). Prokatalektische Metra haben akatalektischen, dikatalektische haben katalektischen Ausgang.

Auch innerhalb ein und desselben Kolons kann Prokatalexis oder Dikatalexis stattfinden.

Der von Hermann und Boeckh nicht beachtete Begriff der Prokatalexis steht zweifellos fest aus dem von Hephaestion p. 54 als προκαταληκτικόν angeführten asynartetischen Metron der Sappho „ἐκ τροχαικοῦ ἑφθημιμεροῦς καὶ διμέτρου ἀκαταλήκτου"

ἔστι μοι καλὰ πάϊς | χρυσέοισιν ἀνθέμοισιν

$$\_ \cup \_ \cup \_ \cup \_ | \_ \cup \_ \cup \_ \cup \_ \cup.$$

Hiernach wird ein κῶλον δίμετρον, aus einer katalektischen und einer akatalektischen βάσις τροχαική bestehend, ein δίμετρον τροχαϊκὸν προκατάληκτον zu nennen sein

$$\_ \cup \_ \quad \_ \cup \_ \cup.$$

Der Begriff der Dikatalexis, ebenfalls von den früheren nicht beachtet, ergibt sich mit gleicher Sicherheit aus Heph. p. 56, der von den aus 2 unvollständigen Kola bestehenden μέτρα δίκωλα

$$\_ \_ \cup \_ \cup \_ \_ | \_ \_ \_ \cup \_ \cup \_ \_$$

und

$$\_ \_ \_ \cup \cup \_ \_ | \_ \_ \_ \cup \cup \_ \_$$

(das erstere aus 2 iambischen *καταληκτικά*, das zweite aus 2 *μικτα βραχυκατάληκτα* — Hephaestion selbst nennt sie infolge seiner 4-sylbigen Messung der *μικτὰ „δίμετρα καταληκτικά“*) ein jedes „*δικατάληκτον*“ *μέτρον ἀσυνάρτητον* nennt. Hiernach wird ein aus 2 katalektischen *βάσεις τροχαικαί* bestehendes Kolon

$$\acute{\,}\cup\acute{\,}, \quad \acute{\,}\cup\acute{\,}$$

als ein *δίμετρον ἰαμβικὸν δικατάληκτον* aufzufassen sein; ein aus 2 katalektischen *βάσεις ἰαμβικαί* bestehendes Kolon

$$\cup\acute{\,}\acute{\,}, \quad \cup\acute{\,}\acute{\,}$$

als ein *δίμετρον ἰαμβικὸν δικατάληκτον·*
Δίμετρον τροχαικόν

1. ⏑́⏑ ⏑́⏑ ⏑́⏑ ⏑̄ *ἀκατάληκτον* (2 akatal. Basen),
2. ⏑́⏑ ⏑́⏑ ⏑́⏑ ⏑́ *καταληκτικόν* (1 akat. und 1 katal. Basis),
3. ⏑́⏑ ⏑́⏑ ⏑́ ⏑́ *βραχυκατάληκτον* (1 katal. und 1 dikat. Basis),
4. ⏑́⏑ ⏑́ ⏑́⏑ ⏑̄ *προκατάληκτον* (1 katal. und 1 akatal. Basis),
5. ⏑́⏑ ⏑́ ⏑́⏑ ⏑́ *δικατάληκτον* (1 katal. und 1 katal. Basis),
6. ⏑́⏑ ⏑́ ⏑́ ⏑́ *τρικατάληκτον* (1 katal. und 1 dikat. Basis),
7. ⏑́ ⏑́ ⏑́⏑ ⏑́ *τρικατάληκτον* (1 dikat. und 1 katal. Basis),
8. ⏑́ ⏑́ ⏑́⏑ ⏑̄ *προκατάληκτον* (1 dikat. und 1 akatal. Basis),
9. ⏑́⏑ ⏑́⏑ ⏑́ ⏑̄ *προκατάληκτον* (1 akatal. und 1 prokatal. Basis),
10. ⏑́ ⏑́⏑ ⏑́⏑ ⏑́ *δικατάληκτον* (1 prokatal. und 1 katal. Basis),
11. ⏑́ ⏑́ ⏑́ ⏑́ *τετρακατάληκτον* (1 dikatal. und 1 dikatal. Basis).

Diese Dimetra trochaica mit asynartetischen Bildungen sind neben den katalektischen in der dramatischen Poesie, namentlich bei Aeschylus überaus häufig. Beispiele:

1. *οὔτ’ ἔπαυσ’ ἐπ’ εὐλαβείᾳ* Agam.,
2. *ταῦτά μοι μελαγχίτων* Pers. 114,
3. *ῥυσίβωμον Ἑλλά- [νων ἄγαλμα δαιμόνων* Eum. 920,
4. *καταί- [θουσα παιδὸς δαφοινόν* Choeph. 606,
5. *πολλὰ μὲν γᾶ τρέφει* Choeph. 585,
6. *φοινίαν Σκύλλαν* Choeph. 614,
7. *ἅτ’ ἐχθρῶν ὑπαί* Choeph. 616,
8. *ἀνταίων βροτοῖσι* Choeph. 587,
9. *καὶ δεδορκόσιν ποινάν* Eum. 322.

Durch die inlautende Katalexis (Dikatalexis, Prokatalexis) werden *συλλαβαὶ παρεκτεταμέναι**) bedingt, gedehnte Sylben, welche einen ganzen Versfuss, die Thesis und zugleich die Arsis des-

---

*) Aristid. p. 98 M.

selben umfassen. Im Grunde ist auch der Trochaeus semantus und der Orthius mit seinen 4-zeitigen Längen so zu erklären, dass die μακρα τετράσημος die Function eines ganzen 4-zeitigen Daktylus hat, und die Thesis und die Arsis des Versfusses zu einer einzigen Länge zusammenzieht. Die drei 4-zeitigen Längen des Trochaeus semantus sind genau derselbe Rhythmus, wie ein einziges tripodisches Kolon des daktylischen Hexameters; zwei auf einander folgende semantische Trochaeen sind derselbe Rhythmus wie der daktylische Hexameter. Im Gesange kommt beim semantischen Trochaeus auf jeden 4-zeitigen Versfuss eine einzige gedehnte Länge, gleichsam der Cantus firmus, zu welchem die gleichzeitige Krusis die einzelnen Versfüsse des Hexameters nach ihren 2-zeitigen Längen und 1-zeitigen Kürzen zur Darstellung brachte.

Mischung der Versfüsse.

Nach der Theorie der Metriker ist μέτρον καθαρὸν μονοειδές (metrum uniforme) ein solches, welches aus gleichen Versfüssen besteht; kommen verschiedene Arten von Versfüssen in einem und demselben Metrum vor, so ist dasselbe entweder ein μέτρον μικτόν oder ein μέτρον ἐπισύνθετον. Im letzteren Falle ist jedes der Kola, welche in dem Verse vorhanden sind, ein κῶλον καθαρόν oder μονοειδές, die einzelnen Kola des Verses bestehen nicht aus denselben, sondern aus verschiedenen Versfüssen. Kommen aber innerhalb des Kolons heterogene Versfüsse vor, so findet eine μῖξις ποδῶν statt, das κῶλον (resp. das ganze Metron) ist dann ein μικτόν.

Gottfried Hermann war der Ansicht, dass in den gemischten (und episynthetischen) Metren eine jede lange Sylbe eine 2-zeitige, eine jede kurze Sylbe eine 1-zeitige sei (vgl. S. 5). Ihm gegenüber behauptete J. H. Voss, dass, wenn Daktylen (Anapaesten) und Trochaeen (Iamben) in einem und demselben Metrum verbunden seien, dass dann der Trochaeus seine Länge zu einer 3-zeitigen verlängere und dadurch von gleicher Ausdehnung wie der 4-zeitige Daktylus werde (vgl. oben S. 6).

August Apel macht es umgekehrt: Der Daktylus erhalte durch
Verkürzung seiner ersten beiden Sylben den Umfang eines 3-
zeitigen Versfusses und werde somit dem Trochaeus gleich gestellt (vgl. oben S. 51). A. Boeckh, welcher anfänglich diese
Messung Apels adoptirte, erkannte, in seinen Metra Pindari, dass
sich Apels Messung nicht mit den Angaben des Aristoxenus vereinigen lasse.

Ohne dass wir hier darauf einzugehen brauchen, wie Boeckh
selber den Umfang der Daktylen und Trochaeen ausgleicht, haben
wir uns alle zu Boeckhs Ansicht zu bekennen, dass jede Messung
eine verfehlte ist, welche nicht vollständig mit Aristoxenus übereinkommt, wenn dieser zu Anfang der rhythmischen Prolambanomena des Psellus sagt:

„Die Sylbe nimmt nicht immer das eine Mal dieselbe Zeit
ein, wie das andere Mal; das Mass aber muss, insofern es Mass
ist, bezüglich der Quantität constant sein, und ebenso auch das
Zeitmass bezüglich der in der Zeit gegebenen Quantität; die
Sylbe, wenn sie Zeitmass sein sollte, ist bezüglich der Zeit nicht
constant, denn die Sylben halten nicht immer dieselben Zeitgrössen
ein, obwohl stets dasselbe Grössenverhältniss. Denn dass der
Kürze die halbe Zeit, der Länge das Doppelte derselben zukommt..."

Der Aristoxenische Satz über die Sylbendauer in der hier
vorstehenden Fassung ist aus dem ersten Buche der Rhythmik,
welches die einleitenden Punkte darlegt, entlehnt. Es ist zweifelhaft, ob Aristoxenus in jener einleitenden Partie das Gesetz über
die Sylbenzeit vollständig besprochen hat. Der Satz ist am Ende
unvollständig überliefert. Wir wissen nicht was fehlt. Sicherlich aber wird Aristoxenus an einer späteren Stelle seiner Rhythmik auf das Megethos der Sylben zurückgekommen sein.

In der Form wie Aristoxenus in der Einleitung das Sylbengesetz ausgesprochen hat, ist, wie gesagt, der Satz nachweislich unvollständig. Denn Aristoxenus' Angaben über den Choreios alogos
statuiren eine (als Länge zu fassende) Sylbe, welche sich zu der be-
nachbarten Sylbe wie $1\frac{1}{2} : 2$ verhält, also nicht das Doppelte sein
kann. An der Stelle, an welcher Aristoxenus das Sylbengesetz ausführlich besprach, müsste angegeben sein, dass die irrationale
Sylbe eine Ausnahme des Gesetzes vom Sylben-Megethos ist.

Noch einen anderen Fall kennen wir, wo die Länge nicht
das Doppelte der Kürze ist. Derselbe ergibt sich aus den notirten Hymnen des Dionysius und Mesomedes. Hier ist die in

der Katalexis stehende Länge ohne Zweifel von einem grösseren als einem 2-zeitigen Megethos. Selbstverständlich kannte auch die frühere Zeit der griechischen Musik die gedehnten Sylben der Katalexis: auch dem Aristoxenus mussten sie wohlbekannt sein. Diese beiden Thatsachen, der Chronos alogos und die gedehnte Länge der Katalexis, sind die einzigen Beschränkungen des von Aristoxenus ausgesprochenen Gesetzes:

„die Länge ist überall das Doppelte der Kürze".

Es ist hier noch zu bemerken, dass Aristoxenus sich an der in Rede stehenden Stelle, gegen die älteren Rhythmiker wendet, welche die Sylbe als rhythmische Masseinheit hingestellt hatten. Aristoxenus seinerseits behauptet: „Die Sylbe ist kein rhythmisches Mass, weil zwar das Grössenverhältniss zwischen der langen und kurzen Sylbe immer dasselbe ist wie 2 : 1, aber im einzelnen Falle die Länge nicht der Länge, die Kürze nicht der Kürze gleich ist. Aus diesem Grunde statuirt Aristoxenus eine über den Sylben stehende rhythmische Masseinheit, den Chronos protos. Im Abschnitte vom Chronos protos (§ 12) sagt Aristoxenus: „Auf welche Weise die Empfindung zum Chronos protos gelangt, das wird in dem Abschnitte von den Takt-Schemata klar werden."

Wir erläutern diesen Satz des Aristoxenus durch Folgendes: Ist der Chronos protos durch ein einzelnes Bestandttheil des Rhythmizomenon dargestellt, so ist dieses eine kurze Sylbe. Aber nicht jede kurze Sylbe hat die rhythmische Function des Chronos protos.

In der dritten Harmonik § 8. 9 sagt A.: „Man muss wissen, dass es die Wissenschaft der Musik zugleich mit Constantem und Variablem zu thun hat ... Auch in der Rhythmik sehen wir Vieles von dieser Art. So ist das Verhältniss, nach welchem die Rhythmengeschlechter verschieden sind, ein constantes, während die Taktgrössen in Folge der Agoge variabel sind. Und wärend die Megethe constant sind, sind die Takte variabel: dasselbe Megethos, z. B. das 6-zeitige, bildet einen (iambischen) Einzeltakt und eine (trochaeische) Dipodie."

„Offenbar beziehen sich auch die Unterschiede der Diaeresen und der Schemata auf ein constantes Megethos. Allgemein gesprochen: Die Rhythmopoeie erfordert viele und mannigfache

Bewegungen, die Takte dagegen, mit denen wir die Rhythmen
bezeichnen, einfache und immer die nämlichen Bewegungen." Dass in Folge der Agoge nicht bloss die „Taktgrössen"
variabel sind, sondern in erster Instanz die Chronoi protoi, das
wird von Aristoxenus des weiteren ausgeführt in dem bei Porphyrius erhaltenen Fragmente „Ueber den Chronos protos".

Wir haben hiermit aus den Resten der Aristoxenischen
Schriften Alles, was mit dem Gesetze vom Megethos der Sylben
und dem rhythmischen Schema in Beziehung zu stehen scheint,
zusammengestellt.

Dass bis auf die genannten zwei Ausnahmen die lange Sylbe
immer den doppelten Zeitumfang der kurzen hat, dass die
Kürze die Hälfte der Länge sein soll, ist etwas, was in den
gewöhnlichen rhythmischen Formen der modernen Musik durchaus nichts Aehnliches hat. Gewöhnlich ist das Verfahren wie in
den folgenden zwei Takten des Don Juan, wo der Chronos protos durch eine Achtelnote dargestellt ist:

Wir brauchen nicht zu sagen, dass überhaupt in der modernen Musik der Unterschied zwischen langen und kurzen
Sylben sich als ein Unterschied zwischen betonten und unbetonten
Sylben erweist. Die sprachliche Länge kann ebenso gut wie die
sprachliche Kürze die Function des Chronos protos haben. Jeder
der beiden Verse aus Don Juan ist ein 16-zeitiges Kolon. Die
erste Sylbe ist 6-zeitig, eine Länge sechs Mal so gross wie die
folgende Kürze, dreimal so gross wie eine jede der vier Längen
am Ende des Taktes. In der Zauberflöte Arie No. 3:

Dies Bild-niss ist be-zau-bernd schön

wie noch kein Au-ge je ge - sehn.

Hier hat in jedem der beiden 16-zeitigen Kola die erste
Note den dreifachen Zeitumfang der darauf folgenden Note,
welche ihrerseits den rhythmischen Werth des Chronos protos
(in der Sechszehntel-Schreibung) hat   Aehnlich Don Juan No. 3:

Wo werd'ich ihn ent - de-cken

für   den mein Herz noch glüht?

So kommen überall in der modernen Musik Beispiele vor,
dass innerhalb desselben Taktes oder Kolons die eine Note das
dreifache Megethos einer anderen hat.

Die Weise der griechischen Rhythmopoeie, wo durchweg
innerhalb derselben Composition die eine Note das Doppelte der
anderen war, ist den modernen Componisten fremd. Joh. Seb.
Bach, der in seiner Rhythmisirung aus angeborener Genialität
so vieles mit den Griechen gemein hat, hat auch einmal eine In-
strumental-Composition (Wohlt. Clav. 2, 5 D-Dur-Praeludium),
natürlich ohne von griechischer Rhythmik etwas zu wissen, die
sämmtlichen Noten in dem von Aristoxenus angegebenen Zeit-
verhältnisse gehalten.   Schwerlich dürfte bei Bach oder irgend
einem der Neueren noch ein zweites Beispiel solcher Rhythmisirung zu finden sein.

Die Kola dieses D-Dur-Praeludiums sind genau die der griechischen Metra episyntheta: Iambische Tetrapodien mit daktylischen Tetrapodien je zu einem zweigliedrigen Verse verbunden:

◡⊥ ◡⊥ ◡⊥ ◡⊥ | ⊥◡◡ ⊥◡◡ ⊥◡◡ ⊥ ‖

Während Bachs Wohlt. Clav. in den Fugen — ganz wie es
Aristoxenus will — die Untheilbarkeit des Chronos protos (wenigstens dem Principe nach) festhält, nimmt dasselbe in den Prae-
ludien an der Zertheilung des Chronos protos so wenig Anstoss
wie die späteren Componisten.   Die ersten Zeilen des Bach'schen
Praeludiums lauten:

Vereinfachen wir diese Bach'schen Zeilen, indem wir den
zertheilten Chronoi protoi die einfachen, ungetheilten substituiren
und indem wir zugleich den von Bach angewandten Vortakt
(die Viertelnote im Anfange der Unterstimme) hinweglassen, so
gewinnen wir folgendes der griechischen Metrik durchaus ent-
sprechendes episynthetisches Tetrametron:

Mit einer iambischen Tetrapodie ist eine daktylische zu einem
episynthetischen Tetrametron verbunden, welches vollständig und
in allen Stücken das Aristoxenische Sylbengesetz festhält. Bach
hat nämlich eine den beiden Tetrapodien gemeinsame Taktvorzeichnung

C ⅛²

gegeben, in welcher sich das Vorzeichen C auf die daktylische,
⅛² auf die trochaeische (iambische) Tetrapodie bezieht. Bach
zeigt durch das gemischte Taktzeichen an, dass die daktylische
Tetrapodie (C) dieselbe Zeitdauer wie die iambische (⅛²) hat.
Wir wollen nicht anzumerken vergessen, dass Czerny's Ausgabe
des Wohlt. Clav. die ungebräuchliche Vorzeichnung Bach's mo-
dernisirt hat, indem er alles in den gewöhnlichen ⅛² Takt um-

gewandelt hat. Der Rhythmus wird auf diese Weise culanter, verliert seine Eigenthümlichkeit. Aber gerade diese Eigenthümlichkeit, durch welche das Bach'sche Praeludium gewissermassen in die Musik des classischen Griechenthumes hinauf gerückt wird, darf durch keine Modernisirung verwischt werden, wenn sie nicht eines guten Theiles ihrer, ich möchte sagen, archaischen Schönheit verlustig gehen soll.

In dem episynthetischen Tetrametron des Bach'schen Praeludiums ist nicht jede Kürze der Kürze, nicht jede Länge der Länge gleich — die iambische Kürze hat Bach als ♪, die daktylische Kürze als ♪ angesetzt, aber die Länge, mit Ausnahme der katalektischen Länge eines jeden Kolons, ist immer das Doppelte der Kürze; die 4-zeitigen Längen (Viertelnoten) in der unteren Stimme der daktylischen Kola sind σπονδεῖοι μείζονες und als solche dikatalektische Dipodien.

Wie lässt sich der Grössenwerth der einzelnen Noten nach antikem Masse bestimmen? Es ist das nicht so einfach, denn Bach hat eine Vorzeichnung, welche zwei verschiedenen Takten, dem **C**-Takte (daktylische Tetrapodie) und dem ⅛-Takte (trochaeische Tetrapodie) gemeinsam ist.

A. Gehen wir von dem Vorzeichen des **C**-Taktes aus (der Tetrapodie aus 4-zeitigen Versfüssen), dann ist die Kürze des Daktylus als Chronos protos aufzufassen und als kleinste rhythmische Masseinheit = 1 anzusetzen. Die Kürze des Trochaeus (Iambus) ist dann das ⅓-fache des Chronos protos (= 1⅓ Chronos protos).

B. Gehen wir von dem Taktvorzeichen $\frac{12}{8}$ aus (Tetrapodie aus
vier 3-zeitigen Versfüssen), dann ist die Kürze des Trochaeus
als Chronos protos aufzufassen und als kleinste Masseinheit
($= 1$) anzusetzen; die Kürze des Daktylus ist dann kürzer als
diese Kürze des Trochaeus, sie beträgt $\frac{3}{4}$ des Chronos protos.

Bellermanns Anonymus de mus. gibt ein Verzeichniss der
in den melischen μέτρα μονοειδῆ oder καϑαρά vorkommenden
Sylbengrössen

        ⊔ 5-zeitig,
        ᵜ 4-zeitig,
        ᴗ 3-zeitig,
        — 2-zeitig.

Das sind sämmtlich rationale syllabae longis longiores. In dem
Bach'schen Praeludium würden wir nach antiker Anschauung
folgende irrationale syllabae longis longiores haben

        — $2\frac{3}{4}$-zeitig,
        — $2\frac{1}{2}$-zeitig,
        — $1\frac{1}{2}$-zeitig,

die letztere hat zugleich die Function als leichter Takttheil des
antiken χορεῖος ἄλογος.

Alle diese rationalen und irrationalen Längen können wir
auch in der modernen Musik hören, denn wir finden sie (bis auf
die 5-zeitige Länge) in jener Composition des grossen Meisters
Joh Seb. Bach, welche dieser unbewusst in dem Aristoxenischen
Gesetze des griechischen Sylbenmegethos gehalten hat.

Den rationalen und irrationalen Längen der griechischen
und Bach'schen Melik stehen vier verschiedene Kürzen zur Seite

    ◡ 1½-zeitig,
    ◡ 1⅓-zeitig,
    ◡ 1-zeitig,
    ◡ ¾-zeitig,

die mittlere eine rationale, die anderen irrationale Kürzen. Trotz ihrer dreifachen Zeitdauer hat die Kürze stets die Function des Chronos protos, die 1-zeitige wie die ⅓- und die ¾-zeitige. Es geschieht, wie Aristoxenus im Prooimion der dritten Harmonik sagt, *διὰ τὴν τῆς ἀγωγῆς δύναμιν*, wenn sie bald eine 1-zeitige, bald eine 1⅓-zeitige, bald eine 1½-zeitige, bald eine ¾-zeitige ist, wenn mit Einem Worte im Schema des zusammengesetzten Taktes die einzelnen Versfüsse, aus denen er besteht, ihr jedesmaliges Rhythmengeschlecht constant festhalten, während das Zeitmegethos derselben verschieden ist. Das ist der Grund, weshalb Aristoxenus in seinem Abschnitte vom Chronos protos (§ 11) auf den Abschnitt vom Taktschema verweist: „*Ὃν δὲ τρόπον λήψεται τοῦτον ἡ αἴσθησις, φανερὸν ἔσται ἐπὶ τῶν ποδικῶν σχημάτων.*"

Für andere als die genannten irrationalen Längen und Kürzen lässt das Aristoxenische Sylbengesetz nicht Raum: man versuche irgend eine andere zu statuiren, es wird dieselbe, welcher Grösse sie auch sei, der Bestimmung, dass die Länge stets das Doppelte der Kürze sein müsse, widerstreiten.

Die melische Sylbenmessung der Griechen ist nothwendig dieselbe gewesen, wie im zweiten D-Dur-Praeludium des Wohl temperirten Clavieres. Nur unter dieser Voraussetzung ist der Aristoxenische Satz von dem Verhältnisse der Länge zur Kürze verständlich.

Noch zwei andere Zeitwerthe der Kürze gibt es, jedoch einer Kürze, die nicht die Function des Chronos protos hat

    ◡ 1½-zeitig,
    ◡ 2-zeitig.

Das ist die Doppelkürze, welche bei den aeolischen Lyrikern als Anfangsfuss eines gemischten Kolons steht, isodynamisch mit dem Trochaeus, Iambus, Spondeus. Hephaest. c. 7:

Ἔρος δ' αὖτε μ' ὁ λυσιμελὴς δονεῖ
γλυκύπικρον ἀμάχετον ὄρπετον.
Ἀτθί, σοὶ δ' ἐμέθεν μὲν ἀπήχθετο
φροντίσδην, ἐπὶ δ' Ἀνδρομέδαν πότῃ.

Unter Voraussetzung der Vorzeichnung des gemischten Taktes C $\frac{1}{8}^2$ sind die verschiedenen Anfangsfüsse dieser 4 Kola zu messen:

"Ερος δ'   γλυκύ   'Ατθί   φροντίσ.

♪ ♩   ♩ ♩   ♩ ♪   ♩ ♩

Es ist kaum anders möglich, als dass der pyrrhichische Anfangsfuss der aeolisch-daktylischen Tetrapodie dasselbe Mass, wie der spondeische gehabt hat; bei der Messung nach dem Taktvorzeichen C

2 2   2 2 ,

bei dem Taktvorzeichen $\frac{1}{8}^2$

1¼ 1¼   1¼ 1¼ .

Dass eine Doppelkürze genau denselben rhythmischen Werth hat, wie eine Doppellänge, muss auffallen. Aber es fehlt dafür nicht an einem Zeugnisse der Alten. Es gab nämlich metrische Lehrbücher, in welchen nicht wie bei Hephaestion der Satz stand, dass die Kürze eine 1-zeitige, die Länge eine 2-zeitige sei („das wissen auch die Knaben" sagt Fabius Quintilianus), sondern es gab auch solche, in welcher der Satz von einer Kürze, welche kürzer als die Kürze sei, von einer Länge, welche länger als die Länge sei, ausgesprochen wurde. Vermuthlich stand dieser Satz auch in einem umfangreicheren Werke des Hephaestion. Dionysius de compositione verborum ist die älteste der uns erhaltenen Quellen, welche jenen Satz überliefert; die zweite sind Longins Prolegomena zu Hephaestion; dann wird dasselbe von lateinischen Metrikern berichtet, fast überall mit nahezu den gleichen Worten, so dass eine gemeinsame Quelle (Aristoxenus?), aus der auch schon Dionysius geschöpft hat, zu Grunde liegen muss.

Wir lesen bei Dionys. comp. verb. 11: Ἡ μὲν πεζὴ λέξις οὐδενὸς οὔτ' ὀνόματος οὔτε ῥήματος βιάζεται τοὺς χρόνους οὐδὲ μετατίθησιν, ἀλλ' οἵας παρείληφε τῇ φύσει τὰς συλλαβὰς τάς τε μακρὰς καὶ τὰς βραχείας, τοιαύτας φυλάττει. ἡ δὲ ῥυθμικὴ καὶ μουσικὴ μεταβάλλουσιν αὐτὰς μειοῦσαι καὶ αὔξουσαι, ὥστε πολλάκις εἰς τὰ ἐναντία μεταχωρεῖν· οὐ γὰρ ταῖς συλλαβαῖς ἀπευθύνουσι τοὺς χρόνους, ἀλλὰ τοῖς χρόνοις τὰς συλλαβάς. Die Prosarede nimmt die Sylbenquantität, wie sie durch die Sprache an sich gegeben ist, ohne die Längen und Kürzen in ein aus ihrer sprachlichen Natur nicht folgendes Zeitmass einzuzwängen, sie bestimmt die Zeitdauer nach der natürlichen Sylbenbeschaffenheit. Die Rhythmik und Musik aber bestimmt die Sylben nach „χρόνοι", d. i. Zeitmassen, welche aus dem Begriffe des Rhythmus folgen, sie verändert die natürliche Prosodie der Längen wie der Kürzen, indem sie diese bald über die gewöhnliche Sylbendauer hinaus ausdehnt, bald in ihrem Zeitumfange verringert; oft gehen sogar Längen und Kürzen in einander über, d. h. Länge und Kürze erhält den gleichen Zeitumfang.*)

Im 17. Capitel redet Dionysius von einer μακρὰ τελεία (der gewöhnlichen 2-zeitigen Länge) und einer verkürzten μακρά. Indem wir die Ausdrücke μειοῦσθαι, αὐξάνεσθαι und τελεία aufnehmen, werden wir die von Dionysius angedeuteten Sylbenformen der Rhythmik folgendermassen bezeichnen können:

μακρὰ ηὐξημένη   βραχεῖα ηὐξημένη
μακρὰ τελεία   βραχεῖα τελεία
μακρὰ μεμειωμένη   βραχεῖα μεμειωμένη.

Die Worte „ὥστε πολλάκις εἰς ἐναντία μεταχωρεῖν" finden ihre Bestätigung durch Longin proleg. ad Hephaest. § 6 und Marius Victor. p. 53.

Longin:

Διαφέρει ῥυθμοῦ τὸ μέτρον, ᾗ τὸ μὲν μέτρον πεπηγότας ἔχει τοὺς χρόνους,	Differt autem rhythmus a metro, quod metrum certo numero syllabarum ac pedum finitum sit,
ὁ δὲ ῥυθμὸς ὡς βούλεται ἕλκει τοὺς χρόνους, πολλάκις γοῦν καὶ τὸν βραχὺν χρόνον ποιεῖ μακρόν.	rhythmus autem ... ut volet protrahit tempora, ita ut breve tempus plerumque longum efficiat, longum contrahat.

---

*) Eine Erklärung dieses Satzes finden wir nur bei der oben angenommenen Messung des Pyrrhichius und Spondeus am Anfange der aeolischdaktylischen Kola. Wenn Dionysius sagt: „ὥστε πολλάκις εἰς τὰ ἐναντία μεταχωρεῖν und wenn es bei Longin heisst πολλάκις γοῦν καὶ τὸν βραχὺν ποιεῖ μακρόν, so dürfte dies wohl zu verstehen sein, wenn wir annehmen, dass der Berichterstatter, dem Dionys und Longin hier folgen, den Alcaeus und die Sappho zur Lieblingslectüre und zum Lieblingsstudium gemacht, wie dies Hephaestion in seinem Encheiridion entschieden gethan hat. Dort waren ja die pyrrhichischen Anfangsfüsse so zahlreich vertreten, dass der Ausdruck πολλάκις (ungenau bei Mar. Victor. „plerumque") in seinem vollen Rechte ist.

Dasselbe ist auch bei Diomedes p. 468 Keil zu lesen:
Rhythmi certe dimensione temporum terminantur et pro
nostro arbitrio [= ut volet Victorin, ὡς βούλεται Longin] nunc
brevius arctari [= longam contrahit], nunc longius provehi [= pro-
trahit tempora] possunt.

Es ist nicht zu bezweifeln, dass dies Alles aus einem ge-
meinsamen griechischen Originale herstammt. Unter den χρόνοι
des Longin und den tempora des Victorin sind die Sylbenzeiten
zu verstehen. Bei Diomedes heisst es rhythmi statt tempora,
aber dies ist wohl nur auf Rechnung des flüchtigen Excerpirens
zu setzen, im Originale war sicherlich das protrahi auf die tempora bezogen, welche unmittelbar vorher (dimensione temporum)
erwähnt werden.

„Wie der Rhythmus es erheischt (pro nostro arbitrio), nimmt
er bald Dehnungen, bald Kürzungen der Sylben vor, oft verlängert er die Kürze und ebenso verkürzt er die Länge." Das
ist es, was wir aus dem Berichte der Metriker erfahren.

Sind wir hier über das Vorkommen einer verkürzten Länge
und einer verlängerten Kürze belehrt, so lernen wir aus einer
anderen Stelle des Mar. Vict. p. 49, dass in der melischen Poesie
auch eine verlängerte Länge und eine verkürzte Kürze gebräuch-
lich ist. Musici qui temporum arbitrio syllabas committunt in
rhythmicis modulationibus aut lyricis cantionibus per circuitum
longius extentae pronuntiationis tam longis longiores, quam rursus per correptionem breviores brevibus proferunt.*) Dasselbe ist
auch in einem kurz vorausgehenden Satze gesagt: Musici non
omnes inter se longas aut breves pari mensura consistere (vgl.
Aristox. ap. Psell. 1 μεγέθη μὲν γὰρ χρόνων οὐκ ἀεὶ τὰ αὐτὰ
κατέχουσιν αἱ συλλαβαί), siquidem et brevi breviorem et longa
longiorem dicant posse syllabam fieri.

---

*) Caesar versucht an diesen Stellen in allerlei Weise herumzumäkeln
und müht sich ab, den richtigen Sinn zu entstellen: es solle darin vom
langsameren oder rascheren Tempo die Rede sein — oder es beziehen sich
jene Stellen nicht auf den rhythmischen Sylbenwerth, sondern auf die
durch hinzutretende Consonanten verlängerte Zeitdauer der Vocale; von
einer brevi brevior solle hier gar nicht gesprochen sein. Wir halten es
um so weniger der Mühe werth, auf solche Deuteleien näher einzugehen,
weil Caesar alle diese verschiedenen rhythmischen Sylbenwerthe, für welche
er die Metriker nicht als Zeugen gelten lassen will, schliesslich sämmtlich
als richtig gelten lässt und selber vielfach nach unserem Vorgange damit
operirt.

Syllabae longis longiores, Sylben, welche länger als die
Länge sind. Dies sind zunächst die Sylben der Katalexis: in
der Messung A. der S. 291 die 4-zeitige Länge der daktylischen
Katalexis, in B. der S. 292 die 3-zeitige Länge der trochaeischen
Katalexis. Ferner, ausserhalb der Katalexis in A., die Länge des
Trochaeus = 2⅔, die des Daktylus = 2. In B. die Länge des
Trochaeus = 2, während die des Daktylus nicht grösser als 2½ ist.

Syllabae brevibus breviores, Sylben, welche kürzer als
die Kürze sind. In A. ist die Kürze des Trochaeus eine 1⅓-
zeitige, die (kürzere) Kürze des Daktylus ist eine 1-zeitige. In
B. ist die Kürze des Trochaeus eine 1-zeitige, die (kürzere)
Kürze des Daktylus eine ¾-zeitige; denn die vier Kürzen des
4-zeitigen (daktylischen) Fusses nehmen denselben Zeitwerth
ein, wie die drei Kürzen des 3-zeitigen (trochaeischen) Fusses.

Als ein festes Resultat der Aristoxenischen Rhythmik darf folgendes gelten:

Jeder Versuch, die gemischten Metra der Griechen durch moderne Notenwerthe auszudrücken, irrt, wenn man nicht gemischte Taktvorzeichnungen annimmt, ungleich mehr von dem wirklichen Rhythmus der Griechen ab, als wenn man der metrischen Schemata der Alten sich bedient. Ausser in der Katalexis und dem irrationalen Versfusse ist die Länge stets unabänderlich doppelt so gross wie die Kürze. Aber die rhythmische Agoge gibt unter Festhaltung des Gesetzes der Sylbenwerthe dem 4-zeitigen Versfufse denselben Zeitumfang wie dem 3-zeitigen.

Alphabetisches Register.

Druckfehlerberichtigung.

S. 69, Z. 2 v. u. „dienende Gruppe" statt „dauernde Gruppe".
S. 107, Z. 17 v. u. „longam habeat, thesis (in thesi lib.)" . . . Keil:
   longam habeat in⟨cipientem⟩, thesis vero contraria.

For EU product safety concerns, contact us at Calle de José Abascal, 56–1°,
28003 Madrid, Spain or eugpsr@cambridge.org.

www.ingramcontent.com/pod-product-compliance
Ingram Content Group UK Ltd.
Pitfield, Milton Keynes, MK11 3LW, UK
UKHW010351140625
459647UK00010B/986